한국사에 비추어 본
거창의 역사

한국사에
비추어
본

거창의
역사

신용균 지음

역사공간

더 깊이 이해하는 즐거움

—

거창의 역사를 써야겠다고 생각한 지 오래되었으나 이제야 겨우 글을 마무리하게 되었다. 그동안 많은 분들이 책이 언제 나오는지 물어오셨다. 그때마다 마음이 조급해지기도 했으나 긴 역사를 정리하는 데는 생각보다 많은 시간이 걸렸다. 먼저 이 작업을 관심 있게 지켜봐주시고 오래 기다려 주신 분들께 감사를 드린다.

원래 이 일을 시작한 것은 거창이 어떤 곳이고, 거창인들이 어떤 사람들인지 알고자 하는 욕구 때문이었다. 그러나 연구를 진행하면서 나도 모르게 거창의 매력에 푹 빠져버렸다. 거창은 참 멋진 독립공간이었고, 사람들은 활기찼으며, 이곳에서 일어난 사건은 흥미진진했다. 이 작업이 매우 즐거웠다고 고백하지 않을 수 없다.

어떻게 하면 거창의 역사를 잘 드러낼 수 있을지 고민이 많았다. 여러 가지 생각 끝에 연구논문이나 역사수필보다는 사실을 잘 담아 낼 수 있는 편사 체제를 택하였다. 그리하여 현재 거창에 살고 있는 사람들, 고향을 그리워하는 사람들, 장차 거창에 살려고 생각하는 사람들, 그리고 거창이 궁금한 사람들에게 충실한 정보를 제공하고자 노력하였다. 특히 청소년 독자들을 염두에 두고 집필하였다.

이 책을 쓰면서 객관성을 유지하기 위해 엄격한 역사학의 방법을 적용했지만, 여전히 한계가 있으리라고 생각한다. 미진한 부분에 대해서는 더 깊이 연구하여 다음에 꼭 바로잡겠다고 약속드린다. 또한 거창의 특성, 거창사람의 행동양식을 밝히려는 목표가 얼마나 달성되었는지 모르겠다. 그나마 의미 있는 책이 되었다면, 그동안 지도해주신 고려대학교 사학과 은사님들과 초고를 읽고 조언해 주신 분들 덕분이다. 아울러 많은 자료를 담은 이 책을 산뜻하게 꾸며준 역사공간에 특별히 고맙다는 인사를 드린다.

2015년 6월 신용균

지역을 보는 새로운 시선

—

지난 20여 년 동안 석사, 박사과정을 지도했던 신용균 선생이 이번에 책을 낸다는 소식을 듣고 지도교수로서 기쁜 마음이 컸다. 신 선생은 오랫동안 거창고등학교에서 독자적인 교육방법으로 '스스로 생각할 수 있는 학생'들을 키워낸 교사이다. 또한 전국역사교사모임에서 활동하면서 많은 역사교양서 발간에 참여하였고, 방대한 사료를 발굴, 정리하여 「이여성의 정치사상과 예술사론」이라는 제목으로 이 주제에 대한 최초의 박사학위논문을 쓴 전문연구자이다.

요즘 역사학의 범주가 다변화되면서 더 심화된 현상이지만 흔히 전문연구자들은 자신의 주제와 소재에 매몰되는 경향이 있다. 그런 점에서 이번에 발간되는 『한국사에 비추어 본 거창의 역사』는 보편성과 특수성, 전문성과 개설적 성격을 모두 포괄하고 있는 의미 있는 책이다. 이러한 책이 나올 수 있었던 것은 신 선생이 교단경력과 전문연구자의 경험을 균형 있게 갖추고 있었기 때문이라고 생각한다.

이 책의 두드러진 특징은 수만 년 역사 속에서 한 지역의 변천사를 일목요연하게 정리한 것이라고 생각한다. 거창지역의 변천, 지역민의 성격과 그 변화, 중앙권력과 외세에 대한 지역민의 대응이 시대별로 추적되었다. 선사시대에서 시작된 지역사가 거열국 시대에서 정체성을 확보한 후, 고려와 조선시대를 통해 어떻게 향촌세력을 형성하고 전통문화를 창출하였고, 근대 이후 어떻게 변용되었는지를 밝히고 있다. 이는 지방자치를 추구하는 오늘날에 지역민의 정체성 확립을 위해 필요한 작업이라고 생각한다. 이 책을 읽으면서 발견한 몇 가지 특징을 소개할까 한다.

우선, 이 책은 개설서면서도 전문서로서의 성격을 가지고 있다. 흔히 너무 재미있고 쉽게 쓰려고 하면 사실관계에서 틀린 면도 많고 비전문적인 글쓰기가 되기 쉽다. 반면 사실관계와 전문성에 천착하다보면 읽기 어려운 글이 된다. 저자는 이 책에서 전문연구자, 개설서 집필자, 교사로서의 다양한 경험을 통해 전문적인 내용을 쉽게 녹여냈다. 이 책에는 각 장마다 '역사의 단면'이라는 이야기 형식의 가벼운 주제를 두어 독자들이 지루하지 않게 배려하였다. 그러면서도 전문적인 한국근현대사 연구경험을 통해 기존 어느 연구서에서도 다루지 않았던 주제에 대해서도 깊이 있게 정리하였다.

둘째, 이 책에서는 한국사의 보편성과 지역사의 특수성 사이의 고민이 묻어난다. 지역사는 '특수성 속의 보편성', '보편성 속의 특수성'이라고 하는 양면을 총체적으로 이야기할 수 있을 때 의미가 있다. 특수성을 무시하면 지역사 본연의 의미가 퇴색될 것이고, 보편성을 등한시하면 특수한 집단의 고립된 성격만 강조하게 될 것이다. 이 책은 '거창에서 바라본 중앙', '중앙에서 바라본 거창'이라는 두 가지 시선으로 거창지역에서 일어났던 중요한 사건과 인물을 바라보았다. 그 결과 글 전체에 거창의 지역세력과 중앙권력의 관계에 대한 저자의 생각이 녹아있다.

셋째, 이 책에는 관찬사서나 향촌세력가의 발간사서가 아닌 '지역사'로서의 문제의식이 잘 반영되어 있다. 어느 시대에나 그러했듯이 한 지역의 역사를 쓰는 주체는 주로 그 지역의 지방행정단체이거나 향촌세력가였다. 그 자체가 의미 없는 것은 아니지만 발간자의 의도 때문에 때로는 사료의 선택과 해석에서 문제가 생기는 경우가 많았다. 반면 이 책은 전문역사가의 시각에서 실증적으로 거창역사에 접근함으로써 지역사에 대한 새로운 연구시각과 방법을 제시하였다.

넷째, 이 책에는 한국근현대사 서술에서 요구되는 실천성이 반영되어 있다는 것을 말하고자 한다. 나의 은사이자 저자의 학부시절 스승이었던 강만길 선생님은 항상 역사가의 지향과 실천성을 강조하셨으므로, 저자도 고려대학교 사학과의 학풍과 강만길 선생님의 영향을 받았다. 이 책은 역사와 현실을 생각하는 독자들에게 의미 있는 통찰을 제공해줄 것이라고 생각한다.

지금까지 이 책의 특징을 몇 가지 소개했지만 무엇보다도 이 책이 지닌 가장 큰 미덕은 저술의 목적에 충실한 점이라고 하겠다. 저자는 담담한 필치로 거창이라는 지역과 거창사람들의 특성을 잘 드러내고 있다. 이를 통해 거창과 거창사람에 대한 이해가 한층 심화되리라고 생각한다. 더불어 한국사 전문연구자가 군 단위의 역사를 통사로 엮어 단행본으로 내는 것은 거의 사례가 없는 일이다. 그런 의미에서도 이 책은 지역사 연구와 서술에 새로운 장을 열었다고 생각한다.

다시 한 번 신용균 선생의 새로운 도전을 응원하며, 『한국사에 비추어 본 거창의 역사』 발간을 축하한다.

2015년 6월
고려대학교 한국사학과 교수 최덕수

차례

*1*부

역사의 아침, 거창의 출현

한국사 속 거창사 : 거창, 한국사에 등장하다 24

6부

고난의 현대사, 일어서는 사람들

변방의 중심, 거창의 역사

거창지역어의 특이성, 지역사의 독립성

김태순과 최남식은 오랫동안 거창지역의 역사를 연구하였다. 20세기 후반 이곳 지역사 연구는 이 두 사람에 의해 주도되었다고 해도 지나친 말이 아니다. 거창박물관은 1980년대 이들의 소장품 기증을 계기로 설립되었다.

1970년대 향토사학자 김태순은 거창지역어를 조사하였다. 그는 국어사전의 표제어에 대응하는 지역어를 하나하나 찾아서 기록하였는데 그 어휘 항목이 무려 2,000여 개에 달한다. 그의 선구적인 작업은 국어학자들의 이곳 지역어에 대한 관심을 고조시켰다. 1987년 「거창지역어의 음운연구」라는 박사학위 논문이 나왔고, 그 밖에도 몇 개의 석사학위논문, 학술논문이 있다. 그들은 이곳 지역어가 지닌 특이성에 주목하고 그 음운의 형성과정과 변화를 분석하였다.

연구의 공통적인 결론은 거창지역어가 특이하다는 것이었다. 지역어의 모음 변화는 "거창어가 겪는 특이한 변화"이고, 전설모음화도 "특이한 변화"를 겪었으며, 모음역순동화는 다른 방언과는 다른 "특수성"을 가지고 있다. 거창지역어는 서부경남 지역어로 분류하기 어려울 정도로 특이성을 지녔다. 거창지역어의 특이성이 뜻하는 것은 무엇일까? 언어는 오랜 역사의 산물이므로 거창어의 특이성은 곧 거창역사의 독립성을 말해주는 것이다.

김태순이 수집한 거창지역어 사례

중부지방어	거창지역어	중부지방어	거창지역어
내버리다	내삐리다	메뚜기	미띠기
맡기다	맥기다	모기	모구
시원하다	시언하다	새벽	새복
주무신다	지무신다	환갑	항갑
고치다	곤치다	기와	지와
가라앉다	까라앉다	꿩	꽁
먹이다	믹이다	바위	바우
아니꼽다	아이꼽다	두부	떠부
광주리	강지리	굴뚝	굴떡
마루	마리	마누라	마너래
고구마	고구매	고추	꼬치
비녀	비네	바퀴	바꾸
구렁이	구리이	바가지	바가치
며느리	미너리	김치	짐치
밤송이	밤씨이	혀	쎄
병아리	삐가리, 삐개이	어리광	어러냥

* 중부지방어 : 거창지역어

　　이곳 지역민들이 최초로 독립성을 확보한 것은 고대 거열국의 건국이었다. 당시 지역민들은 정치, 경제, 사회, 문화의 각 영역에서 독립성을 유지하였다. 지역민의 동질성은 이때 형성된 것으로 보는 것이 타당하다. 거창지역어의 특이성, 거창역사의 독자성은 이때 형성되었다.

　　6세기 거열국의 멸망 이후 이 지역은 중앙정부에 복속되었는데 항상 변방이었다. 수도권에서 보아도, 진주권에서 보아도, 대구권에서 보아도 마찬가지였으며, 조선시대에는 이곳이 귀양지였을 정도로 변방이었다. 이때부터 지역민은 중앙권력과 특별한 관계 속에 들어갔고, 중앙권력 – 지역세력 – 지역민의 새로운 관계가 형성되었다.

거창지역사에서 중앙정치의 변동은 바다에서 이는 크고 작은 파도에 지나지 않았다. 그 심연에는 역사의 거대한 태풍에도 거의 동요되지 않고 지속되는 지역의 향촌세력, 대응논리, 고유문화가 있었다. 지역사의 장기지속성! 그 속에서 끊임없이 새로운 주인공이 역사에 등장하였고 시대마다 독특한 문화를 발전시켰다. 이곳은 중앙권력이 볼 때 변방이었지만 거창역사의 주인공은 항상 지역민이었다. 이것이 지역사가 따로 서술되어야 하는 이유이다.

토박이와 외래인, 지역사의 주인공

조선 말기 81세의 나이로 이곳에 이주한 인물이 있다. 경상북도 각산 출신의 장복추는 1894년 동학농민전쟁을 피해 가조의 당동으로 이주하여 1899년에 숨졌다. 그는 '영남의 삼징사'로 불리는 당대 영남의 대표 유학자였다. 그가 이곳에 오자 지역 인사들은 크게 환영하였다. 그의 주위에 지역 인물뿐만 아니라 삼남의 유학자들이 몰려들었고, 장복추는 그 문인들로 관선계를 조직하였다. 그 규약에는 "학문의 시작은 경건하고, 그 파함은 태만을 경계하며, 서로에게 선을 권함에 있다."고 하였다. 관선계 명단에는 윤주하, 변계석, 오종영 등 약 250명이 기록되어 있다. 장복추는 5년이라는 짧은 기간 이곳에 거주하면서 많은 문인들을 거느렸던 특이한 인물이었다.

장복추가 큰 인망을 얻은 것은 성리학자로서의 학행에 있었다. 그는 짧은 기간 이곳에서 인생의 말년을 보내면서 의미 있는 저술을 남겼다. 예컨대 그는 『거산설』에서 1895년 을미사변과 단발령으로 전국에서 의병이 궐기하자 일제를 비판하면서도 "병법에 어두운 자신과 같은 사람이 전쟁에 관여한다면 백성에게 화를 입히게 될 것이다."라는 독특한 입장을 표명하였다. 장복추보다 조금 일찍 이곳으로 이주하여 그와 교류하였던 곽종석은 의병봉기에 대해서 "의병봉기가 고종에게 누를 끼칠 것"이라며 거병을 거부하였다. 장복추와 곽종석은 외래인으로 조선 말기 이 지역의 유

황산마을 고택 거창의 대표적인 토박이인 거창 신씨 세거지이다. 아직까지 조선시대 마을의 모습을 보존하고 있다.

학사상을 대표하였다.

　이 지역의 토박이와 외래인은 누구였을까? 1997년에 발간된 『거창군사』는 입향조를 조사하여 기록하였다. 읍 지역에는 고려시대에 정장리에 정착한 유향귀를 포함한 40명이 기록되어 있다. 각 면별로 입향조를 보면 주상면 22명, 웅양면 17명, 고제면 20명, 북상면 45명, 위천면 50명, 마리면 67명, 남상면 48명, 남하면 25명, 신원면 7명, 가조면 36명, 가북면 32명 등이다. 여기에 기록된 입향조만 총 400명이 넘는다. 이들은 대소문중을 이루고 이곳을 삶의 터전으로 삼았다. 현재 토박이는 대체로 이들의 후손들이다. 이렇게 보면 토박이들도 한때는 외래인이었다.

　현대 산업사회가 진전되면서 거창지역민의 이농이 심해졌다. 게다가 정치·경제적으로 출세한 인물들이 대부분 고향을 떠남에 따라 인재층이 얇아졌다. 고학력 지식인들이 고향에 머무르는 경우는 드물었다. 거창지역사를 통틀어 보아도 현대만 큰 지식층이 빈약한 때는 없었다. 각급 학교의 교사·교수직은 지식인이 거창지역으로 들어오는 주된 창구였고 그들이 지역의 지식층으로 자리 잡았다.

이 지역으로 이주했던 인물들은 종종 지역사에 새로운 활력을 불어넣곤 하였다. 거창고등학교를 일으킨 전영창 교장이 대표적이지만 외래인의 공헌은 현재까지 계속되고 있다. 거창고등학교 교사로 왔던 정찬용 선생이 있었기에 거창YMCA가 출범했고, 거창대성중학교 교사로 왔던 이종일 선생이 있었기에 거창국제연극제가 가능했으며, 도립거창대학교 하종한 교수가 있었기에 지역의 문화유산을 총정리한 『거창의 문화유산』이 발간될 수 있었다.

외래인이 지역사에 활기를 불어넣을 수 있었던 것은 그들이 새로운 눈으로 이 지역을 바라보았기 때문이다. 그들은 토박이라면 무심코 지나칠 수 있는 지역의 장점을 발견하고, 여기에 전문가의 능력을 가하여 새로운 것을 창조하였다.

지역사의 주인공은 누구인가? 수천 년의 지역사에서 끊임없이 외래인이 들어와 토박이가 되었으며, 토박이와 외래인은 항상 지역사의 주인공들이었다.

애국자와 매국노, 사실을 찾아서

한겨레 티브이hanitv는 2012년 "코리안 헤리티지"라는 영상프로그램을 만들었다. 이 프로그램은 전국 각지의 문화유산을 소개하는데, 그중 1회와 2회는 이 지역을 다루었다. 이 프로그램을 본 지역민이라면 향토에 자부심을 느낄 것이다. 그래서 외지인들에게 한번 보라고 권유하고 싶다. 코리안 헤리티지 제1회의 주제는 "거창의 선비정신을 만나다"이다. 그중 다음과 같은 내용이 있다.

정온고택은 일제강점기 독립운동을 위한 장소가 되기도 했다. 대한제국 고종황제의 다섯째 아들 의친왕 이강이 이 집에 머물면서 의병운동을 도모했던 곳이다. 이

사실을 잘못 전달한 한겨레 티브이 화면

강은 1909년 이곳에 40일간 머물렀는데 이 현판의 글씨가 의친왕의 것이다. 사선대는 역사적 의미가 있는 곳이다. 동계고택을 찾은 의친왕은 사선대에서 청년들을 모아 의병의 근거지로 삼으려고 했다.

이 부분은 제1회 프로그램에서 옥에 티이다. 해설은 1909년 정온고택의 주인 정태균이 마치 의친왕 이강과 함께 의병운동을 도모한 것처럼 묘사되어 있는데, 이것은 역사적 사실과 다르다. 오히려 정태균은 의병을 진압하기 위해 위천에 온 일본군에게 이 집을 작전본부로 제공한 바 있었다. 조재원은 "거창지역 항일운동과 사선대의 진실"이라는 글에서 다음과 같이 사실을 규명하였다.

『거창군사』의 기록에 따르면 "1909년 10월 위천의 전 승지 정태균을 방문하여 한 달 동안 머물면서 이 지방의 뜻있는 우국청년들과 접촉하고 북상의 사선대 일대를 장차 의병의 근거지로 삼으려고 준비를 하다가 일제에 탄로되어 서울로 호송

되었다."라고 적혀 있다. 그러나 『거창군사』의 기록은 사실이 아니다. 실제 의친왕 전하가 거창을 방문하여 사선대를 의병의 근거지로 삼으려고 접촉했던 인물은 독립지사 임필희 선생이다. 하지만 정태균은 독립운동과는 전혀 무관한 인물이다. 일제강점기 1935년 발간된 '조선총독부 시정 25주년 기념표창자명감'이라는 자료에는 정태균의 주요 경력이 실려 있다. 이 자료에는 "정태균이 1909년 폭도(의병)가 각지에서 봉기하고, 이를 진압하기 위하여 위천면에 (일본군)수비대가 파견되자 이들에게 주택을 개방하고 임시 막사를 제공"했다고 기록돼 있다.

한겨레 티브이는 본의 아니게 역사를 왜곡한 셈이다. 그것도 친일파를 독립운동가로 탈바꿈시켰으니 보통 오류가 아니다. 한겨레 티브이는 이 프로그램의 내용을 수정해야 할 것이다. 이 프로그램은 왜 이와 같은 오류를 범했을까? 역사왜곡의 책임은 한겨레 티브이에만 있는 것이 아니다. 『거창군사』의 오류가 그 근거를 제공하였다. 사실을 올바로 인식하는 것은 지역사 연구의 첫걸음이다.

『거창군사』 소송사건, 지역사를 보는 시각

1997년 거창문화원은 『거창군사』를 발간하였는데, 무려 1,900여 쪽에 달하는 방대한 분량이다. 이 책은 자연환경, 역사적 변천, 효열·누정·비석·재·당·원·사, 문화재, 민속 문화, 문화·체육, 종교, 관광·명승지, 군세 등을 포괄하고 있다. 가히 지역사를 비롯하여 지역의 모든 것이 담겨 있다고 해도 지나친 말이 아닐 것이다.

불행히도 문화원이 심혈을 기울여 편찬한 『거창군사』는 법정소송에 휘말렸다. "『거창군사』에 대한 판매 및 배포 중지 및 개정을 요구하는 법정제소가 거창군연편록위원 8명의 연명으로 제기되었고, 대법원까지의 최종 심급 과정을 거쳐 최종심인 대법원에서 '이 사건 신청을 모두 기각한다.'는 주문의 판결로서 일단락되었다."고 한다.

문화원은 이후 영남대학교 민족문화연구소에 거창군사검증학술연구 용역을 맡겼다. 그리고 거창군연편록위원회, 관련문중관계자, 문화원향토사위원을 중심으로 위원회를 조직하여 용역 결과와 연편록, 기타 제기된 문제를 검토하여 2009년 『거창군사 보정자료』를 펴냈다. 보정자

『거창군사』와 『거창군사 보정자료』

료집을 보면 보정자료 총 251개 항, 정오표 252개, 향후 검토자료 13건에 달하였다.

방대한 책을 내다보면 작은 오류나 체제상 중복은 있을 수 있는 일이다. 정작 이 소송사건의 심각성은 다른 곳에 있다. 『거창군사』에 대한 논란은 주로 자기 가문 인물의 지위, 역할, 충성 등이 빠졌거나 축소 서술되었다는 지적이었다. 족보적 시각이다. 연편위원 쪽은 전근대 시각에서 소송을 제기했으니 이 소송에서 패하는 것은 애초부터 예정된 일이었다.

『거창군사』 소송사건은 17세기 거창향안 절취사건 이후 지역사 최대의 역사 싸움이었다. 그 성격도 300년의 세월을 뛰어넘어 동일했다. 시대착오이다. 이 때문에 역사학계에서는 '향토사' 대신 '지역사'라는 개념을 사용한다. 그리고 향토사라는 용어를 사용하는 학자들도 지역사연구로 접근하고 있다.

현대는 왕조시대가 아니라 민주공화국시대이다. 신분제 문중의 시대가 아니라 평등한 민주주의 시대이다. 거창인은 대한민국 경상남도 거창군에 사는 사람들이다. 민주주의 시대에는 그에 걸맞은 역사서술이 있다. 역사의 평가도 달라진다. 조선시대의 충신이나 역적은 더 이상 현대의 충신이나 역적이 아니다. 조선시대 지역 최고의 '역적' 정희량은 현대인의 눈으로 보면 권력다툼의 주인공일 뿐이며, 반란을 진압한 조선의 '공신'이 꼭 현대의 공신은 아니다. 조선시대 열녀를 기준으로 오늘날 젊은이들의 연애를 '부정한 짓'이라고 비난할 수는 없는 일이다. 『거창군사』 소송사

건은 역사서술의 시대착오가 불러일으킨 해프닝이다. 현대인들은 더 이상 조선시대의 봉건적인 시각으로 역사를 보지 않는다. 민주주의 시대에는 민주주의의 눈으로 지역사를 볼 일이다.

보편성과 특수성, 거창사를 한국사에 비추다

지금까지 거창지역사의 편찬 주체는 거창문화원이었다고 해도 지나친 말이 아니다. 문화원은 오랫동안 향지, 군사, 읍지, 총서 등 비중 있는 책들을 편찬해왔다. 여기서 발간된 각종 향토사와 관계 자료는 지역사연구의 기초사료이다.

역사연구에는 엄밀한 사료 비판이 필요하다. 역사의 진실은 정확한 사실 속에서만 밝혀진다. 이 책에서는 검증된 사료만 사용하고자 하였다. 문집, 족보 등의 향토자료는 논증된 것이 아니면 사용을 자제하였다. 비록 논문으로 발표된 사실이라도 반론이 제기될 가능성이 있으면 제한적으로 이용하였다. 그리고 고증된 사료를 한국사에 비추어 재해석하였다.

역사학은 시간과 변화를 다루는 학문이다. 지역사 연구는 지역과 지역인들의 변화과정을 추적하는 일이다. 지역사 연구목적은 역사 속에서 형성된 지역과 지역인의 특성, 곧 정체성을 밝혀내는 것이다. 지역인의 정체성은 그들의 사고방식이자 활동양식이므로 그것을 알 때 지역인의 생각과 행동을 이해할 수 있다.

지역사의 성격은 한국사에서 지역사가 가지는 특성을 통해 발견된다. 지역사는 한국사의 일부이므로 한국사와 공통점을 갖지만 동시에 지역사만의 특징도 있다. 이러한 지역사의 특징에 주목하면 지역, 지역인, 지역역사의 성격이 드러난다.

이 책은 한국사의 보편성 위에서 거창역사의 특수성을 밝혔다는 점에서 기존 역사서와 뚜렷이 구별될 것이다. 기존의 책들은 대체로 지역, 문중, 인물과 그 위대성을 찾아내는 데 중점을 두었다. 반면 이 책은 특정 가문이나 특정 인물의 위대함

망실봉에서 본 거창읍의 가을 전경

을 따지지 않았다. 지역의 모든 인물과 사건이 지역사의 주인공이라는 관점에서 바라보았다. 수만 년의 역사에서 어찌 이 지역에 훌륭한 인물, 위대한 일만 있었겠는가. 또 어찌 그것만이 역사적 의미가 있겠는가. 현대 역사학에서 보자면 충신과 역적, 애국자와 매국노, 양반과 평민, 남자와 여자 등 모든 인물, 경사스러운 일과 비극적인 일, 특별한 사건과 일상생활 등 모든 사건은 지역사에서 중요한 의미가 있다. 그것을 한국사에 비추어 거창지역사의 독특한 성격을 밝힌 것이 이 책이다.

이 책은 한국사의 지평에서 지역사의 특징에 주목하여 거창인의 출발, 거창지역의 전통, 중앙권력과 외세에 대한 거창인의 태도, 근현대 거창인의 활동양상을 추적하였다. 이를 통해 '거창이 어떤 곳인지, 거창인이 누구인지'를 말하고자 하였다. 그러나 가능한 한 역사에 대한 평가를 독자의 몫으로 남겨두려고 하였다. 이 책을 읽은 독자라면 거창에 대해서 자신의 견해를 말할 수 있을 것이다. 그것이 독자가 거창사에서 발견한 이 지역의 정체성이다.

이제 거창과 거창인의 뿌리를 찾으러 떠나보자.

역사의 아침,
거창의 출현

1

거열산성

거열산성은 아홉산 능선의 해발 572m 건흥산에 위치한
다. 둘레 1,115m, 너비 5.5m, 최대 높이 5.2m. 거창인들
은 이 산성에서 신라의 침략군과 싸웠고, 거열국 부흥운동
을 일으켰다.

거창, 한국사에 등장하다

역사는 크게 선사시대와 역사시대로 나뉜다. 선사시대
는 구석기, 신석기시대이고 역사시대는 청동기, 철기시
대이다. 한국사는 구석기, 신석기, 청동기, 철기시대로
전개되었다. 거창 사람들은 구석기시대 뗀석기, 신석기
시대 빗살무늬토기, 청동기시대 고인돌, 철기시대 토기
문화를 창조하였다.

한민족이 세운 최초의 국가는 청동기시대의 고조선
이다. 철기시대 한반도 남부에는 마한, 진한, 변한의 삼
한이 성립되었고 곧이어 백제, 신라, 가야가 성장하였
다. 6세기 가야는 신라에 의해 멸망하였고 7세기 삼국
은 신라로 통일되었다.

거창 사람들이 최초로 세운 나라는 거열국이다. 거열
국은 가야연맹의 일원으로서 활동했으나 신라에 의해
멸망하였다. 그 후 그들은 백제와 함께 거열국 부흥운동
을 일으켰으나 실패하였다. 8세기 거창군이 설치됨으로
써 역사상 처음으로 거창이라는 지명이 등장하였다.

10세기 통일신라가 멸망하고 고려왕조가 등장하였
다. 고려시대 지배층은 귀족, 무신, 권문세족으로 변천
되었다. 고려의 지방은 향리가 다스렸다. 대외적으로 고
려는 거란, 여진, 몽골, 홍건적, 왜구와 싸우면서 역동적
인 역사를 이끌어갔다.

거창역사에서 신라 말기에 성장한 호족은 고려시대
내내 향촌의 지배층이 되었다. 지역 토성인 가조 사씨와
거창 신씨 인물들은 중앙정계에서 크게 활약하였다. 고
려 말기에는 왜구의 침략으로 큰 피해를 입었다.

정장리 토성

**구석기시대부터
사람이 살다**

아득한 옛날 구석기시대부터 거창에 사람들이 살고 있었다. 구석기시대 기후는 현재보다 추웠고 분지는 숲으로 뒤덮여 있었다. 구석기인들은 이 일대를 돌아다니면서 열매를 따거나 사냥을 하고, 때때로 영호강가에서 물고기를 잡았다. 그들은 이곳에 먹을 것이 다하면 무리지어 다른 지역으로 이동하였다. 구석기인은 이 지역에 살았던 최초의 인류였다.

구석기인은 분지의 이곳저곳에 널리 퍼져 살았다. 그들은 이곳에 자신들이 살았던 흔적을 남겼다. 지금까지 발굴된 구석기 유적지는 3곳이다. 대표적인 곳은 현재 서울우유공장 터에 있었던 정장리 구석기 유적지이다. 그 맞은편에서 또 다른 구석기 유적지가 발굴되었다. 이로 미루어 정장리 구릉지 일대에는 다수의 구석기인들이 살고 있었다고 볼 수 있다. 구석기인들이 이곳에 살았던 때는 지금부터 약 4만 3천 년 전이다.

구석기인들은 긴 세월 동안 이 지역에서 계속 생활하였다. 남상면 임불리에서 구석기 후기에 속하는 유적지가 발굴되었다. 임불리 구석기인들은 황강 가에서 잔석기를 사용하면서 생활하였다. 이 유적은 한반도에서 드물게 발견되는 중석기시대 유적으로 학계의 주목을 받았다. 이 유적의 발굴로 구석기인들이 구석기시대 말기까지 이 지역에서 살고 있었다는 사실이 밝혀졌다.

구석기인들이 살았던 곳은 산과 강이 만나는 지점에 위치한다. 이곳은 그들이

1 정장리 출토 뗀석기

2 슴베찌르개 정장리 구석기 유적지에서 출토된 규암질 슴베찌르개는 한국의 구석기 출토유물 중 가장 뛰어나다는 평가를 받는다.

3 임불리 출토 잔석기 남상면 천덕사지 아래층에서 출토되었으며 중석기시대, 혹은 후기 구석기 유물로 보기도 한다.

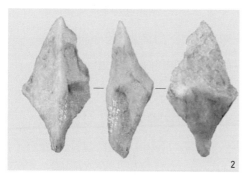

식수를 구하기 쉬웠을 뿐만 아니라 열매채집, 사냥, 물고기잡이를 하기에 두루 편리한 지역이었다.

구석기인들이 현재 이 지역민의 조상일 가능성은 거의 없다. 수만 년 전의 구석기인들의 자손이 빙하기를 거쳐 오늘날까지 이어졌다고 믿기는 쉽지 않다. 한편, 이 지역의 구석기 유적은 시기로 보아 그다지 이른 편은 아니다. 인류의 구석기시대는 300만 년 전에 시작되었고 한국의 구석기시대도 이미 70만 년 전에 시작되었다. 이곳의 구석기 유적지는 4만여 년 전의 것으로 후기 구석기에 속한다.

정장리
구석기 제작소

구석기인들은 놀라운 석기 제작기술을 지니고 있었다. 2002년 5월부터 그해 연말까지 발굴된 정장리 구석기 유적지에서는 수많은 유물이 쏟아져 나왔다. 여기서 출토된 뗀석기는 무려 466점에 달한다. 주먹도끼, 찍개, 긁개, 찌르개, 뚜르개, 새기개, 홈날석기 등이 나왔다. 출토 유물에는 한국형 뗀석기 대부분이 망라되어 있다.

정장리 구석기인들은 구석기제작소에서 도구를 제작하였다. 정장리 구석기제작소에서는 몸돌, 모룻돌, 망치돌을 비롯하여 완성된 석기, 실패한 석기, 그리고 제작과정에서 나온 돌조각들이 사방에 흩어진 채 원형 그대로 발굴되었다.

석기의 재료는 영호강가의 돌멩이였다. 구석기인들은 영호강변을 돌아다니면서 쓸 만한 돌을 찾았다. 그들이 골라낸 돌은 대체로 석영이나 규암이었다. 그들은 강가에서 자연석을 때려 쪼개 보고 쓸 만한 돌만 석기제작소로 옮겼다.

뗀석기는 돌을 깨뜨려 만든 도구이다. 구석기인은 석기제작소에서 몸돌을 모룻돌 위에 놓고 망치돌로 때려서 그들이 원하는 석기를 다듬어 나갔다. 그들은 마치 오렌지 껍질을 벗기듯이 돌을 깨뜨려내는 오렌지 떼기라는 방법을 사용하였다.

구석기인들은 종종 석기 제작에 실패하였다. 실패한 돌은 그 자리에 버려졌다. 고고학자들이 몸돌과 조각돌을 찾아내 깨뜨리기 이전의 상태로 복원했는데, 발견

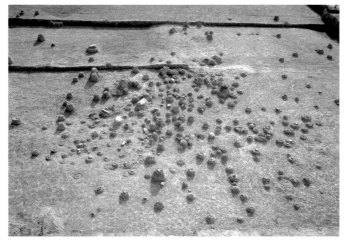

정장리유적 유물출토 장면

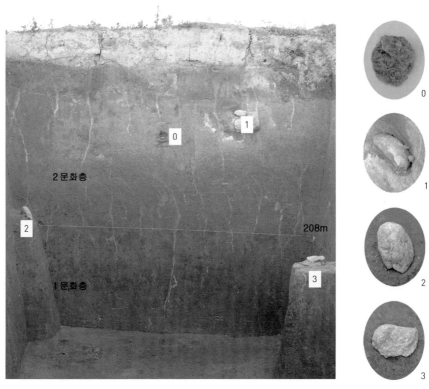

2 문화층

208m

1 문화층

0

1

2

3

정장리유적 발굴 장면(현 서울우유 공장)

한 몸돌과 조각돌 짝은 23개였다. 그들은 접합도구의 위치를 분석하여 구석기인이 남쪽 방향으로 서서 작업했다는 사실을 밝혀냈다.

정장리 유물은 도구의 중요성을 상기시켜준다. 뗀석기는 인류가 최초로 사용한 도구였고, 구석기인들은 뗀석기를 사용함으로써 인간 육체의 한계를 극복하였다. 그들은 구석기제작소에서 뗀석기를 생산하여 이곳의 자연을 능동적으로 개척할 수 있었다. 도구의 사용은 역사발전의 원동력이었다.

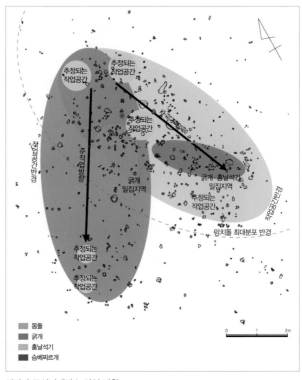

정장리 구석기제작소 작업 방향

정장리 유적은 지역 문화공간이라는 새로운 의미를 던져준다. 현재 이곳의 지형은 수만 년의 침식과 퇴적이 진행된 결과 그때와 다른 모습이지만 산과 강의 기본 틀은 그대로 유지되고 있다. 구석기인들은 현재와 비슷한 공간에서 우수한 문화를 창조하였다. 이 지역은 구석기시대부터 새로운 문화를 창조할 수 있는 충분한 공간이었다. 정장리 구석기 유적은 이 지역의 역사가 태곳적부터 시작되었으며 이 지역 공간에서 놀라울 정도로 뛰어난 문화를 창조할 수 있다는 사실을 말해준다.

신석기시대,
마을에 정착하다

지금부터 수천 년 전에 신석기인들이 살기 시작하였다. 이 지역에서 지금까지 신석기 유적지 3곳이 발굴되었다. 그중 남상면 임불리 유적지는 임불천이 황강과 만나는 지점에 위치해 있다. 남하면 대야리 유적지는 가천천이 황강으로 흘러드는 곳에 자리 잡고 있다. 이들 유적지는 모두 두 개의 하천이 만나는 곳이다. 두 유적지는 황강을 사이에 두고 멀지 않은 곳에서 서로 마주 보고 있다. 이것은 한국의 신석기 유적지가 대개 강가에 자리 잡고 있는 것과 일치한다.

신석기인 마을이 자리 잡은 강가는 식수를 구하거나 고기잡이를 하기에 편리하였다. 또, 막 시작한 농사에 필요한 물을 강이 제공해 주었다. 신석기인들은 조·수수 농사를 지었다. 그들의 생활은 이전보다 한결 안정되어 구석기인처럼 옮겨 다닐 필요가 없어졌다.

신석기인들은 정착하여 마을을 세웠다. 이곳에서 발굴된 신석기 마을의 집터를 보면 둥근 모양으로 땅을 파낸 후 기둥을 세우고 풀로 지붕을 이었다. 이러한 집을 움집이라고 한다. 신석기 마을의 움집은 1가족 4명 정도가 거주하기 적합한 크기였다. 마을의 규모는 가옥이 10채 안팎으로 그리 크지 않았다. 이 지역에 신석기 마을은 꽤 많았다. 오지인 신원면 예동에도 신석기 마을이 있었다. 아마 이 지역의 계곡마다 신석기인들이 살고 있었을 것이다.

신석기인 사회에는 사유재산이나 계급이 없었다. 촌장이 그 마을의 지도자였다. 그리고 샤먼이라고 불리는 무당이 정신적 지주 역할을 하였다. 아마 샤먼이 촌장이었을 것이다. 이때 나온 애니미즘, 샤머니즘, 토테미즘 등의 원시신앙은 오랫동안 지역민의 정신세계를 지배하였다.

신석기인은 농사를 짓고 정착하여 마을을 이루었다는 측면에서 역사의 새 장을 열었다. 농경은 역사에서 특별한 의미를 가진다. 농경은 구석기인들의 긴 경험 속에서 나왔지만 일단 농경이 시작되자 인간의 생활은 혁명적으로 변하였다. 이를 신석기혁명이라고 한다. 신석기혁명은 지역민이 겪은 최초의 역사적 변화였다. 이

임불리 유적지 전경 남상면 임불리 석우마을 앞, 황강의 서쪽 강 언덕에 있다. 현재 합천댐 수몰 지구이다. 이곳에서 구석기시대에서 고려시대에 이르는 유물이 발굴되었다.

신석기 움집터 임불리 신석기 유적에서 발굴된 움집터 그림이다.

가락바퀴 실을 잣는 도구로 방추차라고도 한다. 중심부의 구멍에 가락을 끼워 넣고 섬유를 회전시키며 꼬아서 실을 만든다. 신석기시대부터 출토되고 있다.

흙으로 만든 그물추 신석기시대의 대표적인 물고기 잡이 도구이다.

로써 채집경제는 생산경제로 전환되었다. 정착생활은 사람들의 생활을 안정시켜 새로운 문화를 창조할 수 있는 기반이 되었다.

세련된 빗살무늬토기

신석기인들은 토기를 제작하였다. 토기는 흙으로 빚어 불에 구워낸 그릇을 말한다. 신석기시대에 토기가 처음 나타난 것은 신석기인들이 수확물을 저장하거나 요리할 그릇이 필요했기 때문이다.

빗살무늬토기는 이 지역 신석기인들이 만든 최초의 토기로, 흙으로 빚은 질그릇 표면에 머리빗과 같은 도구로 무늬를 넣은 그릇이다. 신석기인들은 강가의 진흙으로 바닥이 뾰족한 토기를 빚고 표면에 다양한 무늬를 새겨 넣었다.

임불리 신석기 유적에서는 수많은 빗살무늬토기 조각이 발굴되었다. 토기의 재료인 흙은 주변의 진흙을 사용하였고 불에 구울 때 높은 열을 가하여 재질이 단단하였다. 색깔은 주로 갈색이며 검은색과 회색도 있다. 이 토기는 제작기법이 매우 뛰어나 발굴될 당시 손으로 긁어도 상하지 않을 만큼 튼튼했다. 이곳에서 나온 빗살무늬토기는 견고성으로 높이 평가된다.

빗살무늬토기 신석기시대를 대표하는 유물 중 하나이다. 남상면 임불리에서 출토되어 현재 국립중앙박물관에 전시되어 있다.

거창 출토 빗살무늬토기의 다양한 문양 토기 면에 빗 같은 도구로 찍거나 그어서 점, 선, 원 등의 다양한 기하학적 무늬를 장식했다. 600~700℃의 온도로 구우며 색깔은 대부분 적갈색을 띤다.

임불리에서 나온 빗살무늬토기의 무늬는 놀라운 다양성을 지닌다. 토기의 무늬는 긋기, 찌르기, 찍기, 새김 등 4가지 수법으로 제작되었다. 빗살무늬토기의 외형은 대개 V자 형으로 비슷하므로 토기의 예술성은 빗살무늬로 표현된다. 빗살무늬토기 무늬의 다양성은 그것의 우수성을 반영하는 것으로, 임불리 빗살무늬토기는 신석기시대의 완숙한 토기 제작 수준을 보여준다.

빗살무늬토기는 신석기시대 문화교류를 말해준다. 한반도의 빗살무늬토기는 대체로 부산, 김해 등 남해안지역과 중부 내륙지역에서 발견되었다. 거창지역은 그 중간인 경상도 내륙지역에 위치한다. 이곳의 신석기인들은 한반도의 중남부와 남부 해안지역의 문화를 이어주는 역할을 하였다.

청동기시대, 국가를 세우다

청동기시대에는 이전에 볼 수 없었던 큰 변화가 일어났다. 변화의 단초는 농업의 발달이었다. 보리, 콩, 벼농사가 시작되었다. 이 지역에서 돌로 만든 청동기시대 농기구가 발견되었다. 새로운 농기구의 사용과 작물의 재배는 농업생산력의 발달을 가져왔다. 그 결과 사유재산과 빈부격차가 발생하여 부유한 자는 지배계급이 되고 몰락한 사람은 노비가 되었다. 이로써 평등사회는 계급사회로 전환되었다. 지배계급은 군대와 노비를 거느린 군장이었다. 그들은 자기 부족의 농민을 지배했을 뿐만 아니라 인근 부족을 정복하여 노비로 삼거나 공물을 거두었다. 군장은 최초의 정치 지배자였다.

군장은 상당한 권력을 행사하였다. 그들의 권력을 상징적으로 보여주는 것이 고인돌과 무기이다. 남하면 산포유적지에는 33개의 고인돌이 모여 있었는데, 그 주인공은 청동기시대의 지배계급이었다. 고인돌은 권력의 상징이었다. 고인돌 아래에서 발견되는 돌칼이나 돌화살촉은 이러한 사실은 잘 보여준다. 산포리 고인돌 아래에서 길이 45cm에 달하는 긴 돌칼과 길이 10cm의 돌화살촉 수십 개가 다발

대야리 주거지 유적 15기의 청동기시대 집터가 나왔으며, 형태는 원형, 타원형, 방형, 장방형이다.

째 발굴되었다. 군장은 상당한 군사력을 갖춘 이 지역의 지배자였다.

고인돌 소재 지역과 정치집단 분포는 연관성이 있다. 고인돌의 위치와 거주 지역은 정확히 일치하지는 않지만 고인돌 인근 지역에 유력한 정치집단이 있었다고 보는 것이 타당하다. 현재 이 지역에는 31곳에 고인돌이 산재해 있다. 고인돌 분포도를 볼 때 청동기시대 다수의 정치세력이 등장했음을 알 수 있다.

청동기시대 정치사회가 전개되면서 마을의 규모가 커졌다. 양평리 청동기 마을 유적에서는 20여 호의 집터가 발굴되었다. 건물의 규모도 커져서 대형 건축물이 등장하였다. 남하면 대야리 청동기 마을에서는 길이 18m가 넘는 원형 주거지가 발굴되었다. 그곳에서는 길이 12m, 폭 5m가 넘는 타원형 건물터도 드러났다. 이러한 대형 건물은 지배층인 군장의 거주지이거나 공공건물일 가능성이 크다.

청동기 마을 발굴지에서는 다양한 유물도 출토되었다. 양평리 유적에서는 토기 10여 점, 간석기 10여 점이 발굴되었다. 산포리 유적에서는 반달돌칼과 가락바

청동거울 구리에 주석, 아연 등을 섞은 합금으로 만든 거울로 청동기 시대부터 제작되었다. 얼굴을 비추는 면은 반질반질하고 뒷면에는 꼭지가 달리거나 여러 가지 무늬가 새겨져 있다.

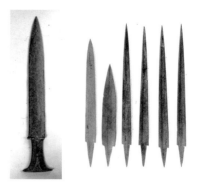

돌칼(좌) 및 돌화살촉(우) 청동기시대에 일반적으로 사용된 돌칼과 화살촉으로 남하 대야리 고인돌에서 출토되었다.

퀴가 발굴되었다. 반달돌칼은 청동기시대를 대표하는 농기구이므로 이 시기 농경이 상당히 발달했음을 알 수 있다. 가락바퀴는 실을 뽑는 도구로 당시 지역민들이 실을 뽑아 베를 짜거나 그물을 만들었음을 알 수 있다.

청동기시대 마을은 대체로 산을 등지고 들을 바라보는 배산임수 지역에 자리 잡았다. 청동기인들은 발달된 농기구로 마을 앞의 넓은 들에서 농작물을 경작하면서 생활하였다. 이때의 청동기인들이 현재 이 지역민의 직접 조상이라고 볼 수 있다.

청동기시대는 세계 4대문명이 발생하고 고조선이 건국되던 때였다. 이 지역에서는 군장이 지배하는 권력체가 형성되기 시작하였다.

지배자의 무덤, 고인돌

고인돌은 청동기시대 지배층의 무덤이다. 거창 남하면 산포 고인돌 유적은 장관을 이루었다. 현재까지 알려진 고인돌은 138기인데, 농경지 정리 등으로 사라진 고인돌까지 고려하면 가히 고인돌의 천국이라고 할 만하다. 고인돌은 이 지역에서만 나타나는 것은 아니다. 한국에는 1만 5천여 기의 고인돌이 조사되었다. 이 지역은 한국의 고인돌 지역 중 우세한 곳에 속한다.

고인돌은 큰 돌을 굄돌로 고여 놓았기 때문에 고인돌이라고 한다. 그 형태는 한강을 기준으로 북쪽에는 탁자형, 남쪽에는 바둑판형이 주로 나타난다. 주상면 내오리 고인돌은 탁자형을 취하고 있다는 점이 주목된다. 비록 1기에 불과하지만 이곳에 북방식 고인돌이 출현한 것은 당시 북방의 선진문화와 교류했던 것으로 해석할 수 있기 때문이다.

고인돌은 청동기시대 선민사상과 연관되어 있었다. 고인돌의 덮개돌에는 종종 성혈이라고 부르는 작은 홈이 발견된다. 성혈은 말 그대로 '신성한 구멍'이라는 뜻으로 지역민들이 고인돌을 신성하게 여겼음을 말해준다. 당시 세력이 컸던 지배부족은 자기 부족은 하늘이 선택한 부족이라는 선민사상을 지니고 있었다. 선민사상은 최초의 정치 이데올로기였다.

고인돌이 많이 나타나는 것은 그만큼 계급사회가 발달했다는 것을 뜻한다. 고인돌과 같은 거대한 축조물을 만들기 위해서는 지배자가 많은 인력을 동원할 수 있는 권력과 막대한 비용을 감당할 수 있는 경제력을 지녀야 했기 때문이다.

이처럼 고인돌은 사회의 대변동을 보여주는 상징물이다. 이때 형성된 계급사회가 이후 수천 년간 계속되었다는 점에서 계급사회의 등장은 역사의 중요한 변화였다.

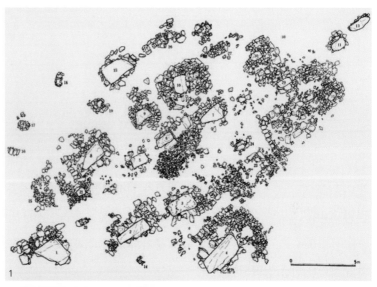

1 산포 고인돌 분포도 남하면 무릉리 산포마을 들판에 총 33기가 동서로 5열을 이루면서 축조되었다.

2 대야 큰돌무덤 덮개돌의 크기는 길이 182cm, 너비125cm, 두께 45cm이다. 돌칼 1점과 돌화살촉 28점이 출토되었다.

3 내오리 고인돌 한반도 남부지방에서 발견된 북방식 고인돌의 대표적인 형태이다. 화강암으로 된 덮개돌은 길이 286cm, 너비 250cm, 두께 35cm이다.(경상남도 기념물 제65호)

4 산포 고인돌 발굴 전경 합천댐 수몰지구에 위치한다. 동의대학교박물관에서 1986년 11월 5일부터 1987년 6월 23까지 이 일대 고인돌을 발굴 조사하였다.

2. 삼국시대, 거열국을 세우다

**철기시대의
변한 소국**

기원 후 철기가 전파되었다. 철기의 사용은 지역사회를 크게 변화시켰다. 철제농기구가 사용되어 농업생산력과 인구가 증가하였다. 철제무기의 사용으로 지배세력의 군사력은 한층 강화되었다.

거창읍에 위치한 정장리에서 철기시대의 무덤 30여 기가 발굴되었다. 당시의 무덤은 대체로 나무 곽을 사용하여 시신을 매장하는 양식이었다. 이 유적에서는 다수의 철로 만든 창, 칼, 도끼, 화살촉 등의 무기와 수정제다면옥, 유리제 장신구, 토기 등이 출토되었다. 그중 철로 만든 무기, 옥과 유리를 다듬어 만든 꾸미개가 주목된다.

이 무덤의 주인공은 소국의 지배계층으로서 철제무기로 무장한 강력한 군사력을 소유하였다. 그들은 당시 귀족계층만이 향유할 수 있는 옥과 유리 같은 사치품으로 치장하는 등 화려한 생활을 하였다. 이러한 군사와 문화의 기반은 철제농기구의 사용과 비약적으로 발달한 농업생산력이었다.

철기시대에는 가옥의 형태도 변화하였다. 양평리에서는 철기시대 마을 터가 발굴되었다. 이 마을에는 16채의 가옥이 있었다. 가옥은 지상에서 사각형으로 흙을 쌓아 벽을 만들고 지붕을 풀로 이은 것이었다. 철기시대 가옥은 신석기시대, 청동기시대의 지하, 반지하에서 벗어나 완전히 지상가옥이 되었다. 이때 비로소 오늘날 초가집과 비슷한 가옥이 출현하였다. 양평리 마을은 청동기시대부터 계속 발전

양평리 출토 유물

양평리 집터 유적

해 왔던 것으로 생각된다.

철기시대 초기 이 지역에 꽤 강력한 국가가 형성되었다. 거창 소국은 그 위치로 보아 변한에 속하였다. 당시 한반도 북부에 부여, 고구려, 동예, 옥저 등이 등장하였고 한반도 남부에는 마한, 변한, 진한의 삼한사회가 형성되어 있었다. 중국의 역사서에는 삼한 중 마한이 가장 큰 나라로서 54개 소국으로 구성되었고 변한과 진

정장리 목곽묘 발굴 정장리 서울우유 부지 목곽묘에서 3세기 중엽 칠기류가 출토되었다.

한에는 각각 12개 소국이 있었다고 기록되어 있다. 삼한사회는 철기를 사용하였고 농업이 발달하였으며 제사와 정치가 분리되는 단계에 도달하였다. 삼한시대 소국들은 부족국가 정도의 규모를 가지고 있었다. 당시 이 지역에는 몇 개의 작은 소국들이 존재했을 것이다.

철기시대 이곳에 있었던 국가의 이름은 아직까지 밝혀지지 않았다. 어떤 이는 이 소국을 중국 역사책에 나오는 고순시국으로 보기도 하지만 신빙성이 작다. 이 소국을 고순시국으로 비정하는 것은 '고순시'와 '거열'의 발음이 비슷하다는 것에서 추론한 데 불과하다. 변한시대 이 소국의 역사는 부족한 문헌자료에 의존하기보다 고고학적 자료를 통해 재구성하는 것이 더 유효하다.

**거열국으로
통일되다**

거창 소국들의 위치는 철기시대 고분군을 통해 추정할 수 있다. 이 지역에는 35개의 고분군이 있다. 각 고분군을 중심으로 하나씩 독립된 소국이 있었을 것이다. 현재까지 발굴된 철기시대 고분군은 거창읍 개봉, 양평리, 송정리, 정장리, 남하면 무릉리, 마리면 말흘리, 주상면 연교리, 웅양면 성북리, 가조면 석강리 등 모두 9개이다. 당시 이 지역에 소국이 있었다고 보아도 좋다. 이 중 고분군의 규모로 보아 읍 분지에 위치한 소국이 가장 강력한 세력이었다고 생각된다.

소국들은 점차 하나로 통합되어 갔다. 4세기경 소국들은 5개 정도로 통합되었다. 거창읍, 가조면, 위천면, 주상면, 웅양면 지역에 각각 하나의 소국이 있었을 것이다.

5세기에 소국들은 하나의 국가로 통일되었다. 거창읍에 위치한 소국이 전 지역을 다스렸다. 그 영역은 현재의 거창군 지역과 대략 일치한다. 마침내 거창인이 통일된 국가를 건설하였다.

이 국가의 이름은 거열국이었다. 삼국사기에는 '거열' 혹은 '거타'라고 기록되어 있다. 아마 처음에는 거타였다가 후에 거열로 바뀌었을 것이다. 또는 거타지역의 거열국이었을 가능성도 있다. 여러 가지 추론이 가능하지만 이 국가의 이름이 거열국이었다는 사실에는 변함이 없다. 거열국은 거창인이 세운 최초의 국가였다.

어떤 이들은 이 국가의 이름이 '자타'였다고 주장한다. 이 주장은 『일본서기』에 나오는 가야국의 이름 중 '거타'와 비슷하게 발음되는 '자타'를 이곳에 비정한 것이다. 그러나 이 주장은 근거가 약하다. 『일본서기』라는 책의 신빙성도 문제가 되지만 음운에 기초한 연구는 방법론적 한계 때문에 매우 조심스럽게 접근해야 한다. 또한 음운학적 방법으로 우륵의 출생지인 '성열'을 가조로 비정하고 이곳을 우륵의 고향으로 보는 주장이 있으나 역시 신빙성이 약하다.

현재 확인할 수 있는 이 국가의 이름은 거열이다. 거열이란 명칭은 우륵의 가야금 작품에 처음 나온다. 가야국의 가실왕은 가야연맹의 단결을 위해 우륵에게 작

무릉리 고분 발굴 현장

복원되기 이전의 거열산성 거열산성은 거열국의 존재를 상징적으로 보여주는 유적이다.

곡을 맡겼는데 우륵이 지은 가야금 12곡 중 9번째 곡이 '거열'이다. 우륵은 '거열'에서 이 지역을 노래하였다. 이는 『삼국사기』에 기록되어 있으므로 의심할 여지가 없다. 따라서 현재로서는 거열국이 지역 최초의 국가라고 보는 것이 타당하다.

청동기시대에 시작된 이곳 지역민의 국가건설운동은 거열국의 건국으로 완성되었다. 거열국은 지배세력과 군사력, 피지배농민과 수취체제를 갖춘 나라였다. 또한 고분과 토기로 대표되는 독자적인 문화를 꽃피웠다.

거열국이 건국되었을 때 한반도에는 삼국시대가 전개되고 있었다. 한반도 남부에는 백제, 신라와 함께 가야연맹이 자리 잡고 있었다. 거열국은 가야연맹에 소속된 국가였다. 거열국은 가야연맹을 주도할 수 있는 힘을 가지지 못했지만 그렇다고 자주성을 잃어버릴 정도의 약한 국가도 아니었다.

거열국은 거창인이 건설한 유일한 국가였다는 의미가 있다. 이후의 역사에서 이 지역민들은 독자적인 국가를 건설한 적이 없다. 후에 그들은 신라인, 백제인, 고려인, 조선인이 되었지만 이때는 거열국인이었다. 거열국은 통치 영역으로 보아도 이곳의 분지 지형과 거의 완벽한 조화를 이루었다.

거열국의 전성기

5세기 중반 거열국은 크게 발전하였다. 지배층은 상당한 군사력과 권력을 가지고 지역 전체를 지배하였다. 비옥한 토지와 풍요로운 산물은 그들의 경제적 기반이 되었다. 철로 만든 무기와 군대는 거열국을 강국으로 성장시켰다. 거열국은 성주, 고령, 합천, 함양 등지의 가야 강국들과 어깨를 나란히 하였다.

거열국인들은 수준 높은 문화를 향유하였다. 당시의 고분에서 출토되는 가야 토기는 제작 수준이 꽤 높다. 일제강점기 일본인들이 도굴한 거열국의 유물에는 금으로 만든 귀걸이, 구슬 목걸이와 팔찌, 금동허리띠 장식 등이 포함되어 있다. 이를 통해 거열국의 지배층이 화려한 생활을 하였다는 사실을 알 수 있다.

철제 창　　　　　　　　　　　**철제 농기구**

　　거열국은 고령, 함양과 같은 문화권에 속하였다. 이 지역에서 출토되는 당시의 토기는 고령, 함양에서 출토되는 토기와 같은 양식이다. 거열국은 합천, 남원지역과도 빈번하게 교류하였다. 합천과 남원에서도 거창 양식의 토기가 출토된다.

　　거열국은 가야연맹의 일원이었다. 당시 가야연맹의 맹주는 고령의 대가야였다. 거열국은 대가야의 국제외교, 경제교류 길목에 위치해 있었다. 대가야는 남원과 하동을 통하여 중국의 남조 및 일본에 사신을 파견하고 문물을 교류하였다. 이때 거열국은 대가야의 사절단이 반드시 거쳐 가야 할 통행로였다. 대가야의 주요 외교로, 교역로에 위치했던 거열국은 섬진강 하구 무역에 참가함으로써 경제적 이익을 얻었고 수준 높은 문화를 이룩할 수 있었다.

　　거열국이 가야연맹의 강국으로 성장할 수 있었던 것은 5세기 중반 이후의 국제정세와 밀접한 관계가 있다. 이때 삼국 중 고구려가 가장 강력한 힘을 가지고 남하정책을 추진하고 있었다. 백제는 수도를 빼앗기고 남쪽으로 근거지를 옮겨야 했다. 백제와 신라는 동맹을 맺고 고구려에 맞서고 있었다.

　　가야연맹도 고구려 침략의 영향을 받았다. 고구려의 남하로 김해의 금관가야는 약해지고 산악지역에 위치했던 고령의 대가야가 후기가야연맹의 맹주가 되었다. 가야연맹은 남하하는 고구려와 이에 맞서는 백제, 신라 양국 사이에서 발전을

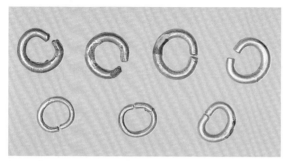

금제귀걸이

철제 칼

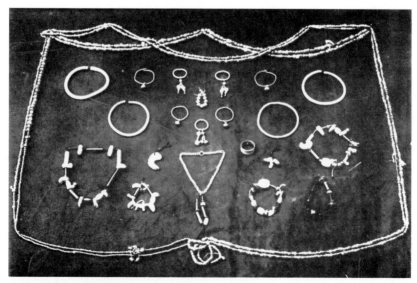

일제가 도굴해 간 거열국의 유물(조선총독부, 『조선고적도보』, 1916년)

도모하였다. 거열국은 고구려, 백제, 신라 사이 힘의 공백지대에서 성장했던 것이다.

　가야연맹은 고구려, 백제, 신라와는 다른 국가 구조를 가지고 있었다. 삼국은 중앙집권국가였으나 가야연맹은 말 그대로 연맹국이었다. 거열국은 대가야의 직접 통치를 받는 '지방'이 아니라 대가야와 연맹관계를 맺고 독자적으로 주권을 행사하는 '지역'이었다. 거열국이 독립을 유지한 것은 삼국의 국제정세와 가야연맹의 국가 조직체제의 산물이었다.

　이때 지역민들은 거열국이라는 국가, 수준 높은 토기문화를 바탕으로 자기 정체성을 뚜렷이 하였다. 그들은 가야인이라는 소속감과 자부심을 지녔고 신라보다는 백제에 친근감을 느꼈다. 이때 형성된 동질감은 지역민을 하나로 묶어주는 역할을 하였다. 이후에도 그들의 독특한 지역성과 강한 주체성은 지속되었으며 때때로 강하게 표출되었다. 지금도 외지인들은 "거창은 지역성이 강하다.", "거창사람들은 배타성이 강하다."라고 평가하곤 한다. 배타성은 주체성의 다른 표현이다. 이 주체성의 뿌리를 찾고자 한다면 거열국의 역사에 주목해 볼 필요가 있다.

거열국의 멸망

6세기 들어 고구려가 약해지자 신라와 백제의 경쟁이 치열해졌다. 가야연맹은 동서 양쪽에서 강국으로 성장한 신라와 백제로부터 압박을 받았고, 양국의 대결과정에서 복잡한 국제정세 속으로 빠져들었다. 거열국은 고령 대가야의 서쪽 요충지에 자리 잡고 있었다. 가야연맹은 신라와 백제 사이에서 줄타기 외교를 전개하였고, 그때마다 거열국의 역할이 바뀌었다.

　6세기 전반 가야연맹은 신라와 동맹을 맺어 백제의 침략을 저지하려고 하였다. 522년 가야연맹은 신라와 결혼동맹을 맺었다. 대가야와 백제는 서로 적대감이 높아졌다. 이때 거열국은 대가야의 백제 방어 최전선이었다. 거열국은 백제 침략에 대한 긴장이 고조되자 침략 방어를 위한 산성을 쌓고 군사력을 강화하였다.

6세기 중반 가야연맹은 외교 전략을 전환하였다. 대가야는 신라의 진흥왕이 가야연맹을 위협하자 백제와 동맹을 맺었다. 가야연맹은 백제의 수도 사비성에서 541년, 544년 두 차례에 걸쳐 사비동맹을 결성하였다. 거열국은 대가야와 백제를 연결하는 외교 통로였고, 이때 두 나라 외교의 요충지 역할을 하였다.

백제와 신라의 전쟁은 점차 극단으로 치달았다. 554년 백제 성왕이 관산성 전투에서 신라 진흥왕에게 패하면서 대가야·백제동맹의 군사력은 결정적으로 약화되었다.

562년 거열국이 멸망하였다. 이때 신라 진흥왕은 대규모 병력을 동원하여 대가야를 공격하였다. 이 전쟁에서 대가야가 멸망하게 된다. 거열국은 신라군에 대항하였으나 강력한 신라군을 막아낼 수 없었다. 그리하여 결국 진흥왕에게 정복당하였다. 거열국은 최후의 가야연맹이었다. 거열국이 멸망했을 때 거열국 사람들은 신라점령군에게 큰 고통을 당했으리라 생각된다.

이처럼 거열국의 멸망에는 삼국의 국제관계 변화가 큰 영향을 미쳤다. 거열국의 위치는 5세기 때 고구려, 백제, 신라의 완충지대였으나 6세기에는 신라와 백제의 충돌지역이었다. 이러한 국제관계 속에서 신라가 강해지자 거열국은 멸망의 운명을 맞았다.

거열국을 어떻게 평가할 수 있을까? 거열국이 강국이었다고 보기는 어렵다. 거열국의 영토는 넓지 않았고 고구려, 백제, 신라는 물론이고 고령의 대가야에 비해서도 결코 강국이 아니었다. 거열국이 생존을 유지할 수 있었던 것은 그 위치 때문이었다고 생각된다. 거열국은 백제와 신라의 국경지대에 자리 잡고 있었다. 이곳은 양국의 수도로부터 멀리 떨어진 변방이었다. 이러한 위치는 거열국이 강대국으로부터 독립성을 유지할 수 있는 조건이었다. 반면 거열국의 위치는 백제와 신라가 패권 경쟁에서 반드시 확보해야 할 전략상 거점이기도 하였다. 이 때문에 거열국은 전쟁터가 되었다.

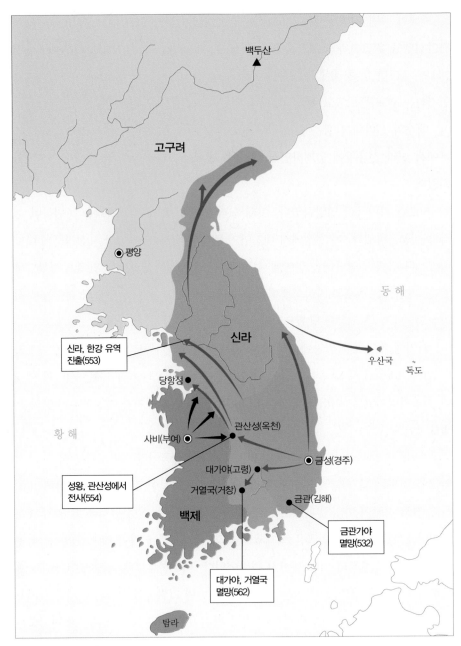

백두산▲

고구려

평양

동해

신라

신라, 한강 유역
진출(553)

당항성

우산국

독도

관산성(옥천)

황해

사비(부여)

금성(경주)

대가야(고령)

성왕, 관산성에서
전사(554)

거열국(거창)

금관(김해)

백제

금관가야
멸망(532)

대가야, 거열국
멸망(562)

탐라

거열국 멸망 당시 삼국 형세도

이러한 국제정세 속에서 거열국은 대가야연맹의 일원으로 독립국 체제를 유지하였고, 신라와 백제 사이에서 민활한 외교정책을 펼치며 생존전략을 구사하였다. 삼국시대 거열국의 지정학적 위치는 변방지역의 독립 공간이었다. 따라서 지역민이 세운 유일한 국가였던 거열국은 독립공간의 자주국가라는 위상을 지녔다고 평가할 수 있다.

가야고분과 토기문화

청동기시대에 고인돌 문화를 이룩했던 지역민들은 철기시대에 고분문화를 창조하였다. 현재 이 지역에 산재해 있는 고분군 중 남하면 무릉리 고분군, 거창읍 개봉 고분군과 양평리 고분군, 마리면 말흘리 고분군, 가조면 석강리 고분군이 대표적이다.

거열국의 고분은 가야고분 양식에 속한다. 낙동강 서쪽 가야국들이 있었던 지역에도 비슷한 고분들이 남아 있다. 거열국은 정치적으로 가야연맹이었고 문화적으로도 가야문화권에 속하였다.

당시에 축조된 고분에는 토기가 부장되어 있다. 이를 가야토기라고 한다. 현재 발굴된 거열국의 고분에서도 한결같이 가야토기가 출토되고 있다. 거열국의 지배층은 각 지역에 고분을 건축하고 그 속에 토기를 함께 넣었다. 거열국의 문화는 고분문화, 토기문화라고 볼 수 있다.

거열국인들은 매우 수준 높은 토기문화를 향유했던 것으로 보인다. 거열국 토기는 대체로 고령토기와 유사하지만 이와는 별도로 '거창토기'라고 부를 만한 토기가 출토된다. 이 지역에서 발굴되는 토기는 지역민들이 독자적으로 제작한 것으로 상당히 우수하다. 거창 토기는 거열국의 정치적 독립성과 문화적 주체성을 보여주는 유력한 유물이다.

거열국의 고분과 토기

거창에 산재한 고분과 그곳에서 출토되는 토기는 거열국 문화를 상징한다.
거창 토기는 가야형 토기가 주류를 이루지만 백제형 토기와 신라형 토기도 출토된다.

1 발굴 직전의 마리면 말흘리 고분군 지표
2 말흘리 고분 덮개돌
3 말흘리 고분의 내부
4 토기 출토 장면

1~3 가야형 토기
4 신라형 토기
5 백제형 삼족 토기
6 방울잔
7 주상면 연교리 고분 출토 토기

거열을 두고 다투다

한때 거창과 진주는 서로 '거열'이 자기 지역에 있었다고 주장하였다. 이 논쟁은 조선시대 대표적인 지리서인 『동국여지승람』의 기록에서 비롯되었다. 『동국여지승람』의 거창군조에 "거창군(居昌郡)이 본래 신라의 거열군(居烈郡)이었고 다른 말로 거타(居陀)였다."라고 기록되어 있다. 이 기록에 따르면 거창의 옛 이름은 "거열" 또는 "거타"였다. 그러나 같은 책 진주목조에는 "진주목은 본래 백제의 거열성(居列城)이고 다른 말로 거타(居陀)였다."고 기록되어 있다.

이처럼 『동국여지승람』의 거창군조에서는 거창이 거열이었다고 했고, 진주목조에서는 진주가 거열이었다고 기록되어 있다. 과연 거열은 어디에 있었던 것일까? 어떤 학자는 거창의 거열(居烈)과 진주의 거열(居列)은 '열'의 한자가 다르므로 서로 다른 지역이라고 주장하기도 하였다. 그러나 두 거열을 모두 '거타'라고 했으므로 사실은 같은 곳이다.

『동국여지승람』의 기록은 『세종실록』과 『고려사』의 지리지의 내용을 옮겨 쓴 것으로 모두 『삼국사기』의 기록에 근거하고 있다. 『삼국사기』의 거열에 대한 기록은 매우 간략하다. 『동국여지승람』 오류는 조선 초기 학자들이 『삼국사기』의 내용을 잘못 이해한 데서 비롯되었다.

역사학자들은 『삼국사기』의 내용을 분석하여 거창이 거열이라는 사실을 고증하였다. 뒤에서 살펴보겠지만 6세기 신라는 거열국을 점령하고 거창에 거열주를 두었다. 그 후 신라는 거열주를 진주로 옮기고 이름도 청주로 바꾸었다. 이때 거창에는 거열군을 두었다. 따라서 거열은 오직 거창에만 있었던 것이다.

거창과 진주의 거열 지명 다툼은 이 사실을 오인한 『동국여지승람』 저자의 잘못된 기록과 그 기록을 그대로 믿었던 진주와 거창의 향토사학자들 사이에서 일어났던

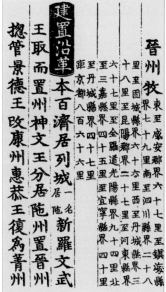

『동국여지승』람 거창 기록(좌) 『신증동국
여지승람』 31권 거창군 연혁. "본래 신라
거열군(居烈郡)－거타(居陁)라 한 곳도 있
다.－을 경덕왕이 지금 명칭으로 고쳤다."

『동국여지승람』 진주 기록(우) 『신증동국
여지승람』 30권 진주목 연혁. "본래 백제의
거열성(居列城)－거타(居陁)라고도 한다.－
인데 신라 문무왕(文武王)이 빼앗아서 주
(州)를 설치하였다. 신문왕(神文王)은 거타
주를 분할하여서 진주총관(晉州摠管)을 설
치하였고, 경덕왕(景德王)때 강주(康州)라
고쳤다가 혜공왕 때 다시 청주라 하였다."

하나의 해프닝이었다. 거열국 위치논쟁은 두 지역 향토사학자들의 애향심과 향토사 연구의 한계에서 비롯되었다.

좀 더 깊이 들여다보면 이 논쟁은 개별과 보편이라는 철학적인 문제를 담고 있다. 역사에서는 그것이 지역사와 전체사의 관계로 나타난다. 지역사의 장점은 사실을 구체적으로 보여준다는 데 있다. 그러나 개별성 속에 보편성이 관철되고 있다는 사실을 염두에 둘 필요가 있다. 지역사의 구체적인 사실 속에 전체사의 흐름이 관통되고 있다. 현재 역사학자들이 거열이 거창에 있었다고 고증할 수 있었던 것은 신라 진흥왕의 거열국 점령과 지배라는 전체사를 조망함으로써 가능한 일이었다.

거열국 위치 논쟁은 지역사 연구가 전체사의 조망 속에서 진행되어야 하는 이유를 뚜렷이 보여준다. 보편성과 개별성, 전체사와 지역사는 독립해서 존재하는 것이 아니다. 카(E. H. Carr)의 표현을 빌리자면 둘 사이의 "끊임없는 대화"의 과정인 것이다.

3. 통일신라시대, 거창의 등장

**거열국
부흥운동**

7세기 삼국통일 시기에 접어들면서 거창은 또다시 신라와 백제의 격전지가 되었다. 562년 거열국 멸망 이후 이 지역은 신라 영토였다. 백제는 신라에 대한 공격을 강화하였다.

백제 무왕은 624년 인근 함양지역을 점령하였다. 이때 아홉산은 백제와 신라의 국경선이었다. 마리면은 백제 영토에, 거창읍은 신라 영토에 속하였다. 642년 백제 의자왕은 대군을 몰고 와서 거창과 합천을 점령하였다. 이것이 그 유명한 합천 대야성 함락사건이다. 이 지역은 이때부터 20여 년간 백제의 영토가 되었다.

신라는 백제에게 빼앗긴 지역에 대한 대대적인 공격을 개시하였다. 신라의 김유신은 648년 합천 대야성을 공격하여 점령하였다. 당시 신라와 백제의 국경선은 거창읍과 가조면을 가로지르는 살피재였다. 가조면은 신라의 영토, 거창읍은 백제의 영토였다.

660년 백제가 멸망하자 백제의 부흥군이 거창으로 몰려왔다. 이곳은 백제부흥군의 거점이 되었다. 지역민들은 그때까지 거열국을 멸망시킨 신라에 대하여 적개심을 가지고 있었다. 그들은 백제부흥군과 함께 신라를 물리치고 거열국을 재건하고자 하였다. 거열부흥군과 백제부흥군은 연합하여 거열산성에 진을 치고 신라군에 대항하였다.

663년 신라장수 흠순과 천존이 대군을 이끌고 와서 거열산성을 쳤다. 치열한

거열산성 거열산성은 건흥산에 있는 거열국의 군사 요지였다. 663년 문무왕의 신라군은 이 성에서 거열·백제부흥군을 몰살하였다.

만흥사산성터 발굴 만흥사산성 서쪽 성벽 배수시설. 만흥사산성은 신라가 새로 쌓은 거열산성이다. 당시 성내에 만흥사라는 절이 있었다고 한다.

전투가 벌어졌다. 거열·백제 부흥군은 신라군을 막아내기에 역부족이었다. 신라군은 이곳을 점령하고 거열·백제부흥군 700여 명을 참수하였다. 이 전투는 철저한 섬멸전이었다.

신라는 거열성 전투에서 승리한 후 665년 거창에 거열주를 두었다. 거열주는 신라가 점령지를 다스리기 위해 설치한 통치기관이자 군사령부였다. 이때 지역민들은 신라에게 혹독한 수탈을 당하였다. 『삼국사기』에 따르면 665년(문무왕 5년) 신라는 거창인들을 동원하여 강릉까지 군수물자를 운반했다고 기록되어 있다. 또한

673년에 거열주에 만흥사산성을 쌓았다고 기록되어 있다. 이 공사에 지역민들이 동원되었음은 의심할 여지가 없다.

이처럼 삼국통일기 거열국 부흥운동은 실패로 끝나고 이 지역은 완전히 신라에 복속되었다. 신라는 거열주를 통해 이후 30년간 서부경남 일대를 다스렸다. 이 지역은 신라의 군사 점령지역이었다.

역사에 처음 등장한 거창

통일신라 신문왕은 685년 지방제도를 정비하였다. 이때 이 지역에 두었던 거열주를 진주로 옮기고 이름을 청주로 바꾸었다. 그리고 이 지역에는 거열군을 두고 청주에 소속시켰다. 거열군은 통일신라 9주 중 청주 관할이었다.

757년 경덕왕은 거열군을 거창군으로 바꾸었다. 이때 비로소 '거창'이라는 지명이 역사에 등장하였다. 거창이라는 지명은 이후 고려, 조선시대를 거쳐 현재까지 그대로 사용되고 있다. 『삼국사기』는 다음과 같이 기록하고 있다.

> 거창군은 본래 거열군(혹은 거타)이었는데, 경덕왕이 이름을 고쳤다. 지금도 그대로 쓴다. 그 아래 현이 두 개 있다. 여선현은 본래 남내현이었는데 경덕왕이 이름을 고쳤다. 지금의 감음현이다. 함음현은 본래 가소현이었는데 경덕왕이 이름을 고쳤다. 지금은 옛 이름을 복구하였다. – 『삼국사기』 지리지 1

사료에서 "지금"은 고려시대이며, 남내현·여선현·감음현은 현재 위천지역, 가소현·함음현은 현재 가조지역이다. "가소"는 조선시대부터 발음이 비슷한 "가조"로 불리게 되었다. 통일신라시대 신라 중앙정부는 읍 지역에 거창군을 두고 태수를 파견하여 다스렸다. 그 아래 위천지역에 여선현, 가조지역에 함음현을 두고 각각 현령을 파견하였다.

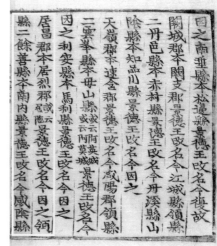

『삼국사기』의 거열에 대한 기록(『삼국사기』 권 34, 잡지3)

경덕왕은 거열의 이름을 바꾸면서 왜 거창이라고 했을까? '거창(居昌)'은 사람이 살 만한 비옥한 땅이라는 뜻이다. 경덕왕이 거열을 거창으로 바꾼 것은 거열과 비슷하게 발음되는 중국식 명칭이었기 때문이다. 동시에 이 지역의 토지가 비옥하고 산물이 풍부했기 때문이라고 생각된다.

이 지역은 고대부터 산물이 풍부하였고 중앙정부의 수탈도 심하였다. 당시 각 촌락에는 촌주가 있었다. 이들은 토지, 인구, 가축 등을 철저히 조사하여 조세, 공납, 부역을 징수하였다. 촌주는 최초의 향촌세력이었다.

거열군이 설치됨으로써 이 지역은 행정적으로 신라의 일개 지방으로 편입되었다. 유사 이래 처음 있는 일이었다. 이 지역은 그때부터 지금까지 중앙정부의 한 지방이었다. 거열국 사람들은 거열군의 설치에 대하여 그리 탐탁하게 생각하지는 않았을 것이다. 골품제도의 제한으로 출세가 막혀 있었던 이 지역 촌주가 오로지 중앙정부에 충성했다고 보기 어렵다. 또한 농민들도 무거운 중앙정부의 수탈에 흔쾌히 동의하지 않았을 것이다. 신라 말기 중앙권력이 약화되자 지역민들은 곧 중앙정부

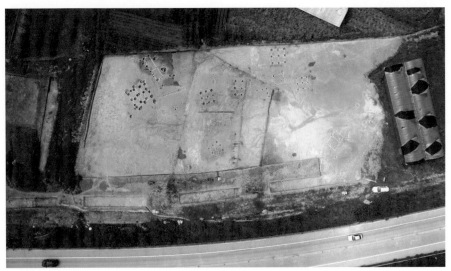

남상 송변리 마을터 삼국시대 집터로 신라시대 마을의 모습을 확인할 수 있다. 완만한 경사의 평평한 구릉지에 11동이 원형 배치되어 있다. 가장 큰 건물은 27.6㎡이며 1×2칸, 2×2칸, 1×4칸 집이 있다. 대략 한 건물당 5~9명이 거주했을 것으로 추정한다.

에서 이탈해 버린다. 고대 사회에서 지방이란 그렇게 자부심을 느낄 만한 것이 아니었다. 지방민에게는 오직 지배와 수탈만 있었다.

거열군 설치는 거열국 지역이 신라의 한 지방으로 편입된 것을 뜻한다. '지방'과 '지역'은 서로 다른 개념이다. 지방은 중앙정부의 입장에서 본 개념이고, 지역은 서로 대등한 지리적 개념이다. 지방이 종속성을 내포한다면 지역은 독립성을 의미한다.

역사서술에서도 지방사와 지역사는 서로 다른 입장에 서 있다. 지방사는 중앙의 입장에서, 지역사는 지역의 입장에서 본 역사이다. 지방사에서 지역민은 통치의 대상, 즉 객체로 취급되지만 지역사에서 지역민은 역사의 주인공, 즉 주체가 된다. 한국사에서 지방사와 지역사는 모두 필요하다. 그렇지만 지역민은 지역사의 눈으로 자신의 역사를 볼 필요가 있다. 지역사의 눈으로 보면 중앙권력은 하나의 외적 조건일 뿐이다.

**불교사회가
되다**

통일신라시대 불교가 크게 융성하였다. 불교가 언제 이곳에 전해졌는지는 확실하지 않다. 신라는 이 지역을 정복한 이후 강력한 불교정책을 실시하였다. 문무왕은 이곳에서 거열부흥군을 정벌한 후 거열산성에 만흥사라는 사찰을 세웠다. 이것은 신라가 불교를 통해 저항하는 지역민을 회유하려는 문화정책이었다.

이에 따라 많은 사찰이 세워졌다. 가조의 고견사, 북상의 송계사, 위천의 강남사와 가섭사, 마리의 송림사, 감악산의 감악사와 연수사는 이때 세워졌던 큰 사찰이다. 현재 이 지역에는 전형적인 통일신라의 삼층석탑이 남아 있다.

당시 곳곳에 석불이 세워졌다. 거창읍 양평리 석불, 북상면 농산리 석불, 위천면 강남사지 석불, 마리면 송림사지 석불은 현재까지 남아 있다. 이러한 석불의 조성은 많은 지역민들이 불교를 신앙했다는 것을 뜻한다. 또한 이 지역에서 출토된 금동보살입상은 귀족불교의 화려한 면모를 보여준다.

통일신라시대 읍 분지 중앙에 아림사가 세워졌던 것으로 생각된다. 당시 이곳에는 아림이라는 숲이 있었고 숲속에 아림사가 있었다고 한다. 그러나 아림사와 관련된 사료는 충분하지 않다. 아림사에 대한 기록은 조선 말기인 1832년에 간행된 『경상도읍지』에서 처음 나온다. 또한 아림사가 언제 없어졌는지 알려주는 사료도 없고 아림사지의 발굴이 이루어진 적도 없다.

군청 터에서 아림사의 유물인 탑과 부도의 잔해들이 발견되었으므로 아림사의 존재는 확실하다. 아림사지 유물 중 단 1개가 남아 있는 탑신에는 사천왕상이 조각되어 있다. 이로 보아 이 탑의 건립연대는 신라하대, 즉 9세기 이후였을 가능성이 크다. 또한 탑의 양식으로 보아 현재 로터리에 오층석탑으로 복원되어 있는 아림사 탑은 2개의 삼층석탑이었을 가능성이 있다.

당시 지역의 중심지에 아림사가 세워졌던 것은 큰 의미가 있다. 신라 말기 이 지역이 완전히 불교사회로 접어들었고 불교가 큰 권력을 행사했다는 것을 말해주기 때문이다. 이와 함께 지역민들의 신라에 대한 적대감도 완화되었다.

통일신라시대 거창의 석탑과 조각

신라중대에는 교종불교가 발달하고 삼층석탑이 건축되었으며
신라하대부터 탑신에 조각상이 나타난다.
아림사지탑의 탑신에도 사천왕상이 조각되어 있다.
석탑과 조각은 당시 거창지역이 불교사회로 접어들었음을 보여준다.

1 아림사지 출토 조각상   2 소야 삼층석탑   3 아림사지 석탑

불교의 융성으로 지역민의 사상은 크게 변하였다. 그들은 이제 원시종교인 샤머니즘에서 벗어나 고등종교인 불교를 수용하게 되었다. 이때부터 현재까지 불교는 지역민의 중요한 종교 중 하나이다. 그러나 샤머니즘과 같은 민간신앙도 여전히 신봉되었다.

뼈단지 통일신라시대 불교가 전파됨으로써 화장 장례법이 유행하였다. 뼈단지는 화장 장례에 사용된 유골함이다.

당시 불교는 단순한 종교가 아니라 지배 이데올로기였다는 사실에 유의해야 한다. 불교는 중앙권력의 공식적인 가치판단의 기준이었다. 신라 왕실은 왕이 곧 부처라는 사상을 가지고 현세의 지배계급과 내세의 부처를 일치시키고 이 사상으로 신라인들을 통합해 나갔다. 신라 불교는 지배질서를 정당화하는 기능을 지니고 있었다. 현재 이 지역에 널리 퍼져 있는 불교유산을 볼 때 불교의 정치이념적인 기능을 과소평가하기 어렵다. 불교는 지역민에게 종교적 기능뿐만 아니라 정치이념의 역할도 수행하였다.

후삼국시대, 호족의 등장

신라 말기 중앙정부의 지방통제가 약화되자 지역에 새로운 세력이 등장하였다. 그들이 호족이다. 호족은 촌주 출신이었다. 호족은 중앙정부에서 지방관을 파견할 수 없게 되자 스스로 성을 쌓고 지역을 통치하였다. 정장리에는 호족이 쌓았던 거대한 토성이 있었다.

정장리 토성은 한들을 굽어볼 수 있는 구릉지에 자리 잡았다. 성의 총 길이는 1,200m에 달하고 성벽의 높이가 1.5m, 폭이 8m였다. 성벽에는 성문이 설치되었고 높은 망루가 건축되었다. 성 안에는 각종 건축물과 우물이 있었고, 특히 무기와 농기구를 생산할 수 있는 제철소가 있었던 것이 주목된다.

거창 정장리 호족의 토성 터

　호족은 정장리 토성에서 지역을 지배하였다. 당시 신라 각지에서는 농민들이 봉기하였고 도적들이 들끓었다. 호족은 이들을 감시하기 위해 토성을 쌓고 망루를 세웠으며 무장한 군대를 성 안에 상주시켰다. 또한 지역의 농민들을 통제하고 세금을 징수하였다.

　10세기 초 후삼국시대가 전개되면서 이곳은 또다시 전쟁터로 바뀌었다. 후백제의 견훤은 통일신라의 경주를 공격하기 위해 이 지역을 확보할 필요가 있었다. 견훤은 920년 합천 대야성을 함락하였고, 5년 후인 925년 12월 거창을 점령하였다. 이 지역은 백제부흥운동 실패 후 250여 년 만에 다시 후백제의 영토가 되었다.

　고려의 왕건은 후백제군을 공격하였다. 928년 왕건은 이곳에 대군을 보내 전투를 벌였다. 마리성 근처에서 벌어진 전투에서 고려군은 대승을 거두었다. 기록에 "견훤의 장수 수오를 왕건의 깃발 아래서 죽였다."고 했으니 고려군이 후백제군을 여기서 완전히 섬멸했던 것이다. 이 전쟁에서 호족이 어느 편에 가담했는지 알 수 없지만 그 이후에도 호족의 세력은 약화되지 않았다.

호족은 지역의 실권자이자 새로운 시대를 연 주역이었다. 그들은 고려시대 이 지역을 지배하고 중앙정계에 진출하기도 하였다. 또한 이들은 다소의 변화는 있었지만 조선시대까지 향촌사회를 주도하였다. 고려, 조선 1천 년 동안 지역을 주도한 향촌세력은 이때 형성되었다.

옛 역사서는 이들을 종종 "토호(土豪)"라고 표현하였다. 토호는 대체로 부정적인 의미로 사용되었다. 토호의 사전적인 의미는 "지방에 자리를 잡고 버텨 세력을 떨치던 호족" 또는 "지방에서 재력과 세력을 바탕으로 양반 행세를 할 정도로 힘을 과시하는 사람"이다. 토호라는 말은 신라 말기에 등장해서 조선시대에 일반적으로 사용되었다.

토호는 중앙정부와 지방민 사이에 존재했던 향촌의 세력가였다. 그들은 국가권력과 어느 정도 대립적인 위치에 있으면서 향촌에 토착화한 지배세력이었다. 그들은 중앙에서 보자면 지방민을 수탈하는 존재였고 지역에서 보자면 부와 권력을 행사하는 지배세력이었다. 토호의 존재 양태는 중앙권력과의 관계에 따라 차이가 있었다.

후삼국시대의 호족은 향촌세력의 원형이라는 측면에서 중요한 의미를 가진다. 호족은 이후 향리, 사림, 사족, 지역유지 등으로 전환되었지만 그들의 존재가 없었던 때는 단 한 번도 없었다. 그들은 언제나 지역의 권력자였고 때때로 토호였다.

통일신라시대의 거창 불상

통일신라시대에는 석불과 금동불이 많이 만들어졌다.
이 지역의 석불은 불교가 민중 속에 전파되었음을 보여준다.
한편 귀족들이 좋아했던 금동미륵보살이 다수 출토된 것으로 보아
이 지역에 귀족불교가 발달했던 것으로 보인다.

금동불 자그마한 호신불로 가운데 불상의 높이는 8.4cm
이다.

금동불 높이 15cm로,
폐사지에서 출토되었다.

거창금동보살입상(보물 제285호) 삼국
시대 금동불로 높이 22.5cm이다. 1930년
경 거창읍에서 발견되어 현재 간송미술관
에 소장되어 있다.

양평리 석조여래입상(보물 제377호)
높이 4m로 통일신라시대 석불의 모습을
보여준다.

농산리 석조여래입상(보물 제1436호)
균형미는 좀 떨어지지만 민중에게 친근
한 모습이다. 높이 270cm이다.

**통일신라시대
불상**

통일신라시대에 꽤 화려한 귀족문화가 발달하였다. 이 지역에서 나온 다수의 금 귀걸이, 수백 개에 달하는 붉은 옥, 굽은 옥, 대롱 옥 등은 지배층의 사치품이었다. 그 향유자는 중앙에서 파견된 관리와 중앙과 연결된 지역의 토호세력이었다. 이들은 불교문화의 주도층이었다.

지역의 불교문화를 대표하는 것이 불상이다. 불상은 독특한 개성을 지니고 있다. 금동불과 석불은 당시 불교문화의 성격을 보여준다. 귀족불교의 성격을 가장 잘 보여주는 것은 거창금동보살입상이다. 이 금동불은 7세기 전후에 제작된 것으로 당시 귀족들이 가장 선호했던 불상이다. 양평리 석불에는 통일신라시대 석불양식이 그대로 구현되어 있다. 반면 북상면 농산리 석불, 위천면 강남사지 석불, 마리면 송림사지 석불은 상당한 제작기술을 보여주지만 동시에 토속적인 미를 지니고 있다.

이러한 불상 모습은 불교가 지역민들에게 대중화됨으로써 그들의 정서가 불상제작에 반영된 것이다. 이처럼 불교문화는 귀족불교와 민중불교가 공존하는 이원성을 지녔다. 문화의 이원성은 귀족, 평민 양 신분을 대변한다.

불상 제작은 지역민의 문화수용능력을 보여준다. 신라가 불교를 공인한 것은 527년 법흥왕 때였다. 그리고 이 지역이 신라의 영토로 편입된 것은 562년 진흥왕 때였다. 따라서 이곳에 불교가 들어온 것은 진흥왕 이후의 일이었을 것이다. 300년이 채 되지 않았던 짧은 시기에 수많은 불상이 제작된 것으로 볼 때 당시 지역민들은 새로운 문화의 수용에 매우 열정적이었음을 알 수 있다.

국경지대의 명승지, 수승대

수승대(搜勝臺)는 지역 제일의 명승지이다. 푸른 숲 사이로 맑은 물이 흐르는 계곡에 우뚝 솟은 수승대는 그 자체만으로 사람들의 감탄을 자아내기에 족하다. 예부터 이 지역을 찾는 사람들은 누구나 수승대의 경치를 감상하기를 원했으니, 수승대에 빽빽하게 새겨진 이름과 수승대를 읊은 수많은 한시가 이를 말해준다.

안의의 구연동은 산수의 빼어남이 영남의 제일이다. 그중에 한 바위가 있어 형상이 엎드린 거북같이 수중(水中)에 일어나니 그 위에 1백여 인이 앉을 만하고 수십 주의 노송이 하나의 산을 이루니 이 대(臺)가 본래 신라, 백제시대에 사신들을 서로 보냈던 곳으로 수송대라 전해왔다.

– 신사범, 구연서원중건기

수승대의 원래 이름은 수송대(愁送臺)였다. 삼국시대 백제 사신이 신라로 갈 때 돌아오지 못할 것을 슬퍼하면서 이곳에서 송별했다고 한다. 마리면에 있는 영송은 사신을 맞아들이고 보낸다는 뜻이고, 수송대는 사신을 슬퍼하며 보낸다는 뜻이다. 영송의 현재 이름은 영승이다. 백제 사신은 신라로 떠나기 전에 영승에서 이별식을 하고 수승대에서 위로연을 베풀었다는 이야기다.

수승대에 얽힌 이야기는 사실일까? 백제 무왕이 함양을 점령한 624년부터 신라가 거창을 완전히 장악한 663년까지 40년 동안 이곳은 신라와 백제의 국경지대였다. 그중 624년부터 642년까지는 아홉산이 백제와 신라의 국경선이었다. 당시 영승과 수승대는 백제의 영토였으므로 이곳에서 백제 사신의 전송식이 열렸을 가능성이 있다. 이때 백제왕은 무왕이었다. 그는 선화공주와의 설화가 담긴 서동요의 주인공이다. 이 지역에 선화공주 전설이 전해지는 것은 이 때문이다.

　　수승대가 수승대로 바뀐 것은 조선시대 이황의 제안에서 비롯되었다. 이황은 마리면 영승에 있는 처가를 방문했을 때 영송을 영승으로, 수송대를 수승대로 바꾸자고 제안했다.

　　안음 고현에 계곡이 있는데 속명이 수송대이다. 천석(泉石)이 너무나 좋아 구경하고자 하였으나 여가가 없어 못 가는 것이 한이 된다. 그 이름이 아름답지 못하여 수승으로 바꾸고자 하니 모두 좋다고 하였다.

　　　　　　　　　　　　　　　　　　　　　　　　　　　　　　－ 이황, 기제수승대

　　지역 인사들은 이황의 제안을 받아들였다. 삼국시대의 '국경지대 수송대'는 900여 년 만에 '명승지 수승대'로 바뀌었다. 수승대가 명승지인 것은 예나 지금이나 변함없지만 수송대가 수승대로 바뀐 것은 이곳이 지닌 성격의 변화를 보여준다. 수송대는 변경지대, 국경지대라는 의미이다. 반면 수승대는 시, 학문과 관련된 문화 장소를 뜻한다. 수승대는 고대의 정치공간에서 중세의 문화공간으로 전환되었다.

**고려 건국에
나선 사람들**

고려의 건국과 함께 출세한 이 지역의 첫 인물은 희랑대
사였다. 희랑대사(889~967년)는 주상면 성기마을 출신
으로 알려져 있다. 그는 15세에 해인사로 출가하여 승
려가 되었다. 당시 해인사 승려들은 견훤을 지지하는 남악파와 왕건을 지지하는 북
악파로 나뉘어 서로 대립하였다. 그는 왕건의 편에 서서 견훤의 월광왕자 군대를 격
파하여 이 지역의 전세를 역전시키는 데 크게 기여하였다. 그 공로로 희랑대사는 왕
사가 되어 해인사를 크게 중창하였다. 지금도 해인사에 희랑대라는 이름과 희랑대
사 조각상이 남아 있으니 당시 그의 권력을 미루어 짐작할 만하다.

후삼국시대 때 유명해진 곳이 가조의 박유산
이다. 생김새부터 남다른 박유산은 지조의 상징으
로 조선시대 수많은 선비들이 은거했던 곳이다.
조선시대 이지활도 이곳에 은거하여 단종에 대한
충절을 지켰다. 박유산이라는 이름은 박유라는 선
비가 이곳에 숨어 살았다는 데서 비롯되었다.

박유는 신라 말기 유학자였다. 그는 강릉 사람
으로 성품이 곧고 유교경전에 통달하였다. 처음에
궁예를 섬겨 원외, 동궁기실이라는 벼슬을 지냈는
데 궁예의 정치가 어지러움을 보고 집을 나와 산

왕건을 도운 희랑대사 희랑대사 조각상은
우리나라 유일의 승려 조각상이자 10세기
중엽 조각 중 최고의 걸작으로 평가된다. 해
인사성보박물관 소장(보물 제999호).

박유산

골짜기(박유산)에 숨었다고 한다.

　　박유는 918년 왕건이 고려를 건국하자 스스로 왕건을 찾아가 알현하였다. 이때 왕건은 주나라 문왕이 강태공을 얻은 것과 같다고 크게 기뻐하며 높은 벼슬과 왕씨 성을 하사하였다. 이후 왕유가 된 박유는 중앙 정계에서 활약하였다. 박유가 이 지역에 머물렀던 것은 은퇴가 아니라 출세를 위한 은거였다.

　　은거의 땅이었던 이 지역 사람들에게 고려의 건국은 새로운 기회가 되었다. 통일신라시대 지역 인물들은 골품제의 제한 때문에 중앙정계에 진출하는 것은 불가능하였다. 그러나 골품제가 폐지된 후 향촌세력은 출세를 꿈꾸었다.

**향리세력이
다스리다**

고려는 현종 때 5도 양계의 지방 체제를 갖추었다. 거창현은 5도 중 경상도에 속하였다. 당시 이 지역에는 남상에 무촌역, 주상에 성기역이 있었다. 이곳은 진주에서 수도 개경으로 가는 교통로에 위치하고 있었다.

고려 초기 거창현에는 지방관이 파견되지 않았다. 고려시대 지방관이 파견되지 않은 현을 속현이라고 한다. 거창현은 합주의 속현이었다. 고려는 현종의 왕비가 태어난 합천에 합주를 두고 거창현, 가조현, 남내현(위천지역), 이안현(마리지역), 삼기현(신원지역) 등 12개 현을 속현으로 삼아 관할하게 하였다. 이 지역은 경상도 안찰사, 진주목 계수관, 합주 지사의 관할이었으나 사실상 독립된 행정구역이었다.

지역의 실제 지배자는 향리였다. 향리는 신라 말 호족 출신으로 고려의 지방제도가 정비되면서 향리로 편입되었다. 호족은 향리가 되었으나 그들의 지배력은 여전하였다. 향리는 지역에서 중앙정부의 명령을 집행하고 농민에게서 세금을 징수하여 중앙에 납부하였다.

향리는 지역의 유력한 토성 출신자들로 구성되었다. 향리는 '호장', '정', '사'라는 3개의 신분으로 구분되었으며 9단계의 승진제도를 가지고 있었다. 유력한 토성 가문이 호장을 배출하였고 그 가문 출신자들은 승진이 빨랐다. 최고직인 호장이 실제 향촌의 지배자였다. 그들은 대토지와 노비, 지방권력을 함께 소유하였다. 이 지역이 오랫동안 속현이었기 때문에 지역 향리의 토착성과 독립성은 매우 강하였고, 이때 향리는 토호의 성격을 지녔다.

향리는 지역 지배권을 차지하기 위해 치열한 경쟁을 벌였다. 12세기 위천에서 일어난 자화·의장 무고사건이 대표적이다. 당시 위천에 귀족이자 정과정곡으로 유명한 정서의 부인 임 씨가 있었다. 1161년(의종 15년) 정서가 귀양 가자 부인 임 씨는 위천에 와 있었다. 그때 자화와 의장이 "임 씨가 감음현 향리인 인량과 함께 임

고려시대 향리세력은 누구였을까?

조선 초기의 기록을 통해 지역 향리를 추론해 볼 수 있다. 조선 초기에 편찬된 『세종실록지리지』를 보면 거창현의 토성으로 유·정·장·신(愼)·주씨, 가조현의 토성으로 사·조·갈·유·신(辛)씨, 함음현(위천)에 공·황·서문·서씨가 기록되어 있다. 이 기록은 조선 초기 사료이므로 한계가 있지만 이들 중 가장 앞에 기록된 거창의 유씨, 가조의 사씨, 위천의 공씨가 고려 후기 각 지역에서 가장 유력한 가문이었다고 보는 데는 무리가 없을 것이다. 고려시대 향리는 유력가문 출신이었다.

고려시대 거창지역의 수공업

고려시대 거창에는 수공업이 꽤 발달했던 것으로 보인다.
현재 발굴된 공방 건물터, 제철소 용해로,
가마터와 지역에서 출토된 토기 및 청동정병은 이를 잘 보여준다.
특히 월평리 유적에서 발굴된 기와 가마는 공방과 연결되어 있었다.
고려시대 경제사 사료가 거의 없는 실정에서 이러한 유적과 유물은
고려시대 지역경제와 호족들의 경제사정을 보여주는 좋은 자료이다.

월평리 고려시대 공방 건물터

정장리 고려시대 제철소 용해로

남상면 월평리 기와가마

고려시대 토기병

고려시대 청동정병

금과 대신들을 저주한다."고 고발하였다. 이는 반역사건이었으므로 중앙정부에서
조사를 벌였는데, 자화·의장의 고발이 거짓이었음이 밝혀졌다. 두 사람은 강에 던
져져 죽임을 당하였다. 이 사건은 자화·의장과 인량의 향권 다툼에서 빚어진 일이
었다.

자화·의장 무고사건으로 말미암아 위천지역은 부곡으로 떨어졌다. 부곡은 반
란지역에 설치하는 것으로서 부곡 주민에게는 무자비한 수탈이 가해졌다. 안음현
이 부활된 것이 1390년(공양왕 2년)이었으므로 이 사건으로 말미암아 이 지역민은
230여 년 동안 고통을 당한 셈이다. 향촌세력가의 향권 싸움이 지역민을 궁지로 몰
아넣었던 것이다.

자화·의장 무고사건은 사료로 확인되는 최초의 향촌지배권 쟁탈전이다. 싸움
은 매우 치열하였다. 아마 이전에도 향촌지배권 다툼이 있었을 것이고 그 이후에도
싸움은 멈추지 않았다. 향권 쟁탈전은 종종 중앙권력과 연결되었다. 자화·의장 무
고사건은 중앙정계와 연결된 고려시대 대표적인 향전이었다.

**중앙에 진출한
가조 사씨**

향촌세력은 12세기부터 중앙정계에 진출하기 시작하였
다. 가장 먼저 중앙정계에 진출한 가문은 가조 사씨였
다. 이 가문은 일찍이 가조에 터를 잡고 향권을 장악한
향촌세력이었다. 『고려사』에 나타나는 최초의 사씨 출신 고관은 사영이다. 사영은
1110년(예종 5년) 호조상서, 서경유수로 임명되었고 뒤이어 공부상서, 이부상서, 서
북면 병마사를 지냈다. 고려시대 상서는 오늘날 장관에 해당하고 병마사는 국경지
역 총사령관이니 중앙의 귀족이 된 것이다.

당시 귀족은 과거에 합격하지 않고도 관직에 나갈 수 있는 음서와 국가로부터
토지를 받아 대대로 세습할 수 있는 공음전의 특권을 가지고 있었다. 가조 사씨 집
안에서 대를 이어 사정유, 사홍기, 사광보, 사정순 등이 잇따라 나와 중앙 관리를

지냈다. 그중 명종 때 활약한 사정유가 주목된다. 사정유는 사공좌복야참지정사를 지냈고 조위총의 난을 진압했던 고려 무신정권의 비중 있는 인물이었다.

사정유가 활동하던 명종 때(1172년) 거창현에 처음으로 지방관인 감무가 파견되었다. 이때 가조현은 거창현의 속현으로 편입되었다. 지방관이 파견됨으로써 거창현은 합주의 관할에서 벗어났고 그 위상이 높아졌다. 또한 중앙과 직접 연결됨으로써 토성 인물의 중앙 진출이 한결 유리해졌다.

가조 사씨와 감무 파견은 서로 관련되어 있었다. 당시 농민과 천민들은 전국 각지에서 반란을 일으키고 있었다. 무신권력자들이 지방에 감무를 파견한 것은 지방을 장악하기 위해서였다. 감무를 통해 지방민을 수탈함으로써 재정을 확보하려는 목적도 함께 가지고 있었다. 무신정권은 가조 사씨의 도움을 받아 이 지역에 감무를 파견하였다.

『고려사』에는 이를 말해주는 특이한 기록이 있다. 이 기사는 이 시기의 지역에 대한 유일한 기록이다.

명종 8년 2월, 거창현 고을 민가에서 쓰러졌던 배나무가 저절로 일어나고 가지와 잎이 다시 살아났다. 또한 이안현에 쓰러졌던 나무가 저절로 일어났다.

― 『고려사』 지 8

이안현은 지금의 마리지역이다. 1177년에 일어난 이 일은 무엇을 뜻하는 것일까? 배나무가 다시 살아난 것은 매우 상서로운 일이다. 전근대 사회에서는 자연의 기이한 현상을 정치와 결부시켜 해석하였다. 현대인의 눈으로 이 사건을 재해석해 보자. 거창현과 이안현에는 나무가 쓰러져 있었다고 하였다. 이는 중앙의 지배력이 미치지 못했다는 말이다. 역사서에 기록되지 않은 민중들의 반란이 있었는지도 모르겠다. 그런데 그 나무가 저절로 일어났다. '저절로' 일어났으니 지역민, 즉 가조 사씨가 큰 역할을 했다는 말이다. 나무가 일어선 것은 거창현에 감무를 파견한 것을 말한다. 가지와 잎이 다시 살아났다고 했으니 이제 세금을 징수할 수 있었다는 말이겠다. 『고려사』의 기사는 가조 사씨의 도움으로 무신정권이 이 지역에 대한 지배를 완료했다는 사실을 반영한 것이다.

가조 사씨 출신 인물들의 활약은 고종 때를 끝으로 더는 등장하지 않는다. 사씨 집안은 무신정권이 몰락한 후 원 간섭기 때 권력층에서 제거된 것으로 보인다.

가조 사씨의 활동은 중앙권력과 향촌사회의 관계를 뚜렷이 보여준다. 가조 사씨 인물들은 향리 출신으로 중앙귀족이 되었고 문벌귀족, 무신세력으로 권력을 누렸다. 동시에 향촌사회에 강한 지배력을 행사하였다. 향촌세력이 중앙정계에 진출하고 다시 그 권력을 통하여 향촌에 대한 지배력을 강화하는 권력의 순환관계는 이때 처음으로 등장하였다. 중앙권력과 향촌세력의 협조 관계가 형성된 것이다. 이러한 중앙 – 향촌의 관계는 이후 역사에서 결코 단절된 적이 없었다.

향촌에 정착한 거창 신씨

향촌 토성 중 중앙정계에서 활동한 유력가문으로 가조 사씨와 함께 거창 신씨가 『고려사』에 기록되어 있다. 가조 사씨가 향촌세력으로 중앙에 진출한 반면 거창 신씨는 중앙 귀족으로 지역에 정착하였다. 거창 신씨 출신 인물들의 활약을 통해 새로운 토성세력이 향촌에 자리 잡는 과정을 살펴보는 것은 꽤 흥미로운 일이다. 우리는 이를 통해 대표적인 지역 토성의 등장을 볼 수 있다.

거창 신씨로서 『고려사』에 처음 등장하는 인물은 11세기 초 문종 때의 신수이다. 신수는 송의 개봉 사람으로 고려에 귀화한 인물인데 학식이 있고 의술에 조예가 깊었다. 그는 과거에 급제하여 벼슬이 고관에 이르렀고 그가 죽었을 때 왕이 사람을 보내 조상할 정도로 신임을 받았다. 그의 아들 신안지는 예종 때 고관을 지냈는데 외모와 성품이 좋고 의술과 한학에 능하였다.

신씨 가문 인물들은 외교 분야에서 두드러진 활약을 펼쳤다. 신안지는 송에 사절로 다녀온 바 있으며, 그의 후손 신화지는 인종 때 금에 사절로 파견되었다. 당시 고려의 국제관계는 복잡하였다. 고려는 송과의 친선관계를 통해 요와 금을 견제하고자 했으나 실패하였고 결국 금과 사대관계를 맺게 된다. 신씨 가문 인물들은 대를 이어 송과 금에 보내는 사신이 되었으므로 그들은 격동하는 국제관계에서 중요한 역할을 했다고 볼 수 있겠다. 그 기반은 유학과 외국어 실력이었다.

신씨 집안 출신의 인물은 몽골침입 때에도 중요한 역할을 하였다. 신집평은 13세기 몽골군이 침입해 오자 고려의 외교와 군사 양 측면에서 주요 역할을 맡았다. 그는 1256년 몽골군과 철수 협상을 벌였고 2년 후 동북면 병마사가 되어 몽골군과 싸우다가 전사하였다. 그 후 원 간섭기에는 신씨 가문 인물을 찾을 수 없다. 아마 이때 권력에서 밀려났을 것이다. 그러나 14세기 우왕 때 수원부사 신인도에 대한 기사가 보이므로 원 간섭기가 끝난 후 신씨 가문은 세력을 회복한 것으로 보인다.

이처럼 거창 신씨는 송, 금, 원과의 국제관계에서 중요한 역할을 했던 중앙귀족이었다. 이들은 언제 이곳으로 내려온 것일까? 고려시대 중앙 귀족은 권력을 잃었을 때 지방으로 낙향하였다. 이 사실을 고려해 보면 신씨 가문이 이곳에 내려온 것은 권력에서 밀려났던 원 간섭기일 가능성이 크다. 그들은 일찍이 이곳에 대토지를 소유한 개경 귀족이었다가 이때 이 지역으로 이주한 것으로 보인다.

거창 신씨의 향촌 이주는 지역사에서 특별한 의미가 있다. 이로써 새로운 향촌 토성세력이 등장한 것이다. 특히 거창 신씨는 이 지역의 어느 토성과 견주어도 뒤지지 않을 큰 세력을 구축하였다. 이후 거창 신씨는 대표적인 토성세력이 되어 근현대에 이르기까지 향촌사회에 큰 영향력을 행사하였다.

고려청자

거창 출토 청자의 세련미는
향토 출신 귀족들의 화려한 생활을 보여준다.

1 청자참외모양주전자　　2 청자철화버드나무무늬매병
3 청자 대접　4 각종 청자잔과 퇴화문 접시
5 철화당초문병(鐵花唐草文瓶)　　6 순청자 대접

둔마리 고분벽화의 주인공

고려시대 거창지역인들은 뛰어난 문화를 창조하였다. 그 대표적인 유적이 둔마리 고분벽화이다. 둔마리 고분벽화는 한국에서 최초로 발견된 고려시대 고분벽화이다. 이 벽화는 예술적으로 빼어날 뿐만 아니라 학술적 가치가 높아 고등학교 국사 교과서에 실리기도 하였다.

둔마리 고분벽화는 남하면 둔마리 금귀산 자락에서 발견되었다. 고분의 형태는 동서 두 개의 석실이 있고 그 사이는 통로로 연결되었다. 석실에는 회칠한 벽면에 무용하는 인물들이 그려져 있다. 동실에서 7명의 인물, 서실에서 남녀 5명의 인물이 확인되었다. 고분벽화는 갈색, 흑색, 녹색 등으로 그려진 동적이고 개성 있는 모습이다. 그중 동실 서벽에 그려진 주악천녀도는 모든 선녀상 가운데 가장 크고 보존상태가 양호한 걸작이다. 둔마리 고분벽화는 필치가 자유롭고 순진한 생기가 넘친다는 점에서 한국의 다른 고분벽화와는 뚜렷이 구분되는 독특한 개성을 강하게 드러내고 있다.

둔마리 고분의 건축 연대와 무덤 주인공은 아직 밝혀지지 않았다. 이 고분은 1971년 거창읍 상동에 사는 이석기(38세)에 의해 도굴되었기 때문에 발견 당시 자세히 조사되지 못하였다. 당시 경찰이 도굴꾼에게 압수한 고려청자매병을 볼 때 둔마리 고분이 고려시대에 축조된 것은 확실하다. 학계에서는 둔마리 고분의 축조 연대에 대해 고려초기설과 고려후기설로 나누어져 있다.

둔마리 고분의 주인공은 누구였을까? 학계에서는 중앙관리 출신 인물이거나 지역의 호족이라고 추정하고 있다. 둔마리 고분은 호족의 무덤일 가능성이 크다. 둔마리 고분의 규모는 하급관리에게 허용된 넓이 9㎡, 높이 2m에 미치지 못한다. 고분의 형태, 벽화의 양식, 복색과 악기 등은 지역적인 특성이 매우 강하여 토착적이라고 평가된다. 고분벽화는 불교와 도교의 영향을 강하게 받았다. 둔마리 고분의 주인공은 고려시대 이 지역의 지식인으로서 "어지럽고 부조리한 속세에서 벗어나 자연을 배경으로 유유자적하는 도교적 생활로 일생을 마친 인물"이었을 가능성

둔마리 고분 외형

고분 석실(거창박물관 복원)

고분 석실 벽화

주악천녀도

천녀는 또렷한 눈동자의 계란형 얼굴에 복잡한 형태의 꽃 모자를 썼고 머리카락 끝이 앞으로 각각 두 갈래로 갈라져 있다. 오른손은 길게 뻗어 피리를 잡아 입에 물고 왼손은 위로 곧게 뻗어 접시를 들고 있다. 접시에는 위에 꼭지가 하나씩 달린 과일과 같은 것이 5개 담겨 있다. 긴 소매의 황토색 윗옷에 스카프를 늘어뜨리고 짙은 청색 하의를 두 줄기의 흰 허리띠로 맸다. 키는 약 50cm이다.

이 크다.

둔마리 고분벽화에서 보여주는 것처럼 고려시대 향촌세력은 상당한 수준의 지적 능력을 갖추고 있었고 꽤 높은 문화생활을 향유하였다. 또한 이 고분벽화는 한국에서도 독특하다고 평가를 받는 만큼 거창지역의 문화는 독자성을 지니고 있었다. 지역문화는 중앙문화에 종속되지 않고 그 나름의 길을 걸었던 것이다. 둔마리 고분벽화는 지역문화의 독자적 발전양식을 보여주는 기념비적 유적이다.

가섭사지 마애삼존불의 비밀

위천면 금원산 자락에는 가섭사지 마애삼존불이 있다. 이 불상은 커다란 천연 동굴의 수직에 가까운 암벽을 얕게 파 새긴 부조이다. 중앙의 본존불은 넓고 복스러운 얼굴에 작은 눈과 입, 세모꼴의 뭉툭한 코, 납작하고 긴 귀 등 토속적인 느낌이 강하다. 본존불은 아미타불로 보인다. 좌우의 협시불은 화관을 쓰고 화려하게 장식된 옷을 입고 있다. 인근에 가섭사지가 있었기 때문에 이 불상을 가섭사지 마애삼존불이라고 부른다.

삼존불의 우측에는 암석에 새긴 조상기가 있다. 조상기는 세로 88cm, 가로 70cm 크기로 암석을 파내어 다듬은 뒤 글자를 새긴 것으로, 1행에 26자씩, 총 21행에 540여 글자가 새겨져 있다. 현재 이 조상기는 알아보기 힘들다. 확인되는 몇 글자를 통해 이 불상을 세운 사연을 추론할 수 있을 뿐이다.

조상기에서 제복법사 법징(堤福法師法曇), 천경원년시월(天慶元年十月)이라는 글자

가섭사지 마애삼존불

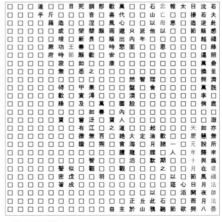

조상기 명문 글자

를 알아볼 수 있다. 이 불상은 고려 예종 6년, 1111년 제복법사 법징이 조성한 것이다. 그리고 염망모(念亡母)라는 글자를 통해 이 불상이 돌아가신 어머니의 극락왕생을 위해서 조성되었다는 사실을 알 수 있다.

가섭사지 삼존불이 범상치 않은 것은 조상기의 뒷부분에 나타나는 왕절(王節)이라는 글자 때문이다. 고려 왕실이 이 불상의 조성을 후원했다고 해석된다. 이 불상을 조성한 인물은 왕실의 지원을 받을 만큼 왕실과 밀접한 관계가 있던 인물이었다. 아마 고려 왕족이 직접 이 불상을 세웠거나 이 지역에 왕실과 연결된 인물이 있었을 것이다.

이렇게 분석해 보아도 이 불상의 비밀을 밝히기에는 충분하지 못하다고 느낀다. 조상기가 온전했다면 더 많은 사실을 알 수 있었을 것이다. 그만큼 조상기의 파괴가 아쉽게 느껴진다. 조상기는 그 위치로 보아 자연의 풍화에 의해서 마멸되었다고 보기 어렵다. 누군가 의도적으로 파괴한 것이다. 이 조상기를 언제 누가 파괴했는지 알 수 없다. 조선시대 억불정책의 영향은 아니었을까?

조선 후기 유학자들은 주자의 성리학만 절대시하고 불교를 이단으로 취급하였다. 이때 수많은 사찰과 불상이 파괴되었다. 절집을 뜯어다가 유교 사당을 짓는 일은 비일비재했다. 이 조상기의 파괴도 그중 하나였을 가능성이 있다. 가섭사지 마애삼존불의 파괴된 조상기는 이념과 독선의 비밀을 간직하고 있다.

가섭암(김윤겸 그림)

거제현의 이주

고려는 후기에 들어 13세기 몽골족의 침입, 14세기 홍건적과 왜구의 침략으로 큰 어려움을 겪었다. 그 여파는 거창지역까지 미쳤다. 첫 변화는 거제현의 이주였다. 거제현의 이주로 가조현이 없어지고 거제현이 설치되었다. 이후 가조현은 다시 부활되지 않았다.

거제현의 이주는 대대적으로 이루어졌다. 거제현의 관청과 수령, 향리, 주민뿐만 아니라 거제현의 속현인 아주현과 송변현, 그리고 오양역까지 이동하였다. 거제현의 관청은 가조에, 아주현은 거창현 동쪽 10리에, 송변현은 남상 무촌역 남쪽 14리 지점에 설치되었다. 오양역은 가조 서쪽에 설치되었다. 지금도 아주, 송변이라는 지명이 남아 있다.

거제현이 이동한 원인과 시기는 아직까지 명확하게 밝혀지지 않았다. 조선 초 세종 때 편찬된 『경상도지리지』의 기록은 이러하다.

> 고려 원종 때 왜구 때문에 사람들이 육지에 건너가 거창과 가조현 땅에 임시로 살았다. 조선 태종 때 거창과 합하여 제창현이라고 불렀다가 1년 후 거제현으로 되돌렸다. 세종 때 사람들이 옛 섬으로 돌아왔다.
> ─「경상도지리지」 거제현 조

『세종실록지리지』에도 같은 기사가 실려 있다. 반면 『동국여지승람』에는 거제현이 삼별초의 난을 피해서 가조로 이동하였다고 기록되어 있다.

『경상도지리지』의 기록에 따르면 고려 원종 때 왜구가 거제도를 침범하자 거제현은 이를 피하여 이곳에 왔다는 것이다. 그러나 고려 원종 때 왜구가 거제도를 침략한 사실이 없다. 혹자는 『동국여지승람』의 기록에 따라 거제현이 삼별초의 난을 피해서 이곳으로 왔다고 보기도 한다.

학계에서는 거제현의 이주가 삼별초의 난 때문이 아니라 왜구침입 때문이라는 사실에 대체로 동의하고 있다. 그러나 이주 시기에 대해서는 현재 논쟁 중이다. 고려 말기 왜구침략을 피해 거제현이 가조로 이주한 사실만 고증된 셈이다.

거제현은 1422년 세종 때 거제도로 돌아갔다. 거제현이 돌아가기 전 조선 태종 때 거창현과 거제현이 합쳐져서 1년 동안 제창현이 된 적도 있었다. 거제현은 고려 말부터 조선 초까지 약 150년간 이곳에 와서 더부살이를 하였다. 거제현의 이동 후 가조 사람들은 갑자기 거제현 소속이 되어 당혹스러웠을 것이다. 군현의 이동은 현대인의 눈에는 생소하겠지만 드물게나마 역사서에 나타나는 일이다.

거제현 이주의 지역사적 의미는 이 지역이 피난처로 자리매김한 데 있다. 앞에서 살펴보았듯이 삼국시대와 후삼국시대 이 지역은 접경지대였다. 그래서 이곳에

고려시대 5개 현의 변화

『고려사』 지리지를 보면 현재 거창지역에 5개 현이 설치되어 있었다. 군현은 신라 때 설치되었다가 통일신라 경덕왕, 고려 현종, 고려 명종, 고려 공양왕 때 이름과 소속이 변하였다.

- **거창현**: 거열군(신라) → 거창군(통일신라 경덕왕) → 거창현(고려 현종, 합주 속현) → 거창현(고려 명종, 감무 파견)
- **가조현**: 가소현(신라) → 감음현(통일신라 경덕왕, 거창 관할) → 가조현(고려 현종, 합주 속현) → 가조현(고려 명종, 거창 속현) → 가조현(고려 원종, 거제 속현)
- **감음현**(위천지역): 남내현(신라) → 여선현(통일신라 경덕왕, 거창 관할) → 감음현(고려 현종, 합주 속현) → 감음부곡(고려 의종) → 감음현(고려 공양왕, 감무 파견)
- **이안현**(마리지역) : 마리현(신라) → 이안현(통일신라 경덕왕, 천령군 관할) → 이안현(고려 현종, 합주 속현) → 이안현(고려 공양왕, 감음현 속현)
- **삼기현**(신원지역) : 삼지현(신라) → 삼기현(통일신라 경덕왕, 강양군 관할) → 삼기현(고려현종, 합주 속현) → 삼기현(고려 공양왕 때 감무 파견)

서 적대적인 세력이 충돌하였고 적지 않은 전투가 있었다. 그러나 고려시대 이 지역은 피난할 수 있는 땅이 되었다. 이때부터 이 지역은 외적의 침입을 피할 수 있는 피난처이자 그에 대항할 수 있는 전략지역이었다.

이로써 지역의 지리적 위치가 선명해졌다. 접경지대와 피난지처는 이 지역이 지닌 양면성이다. 이곳은 한반도가 분열되었을 때 접경지대였고 한반도가 통일되었을 때 피난지처였다. 이러한 지정학적 위치는 이후 임진왜란, 병자호란, 일제 침략기, 그리고 분단과 6·25전쟁 등 한국사의 격동기 때마다 재현되었다.

왜구의 침략과 수난

고려 말은 왜구 침략의 시기라고 부를 만하다. 이 시기 『고려사』는 온통 왜구 침략 기사로 도배되어 있다. 『고려사』에 나타나는 왜구 침략 기사는 모두 529건이다. 왜구의 침략은 우왕 때 절정에 달하였다. 우왕 34년 동안 왜구 침략 기사가 무려 378회에 이르니 1년에 10회가 넘는다.

왜구의 침략은 피난처라고 불리던 이곳까지 미쳤다. 1384년 왜구가 단계, 거창, 야로 등을 침입하여 삼가에 이르렀고, 고려의 장수 김광부가 맞서 싸우다가 전사하였다. 사료에 나오는 이 지역 왜구 침입 기사는 이것이 전부다. 왜구가 함양에 침입한 기록 5회에 비하면 상대적으로 피해를 덜 본 셈이다. 그러나 수백, 수천 명이 무리지어 인근 지역을 약탈했던 왜구가 이곳을 그냥 지나쳤다고 보기는 어렵다. 왜구의 침략은 더 있었다. 『고려사』 열전에 반전 이야기가 기록되어 있다.

반전은 안음현 사람으로 잠시 벼슬을 쉬고 향리에 있었다. 우왕 14년(1388년) 왜적이 갑자기 이르러 그의 아버지를 잡아갔다. 그는 은 덩어리와 은띠를 가지고 적진 가운데로 가서 아버지를 풀어줄 것을 애원하였다. 왜적은 이를 의롭게 여겨 허락하였다.

– 『고려사』 열전 34

반전이 금품을 가지고 가서 왜구에게 잡혀간 아버지를 되찾아온 이야기다. 실제로 왜구가 반전의 효도에 감동했기 때문에 그의 아버지를 풀어주었는지는 의문이다. 그보다는 왜구가 돈을 받고 사람을 팔았을 가능성이 더 크다. 사료에도 "아버지를 산다(買父)"라는 표현을 썼다.

왜구의 목적은 약탈에 있었다. 우리는 이 이야기를 통해서 왜구가 이곳에서 무슨 짓을 했는지 능히 짐작할 수 있다. 이 지역을 침략했던 왜구는 살인, 납치, 방화, 약탈을 서슴없이 자행하였다. 당시 왜구의 강간에 죽음으로 저항하여 "절부리"라는 마을 이름을 남긴 이야기를 보더라도 왜구의 약탈이 매우 심했음을 알 수 있다.

14세기 왜구의 침략은 이곳 지역민이 처음으로 겪은 이민족의 침략이었다. 이에 앞서 13세기 몽골족이 이곳을 침략했다는 주장이 있다. 기존 향토사에는 몽골족의 침략으로 천덕사와 아림사가 불탔다는 기술이 있

『고려사』에 기록된 반전 이야기

지만 정사 사료에서 그 사실을 찾아볼 수 없다. 현재로서는 고려 말 왜구의 침략이 최초의 이민족 침략이라고 보는 것이 타당하다.

왜구의 침략을 겪은 이때 지역민은 중앙권력의 수탈로 이중고에 시달렸다. 당시 지역민들이 조직적으로 왜구에 대항했다는 사료는 없다. 기록의 부재인지 민중의식의 미성숙인지 알 수 없다.

고려 말 수탈에 시달리는 농민

고려 말 지역민들은 권력가들의 수탈에 노출되어 있었다. 이때 지방의 통치 질서는 여지없이 무너졌고 백성들은 중앙과 지방의 권력자들에게 무수히 수탈을 당하였다. 고려시대 농민들은 규정된 전세, 부역, 공납을 부담해야 했지만 이제 수탈은 무작위로 행해졌다. 말기적 증세였다.

『고려사』에는 당시 이 지역에서 일어난 기이한 사기 사건 하나가 실려 있다. 워낙 사료가 귀한 고려시대이니만큼 이 사료를 통해 고려 말기 사람들의 생활을 드러내 본다.

이전에 낭장이라는 벼슬을 지냈던 정원보라는 사람이 일찍이 삼녕에서 안집이라고 사칭해 옥에 갇혔다가 도망쳤다. 또 거창의 안집이라고 사칭하고 자기의 이익을 취하다가 발각되어 사형당하였다. – 『고려사』 열전 48

정원보는 전문 사기꾼이었던 모양이다. 삼녕과 거창에서 잇따라 안집이라고 사기를 치다가 결국 죽음을 맞았다. 안집은 고려 말기 지방관 명칭이다. 고려 말기 왜구의 침입과 권세가와 연결된 지방관의 수탈로 지방민들은 살기 힘들어졌다. 이에 중앙정부는 지방에 파견했던 현령, 감무의 명칭을 안집으로 바꾸고 그로 하여금 지방민의 생활을 안정시키려고 하였다. 그러나 그 성과가 없자 1388년 다시 원래대로 되돌렸다.

이 사건에서 정원보가 안집이라고 사칭한 것이 거창에서 통한 것을 보면 당시 이곳에는 지방관이 없었다. 우왕 9년이면 왜구가 전국을 휩쓸고 다닐 때이니 아마 안집은 도망가고 없었을 것이다. 정원보는 무사히 거창현의 안집으로 취임한 후 축재에 열을 올렸다. 사료에 "영사(營私)"라고 했으니 제 주머니를 채우기 바빴던 모양이다.

정원보가 지방관으로서 축재하는 방법은 무엇이었을까? 세금을 착복하거나 권

몽골 침입으로 고려청자가 쇠퇴하고 분청사기가 등장하였다.
분청사기는 도자기 표면에 회색 분을 바르고 무늬를 넣은 고풍스러운 도자기로
고려 후기부터 조선 초기까지 유행하였다.

분청상감연화유양매병

분청 각종 병

분청인화문주전자

분청철화당초문 항아리

분청자라병

분청귀얄문대접

분청사기 조각 – 거창읍 서변리 사동(사기막골)에서 수습

력을 이용하여 지역민의 재산을 빼앗는 일이었을 것이다. 더구나 안집 제도는 전혀 성과를 거두지 못하고 곧 폐지되었으니 정원보가 이곳에서 한 짓은 충분히 짐작된다. 그의 수탈 행각이 얼마나 심했으면 중앙정부에까지 알려져 결국 사형 당했고, 그것이 역사책에 기록되었을까. 정원보 사기사건의 지역사적 의미는 왕조 말기 지역민에 대한 무제한적 수탈이다.

옛사람들은 역사를 치(治)와 난(亂)으로 나누었다. 역사에서는 치세와 난세가 순환한다고 생각하였다. 이에 따르면 고려 말기는 난세였다. 원 간섭기가 끝난 후 공민왕은 신돈과 신진사대부를 기반으로 개혁을 단행했으나 실패하였다. 뒤를 이은 우왕 때에는 권문세족의 횡포와 왜구의 침략이 극에 달하였다. 권문세족은 권력을 독점하고 산과 강을 경계로 대토지를 소유하고 농민을 수탈하였다. 말 그대로 난세였다. 정원보 사기 사건은 난세에만 일어날 수 있는 일이었다.

불교, 유교, 풍수지리설을 함께 믿다

고려시대 사람들은 여전히 불교를 신앙하였다. 풍수지리설이 널리 신봉되었으며 민간신앙도 여전하였다. 결혼식이나 장례식 등 각종 행사는 불교식으로 치러졌다.

이 시대의 두드러진 특징은 유학이 널리 퍼진 것이다. 고려시대 처음으로 실시된 과거제에서 유교경전은 시험과목이었기 때문에 관리로 출세하려는 지식인들은 유학을 공부하였다.

이 시대 사람들은 유교, 불교, 풍수지리설을 아울러 믿었다. 13세기 마리 출신의 하천단이 이 사실을 잘 보여준다. 하천단은 고종 때 높은 관직에 올랐던 인물이다. 그는 문장이 뛰어나 고려의 중요한 문서를 도맡아 지었던 유학자였다. 동시에 그는 불교와 풍수지리설을 신봉하였다. 다음은 『고려사』의 기록이다.

하천단은 이안현 사람이다. 성질이 곧고 문장에 능하였다. 한때 왕실의 표문과 전문이 대개 그의 손에서 나왔다. 만년에 불경을 좋아하였다. 고종이 일찍이 대사동으로 행차하려고 하자 하천단은 기거주 정의백과 함께 아뢰기를 "이 골짜기는 흰 호랑이의 주둥이와 같은 형세입니다. 지금 몽골 병사가 가득 차 있습니다. 어찌 임금과 신하가 호랑이 입으로 들어가려 합니까?"라고 하였다. 이에 임금이 그만두었다.

– 「고려사」 열전 15

이 기록은 하천단이 유학자였지만 동시에 풍수지리설을 신봉하였음을 보여준다. 그는 만년에 불교 경전을 좋아했다고 하였으므로 불교신자이기도 하였다. 하천단은 유교, 불교, 풍수지리설을 모두 믿었다. 고려시대 사람들은 유교, 불교, 풍수지리설이 서로 모순된다고 생각하지 않았다. 그들의 마음속에는 여러 가지 사상이 공존하고 있었다. 그러나 주요 종교는 불교였다.

당시 곳곳에는 불상과 석탑이 세워졌다. 이 시기에 제작된 불상과 탑은 서민의 정서에 맞았다. 상림리 석불은 서민들의 소망을 모두 들어줄 듯한 위엄을 갖추고 있고, 고견사 석불은 마치 이웃처럼 느껴진다. 갈계리 삼층석탑은 옛 친구처럼 다정하게 행인을 맞는다.

한국사에서 고려시대는 역동성과 다양성의 시대였다. 대외적으로 끊임없이 외세가 침입하였고 지배세력이 차례로 교체되었으며 신분 이동이 비교적 활발하였다. 문화면에서는 다양한 사상이 공존하면서 함께 발달하였다. 역동성과 다양성은 서로 통한다. 하천단의 종교와 사상은 역동적인 고려시대의 다양한 사상을 보여주는 데 부족함이 없다.

고려시대의 불교 조형미술

고려시대의 석탑, 불상, 부도는
통일신라의 조각보다 균형미가 떨어지나 민중의 정서에 알맞게 변하였다.

감악사지 부도

상림리 석조보살입상

갈계리 삼층석탑

**고려 멸망과
사림의 기원**

1392년 고려왕조가 멸망하였다. 지역민들은 고려 멸망에 대해 특별한 반응을 보이지 않았다. 다만 위천의 이원달과 그의 사위 유환은 금원산에 들어가 고려왕조에 대한 지조를 지켰다. 1832년 순조 때 편찬된 『경상도읍지』에 이원달과 관련된 기사가 있다.

> 고려 참판 이원달이 고려가 망하자 신하 되기를 거부하고 은거하였다. 그는 아내 김 씨와 함께 세상에 나오지 않고 생을 마쳤다. 김 씨의 '김'과 원달의 '달'을 따서 김달암이라고 하였다.
>
> — 『경상도읍지』 안의현, 고적

김달암은 현재 금원산에 있는 문바위로, 금달암이라고도 한다. 고려가 망하자 이원달은 그의 아내 김 씨와 함께 이곳에서 생을 마쳤다. 이때 이원달의 사위였던 유환도 장인과 함께했다. 이원달은 참판, 유환은 감찰 벼슬을 지냈다고 한다.

이원달과 유환은 고려 말에 등장한 신진사대부였다. 그들은 지방의 향리 출신으로 성리학을 공부하고 과거를 통하여 중앙정계에 진출한 신진 지식인이었다. 신진사대부는 고려 말의 권력층인 권문세족에 반대하고 이성계의 위화도 회군 이후에 권력을 장악하였다. 신진사대부는 급진개혁파와 온건개혁파로 분화되었다. 이원달과 유환은 조선왕조 개창에 반대했던 온건개혁파였다.

이원달과 유환이 위천에 들어온 것은 혼인에 의해서였다. 고려시대 이 지역에는 혼인관계에 따른 거주지 이주가 많았다. 고려 말의 세력가 '서문'씨가 위천에 거주했고, 합천 이씨의 이원달, 은진 임씨

위천 지역 여러 가문의 혈연관계

- 서문질의 사위 : 합천 이씨 이예 – 아들 이원달
- 이원달의 사위 : 거창 유씨 유환
- 유환의 사위 : 초계 정씨 정제안
- 정제안의 손자사위 : 거창 신씨 신우맹
- 이예의 외손 초계 반씨의 사위 : 은진 임씨 임천년

문바위(김달암)

달암 이선생 순절동 각석

이원달 은거 터 문바위 아래 2평 정도의 거주할 수 있는 공간이 있다. 이곳에서 이원달 부부가 은거했으리라고 생각된다.

의 임천년, 초계 정씨의 정제안, 거창 신씨의 신우맹 등은 모두 누대에 걸쳐 복잡하게 얽힌 혼인관계를 통하여 이 지역에 들어와 살게 되었다. 유환은 거창 유씨이다. 여러 가문의 혼인과 이주는 당시 자녀균분상속과 처가살이가 일반적이었기 때문에 가능한 일이었다.

여말선초에 이 지역으로 이주했던 이들 가문 출신 인물들은 조선시대 유력한 사림 세력이 되었다. 1세기가 지난 후 은진 임씨 가문에서 갈천 임훈이, 거창 신씨 가문에서 요수 신권이, 초계 정씨 집안에서 동계 정온이 나왔다. 따라서 신진사대부였던 이원달과 유환의 은둔은 이 지역의 성리학과 사림의 기원을 보여주는 중요한 사건이다.

절부리 열녀 최씨, 전설이 되다

거창읍에는 절부리라는 마을이 있다. '절부'는 정절을 지킨 부인이라는 뜻이다. 고려 말기 중랑장 김순의 아내 최씨는 고려 우왕 6년(1380년) 왜구가 이곳을 침략하여 그녀를 욕보이려고 하자 이에 항거하여 자결하였다. 이후 마을에 정려비가 세워지고 마을 이름도 절부리가 되었다. 그러나 일제강점기 정려비가 철거되고 마을 이름이 덕곡으로 고쳐졌다. 해방 후 문중에서 마을 어귀에 '절부 탐진 최씨 정려비'를 세웠고 마을 이름을 다시 절부리로 고쳤다.

절부 최씨에 대한 기록은 1469년에 편찬된 『경상도속찬지리지』에 처음 나온다. 기록은 간단하다. "절부 낭장 김순의 아내 최씨 정려비는 천외리에 있다." 이 사료는 사건이 일어난 지 89년 후의 기록이자 이때 이미 정려비가 세워졌다고 했으므로 절부 최씨의 일은 역사적 사실로 볼 수 있다.

그로부터 12년 후인 1481년에 편찬된 『동국여지승람』에 두 번째 기록이 나온다. 이 기록은 좀 더 자세하다. "고려시대 최씨는 낭장 김순의 아내이다. 1380년 7월에 왜적이 본 현을 침입하여 최씨를 잡아 더럽히고자 하였으나, 굳게 거절하고 따르지 않다가 그들에게 살해되었다. 그 동리를 절부리라고 하여 정표하였다." 여기까지가 역사적 사실이다.

그 후 절부리 열녀는 전설이 되었다. 전설은 역사적 사실을 기초로 하지만 문학적 상상력으로 재창조된다. 현재의 절부리 전설은 이를 잘 보여준다.

열녀 최씨를 고려시대의 전형적인 여성상이라고 보기는 곤란하다. 최씨가 정조관념이 강했고 왜구에 대항하여 정절을 지켰다는 것은 역사적 사실이다. 반면 최씨의 정절이 후대에 강조되고 미화되었던 것 또한 사실이다. 열녀 최씨가 강조된 것은 정절을 중요시했던 조선왕조 때의 기록 때문이다.

고려시대의 여성들은 현대인들이 생각하는 것보다 훨씬 자유로웠다. 그들은 사회나 가정에서 거의 차별을 받지 않았다. 아들과 똑같이 재산을 분배받았으며 부모를 봉양하거나 제사를 지내는 데도 차별이 없었다. 호적이나 족보의 기록에도 남녀차별이 없었고 여성이 호주가 될 수도 있었다. 이혼이나 재혼도 자유로웠으며 자신의 재산에 대한 처분권을 가졌다. 벼슬에 나갈 수 없었다는 점을 제외하면 남성과의 차별을 찾아보기 힘들었다. 일부종사니 삼종지도니 하는 여성윤리의 규범은 조선시대 때의 일이었다. 절부 최씨의 죽음에서 조선시대 사람들은 '열녀'를 강조하였지만 현대인의 눈으로 보면 외적 침략으로 인한 '여성'의 피해가 더 두드러진다.

절부리 최씨 비각

조선 전기,
전통사회의 형성

2

구연서원

구연서원은 명승지 수승대에 있는 서원이다. 수승대는 거북을 닮아 거북바위라고 하며 그 아래 연못을 구연이라고 한다. 구연서원은 이에서 비롯되었다. 구연서원은 1694년 (숙종 20년)에 설립되어 16세기 성리학의 일익을 담당하였던 요수 신권, 임진왜란 때 의병장 성팽년, 그리고 신권의 후손 신수이를 배향하였다. 1868년 흥선대원군 때 파괴되었다가 해방 후 다시 세워졌다.

훈구파에서 사림파로

1392년 고려가 망하고 조선이 건국되었다. 15세기 조선을 이끌고 나간 세력은 훈구파였다. 이때 지역 토성인 거창 유씨와 거창 신씨는 중앙귀족으로서 크게 활약하였다. 거창 신씨는 가문의 인물이 왕의 외척이자 거창군(居昌君)에 봉해짐으로써 최고의 귀족가문이 되었다.

16세기 훈구파와 대결하면서 등장한 사림파는 17세기 중앙정계를 장악하였다. 사림은 영남학파와 기호학파로 나누어졌고, 영남학파는 다시 남명학파와 퇴계학파로 분화되었다. 17세기 사림이 집권한 후 붕당이 형성되었다. 영남학파는 동인, 기호학파는 서인이었고, 다시 동인은 북인과 남인으로 분화되었다.

16세기 위천·북상과 가북·가조 등지에서 사림파가 성장하였다. 이 지역 사림은 남명학파, 북인에 속하였다. 이때 그들은 실제 향촌을 지배하는 세력이었다.

선조 때 임진왜란이 일어나 조선은 큰 피해를 입었고 곧이어 병자호란 때 조선은 청에 항복하였다. 임진왜란 때 거창인들은 의병을 일으켰다. 거창의병의 분전으로 왜군은 전라도지역으로 나아가지 못하였다. 그러나 정유재란 때 거창은 왜군에 짓밟혀 큰 피해를 입었다. 왜란 후 의병으로 공을 세운 북인은 광해군 때 집권했으나 인조반정으로 몰락하였다. 거창의 북인들도 이때 함께 몰락하였다. 그러나 광해군을 비판하고 척화론을 주장했던 정온은 전국적인 인물로 부상하였다.

갈계 한옥마을

1392	**조선 건국**
	거창 유씨, 거창 신씨가 중앙에서 크게 활약하였다.
1401	**태종 즉위**
1414	거창현이 거제현과 합쳐져 제창현이 되었다가 이듬해 다시 분리되었다.
1495	**연산군 즉위**
	거창 신씨 세력이 최고의 중앙귀족이 되었다.
1506	**중종 즉위**
	중종반정으로 거창 신씨 중앙귀족세력이 몰락하였다.
1519	**기묘사화 발생**
1520	김식이 거창에서 자결하였다.
1546	**명종 즉위**
1566	임훈이 직접 왕을 알현하였다.
1585	거창지역에 최초로 용문서원이 세워졌다.
1592	**임진왜란 발발**
	거창의병이 봉기하였고 거창에 명군이 주둔하였다.
1597	**정유재란 발발**
	거창이 왜적에게 유린당하고 황석산성이 함락되었다.
1609	**광해군 즉위**
	거창의 북인이 집권세력이 되었다.
1623	**인조 즉위**
	인조반정으로 거창의 북인이 실권하였다.
1636	**병자호란 발발**
	정온이 척화론을 주장하고 모리에 은거하였다.

경상우도에 속하다

조선시대 거창은 경상도에 속하였다. 경상도는 영남이라고 불렸는데 조령의 남쪽에 있는 지역이라는 뜻이다.

영남에는 북서쪽에서 남동쪽으로 낙동강이 가로지른다. 낙동강을 경계로 그 서쪽을 경상우도, 동쪽을 경상좌도라고 불렀다. 한양에서 본 방향이다.

거창은 경상우도에 속하였다. 대체로 경상도의 중심은 대구로 경상도 감영이 설치되어 있었다. 경상우도의 중심은 진주이며 거창은 진주의 영향권에 들어 있었다.

조선시대에는 각 도 아래 그 크기에 따라 부, 목, 군, 현을 두고 지방관을 파견하였다. 조선 초 경상도에는 유수부 1곳, 대도호부 1곳, 목 3곳, 도호부 6곳, 군 15곳, 현 40곳을 두었다. 오늘날 거창군에 속하는 영역에는 거창현, 안음현, 삼가현이 있었다. 지방관이 파견되는 현을 고을이라고 불렀다.

거창에서 한양까지는 735리, 대구까지는 182리, 진주까지는 160리였다. 그리고 통영까지는 280리, 무주까지는 66리, 지례까지는 46리였다. 조선시대의 10리는 대략 5.4km였으므로 서울까지는 약 400km가 된다. 서울까지 가는 데 8일이 걸렸다. 대구까지는 이틀, 진주까지는 하루 반, 통영까지는 사흘 길이었다.

서울로 가는 큰길은 주상의 성기역을 지나 김천, 추풍령을 넘었다. 그리고 고제의 성초역을 지나 무주로 통하는 길, 안의의 임수역을 거쳐 육십령을 넘는 길이

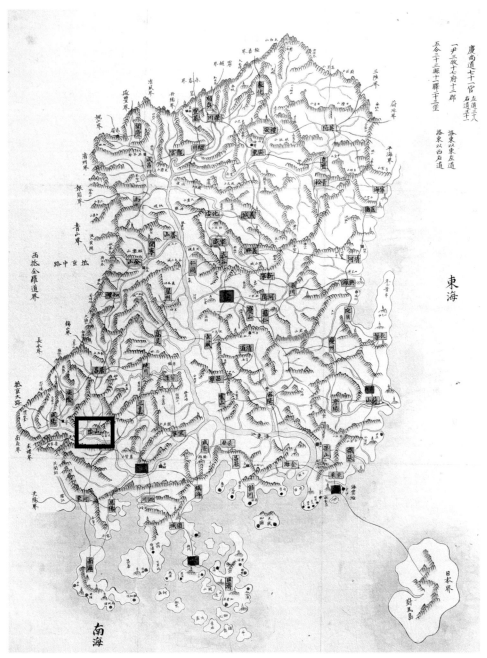

여지도의 경상도 18세기에 제작된 경상도지도에는 낙동강이 경상도를 남북으로 가로지른다. 이 지역에서 발원한 영호강은 합천의 황강이 되어 낙동강으로 합류한다. 거창은 지례, 고령, 합천, 삼가, 산청, 함양, 안의, 장수, 무주와 맞닿아 있다.

거창의 길 1872년에 제작된 거창부지도에는 거창에서 외지 나가는 주요 길로 ① 주상, 웅양을 거쳐 김천, 서울로 가는 길, ② 고제를 거쳐 전라도 무풍으로 가는 길, ③ 가조, 가북, 해인사를 거쳐 성주, 대구로 가는 길, ④ 남상을 거쳐 산청, 진주로 가는 길, ⑤ 남하를 거쳐 대구로 가는 길, ⑥ 마리를 거쳐 안의로 가는 길이 표시되어 있다.

있었다. 진주로 갈 때에는 남상에 있었던 무촌역을 지나 함양, 산청을 통하였고, 대구로 갈 때에는 가조나 합천 권빈을 거쳤다. 그 밖에 작은 길도 여럿 있었다.

큰 길에는 교통수단인 말을 제공하는 역과 여행객이 묵을 수 있는 원이 곳곳에 설치되어 있었다. 역과 원을 묶어 역원제라고 한다. 역원제는 조선시대의 교통제도였다.

긴급한 연락을 위해 봉화대가 설치되었는데, 금귀봉의 봉화대는 합천의 소식을 받아 웅양의 거말흘산 봉화대를 거쳐 지례 방면으로 전달하였다. 이를 봉수제라고 한다. 봉수제는 조선시대 통신제도였다.

세금은 육로와 수로를 통하여 서울까지 운송하였다. 거창에서 육로로 문경에 도달하고, 새재를 넘어 충주 가흥창에 납부하였다. 여기부터 한양까지는 한강을 통해 배로 실어 날랐다. 이를 조운제라고 불렀다. 조선 후기에는 지례~김천 길을 이용하였다. 이곳의 물자가 한양에 도착하기까지 9일이 걸렸다.

이처럼 조선시대 이 지역은 중앙집권체제 속에 편입되었다. 군현제, 역원제, 봉수제, 조운제는 중앙집권제의 대표적인 기구였다. 현에는 어김없이 수령이 파견되었으며 수령은 경상도 관찰사의 통제를 받았다. 수령을 감시하기 위해 종종 암행어사가 파견되었다. 지역민이 이처럼 철저하게 중앙의 통제를 받은 적은 일찍이 없었다.

군현의 변천　　　　조선시대 현재의 거창군 지역은 거창, 안음, 삼가 등 3개 현으로 나뉘어 있었다. 거창현의 영역은 현재의 거창읍, 남상, 남하, 가조, 웅양, 고제면 지역이었다. 현재의 마리, 위천, 북상 지역은 안음현에, 신원 지역은 삼가현에 속하였다.

군현은 조선 500년 동안 몇 차례에 걸쳐 현, 군, 부로 바뀌었다. 거창과 위천은 없어지거나 서로 통합되기도 했는데 그 변천은 이러하였다. 앞서 보았듯이 1414년

(태종 14년) 거창현과 거제현이 제창현으로 통합되었다가 이듬해 다시 분리되었다. 가조지역은 세종 때 거제현이 되돌아간 후 거창현에 합쳐졌다.

　거창현의 위상 변화는 거창 신씨 가문의 영락과 관련되었다. 1495년 연산군 즉위 직후 거창이 왕비의 고향이었으므로 현은 군으로 승격되었다. 그러나 1506년 중종반정 후 거창 신씨가 세력을 잃자 현으로 강등되었다. 17세기 현이 없어진 때가 있었다. 1658년 효종 때 노비가 주인을 죽인 사건이 일어나자 정부는 거창현을 폐하여 안음현에 병합시켰다. 그러나 거창은 큰 고을이어서 안음현이 관할하기 어려웠기 때문에 2년 후 현종 때 현이 복구되었다.

　18세기 거창은 현에서 부로 승격되었다. 1728년 영조 때 정희량의 난이 일어나고, 이듬해 단경왕후 신씨가 중종왕비로 복위된 후 현은 도호부가 되었다. 이후 영조와 정조 때 현과 부로 바뀌다가 1799년 정조 때 도호부로 정착하였다. 거창이 도호부로 승격된 것은 왕비의 관향이기도 했지만 동시에 그만큼 인구와 물산의 규

조선시대 거창의 연혁

시기	변천 내용
태종 14년(1414)	거창현과 거제현이 합쳐져 제창현이 되었다.
태종 15년(1415)	거창현과 거제현이 분리되었다.
태종 17년(1417)	위천지역이 안음현이 되었다.
세종 4년(1422)	거제현이 돌아가고 가조가 거창현에 속하였다.
연산군 1년(1495)	거창현이 거창군이 되었다.
중종 1년(1506)	거창군이 거창현이 되었다.
효종 9년(1658)	거창군이 안음현에 속하였다.
현종 1년(1660)	거창군이 안음현에서 분리되었다.
영조 5년(1729)	안음현의 위천지역이 거창에 속하여 거창도호부가 되었다.
영조 12년(1736)	거창도호부가 거창현이 되었다. 안음현이 복구되었다.
영조 15년(1739)	거창현이 거창도호부가 되었다.
영조 43년(1767)	안음현이 안의현으로 개명되었다.
정조 12년(1788)	거창도호부가 거창현이 되었다.
정조 23년(1799)	거창현이 거창도호부가 되었다.
고종 32년(1895)	거창군, 안의군이 설치되었다.

모가 컸기 때문이다. 조선 후기 거창부사에 종3품 음직으로 경험이 풍부한 관리를 파견한 것은 이 지역이 비교적 큰 고을이었기 때문이다.

위천지역은 고려 공양왕 때 관리가 파견되어 감음현이 되었다가 조선 초 태종 때 안의지역과 통합되어 안음현이 되었다. 이때 현 소재지가 위천에서 안의로 옮겨졌다. 위천은 고현, 즉 옛날 현이라고 불렸다.

1728년 위천에서 정희량의 난이 일어나자 안음현을 없애고 위천지역을 거창현에 내속시켰다. 1736년 안음현이 회복된 후 위천지역은 다시 안음현에 속하였다. 1767년 안음현은 안의현으로 이름이 바뀌었다.

한편 신원지역은 조선시대 내내 삼가현에 속하였다. 거창, 안의, 삼가지역으로 나누어져 있던 영역이 거창군으로 통합된 때는 일제강점기였다.

통치기관과 풍속

조선시대 지역 통치의 책임자는 중앙에서 파견된 수령이었다. 거창이 현, 군, 부로 승격되어감에 따라 현감, 군수, 부사가 차례로 파견되었다. 수령은 제반 사무, 즉 행정, 군사, 조세, 교육, 제사 등 모든 일을 관장하였다. 수령의 임기는 5년이었으나 임기를 채우는 경우는 드물었다.

읍치의 중심에는 통치를 위한 각종 관청들이 들어섰다. 가장 중요한 건물은 객사였다. 객사는 국왕의 전폐를 모시고 월 2회씩 예를 올리는 곳이자 중앙에서 파견된 관리들의 숙소로 이용되었다. 객사는 현재 군청 자리에 있었다. 수령은 정청에서 행정을 처리하고 내아에서 기거했는데 이 건물을 관아라고 한다. 현재 거창초등학교 자리에 있었다.

관아 주위에 향리의 행정 사무관청인 이청, 수령 자문기관인 향청, 군인들의 무청 등이 자리 잡았다. 더위를 피하기 위한 건물로 읍의 서쪽에 척서루, 남쪽 강변에 침류정이 있었다. 그리고 세금 물품을 보관하기 위한 창고가 있었는데, 거창읍창, 고제창, 웅양창, 가조창, 고현창(위천)이 주요 창고였다.

행정실무는 향리가 담당하였다. 향리들이 이청에서 행정, 조세, 형벌 등 제반 업무를 맡아 처리하였다. 양반을 대표하는 좌수와 별감은 수령을 보좌하고 향리를 감독하였다. 좌수 1명과 별감 2명이 향청에서 사무를 보았다.

조선 초기에 편찬된 『동국여지승람』 거창현조에 "거창의 풍속은 억세고 사나운 것을 숭상한다(俗尙强狼)."라고 쓰여 있다. 같은 책 안음현조에는 "안음의 풍속은 억세고 사나우며 다투고 싸우기를 좋아한다(尙强悍好爭鬪)."라고 기록되어 있다. 두 기록은 모두 관풍안에서 나왔다고 하였다. 관풍안이란 고을의 수령이 작성한 문서이다. 수령들은 지역민들이 고분고분하지 않아서 다스리기 어려웠던 모양이다. 이 관풍안 내용을 다른 지역의 관풍안 기록과 비교해 보면, 조선 초기 이곳 지역민들의 성품이 거칠었던 것은 사실로 보인다.

조선 후기 지리지에는 지역에 대한 새로운 내용이 추가되었다. 1760년 영조 때 편찬된 『거창부여지승람』에는 "백성이 농사와 길쌈에 힘쓴다."라는 내용이 추가되었다. 조선 후기 이 지역에서 농업과 수공업이 발달하였다는 사실을 반영한 것이다. 1832년 순조 때 편찬된 『경상도읍지』 안의현조에도 다른 내용이 추가되었다. "안의 사람들은 절의와 검소함을 숭상한다. 문헌공 정여창이 현에 부임하여 거느려 인도한 뒤에 유현이 배출되었고 옛 습속이 크게 변하였다." 이 기록은 조선 후기 지역민들이 유교문화에 젖어들었다는 사실을 말해준다.

조선시대 향촌은 3개 세력으로 구성되었다. 중앙권력을 대변하는 수령, 행정실무를 전담하는 향리, 향촌 양반을 대표하는 향청 좌수가 그들이다. 이 세력의 역학관계는 시기에 따라 변하였다.

고지도에 나타난 거창의 통치기관 조선 후기 거창현 지도에는 읍치에 위치한 관청들이 비교적 자세히 그려져 있다. 읍치에 향교, 창고, 침류정, 관아, 객사, 아사 등의 건물이 있고 영호강에 영천교가 있다. 건흥산 아래 건흥사, 감악산에 연수사도 보인다.

면과 리

조선시대 고을 내의 각 지역은 면리제로 편제되어 갔다. 면리제 개편이 완성된 것은 조선 후기이다. 처음에는 각 지역을 '방'이라고 했다가 그 후에 '면'으로 불렀다. 오늘날 거창군에 속하는 지역에는 대체로 29개의 면이 있었던 것으로 보인다. 거창도호부에 22개의 면, 안음현에 속했던 위천지역에 5개의 면, 삼가현에 속했던 신원지역에 2개의 면이 있었다.

면은 몇 개의 리로 나누어지고 그 아래로 '오가작통'이라 하여 5집이 1통으로 조직되었다. 각 면에는 권농이 선임되었고 리에는 이정이 있었다. 권농은 평소 면의 행정을 담당하다가 매달 5일 관아에 나와서 사무를 보았다. 권농은 면에서 지식과 영향력이 있는 사람이 선임되었는데 양반들은 기피하였다. 고을의 행정 계통은 수령, 좌수, 권농, 이정으로 이어졌다. 면리제가 확립됨으로써 중앙정부의 지시사항은 각 마을까지 미쳤다.

조선시대 면의 규모는 오늘날보다 작았다. 현재의 읍 지역에 6개 면 23개 리, 주상지역에 2개 면 10개 리, 웅양지역에 2개 면 8개 리, 고제지역에 1개 면 8개 리, 남상지역에 3개 면 13개 리, 남하지역에 3개 면 11개 리, 가조지역에 4개 면 20개 리, 가북지역에 1개 면 6개 리, 북상지역에 1개 면 13개 동, 위천지역에 2개 면 15개 동, 마리지역에 2개 면 16개 동, 신원지역에 2개 면 9개 리가 있었다. 조선시대 면, 리의 명칭을 지금도 그대로 쓰는 곳이 많다.

조선시대 면리는 중앙관리가 파견되지 않은 자치지역이었다. 면의 명칭에 동서남북의 방향을 나타내는 단어가 많은 것은 읍치를 중심으로 4방에 면을 두었기 때문이다. 촌이라고 불리는 마을은 주민 생활의 중심이었다.

조선시대 거창의 면과 리

현재 지명	조선시대 지명		비고
거창읍	동부방	강양리, 교항리, 양무당리, 죽전리, 노혜리	
	음석방	사지리, 당림동리, 원학동리	
	가을지방	향교동리, 개화리, 묵곡리, 가사리	
	천내방	상림리, 토즉리, 상천내리	
	천외방	절부리, 중리, 장팔리, 하리, 웅곡리, 정장리	
	모곡방	용원리, 모곡리	
주상면	지상곡방	성기역리, 장생동리, 도평리, 고대리, 실강리	
	주곡방	연제리, 완계서원리, 완서동리, 오산리, 오리동리	
웅양면	웅양방	동변리, 신창리, 화동리, 죽림리, 성북리	
	적화현방	아주리, 대현리, 취송정리	『거창부여지승람』
고제면	고제방	북창리, 입석리, 개명동리, 손항리, 수다리, 성초역리, 둔대리, 임당리	(1760년)
남상면	청림방	한산리, 지화동리, 송변리, 청념리	• 면이 방으로
	고천방	무촌역리, 매산리, 동령리, 진목정리	표시되어 있음
	남흥방	남흥리, 율정리, 사불즉리, 북죽리, 남불리	
남하면	무등곡방	무등곡리, 대야리, 가천리, 월이곡리, 멱곡리	
	고모현방	시항리, 아주리, 둔마리	
	지차리방	어은리, 한점리, 정곡리	
가조면	하가남방	기동리, 대초리, 도곡리, 평지리, 왕대리, 탄동리	
	상가남방	부산리, 장항리, 명지리, 도산서원리	
	가서방	동례리, 원천리, 평지리, 안금리, 상현리	
	가동방	병산리, 창동리, 당동리, 마적리, 수월동리	
가북면	가북방	용산리, 양성암리, 연자동리, 고비동리, 강계전리, 호암리	
북상면	북상면	갈천, 중산, 탑벌, 송정, 개삼벌, 농소막, 병곡, 분계, 창선, 노동, 월성, 편교, 황점동	
위천면	고현면	거차, 사마, 우곡, 강남, 상천, 신계, 부곡, 마항, 강천, 역동	• 『경상도읍지』(1832년)
	북하면	황산, 당산, 모전, 무어, 월치	• 동리만 나타나 있음
마리면	남리면	고창, 구라, 엄정, 곡학	
	동리면	장백, 신벌, 영승, 하율, 상율, 월화, 사동, 신기, 말흘, 지동, 등동, 주암	
신원면	신지면	과정리, 와룡리, 대현리, 중유리, 덕산리, 청수리	• 1914년 거창군
	율원면	수원리, 양지리, 구사리	편입 당시

교육과 제사

조선시대의 정치이념은 유교였으므로 초기부터 각 지역에서 유교 교육을 실시하였다. 거창향교는 태종 때 설치되었다. 세종 때 중앙에서 교수가 파견되어 향교 교육을 담당하였다. 향교의 학생 정원은 현이었을 때 30명, 도호부였을 때 70명이었다. 향교에서는 『소학』, 『논어』, 『맹자』, 『대학』, 『중용』, 『근사록』 등 유교 경전을 강의하였다. 위천지역은 안의향교에 속하였다.

거창향교에는 대성전, 명륜당, 동재와 서재, 춘풍루 등의 건물이 있었다. 대성전에서는 중국과 한국의 위대한 유학자들에게 제사를 지냈고, 명륜당에서는 유교 경전을 강의하였다. 동재와 서재는 학생들이 묵는 기숙사였다. 춘풍루는 향교 입구의 누각이다.

향교의 입학 자격은 양인 이상이면 가능했으나 대체로 양반 자제들이 입학하였다. 향교 교육을 받은 학생들은 생원이나 진사가 되는 소과에 응시하였고, 이후 성균관에 입학하여 문과를 준비하였다. 향교 학생들의 명부인 향교안은 그들이 양반 신분임을 입증하는 자료로 사용되었다. 조선시대의 향교는 단순한 교육기관이 아니라 유교문화를 확산시키는 역할을 했던 동시에 양반들이 권위를 행사하는 기관이었다.

조선시대에는 제사를 중시하였다. 지역에서 제사를 지내는 곳은 향교 이외에 3곳이 더 있었다. 『동국여지승람』을 보면 읍치의 서쪽에 사직단이 있고 동쪽에 성황사, 북쪽에 여단이 있다고 기록되어 있다. 사직단은 절부리에, 여단과 성황사는 개봉 뒤편에 있었던 것으로 보인다. 조선시대에는 향교의 문묘, 사직단, 성황사, 여단에서 유학자, 땅과 곡식의 신, 산신, 자손이 없는 귀신에게 각각 제사를 지냈다.

고려왕조를 위해 제사를 지내는 곳도 있었다. 태조 이성계는 가조에 있는 견암사에 밭 1백 결을 내려주어 매년 5월과 10월에 고려의 왕씨를 위해 수륙재를 지내도록 하였다. 견암사는 현재의 고견사이다. 견암사 수륙재는 유교문화가 심화됨에 따라 폐지되었다.

거창향교

　　문묘와 사직의 제사는 유교문화였지만 견암사 수륙재는 불교신앙, 성황사와
여단은 민간신앙에 따른 제사였다. 조선 초기 문화는 유교가 중심이었지만 다양한
종교와 사상이 인정되고 있었다.

고지도로 본 향촌

전근대사회에서는 지방을 향촌이라고 불렀다. 향(鄕)은 중앙과 대칭되는 개념으로서 지방관이 파견되는 행정 구역상 군현을 말한다. 촌(村)은 지방관이 파견되지 않는 면과 리 지역을 뜻한다. 따라서 향촌이란 군현과 그 아래의 면·리에 속한 마을을 통칭하는 말이다.

조선시대 향촌은 오늘날 군보다 훨씬 독립성이 강하였다. 자급자족 경제생활 때문에 사람과 물자의 이동이 많지 않았다. 중앙정부도 농민들의 거주지 이전을 제한하

안음현 지도(1832년 『경상도읍지』) 안음현은 두 개의 강 영역으로 분리되는데, 왼쪽 강 유역은 지금의 안의지역이고 오른쪽 강 유역은 지금의 위천지역이다. 위천은 영호강으로 흘러든다.

였다. 양반들은 종종 다른 지역으로 이주하였지만 대부분의 지역민은 자기가 태어난 지역에서 평생을 보내는 것이 일반적이었다. 고정된 신분과 직업, 거주지 이전의 제한은 향촌사회를 독립공간으로 만들었다. 조선시대 향촌은 전통이 유지되고 독립성이 강한 하나의 소우주였다.

조선 후기에 제작된 흥미로운 거창현 지도가 있다. 누가 그렸는지 알 수 없는 이 지도는 온통 산으로 가득하다. 산골짜기에서 흘러나온 작은 시냇물은 서로 합쳐서 하류에 이르면 강이 된다. 산과 물 사이에 조랑조랑 마을들이 자리 잡았다. 마치 한 그루 나무처럼 보인다. 이 지도에 그려져 있지 않은 위천지역과 신원지역을 넣어 상상해보면 더욱 풍성한 나무가 된다. 이러한 연유로 거창은 예부터 '산수향(山水鄕)'으로 불렸다.

지도로 본 향촌의 특징은 산수와 마을이 모두 읍치로 집중되어 있다는 것이다. 이 지역의 특징이 고스란히 표현되어 있다.

이 지도를 제작한 사람은 향촌을 산과 물의 고장으로 인식하였음에 틀림없다. 이 지도는 조선시대 지역민들이 자신의 향촌을 산수의 고장, 비옥한 토지, 독립공간으로 인식했음을 암시해 준다. 조선시대 향촌은 지역의 자연과 거의 완벽한 조화를 이루었다.

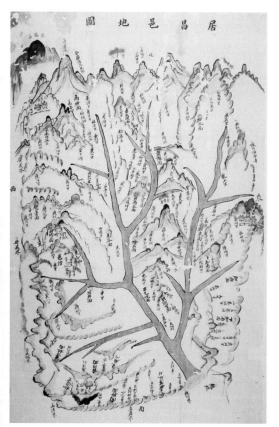

거창읍 지도 거창읍지도라는 제목의 이 지도는 정확도는 떨어지지만 물줄기를 중심으로 거창고을을 표현하였다. 거창읍치는 지도의 왼쪽에 위치한다. 위천에서 흘러든 영호강은 고제, 웅양에서 나온 물과 합쳐 황강으로 흐르다가 다시 가북, 가조에서 나온 물과 합쳐진다.

건국의 주역이 된 사람들

조선 건국 후 중앙정부에서 향촌 출신 인물들의 활동은 눈부셨다. 『조선왕조실록』에는 거창 신씨 출신 인물들과 함께 유한우, 허규, 정종아, 정희아, 경유형, 경임, 오상문 등의 이름이 보인다. 실록에 실린 사람만 뽑아도 그러할진대 실제 그 숫자는 훨씬 많았을 것이다. 향촌 출신 인물들은 건국 초기부터 중앙정계에 진출하여 국가체제를 정비하고 찬란한 15세기 문화를 이룩하는 데 적지 않게 기여하였다.

이들 중 가장 먼저 중앙정계에서 두각을 드러낸 인물은 유한우였다. 유한우는 거창 유씨 가문 출신의 인물이다. 그는 이성계의 즉위와 함께 혜성처럼 정계에 등장하였다. 일찍이 이성계의 잠저에서 그를 시중하였던 유한우는 이성계가 왕이 되기 전부터 위화도 회군, 반대파 제거, 조선 건국 등을 함께했던 인물이다. 그는 이성계의 최측근이자 조선 건국의 공신이었다.

유한우는 천문학과 풍수지리설에도 매우 능한 인물이었다. 그는 태조와 태종 대에 고위 관직을 역임하면서 한양 천도, 왕궁과 왕릉 터의 선정, 공사, 관리에 영향력을 발휘하였다. 왕실과 친했고 왕의 신뢰도 컸다. 일례로 태종 때 장차 세종이 될 세자에게 자석과 철을 주어 실험하게 할 정도로 왕실과 친밀하였다.

유한우 가문은 재산도 상당하였다. 태종 때는 태조왕비릉 공사를 감독한 공으로 토지 40결을 받았고, 왕비릉의 소나무를 함부로 베어 사사로이 썼다가 갇힌 적도 있었다. 그는 공적, 사적으로 재산을 늘렸을 것으로 보인다.

태조 때 중앙정계에서 활약한 향촌 출신 인물로 신이충이 있다. 신이충은 거창 신씨 가문이 서울의 명문 대가로 성장하는 데 기반을 닦은 인물이다. 그에 대한 왕조실록의 첫 기록은 태조 6년 감찰로서 지방의 산물을 조사해 세금 장부를 만드는 일을 했다는 것이다. 그는 세종 때 세종의 형인 양녕대군이 토지를 수탈한 사실을 고발하기도 하고, 또 양녕대군이 무기를 만들었다고 고발하여 귀양을 가기도 하였다. 그러나 그의 권력은 지속되었다. 세종이 양녕대군

유한우의 활약을 기록한 『조선왕조실록』(『태조실록』 3년)

의 아들을 신이충의 집에 두도록 한 것을 보면 그는 여전히 권력의 핵심이었다. 신씨 집안은 신이충의 아들 신기, 신전이 문과에 합격하여 고관에 오름으로써 권력을 보존하였고, 성종 때 왕실과 혼인함으로써 권력의 중심에 서게 된다.

조선 초기 유한우와 신이충의 중앙정계 활약은 특기할 만하다. 15세기는 조선 500년을 유지했던 합리적인 통치체제가 정비되고 한글과 과학기술 등 민족문화가 크게 발달했던 시기였다. 이 일을 담당했던 세력을 관학파라고 부른다. 유한우와 신이충은 토성세력을 대표하는 관학파였다. 이들의 활약은 향촌 출신 인물들이 조선 초기부터 새 왕조건설에 적극 동참하였다는 사실을 여실히 보여준다. 조선시대 향촌 인물들의 중앙 진출 욕망은 초기부터 강렬하게 분출되었다.

향촌을 지배하는 중앙귀족

태종 10년 4월 21일 신이충은 사헌부에서 탄핵을 받았다. 신이충이 거창에서 자기 부친의 장례를 치를 때 살인을 했다는 죄목이었다. 왕조실록의 기록은 다음과 같다.

신이충은 아버지의 상중에 있으면서 개인의 분노를 이기지 못해 남자 종 석이와 양민 황달충을 때려 죽였습니다. 또 거창현의 향리 유습이 명령을 받고 신이충 아버지의 묘를 감독하여 만드는데 신이충이 어떤 일로 유습에게 노하여 얼음 구덩이를 파고 그 속에 유습을 넣어 하루 종일 매질을 하여 거의 죽게 하였습니다. …… 또 거창에 농장을 넓게 두고 백성을 점령하여 국법을 두려워하지 않았습니다. 해당 관청에게 조사하게 하여 죄를 밝혀 다시는 이러한 일이 일어나지 않게 하소서.

– 「태종실록」 10년 4월 21일

사헌부의 고발 내용은 세 가지였다. 신이충이 상민과 노비를 때려 죽였다는 것, 향리에게 매질을 하여 거의 죽게 만들었다는 것, 그리고 대농장을 두고 백성을 동원하여 농사를 지었다는 것이다. 이때 신이충의 행위는 오늘날 우리들의 상상을 뛰어넘는다.

사헌부의 탄핵에 대하여 태종은 이전에 이미 사면한 적이 있다는 이유로 처벌을 허락하지 않았다. 사헌부에서 다시 아뢰자 왕은 신이충을 귀양 보내는 것이 좋겠다고 하면서 의정부에서 논의하게 하였다. 의정부는 "신이충이 고의로 죽인 것이 아니며 이전에 사면이 있었으므로 논하지 않아야 한다."고 보고하자 왕은 그대로 따랐다. 신이충은

사헌부의 신이충 탄핵 기사(「태종실록」 10년)

이 일로 처벌받지 않았다.

15세기 중앙귀족이 된 신씨 가문은 향촌에서 거의 절대적인 권력을 행사하였다. 향리를 마음대로 부릴 수 있었고 향리, 양민, 노비에게 사적인 형벌을 가할 수도 있었다. 또한 막대한 농장을 소유하고 부를 축적하였다. 그들은 개인의 목적이나 이익을 위하여 지역민들을 동원하였다. 신씨 세력의 향촌 지배력은 사헌부의 탄핵을 받았을 만큼 강하였다.

조선시대에는 강약의 차이는 있었지만 일반적으로 중앙의 고관에 진출한 사람은 향촌에서 신이충과 같은 권력과 부를 누렸다고 보아도 좋을 것이다. 중앙 관직자의 권력은 향촌에서 절대적이었다. 조선시대 관직에 나가는 일은 출세라고 하였다. 따라서 향촌 인물들은 과거에 합격하여 관리로 출세하는 것을 꿈으로 삼았다. 출세는 자신과 가문에 부와 권력을 보장해 주는 가장 확실한 길이었다.

**귀족가문의
향촌세력 다툼**

사헌부의 신이충 탄핵사건 이면에는 거창 유씨와 거창 신씨의 갈등과 대립이 얽혀 있었다. 신이충에게 곤욕을 치른 향리 유습은 거창 유씨 가문의 인물이었다. 거창 유씨 출신의 중앙 권력자 유한우는 유습이 당한 수난에 모욕감을 느꼈다. 그는 유씨의 대표로서 신이충을 고발하였다. 신이충 탄핵사건이 있은 지 5년 후 신이충의 아들 신기는 왕에게 상소를 올렸다. 이 상소는 신이충과 유한우의 관계를 알려준다. 상소 내용은 다음과 같다.

무자년에 신의 아버지 신이충이 황달충을 때려서 죽게 만든 까닭으로 노비 12명을 황달충의 일가인 검교판한성 유한우에게 주고 고발하지 말도록 청하였습니다. 그런데 유한우가 이것을 부족하게 여기고 도리어 신의 아버지의 죄를 꾸며서 소장을 내어 원통함을 호소하였습니다. 지금 신의 아버지는 이미 사면을 얻었는데 유한우는 그 노비를 증여한 것이라고 하여 관청에 소속시켰습니다. 원하건대 돌려주게 하소서.

— 『태종실록』 15년 8월 5일

신이충에게 맞아죽은 황달충은 유한우의 친척이었다. 유한우는 자기 가문의 유습이 욕을 당하고 인척 황달충이 죽임을 당하자 자기 가문이 받은 모욕감에 분노하였다. 신이충은 이 일을 무마하고자 노비 12명을 유한우에게 주었다. 그러나 유한우는 신이충의 부탁을 거절하고 탄핵사건을 일으켜 신이충을 궁지로 몰아넣었다. 그는 신이충에게 받은 노비를 돌려주지 않고 관노비에 넣었다. 신이충 또한 유한우가 고발을 취소하지 않으면서 노비도 돌려주지 않자 화가 났다.

탄핵사건이 마무리되자 신이충의 아들 신기는 유한우에게 주었던 노비를 돌려달라고 왕에게 호소하였다. 태종은 신기에게 "자기의 이익을 추구하는 것은 유학자의 할 일이 아니다."라고 꾸짖었다. 아마 신기는 노비를 돌려받지 못했을 것이다.

신이충 탄핵사건은 조선 초기 향촌의 양대 토성세력인 거창 신씨와 거창 유씨의 관계를 명확히 보여준다. 유씨 가문 출신 유습은 향리세력을 대표하였다. 당시 이 지역은 거창 유씨의 세력권 아래 놓여 있었다. 이때 신이충은 부친 장례에 향리를 동원하였다. 유씨 가문의 유습과 그 일가 황달충은 신이충의 명령을 공손하게

조선시대 거창 토성, 유·신·장

유, 장, 신, 주, 정 (세종 7년 1425년에 간행된 『경상도지리지』)
유, 정, 장, 신, 주 (단종 2년 1424년에 간행된 『세종실록』 지리지)
유, 신, 장, 정, 주 (성종 12년 1481년에 간행된 『동국여지승람』)

조선 초기 지리지에 기록된 거창 토성이다. 토성은 세력이 강했던 순서로 기록되었다고 생각된다. 거창 유씨는 각 기록에서 시종일관 선두를 차지하고 있다. 이는 거창 유씨가 가장 강한 향촌세력이었다는 사실을 말해준다. 거창 신씨는 성종 때 거창 유씨 다음 자리를 차지하여 이전보다 세력이 강화되었다. 여기에는 거창 신씨 출신 중앙귀족의 영향이 적지 않았을 것이다. 이후 이 지역의 향촌세력을 흔히 "유, 신, 장"이라고 불렀다.(위천과 신원지역은 포함되지 않았음)

수행할 만큼 호락호락하지 않았다. 그들에게는 중앙귀족 유한우라는 든든한 배경이 있었다. 신이충은 이에 분노하여 그들을 사적으로 처벌하여 살인사건을 일으켰다. 향촌에서 두 가문이 충돌하고 급기야 중앙정계에서 탄핵사건으로 발전했던 것이다. 두 중앙권력자의 충돌은 향촌에서 양대 토성세력이 대결한 결과였다.

왕은 신이충과 유한우의 갈등, 신씨 가문과 유씨 가문의 대결에서 어느 편도 들지 않았다. 신이충 탄핵사건은 두 사람이나 두 가문에 별다른 영향을 끼치지 않았던 것으로 보인다. 이 사건 이후 유한우는 여전히 중앙정계에서 활약하였고, 신이충의 아들은 정계에서 승승장구하였다. 양대 토성은 향촌에서 여전히 권력을 행사하였다.

**향촌 출신
중앙귀족의 영락**

거창 신씨 가문은 조선 초기 향촌을 대표하는 중앙귀족 세력이었다. 신이충의 두 아들 신기와 신전은 세종, 문종, 단종 대에 관찰사를 지내는 등 중앙과 지방의 고관으로 활약하였다. 신기는 세조가 단종을 제거하고 왕위에 오른 계유정난 때 3등 공신에 올랐다. 신기는 훈구파의 일원이었다. 신이충의 손자 신승선은 중앙귀족의 최고 반열에 오르고 '거창군(居昌君)'으로 봉해졌다. 신승선은 신씨 세력의 전성기를 열었다.

신승선은 세종의 손녀와 결혼하여 왕실의 외척이 되었다. 그는 세조 때 문과에 급제하여 벼슬이 병조참판에 이르고, 예종 때 '남이 역적사건'을 처리한 공으로 3등 공신이 되었다. 성종 때 두 번이나 명나라에 사절로 다녀왔고, 벼슬이 예조판서, 이조판서를 거쳐 우의정에 이르렀다. 이때 그의 딸이 세자빈으로 책봉됨으로써 성종과 사돈 관계가 되었다. 신승선은 그의 사위인 연산군이 즉위하자 왕의 장인이 되었다. 품계는 정1품 부원군, 벼슬은 영의정이었다. 이제 신씨 가문은 중앙에서도 최고의 명문 집안이 되었다. 동시에 신승선이 거창군으로 봉해졌으므로 그의 가문이 향촌에서 행사한 영향력은 따로 언급할 필요가 없을 것이다.

거창 신씨의 권력은 연산군 때 절정을 맞았다. 신승선의 아들 신수근은 벼슬이 좌의정에 이르렀다. 그는 연산군의 처남이자 중종의 장인이었다. 사정이 이러했으니 더 말할 필요가 없다. 연산군 대 왕조실록에 신수근에 대한 기록이 173건에 이른다는 사실만 언급해 둔다.

신씨 세력은 중종반정이 일어나자 극적으로 몰락하였다. 중종반정은 훈구파와 사림파가 연합하여 연산군을 몰아낸 정변이었다. 신수근은 반정 가담을 거부하고 죽임을 당하였다. 반정 후 중종의 왕비가 되었던 신수근의 딸도 곧 폐비가 되었다. 신씨 권력은 중종반정 후 중앙정계에서 한순간에 몰락하였다. 앞서 언급했듯이 거창현이 연산군 때 군으로 승격했다가 중종 때 다시 현으로 강등된 것은 신씨 가문의 성장과 몰락의 결과였다.

조선시대 전체를 돌아보아도 이때의 거창 신씨만큼 중앙에서 큰 권력을 행사한 지역 출신 인물은 없었다. 거창 신씨는 조선 초기 향촌을 대표하는 훈구파 세력이자 향촌에 강한 영향력을 행사한 토성세력이었다. 중종반정 후 거창 신씨는 이전에 비할 수는 없지만 여전히 향촌에서 세력을 유지하였다.

16세기는 사화의 시대였다. 거창 신씨의 권력이 절정에 달했던 연산군 때 무오사화, 갑자사화가 연이어 일어나 사림파가 큰 화를 당하였다. 중종반정 후 정계를 장악했던 조광조는 사림을 대표하는 인물이었으나 그 또한 곧 기묘사화에 희생되었다. 그러나 17세기 선조 이후 사림파가 중앙정계를 장악하였다. 이에 따라 향촌의 사림들은 활발하게 중앙정계에 진출하게 된다. 거창 신씨 가문도 이때 사림의 일원으로 부활하였다. 이 일은 뒤에서 다루겠다.

양반, 향리, 농민, 노비

조선은 신분제 사회였다. 법적인 신분은 양인과 천민이었으나 사회적으로는 양반, 중인, 상민, 천민 등 4신분으로 분화되었다. 향촌사회도 양반, 향리, 농민, 노비로 분화되었다. 신분은 대대로 세습되었으며 신분에 따라 국가에 부담해야 할 직역이 정해져 있었다.

조선시대에 들어와서 향리는 점차 사족(양반)과 이족(향리)으로 분리되었다. 사족은 토지와 노비를 소유하고 유학을 공부하여 출세하는 것을 목표로 삼았다. 이족은 향리로 수령 아래에서 행정을 담당하였다. 향리는 양반과 구별되는 중인신분으로 이전보다 사회적, 경제적 지위가 하락되었다. 16세기 명종 때 "거창의 가난한 향리는 지탱할 수 없다."는 기록이 있을 정도였다.

양반과 향리는 거주 지역도 구분되었다. 양반은 면리에 거주하고 향리는 읍에 거주하였다. '유, 신, 장'으로 표현되는 향촌의 토성세력은 향리로 전락해 갔다.

조선시대 지역민의 대다수는 상민이거나 노비였다. 상민은 대부분 농민으로서 각종 세금과 부역을 부담하였다. 농민은 16세기 들어 세금이 무거워지면서 고통을 받았고 몰락한 농민은 도적이 되기도 하였다. 중종 때 도적이 증가하였다. 다음은 왕조실록의 기록이다.

거창, 산청 등지에서 강도들이 대낮에 떼를 지어 통행하는 길을 차단하여 약탈하고, 마을에 공공연하게 다니면서 의복, 양식, 반찬, 활, 화살 등 물건을 탈취한다. 또한 소를 겁탈해 내어 실어 가기도 하고 행인과 마을 사람들로 하여금 이를 짊어지게 하며, 소를 잡아먹고, 민간의 여자들을 공공연하게 붙잡아 가고, 양반집 부녀들에게까지도 난행을 하려 든다. 그래서 도처의 사람들이 다 떨고 두려워하여 손님 대접하듯이 하고, 반항하거나 체포하고자 하는 사람이 있으면 살해한다.

– 『중종실록』 3년 3월 5일

조선시대의 신분증, 호패 조선시대 16세 이상의 모든 남자는 호패를 찼다. 호패에는 이름, 나이, 본관과 신분이 새겨져 있다.

노비는 사회의 최하층으로 신분이 세습되었으며 재산으로 취급되었다. 세종 때에는 거창현의 사노비가 양민의 딸에게 장가들었다가 처벌되었고, 중종 때 안음현 사람 송문이 재산을 나눌 때 자기의 노비를 여동생에게 주었다고 표창받은 일도 있었다.

조선시대 노비들의 저항이 많았다. 1448년 성종 때 노비들이 무리지어 양반인 이성근을 비참하게 살해한 사건이 일어났다. 이성근이 도망 노비를 신고한 데 대한 보복이었다. 왕은 노비를 뒤쫓아 잡으라고 명령했지만 그 결과에 대해서는 기록이 없다. 중앙정부에서는 노비를 엄격히 통제하고자 했으나 노비의 저항은 계속되었다. 17세기 효종 때에는 노비가 주인을 살해했기 때문에 현이 없어진 일까지 있었다.

노비들이 떼 지어 양반의 머리를 베다

거창현에 사는 이성근은 참판 이약동의 누이의 남편입니다. 그가 연전에 집에 있을 때 갑자기 밤에 악한 청년들이 떼를 지어 그 집을 불 지르고 겁탈하였습니다. 이성근이 놀라고 두려워하여 문에 나가자 그 머리를 베어 도망쳤습니다. 그런데 그 뒤에는 별다른 도둑이 없고 드디어 모두 흩어졌는데, 이제까지 어떤 사람이 한 짓인지 알지 못하였습니다. 이성근은 일찍이 공노비에 누락된 전라도 사람을 관청에 고발한 적이 있습니다. 아마 이 무리가 원망을 품고서 한 짓인 듯합니다.
– 『성종실록』 19년 7월 23일

조선정부는 신분제를 명분론으로 정당화하려고 하였다. 그들은 인간의 신분은 하늘이 정해준 분수라고 주장하였다.

조선시대 4신분제를 반상제라고 한다. 반상은 양반과 상민의 약칭이다. 우리가 흔히 사용하는 '양반', '상놈'이라는 말은 여기에서 나왔다. 조선 전기에는 양반과 중인이 인구의 각 5%, 상민과 노비가 인구의 각 40~50%를 차지했으나 조선 후기에는 상민과 노비가 줄어들고 양반이 증가하였다.

집권과 실권, 그리고 평가

신승선은 조선 전기 향촌에서 가장 출세한 인물이었다. 그는 거창 신씨 출신으로 왕의 장인이 되었으며 벼슬로는 영의정을 지냈고 거창부원군이 되었다. 1502년 연산군 때 신승선이 죽었다. 왕은 그에게 '장성'이라는 시호를 내렸다. 장성은 '온화하여 올바른 몸가짐을 한다.'는 뜻의 장(章)과 '임금을 보필하여 끝맺음을 잘한다.'는 뜻의 성(成)이 결합된 말이다. 신승선이 말이 부드럽고 몸가짐이 바르며 왕을 잘 보필하여 정치를 잘 했다는 뜻이다. 그는 권력을 가졌을 때 이러한 평가를 받았다.

신승선의 아들 신수근은 이중으로 왕의 외척이었다. 그의 누이는 연산군의 왕비 요, 그의 딸은 다음 왕 중종의 왕비였다. 중종반정 세력들이 신수근에게 반정에 가담 할 것을 요구하였으나 그는 연산군을 배신할 수 없다며 반정에 가담하지 않았다. 그는 반정이 성공한 직후 죽임을 당했고 그의 딸도 중종의 왕비가 된 지 며칠 만에 폐비가 되었다. 신씨 세력은 중앙에서 몰락하였다. 새로운 권력자들은 신승선, 신수근에 대해 지나친 혹평을 하였다. 그들의 평가는 다음과 같다.

승선은 젊었을 때에 용모가 아름다워서 뽑혀 임영대군(세종의 넷째 아들)의 사위가 되었 다. 일찍이 문과에 응시하였으나 합격하지 못했는데, 세조께서 상제(1등)로 뽑았다. 여 러 관직을 거쳐 이조판서에 이르렀는데, 성종께서 그 딸을 맞이하여 세자빈으로 삼았다. 갑인년 겨울에 우의정에 발탁되었다가 왕(연산군)이 즉위하매 영의정이 되었다. 사람됨 이 연약하기가 부녀자와 같아서 아무런 건의한 일이 없고 직무에 게으르고 녹만 먹으며 있으나마나 하므로, 당시 사람들이 "하는 일 없이 밥만 축내는 중"이라 하였다.…… 신 수근은 성질이 음험하여 남을 해치고 세력을 믿고서 거만하여 자기에게 거슬리는 사람 이 있으면 문득 배척하고, 남의 재물 빼앗기를 자기 것처럼 하여, 심지어 남의 가옥, 전

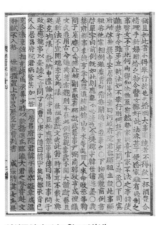

연산군일기 8년 5월 29일(상)
영조실록 51년 8월 24일(좌) 왕조실록에 신수근은 상반된 평가를 받았다. 그는 중종반정 직후 혹평을 받았지만 영조는 그를 정몽주와 같은 충신이라고 높이 평가하였다.

답 등을 빼앗고도 뻔뻔스럽게 부끄러워하지 않았으며, 세력이 불꽃처럼 대단하니 조정 사람들이 눈 흘겨보았다.

　　　－『연산군일기』 8년 5월 29일

반정 성공 세력이 내린 신승선에 대한 평가는 가혹하기 짝이 없다. 실제 신승선은 이 평가처럼 유능하거나 무능하지 않았을 것이다. 성품이 너그러운 권력자였을 가능성이 크다. 신승선에 대한 상반되는 평가는 권력자의 득세, 몰락과 직결되어 있었다.

신수근에 대한 혹평은 더욱 심했다. 그러나 270여 년 후 신수근에 대한 평가는 극적으로 바뀐다. 영조는 "신수근은 정몽주와 같이 충의가 깊다"고 말하고 "고금동충(古今同忠)"의 4자를 써서 내려주었다. 그리고 "신도(信度)"라는 시호와 함께 사우를 세우도록 하였다. 유명한 실학자 이익도 "신수근은 충성스러운 지사로서 큰일을 당해서 절개를 세우니 협박에 동요하지 않고 자신과 친족이 파멸해도 애석해하지 않았다."고 높이 평가했다.

역사상 인물에 대한 평가는 시대와 관점에 따라 달라진다. 과거에 좋은 평가를 받았던 인물이 오늘날에도 꼭 동일한 평가를 받는 것은 아니다.

역사학에서는 현재의 입장에서 과거의 인물과 사건을 평가한다. 이것을 역사의 현재성이라고 부른다. 신승선과 신수근에 대한 왕조실록의 평가는 현재로서는 모두 수용하기 어렵다. 그것을 고집하는 것은 시대착오이다. 그들은 당대 부와 권력을 누렸던 전형적인 훈구파였을 따름이다.

3. 양반세력, 사족의 출현

초기 사림과 성리학

16세기 향촌에서 사림이 성장하였다. 일찍이 성종 때 사림의 대표였던 김종직이 이 지역을 방문한 적이 있었다. 그의 제자 정여창과 김굉필은 가조의 수포대에서 학문을 논하고 지역의 선비들에게 성리학을 강의하였다. 그들은 향촌 사림의 성장에 영향을 끼쳤다.

사림의 본격적인 등장은 기묘명현 3인에서 처음 나타난다. 기묘명현이란 중종 때 조광조가 전국의 사림을 뽑은 현량과에 든 사람을 말한다. 이때 형사보, 유자방, 변벽 등 3명이 현량과에 합격하였다. 그들은 향촌 사림의 출발을 알리는 인물들이었다. 이들에 대한 경상도 관찰사의 추천서는 다음과 같았다.

생원 변벽과 생원 형사철, 형사보는 모두 거창에 사는 사람들인데, 이 세 사람은 모두 학문, 효행, 재기를 갖추었습니다. 학문은 형사보가 가장 우수합니다. 변벽은 홀어머니를 봉양하면서 몸소 맛난 음식을 장만하여 평생을 거르지 않았습니다. 형사철 형제는 어버이를 봉양함에 그 성심을 다했고 어버이를 여의었을 때에는 슬픔을 다하고, 장례와 제사에는 한결같이 주자가례를 따랐습니다. 지방 사람들이 평가하기를 형사철은 변벽, 형사보만 못하다고 합니다. 유자방은 거창에 사는 사람으로, 부모에게 효도하고 형제간에 우애하며 뜻이 독실하고 조행이 단정하고 마음씨가 구차하지 아니하며, 항상 옛사람을 본받고 학문 또한 풍부합니다.

수포대 정여창과 김굉필이 이곳에서 학문을 논하였다.

또 저술에 능하되 늘 과거에 떨어지므로 과거를 일삼지 아니하고 나이 50이 넘었
는데 유림의 존경을 받습니다.　　　　　　　　　　　　　　－『중종실록』 13년 3월 26일

　　형사철은 기묘명현에 들지 못했으니 현량과에서 탈락한 듯하다. 이 일이 있었
던 1518년 이미 향촌에 사림이 등장했다고 보아도 좋을 것이다. 그러나 기묘사화
로 조광조가 축출되자 이들의 정계 진출은 일단 좌절되었다. 이후 향촌의 많은 유
학자들은 성리학을 공부하고 유교 윤리를 실천하였다. 그들이 공부한 것은 유교경
전과 역사서였다.
　　사림은 현실보다 명분을 중시하고 성리학 이외의 학문과 사상을 이단으로 배척
하였다. 그들은 일상생활에서 철저하게 『소학』과 『주자가례』를 따랐다. 두 책은 유
학자들의 생활 규범을 규정하고 있다. 그중에서 초상, 장례, 제사의 상장제례를 가
장 중요시하였다. 그들은 새로운 유형의 선비였다.

원학동 성리학파의 형성

향촌 최초의 사림파는 임훈과 신권에 의해 형성된 '원학동 학파'였다. 그들은 이황, 조식과 교유하면서 영남학파의 일익을 담당하였다. 임훈의 은진 임씨와 신권의 거창 신씨는 선대에 이곳으로 이주한 사족이었다. 임훈의 가문은 증조부 대에 함양에서 북상으로 이주하였고, 신권의 가문은 부친 대에 영암에서 위천으로 이주하였다. 그들은 새로운 향촌마을에서 농장과 노비를 기반으로 학문에 전념하였다.

임훈과 신권은 인척으로 연결되었다. 신권이 임훈의 누이와 결혼했으므로 그들은 처남·매부지간이 된다. 임훈과 신권은 임훈의 부친 임득번에게서 성리학을 배웠다. 임득번은 진사 출신으로 성리학에 소양이 있었다. 친척이자 동문이었던 임훈과 신권은 나란히 소과에 합격하여 성균관에서 대과를 준비하였다. 그러나 임득번의 기대와는 달리 그의 아들과 사위는 모두 과거에 실패하였다. 낙향한 임훈과 신권은 각각 향촌에서 학당을 세우고 학문에 정진하는 한편 제자들을 길렀다. 임훈은 북상 갈계숲 옆에 갈천서당을, 신권은 위천 수승대에 요수서당을 세웠다. 갈천과 요수는 그들의 호였다. 그들은 이곳에서 유교 규범을 실천하면서 명망을 쌓아갔다.

원학동에 자리 잡은 사림은 그들의 교유권을 확대해 갔다. 일찍이 성균관에서 공부했던 이들은 이미 전국적인 인맥을 가지고 있었다. 임훈과 신권은 당대 최고의 성리학자였던 남명 조식, 퇴계 이황과 동년배로 이들과 학문적인 교류를 하였다. 경상우도를 대표하는 성리학자라는 명망을 가지고 있던 조식은 두 차례에 걸쳐 임훈을 방문하였다. 그 자리에 임훈과 그의 동생 임운, 처남 신권이 함께했다. 이들은 절의를 숭상했던 조식의 학문적 영향을 강하게 받았다.

이황과의 교류도 있었다. 임훈의 동생 임운

사림은 무엇을 공부했을까?

김종직의 스승이자 아버지였던 김숙자는 공부하는 순서를 다음과 같이 말하였다. 사림은 대체로 이 순서에 따라 공부하였다.

학문을 하는 데는 차례가 있으므로 이것을 따라야 한다. 누구든 처음에는 동몽수지와 유학자설을 암송한 후에 소학을 배우고, 다음은 효경에서 대학, 논어, 맹자, 중용, 시경, 서경, 춘추, 주역, 예기의 순서대로 공부해야 한다. 그 후에 통감과 역사 및 제자백가를 마치면 자기 전공분야로 향할 것이다.   ─ 김숙자, 「학규」

은 이황을 직접 방문하여 그의 문인이
되었다. 1543년 이황이 그의 처가가
있었던 영승마을을 방문했을 때 신권
은 이황을 초대하여 만나기를 기대하
였다. 비록 이황이 바쁜 일정으로 신
권을 방문하지 못했지만 이때 신권은
이황이 보낸 글을 받고 수송대를 수승
대로 고쳤으니 이들의 교유관계를 짐
작할 수 있다.

임득번에서 시작된 사제관계는
임훈, 임운, 신권, 조숙, 성팽년 등으

요수정 요수 신권이 후학 교육을 위해 수승대에 건립하였다.

로 이어지는 하나의 학파를 형성하였다. 조선 후기 척화파로 이름 높은 정온도 이
학파의 맥을 이었다. 이들은 북상, 위천의 원학동 계곡을 중심으로 활동했으므로
이들을 '원학동 학파'라고 부를 수 있을 것이다.

**향촌 사림,
왕을 만나다**

원학동 학파는 임훈에 의해 크게 성장하였다. 임훈은
1500년에 태어나 85세를 누리면서 성리학을 공부하고
실천하였다. 그는 "품성이 순진하고 후덕하며 학술이
정밀하고 박학하였고, 집에 있으면서 어버이 봉양에 마음을 다하여 어버이를 기쁘
게 하는 데 갖은 일을 다 하였다."라고 기록되어 있다. 임훈은 부모에 대한 효도로
전국적인 명망을 얻었다. 그가 66세였을 때 그에 대한 조정의 평가는 다음과 같았다.

임훈은 천품이 순후하고 성실하며 어버이 섬김에 효성이 지극하였다. 일찍이 사
마시에 합격되고 공천에 의해 참봉에 제수되었다. 부친의 뜻을 어기기 어려워서

갈천서당 1573년 갈천 임훈이 벼슬에서 물러난 뒤 후진을 양성하기 위해 동생 임운과 함께 건립하였다.

출사하였다가 1년 만에 벼슬을 버리고 돌아왔다. 나이 60이 넘었으나 초상에 예를 준수하고, 시묘살이 3년 동안에 한 번도 여막에서 나가는 일이 없었으며, 어긋난 행동을 하지 않았으므로 온 고을이 그를 추앙하고 헐뜯는 사람이 없었다.

– 『명종실록』 21년 6월 21일

임훈은 문과에 합격하지 못했지만 음직으로 벼슬에 나갔다. 명종과 선조는 잇따라 그를 참봉, 현감, 목사, 장악정에 임명하였다. 그는 관직 수행에 대해 좋은 평가를 받았다. 전라감사는 임훈이 "검소하고 깨끗하여 백성들이 그를 '얼음으로 만든 병'이라고 말하면서 오직 오래 유임하지 않을까 두려워하고 있다."라고 선조에게 보고하였다.

임훈의 명성은 명종이 그를 직접 대면함으로써 최고에 달하였다. 명종은 말년에 뛰어난 선비를 만나고자 하였는데, 이조에서 임훈을 포함한 6명을 추천하였다. 1566년 9월 임훈은 이항, 한수, 남언경과 함께 왕을 대면하여 정치와 학문에 대한 왕의 질문에 대답하였다. 임훈은 "몸을 닦고 마음을 바르게 하는 것이 바른 정치"라는 요지로 왕에게 아뢰었다. 왕조실록은 "그 말들이 매우 조리 있게 펼쳐지지(條暢) 못하였다."라고 기록했으므로 왕이 이들의 대답에 만족하지 못했던 모양이다.

임훈의 일생은 전형적인 사림의 모습을 보여준다. 평생 향촌에서 성리학을 공부하고 그 윤리를 실천하는 것, 그리고 기회가 닿으면 벼슬에 나가는 것이 사림의 생활 모습이었다. 물론 임훈에 대한 평가는 집권 직후 사림파가 내렸던 것이므로 매우 좋게 기록되었다는 사실을 감안하고 보아야 할 것이다. 그러나 임훈의 삶에서 보듯이 사림의 학문과 생활은 중앙의 훈구파나 지방의 향리와 뚜렷이 구별되었다.

용산학파의 성장과 남명학풍

원학동 학파가 형성된 지 약 반세기 후 향촌에서 다수의 성리학자들이 성장하였다. 그중 가북, 가조를 중심으로 사림의 한 학파를 이루었으니 이를 '용산학파'라고 할 만하다. 그 중심에는 전팔고와 그의 제자 문위가 있었다.

전팔고는 가조 원천 출신이었다. 그는 25세 때 산청 덕산의 조식을 방문하고 그 문하에 들어가 제자가 되었다. 조식의 사후에는 조식의 수제자였던 정인홍의 사제이자 문인이 되었다. 그는 향리에 원천정을 짓고 학문을 닦으면서 제자를 육성하였다.

문위는 원천정에서 전팔고와 함께했던 제자였다. 문위는 가북 용산 출신으로 19세에 조식을 방문하였고 그 후에는 정인홍의 문인으로 학문을 닦았다.

한편 이때 위천에서 정온이라는 걸출한 학자가 성장하고 있었다. 그의 부친 정유명은 성팽년과 함께 임훈의 제자였다. 정온은 어려서 임훈에게 배웠고 15세에 조식을 방문했으며 후에는 정인홍과 사제의 의를 맺었다. 그는 멀리 이황을 찾아가기도 하였지만 그의 사상은 조식과 정인홍을 잇는 영남우도 학파에 속하였다.

정부인강씨묘표문 1633년 정온이 친필로 지은 어머니 강씨의 묘표. 정온은 가북 용산에 어머니를 장사 지내고 용천정사를 지어 이곳을 중심으로 향촌 사림과 교류하였다.

향촌 사림은 조식의 사상을 계승하였다. 조식의 학문은 '경의사상'으로 요약할 수 있다. 경(敬)은 '내적 수양을 통해 마음을 밝고 올바르게 한다.'는 것이요, 의(義)는 '경을 바탕으로 세상에서 과단성 있게 실천한다.'는 뜻이다. 이황의 사상과 비교하면 이황은 '경'을 강조한 데 비하여 조식은 '경'과 '의'를 함께 강조하였다. 조식의 사상은 의리와 실천을 중시한 데 특징이 있었다.

조식의 사상을 이어받은 사림은 잘못된 정치에 대하여 과감하게 비판하고 실천하는 것을 신조로 삼았다. 그들은 임진왜란 때 조금도 주저하지 않고 의병으로 봉기하였다. 전팔고, 문위, 윤경남, 성팽년 등이 대표적인 의병장이었다. 또한 정온은 광해군 때 집권세력이었지만 과격한 상소로 제주도에 유배되었고, 병자호란이 일어났을 때 강경한 척화론을 주장하였다. 이러한 향촌 사림의 결기 있는 행동은 조식 사상의 영향이었다.

뒤에서 살펴보겠지만 17세기 향촌 사림은 붕당으로는 북인에 속하였다. 그들은 임진왜란 후 광해군 때 중앙정계에 진출할 길이 열렸으나 곧이어 일어난 인조반정으로 시련을 겪어야 했다.

남명집 조식의 문집이다. 16세기 지역 사림은
남명학파에 속하여 절의를 숭상하였다.

용산범국회록 범국회 회원 명부. 정온이 1636년 가북 용산에서
사림들과 함께 범국회를 만들어 학문을 교류하였다. 범국회는 "국
화 향기처럼 천고의 뜻을 품자."라는 뜻이다.

향촌을 지배하는 사림

사림은 생산에 종사하지 않고 일생 동안 성리학을 공부하고 심신을 수행하는 것을 목표로 삼았다. 그들은 어릴 때 한문공부를 시작하여 유교경전과 역사서를 통달한 후 성리학의 핵심인 이기론에 심취하였다. 그들은 성장한 후에도 원근의 저명한 학자를 찾아가 배우고 사제관계를 맺었다. 그리고 마을 주위 산수가 좋은 곳에 서당이나 정자를 세워 학문에 정진함과 동시에 제자를 양성하였다.

사림은 과거시험을 통해 관직에 나가는 것보다 향촌에 거주하면서 유교윤리를 실천하는 것을 이상으로 삼았다. 『소학』을 중시하여 그 내용을 생활 속에서 철저히 실천하였으며, 특히 효를 중시하여 부모의 생전에는 물론이고 죽은 후에도 장례 규정을 철저하게 준수하였다. 비록 중요한 벼슬을 하고 있더라도 부모상을 당하면 휴직하고 삼년상을 치렀다.

사림의 일상생활은 "접빈객(接賓客), 봉제사(奉祭祀)" 6자에 집약되어 있다. 접빈객은 손님을 접대하는 일이요, 봉제사는 조상의 제사를 모시는 일이다.

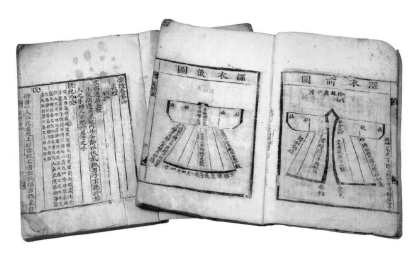

가례 가족의 관혼상제에 대한 예법을 기록한 지침서이다.

사림의 사랑방에는 항상 교제하는 스승, 친우, 제자들의 발길이 끊이지 않았고 서신으로 소식을 주고받았으며 종종 친우들을 방문하였다. 이러한 만남 속에서 사림은 광범위한 인맥과 학맥을 형성하였다. 그들은 학문 논의뿐만 아니라 정치 토론까지 벌여 학파와 당파를 함께하였다.

또한 사림은 제사를 정성껏 모시는 것을 효도의 완성이라고 생각하였다. 그들은 1년에 수차례 있었던 제사를 위해 재물과 정성을 다하였다. 이를 통해 제사에 충실할 수 없었던 하층민에 대해 도덕적 우월성을 과시하였다.

사림은 이러한 생활을 유지하기 위해 막대한 경제력이 필요하였다. 그들은 향촌에 새로운 마을을 개척하여 대대로 거주하였다. 사림은 넓은 토지와 많은 노비를 소유하고 그 수입으로 생활하는 유한계급으로, 스스로를 사족이라 부르며 향리계층과 구별하였다. 그리고 향청의 좌수나 별감을 맡거나 향교를 주도함으로써 향촌 사회를 지배해 나갔다.

16세기 이래 향촌 사림은 향약을 통하여 지역민들을 실질적으로 지배하였다. 향촌 사림은 영호강가에 모여 정여창의 화림향약을 기초로 거창향약을 작성하였

순백자

조선전기에는 순백자가 유행하였다.
순백자의 담백한 미는
사대부들의 심성을 표현하고 있다.

순백자

백자상감초화문편병
(호암미술관 소장)

백자필통

떡메병

다. 향약의 기본정신은 유교덕목과 상호부조였으며 이를 실천하기 위한 구체적인 18개 조항이 규정되었다. 지역민들을 모두 향약에 가입하여 규정을 지켜야 했다. 향약의 약정은 사림이 맡았다. 향약에는 벌칙규정이 있어서 향민들이 이 규정을 어기면 처벌을 받았다. 각 지역별로 조직된 향약은 서원과 함께 사림의 기반이었다. 이를 통해 사림은 지방민들에게 수령보다 더 큰 힘을 행사하였다. 사림은 새로운 향촌 지배 세력이었다.

백암에 깃든 사연

주상면에는 백암이라는 바위가 있다. 백암은 기묘사화 때 김식이라는 학자가 이곳으로 도망 왔다가 바위에 '백암(白巖)'이라는 글씨를 써 놓고 죽은 데서 유래하였다. 기묘사화는 1519년 심정 등 훈구파가 조광조를 중심으로 한 사림파를 제거한 사건이다.

1520년 4월 16일 중종은 영의정 등 고위 관리를 불러놓고 이신이라는 자를 심문하였다. 기묘사화 때 선산에 유배되었던 김식이 유배지에서 도망하여 반란을 꾀하고 있다는 고발 때문이었다. 왕은 빨리 김식을 잡아들이라고 명령하였다. 그로부터 6일 후 왕은 김식이 거창에서 목매어 죽었다는 보고를 받았다. 김식이 죽으면서 올린 상소의 내용은 이러하였다.

신이 전하를 버리고 도망한 것은 흉악한 적이 왕실을 위태롭게 하려는 것을 보고 전하에게 충성을 다하고자 했기 때문입니다. 심정은 거짓 예언으로 사림을 내쫓고 간신들로 조정을 채웠습니다. 그렇다면 전하의 조정이 아니라 바로 심정의 조정이니, 전하께서 외롭고 위태롭지 않겠습니까? 그러므로 신이 도망하여 참고 기다렸다가, 임금에게 위험이 닥치면 몸을 일으켜 난에 앞장서서 전하의 은혜에 보답하려 하였습니다. 이것이 신의 본디 뜻한 것이었습니다.

– 『중종실록』 15년 5월 27일

김식이 자결한 곳은 위천과 주상 사이에 있는 넘터였다. 마지막까지 그의 시중을 들었던 노비에 따르면, 김식은 넘터의 바위 아래에서 21일 동안 솔잎을 먹으면서 숨어 지냈는데 정부에서 자기를 쫓고 있다는 것을 알고 버드나무에 목매어 죽었다는 것이다. 그가 죽기 전에 깨끗한 바위라는 뜻의 백암이라는 글을 남긴 것은 스스로 자신이 결백하다는 사실을 말하고자 한 것으로 보인다.

백암 기묘현량 김식이 자결한 곳으로 주상 넘터 마을 입구에 있다.

김식은 총명하고 잘 기억하며 경서와 사서를 널리 보았는데 성리학에 더욱 정통하였다. 그는 벼슬할 생각이 없었는데 조광조의 천거를 받아서 벼슬에 나섰다가 변을 당했다고 한다. 김식이 이곳으로 온 까닭은 덕유산에 숨기 위해서였지만 또한 이곳에 변벽 등 기묘명현이 있었기 때문이었다.

김식 자결사건은 훈구파와 사림파의 권력다툼의 결과로 일어났다. 이 싸움을 사화(士禍)라고 한다. 사림파가 화를 당했다는 뜻이다. 16세기는 사화의 시대였다.

사림은 17세기 중앙정계를 장악하였다. 화를 입었던 사림들은 복권되고 추앙을 받았다. 이때 김식도 복권되었다. 후에 이황은 김식을 "왕도정치를 일으키려고 한 개혁가"로 평가하였다. 그의 평가에서 '반역자' 김식은 '개혁가' 김식으로 바뀌었다. 사림파가 중앙정계를 장악하는 순간이었다. 후에 김식을 제사하는 완계서원이 주상에 세워졌다.

백암이 지니는 한국사적 의의는 조선 지배세력의 교체이다. 15세기에는 훈구파가 집권하였다. 신승선, 신수근은 대표적인 향촌 출신의 훈구파였다. 16세기 사림이 등장하였고 변벽, 신권, 임훈은 향촌의 사림파였다. 김식은 당대 사림을 대표하는 인물 중 하나였다.

4. 임진왜란과 거창의병

도망쳐 온 경상우병사

1592년 4월 13일 왜군은 부산에 침입한 후 파죽지세로 경상도를 점령하였다. 그해 5월 경상우병사는 거창에 와 있었다. 그 휘하의 군사는 다 도망하여 한 명도 없는 상태였다. 이미 경상도관찰사는 산청에서 함양으로 도망갈 때 말까지 거꾸로 타고 달아나 경상도 사람들의 비웃음거리가 되었다. 그때까지 남아 있던 경상도의 고을은 거창, 안의, 함양, 진주 등 10여 고을이었지만 군사가 없어서 왜군이 합천으로 들어온다면 차례로 함락당하게 될 처지였다. 사람들은 모두 깊은 산중으로 피난가고 다만 빈 성만 남아 있을 뿐이어서 비록 수령과 임시 장수가 있어도 군사를 조달할 수 없었다. 조선은 왜란 발생 후 18일 만에 한양을, 2달 만인 6월 14일에는 평양까지 점령당하였다. 국왕과 중앙정부는 속수무책으로 의주까지 도망하였다.

임진왜란 초기 각 고을의 수령들은 왜군이 오기도 전에 무기와 백성을 버리고 도망쳐 버렸다. 지배층의 수탈에 시달려 온 민중들은 왜군에 저항하기는커녕 오히려 왜군을 반기는 경우까지 있었다. 당시 경상도초유사 김성일이 선조에게 올린 보고서를 직접 인용해 본다.

근래에 부역이 번거롭고 무거워 백성들이 편히 살 수 없는 데다가 형벌마저 매우 가혹하였습니다. 그리하여 군졸이나 백성들의 원망하는 마음이 뱃속에 가득한데도 호소할 길마저 없어 그들의 마음이 떠난 지 벌써 오래입니다. 그러므로 왜국은

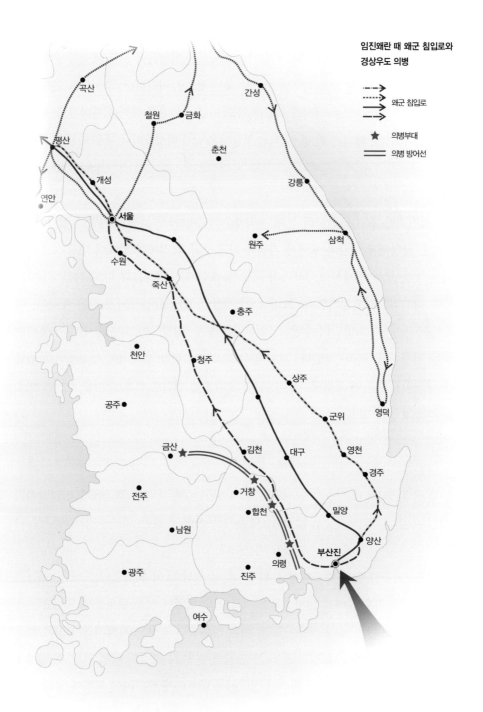

임진왜란 때 왜군 침입로와
경상우도 의병

- --·--▶
- ·······▶ 왜군 침입로
- ──────▶
- --──▶
- ★ 의병부대
- ═══ 의병 방어선

곡산
철원 금화
간성
평산
춘천
개성
연안
강릉
서울
수원
원주 삼척
죽산
충주
천안 청주
상주
공주
군위 영덕
금산 김천 대구 영천
전주 거창 경주
합천 밀양
남원 의령 양산
광주 진주 부산진
여수

병역이나 부역이 없다는 말을 듣고 마음속으로 이미 그들을 좋아하고 있습니다. 또 왜적이 민간에 명을 내려 회유하니 어리석은 백성들이 모두 왜적의 말을 믿어 항복하면 반드시 살고 싸우면 반드시 죽는 것으로 여깁니다. 그러므로 연해의 무지한 백성들이 모두 머리를 깎고 의복도 바꾸어 입고서 왜적을 따라 곳곳에서 도적질하는데, 왜적은 몇 명 안 되고 절반이 배반한 백성들이니 매우 한심합니다.

- 『선조실록』 25년 6월 28일

임진왜란 초기 조선군의 참패는 지배층의 수탈에 근본적인 원인이 있었다. 김성일은 국왕에게 세금과 요역을 가볍게 하고 연대 책임제를 없애며 민중에게 해가 되는 것을 모두 면제하고, "국가가 구습을 개혁하고 백성들과 다시 시작하겠다는 뜻을 밝히라."고 요청하였다. 그러나 이 제안이 제대로 실시되지 않은 듯하다. 이후에도 전쟁 중 지방관의 수탈로 "겨우 살아남은 백성들이 고통을 견디지 못하여 떠돌 지경이 된 곳"이 많았다. 거창에서도 1574년 현감 우치적이 향촌세력을 엄중히 단속하지 못하여 고발당하였다. 전란의 와중에 현감은 토호의 민중 수탈을 비호하고 있었던 것이다.

향토를 지켜낸 거창의병

임진왜란 초기 5년간 이 지역은 왜군에게 침탈당하지 않았다. 향촌이 무사했던 것은 의병부대가 왜군을 막아냈기 때문이다.

1592년 4월 중순 가조에서 문위, 변혼, 윤경남 등이 의병을 일으켰다. 이들이 왜군의 침입 직후 곧바로 의병활동을 시작할 수 있었던 것은 절의를 중요시했던 조식의 학풍을 이어받았기 때문이었다. 이때 창의했던 경상도 지역의 의병장은 모두 조식의 제자들이었다. 의령의 곽재우, 합천의 정인홍, 고령의 김면, 삼가의 박사제가 조식의 제자였다. 이들은 왜적이 침략하자 단호하게 봉기하여 전투에 임하였다.

하성 성터 웅양면 국사봉에 있다. 거창의병은 임진왜란 때 이곳에 성을 쌓고 왜군을 방어하였다.

5월 중순 고령의 의병장 김면이 거창에 오면서 의병이 조직화되었다. 거창현의 문위·유중용, 안음현의 정유명·성팽년, 함양군의 노사상·박선, 산음현의 오장·임응빙이 기병 유사가 되었다. 그리고 이 지역 출신의 신수, 곽준, 변희황, 양면이 군기, 군량, 전마 유사로 임명되었다.

조직을 갖춘 의병 2,000여 명은 7월 1일 왜군과 전투를 벌였다. 왜군 1,500여 명이 우두령을 넘으려 하자 의병은 웅양에서 일시에 꽹과리, 징, 북을 두드리고 함성을 지르면서 왜군을 공격하였다. 이 전투에서 의병은 승리를 거두었다.

의병은 가북 – 웅양 – 고제 – 육십령을 잇는 방어진을 구축하였다. 8월 3일 왜군이 대대적으로 공격해 왔다. 의병은 김시민이 지휘하는 진주의 관군과 함께 사랑암 전투에서 대승을 거두었다.

이후 의병은 왜군과 40여 회의 크고 작은 전투를 벌였다. 1593년 1월 현재 의병은 5천 명이었다. 1593년 3월 의병장 김면이 병사하자 문위가 의병장을 맡아 의병을 이끌었다.

임진왜란 때 거창의병의 승리는 전략상 중요한 의미가 있었다. 1593년 사헌부의 보고를 보면, 의병이 거창과 지례 사이의 요충지대를 차단했기 때문에 전라도와 경상우도가 여태까지 보존되었다고 하였다. 이 지역 의병의 승리로 왜군이 전라도 지역으로 가는 길목을 차단할 수 있었다. 거창의 김면 의병장, 합천의 정인홍 의병장, 의령의 곽재우 의병장이 있었기 때문에 가능한 일이었다.

임진왜란 때 왜적과 맞서 싸운 이 지역 사람은 이름이 알려진 인물만 꼽아도 20여 명에 달한다. 동시에 이름도 없이 의병으로 참전했던 수많은 지역민들을 함께 언급해 둔다. 거창의병의 활약은 특기할 만하다. 이때 의병은 외적의 침입에 맞서 스스로 일어나 향촌을 지켰다는 역사적 의의가 있다. 나아가 의병장이었던 양반과 의병으로 참전한 농민이 결합했다는 것 또한 높이 평가된다. 신분의 귀천을 넘어선 지역민의 단결은 지역사에서 자주 보기 힘든 일이었다.

명군의 주둔과 휴전협상

1593년부터 1596년까지 명과 일본 사이에 휴전협상이 진행되었다. 1593년 왜군은 부산에 거점을 두고 울산, 부산, 김해, 거제를 연결하는 경상도 남동부를 점령하고 있었다. 명의 군대는 성주, 선산, 거창, 경주 등지에 진을 치고 왜군과 맞섰다. 이들은 서로 대치한 채 진군하지 않았다. 이때 이곳은 경주 – 성주 – 거창으로 이어지는 조명연합군의 최전선이었다.

1593년 5월 명의 장수 이영, 조승훈, 갈봉하가 지휘하는 명 군대가 이곳에 왔다. 명군은 국농소 일대의 들성에 진을 쳤다. 그해 8월 명 장수 5명이 이끄는 부대가 진주하였다. 1595년 2월 명의 장수 진세정이 이곳에 오래 머물면서 형세를 관찰하고 명의 사절을 맞을 준비를 하였다. 6월 들어 명의 협상 사절 양방형이 이곳

한들의 버드나무 저 멀리 명군이 주둔했던 들성터가 보인다.

에 도착하여 거주하다가 10월에 밀양으로 이동하였다.

이처럼 거창은 1592년 임진왜란 때 왜군이 점령하지 못한 지역이었고 1593년 이후에는 명 군대가 주둔하고 있었다. 명 군의 주둔은 지역민들에게 큰 부담이었다. 지역민들은 명군의 부족한 군량미를 제공해야 했다. 명 군사들의 사적인 약탈도 많았다. 당시 "왜군은 얼레빗, 명군은 참빗"이라는 말이 유행하였다. 얼레빗은 살이 성긴 빗이요, 참빗은 살이 촘촘한 빗이다. 왜군은 마치 메뚜기 떼처럼 약탈하며 지나간 반면 명군은 빈대처럼 조선 사람들의 고혈을 빨았던 것이다. 명군은 조선을 도와주러 온 시혜자의 입장에서 당당하게 조선인들의 재산을 약탈하였다.

지역민들은 휴전기간에 산성을 쌓는 일에 동원되었다. "험한 곳에 산성을 잘 수축하여 근처의 백성을 모아 들어가 지키게 하고 식량을 모두 없애치우고 왜군을 대비한다."는 조선의 전략에 따른 것이었다. 전쟁 중이라고 해서 농민이 져야 했던 토지세와 공물이 면제되었던 것도 아니었으므로 농민들의 부담이 한층 무거워졌음은 더 말할 필요도 없다.

명과 일본 사이의 휴전협상은 처음부터 성공하기 어려운 일이었다. 일본은 명의 황녀를 일본 천황의 후궁으로 삼을 것, 한강 이남의 조선 땅을 일본에게 줄 것 등을 요구하였다. 조선과 명은 일본의 휴전조건을 받아들일 수 없었다. 그러나 조선에서 빨리 철수하고자 했던 명의 장수 심유경은 도요토미 히데요시를 왕으로 책봉하면 왜군이 물러갈 것이라고 명 황실을 속이고 협상을 진행하였다. 결국 협상은 결렬되고 왜군이 다시 침략하였다.

왜군의 점령과 수난

1597년 정유재란이 일어났다. 왜군이 다시 침략했을 때 거창은 그들의 약탈에 유린되었다. 왜군은 함안, 의령, 합천을 거쳐 이곳을 점령하였다. 지역민들은 황석산성으로 피신하였다. 황석산성은 안음현감 곽준, 전 함양군수 조종도, 도별장 백사림 등이 지휘하는 관군이 지키고 있었다.

8월 16일 왜군이 황석산성을 공격하였다. 치열한 공방전이 이틀간 계속되었다. 이때 백사림은 황석산성을 버리고 그의 가족을 데리고 도망쳤다. 그 틈을 타고 왜군이 성안으로 쳐들어오자 치열한 백병전이 일어났다.

8월 18일 황석산성을 지키던 사람들은 몰살되었다. 왜군은 안음현감의 머리를 베어 갔고 피살된 사람들의 코를 베어 갔다. 그 광경이 참혹하고 측은하기 그지없었다고 기록되어 있다. 이것이 황석산성 전투이다.

그 후 왜군은 몇 차례에 걸쳐서 이 지역을 유린하고 지나갔다. 그들은 가는 곳마다 살인, 약탈, 방화를 자행하였다. 경상우도 절도사는 "왜군은 멋대로 횡행하면서 인민을 노략질한다."고 보고하였다. 명 장수조차 선조에게 "거창지역이 황야로 변하여 사람이라고는 전혀 살고 있지 않다."고 말하였다. 마을은 텅텅 비어버렸다.

황석산성(함양군 안의 소재)

실록의 기록은 이렇다.

> 전날에는 적들의 동정을 우리나라 사람들이 대부분 먼저 알았기 때문에 동서로
> 숨고 피하여 그때그때 위급한 상황을 모면할 수가 있었다. 그러나 지금은 적들이
> 우리나라 사람의 모습으로 분장하고 옷도 똑같이 차리고서는 낮이면 숨었다가 밤
> 이 되면 나타나곤 한다. 그들은 미리 험한 산이나 숲속에 잠복해 있다가 허술한
> 틈을 타서 수시로 출몰하기 때문에 주민들이 모두 놀라 안심하고 경작할 수가 없
> 을 뿐만 아니라 많이 죽임을 당하기도 한다. 성주로부터 이하 안음, 거창 등 수십
> 여 읍이 모두 텅텅 비었다.   – 『선조실록』 31년 4월 25일

정유재란 2년 동안 지역민들은 왜군을 피해 산속에 숨어살 수밖에 없었다. 지
역 곳곳에 남아 있는 성터와 피난처의 흔적은 당시의 사정을 말해 준다. 또한 마을
은 물론 관청, 사찰 등은 대부분 불타고 약탈당하였다. 정유재란 때 이 지역은 말
그대로 초토화되었다.

**전란이 미친
영향**

임진왜란 때 거창 출신 통역관 표헌의 활약이 뛰어났다. 그는 모곡 출신으로 표빈의 아들이었다. 중인이었던 그가 왕조실록의 기록에 10여 차례나 등장한 것만으로도 그의 활약을 짐작할 만하다.

표헌은 조선의 지리에 낯선 명 장수들이 왜군에 대적할 전략을 짤 때 함께하여 여러 번 도움을 주었다. 1592년 파발의 설치, 평양성 공격, 1593년 한성 공격, 1596년 경상도 방어 등 주요 작전마다 그는 명 장수에게 정보를 제공하는 역할을 하였다.

그는 통역관으로서 명과 조선 사이에서 복잡한 문제를 해결하였다. 당시 명은 조선정부에 정보조차 주지 않은 채 전쟁과 휴전협상을 자의대로 진행하였다. 명은 조선정부를 무시하고 왕을 위협하였으며 조선을 폐하여 명의 직할지로 할 것까지 고려하고 있었다. 이런 상황에서 표헌은 명 군의 정보를 조선정부에 제공하였고 명과 조선 사이의 갈등을 해결하거나 곤궁에 처한 왕을 구해냈다.

특히 표헌은 명의 화약제조법을 배워 조선군에 도입하였다. 조선군은 조총을 사용하는 왜군을 막기 위해 총으로 무장할 필요가 있었다. 표헌이 명에 가서 명의 최신 화약제조법을 알아냈다. 선조는 이 공을 인정하여 그를 표창하였다. 표헌은 임진왜란 때 큰 공을 세웠으나 전쟁이 끝난 후 중앙정부는 그가 중인이라는 이유로 천대하였다.

임진왜란에서 공을 세워 관직을 얻거나 열녀·효자 표창을 받은 사람들이 있었다. 전공을 세운 문위, 성팽년, 윤경남, 변혼, 변청 등 다수의 거창지역 사람들에게 관직이 내려졌고 죽은 사람에게는 관직이 추증되었다. 전란 중 비참하게 죽음을 당한 열녀와 효자에게는 표창이 내려졌다. 정도의 차이는 있었지만 이러한 인물을 낸 가문은 향촌 사회에서 지위가 높아졌다.

한편, 전쟁을 기회로 이용한 사람들도 있었다. 조선정부는 전세가 위기에 몰리고 재정이 부족해지자 왜군을 죽이거나 곡식을 내면 신분을 상승시켜주는 정책을 실시하였다. 지역의 부호들은 이 기회를 이용하여 납속으로 곡식을 내거나 공명첩을 사서 양반이 되었다. 1594년 4월 "거창 사람 유생 박지우는 가선이 되어 지난번에 위장으로 추천되었다."는 기사가 있다. 그는 납속으로 가선대부라는 품계를 받고 5위장이라는 장교에 추천되었던 것이다.

그 결과 조선사회의 신분제가 동요되었다. 정부의 공명첩 남발로 부유한 상민은 양반이 되었고 재산이 없는 사람들도 족보 위조, 위장 결혼 등의 방법으로 신분을 높였다. 새롭게 등장한 양반을 신향이라고 부른다. 그들은 한 세기 뒤에 기존의 양반들과 향권을 놓고 경쟁하게 된다.

一十五日戊寅晴朝更請譯官表憲問 天將所為則天將之言未知何為也只欲驅送 倭賊云而已報曰宋侍郞欲審舟師之虛實而 使其所率夜不收楊甫送來而舟師之盛如 此欣喜無比云晚唐官還歸本營○午時 移陣于巨濟縣前柚子島海口與右方伯論 一人接件使軍官一負來到陣門而夜深不 兵○初更後嶺南來唐人二名右方伯營吏 入

이순신을 만난 표헌 『난중일기』 1593년 5월 25일자 기록에 이순신이 표헌을 청하여 명 장수 정보를 물었다는 내용이 쓰여 있다.

임진왜란과 효자, 열녀

임진왜란이 끝난 후 광해군은 『동국신속삼강행실도』를 편찬하였다. 이 책에는 충신, 효자, 열녀 1천 명이 실려 있다. 그리고 각 사람마다 한 장씩의 그림을 그리고 한문과 한글로 글을 썼다.

이 책에는 거창의 열녀와 효자 몇 명이 실려 있다. 우리는 그들의 이야기를 통해서 임진왜란 당시 지역민들이 겪은 비극을 알 수 있다. 효자와 열녀에 대한 사례를 각각 하나씩 소개한다. 여기서 소개하는 최발의 효자비는 남상면 전척리 일원정 옆에, 정씨의 열녀비는 가조면 동례리 뒷산에 있다.

유생 최발은 거창현 사람으로 효행이 있었다. 정유재란 때 병든 아버지를 업고 피난을 가다가 적에게 잡혔다. 왜적이 아버지를 해치려고 하자 최발이 대신 죽으려고 아버지의 몸을 감싸니 부자가 같이 죽었다. 아버지를 끌어안은 두 손을 죽어서도 풀지 않았다.

– 『동국신속삼강행실도』 효자도 8권

열녀 정씨는 거창 사람 선비 이경일의 아내로 훌륭한 덕이 있었다. 하루는 집에 불이 나자 정씨는 경황 중에도 불 속에 뛰어들어 신주를 안고 나왔다. 뒤에 정유재란 때 왜적에게 잡혔는데 왜적이 정씨의 목을 묶어 괴롭히니 정씨는 몸을 빼내 화를 내며 꾸짖고 차고 있던 작은 칼을 뽑아 스스로 목을 찔렀다. 왜적이 칼로 치고 쪼개도 손에서 칼을 놓지 않았다.

– 『동국신속삼강행실도』 열녀도 6권

효열은 삼강오륜의 유교윤리로 조선의 가부장제 가족질서를 유지하는 규범이었다. 일찍이 세종 때 이미 『삼강행실도』가 편찬된 바 있었다. 임진왜란 직후 광해군이

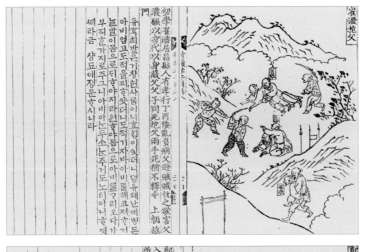

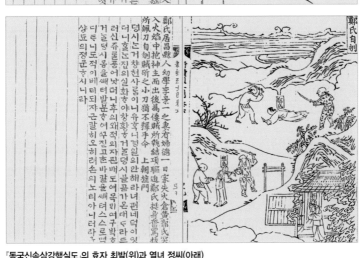

「동국신속삼강행실도」의 효자 최발(위)과 열녀 정씨(아래)

다시 효자와 열녀를 기리는 『동국신속삼강행실도』를 펴낸 것은 유교윤리를 통하여 전쟁의 상처를 치유하려는 목적이었다. 동시에 효자 최발과 열녀 정씨의 이야기 속에는 정부가 책임져야 할 대외정책의 실패를 개인윤리의 영역으로 돌려 은폐하려는 교묘한 정치적 의도가 개재되어 있었다.

5. 붕당정치와 향촌 사림

**서인을 쫓아낸
향촌 북인**

임진왜란이 끝난 후 의병봉기로 공을 세운 남명학파의
위상이 크게 높아졌다. 영남우도 사림은 정인홍을 영수
로 한 북인을 결성하여 중앙정계를 장악하였다. 향촌
사림은 북인에 속하였다. 1602년 초 향촌 사림은 서인 이시익이라는 자를 쫓아내
버렸다. 이 사건은 조선 정국을 뒤흔들었다. 그해 9월 의령의 진사 오여온이 올린
상소에 따르면 사건의 전말은 이러하였다.

> 거창에서 축출당한 이시익이라는 자는 일개 불량한 자로서 행실이 어그러지고 심
> 술이 괴상하여 사람들의 유감을 쌓은 지 오래되었습니다. 이귀가 거창을 지나갈
> 때 이시익은 음험하게 근거 없는 말을 지어내어 분을 풀 자료로 삼으려고 하였습
> 니다. 그러므로 온 고을의 선비들이 스스로 유교 윤리를 지키려고 고을의 벌(鄕罰)
> 을 가한 것입니다.   – 『선조실록』 35년 9월 25일

서인의 중심 인물 이귀라는 중앙관리가 이곳을 지나갈 때 그의 조카였던 이시
익이 이귀의 권세를 빌려 북인에 속한 향촌 사림을 공격했던 모양이다. 그러자 향
촌 사림은 향청에서 향회를 열고 이시익과 그 친척들을 처벌하고 축출하였다.

그러자 이귀가 상소를 올렸다. 그 내용은 이러하였다. 이귀가 경상도를 순찰하
던 중 거창을 지나가게 되었는데 그날 정인홍도 성묘를 위해 이곳을 거쳐 가게 되

었다. 이때 현령은 현직 관리인 이귀를 맞이하지 않고 관직도 없는 정인홍을 마중하러 나갔다. 이귀는 정인홍의 비리를 적어 합천군수에게 보냈다. 이 일을 안 정인홍은 경상우도에 통문을 돌려 이귀의 조카 이시익과 친척 이성식, 이경일 등을 지역에서 쫓아내버렸다는 것이다.

내암선생 문집 내암 정인홍은 남명 조식의 수제자로 북인의 영수였다.

이귀는 이 상소에서 정인홍을 신랄하게 비판하였다. 그는 "영남의 폐단은 선비라고 하는 자들이 수령들을 협박하고 통제하여 처벌하고 죽이는 권한이 모두 그들의 손에서 나오는 데 있으며 이 일은 실로 정인홍이 앞장서서 주도한 것"이라고 주장하면서 정인홍의 비리를 낱낱이 고발하였다. 정인홍이 의병을 해산하지 않고 아직까지 부리고 있으며, 자기의 말을 듣지 않는 선비를 내치고, 향청을 장악하여 수령을 협박하고 통제하고, 선비와 백성을 멋대로 죽이고, 자기의 문인을 통해 중앙 관리까지 공격한다는 것이었다. 그래서 경상도 관찰사나 군현의 수령들은 정인홍의 위세 앞에 꼼짝하지 못하고 "이 무리의 비위를 건드리지 않고 교체되어 돌아가기만을 기다리는 실정"이라는 것이다.

이 상소는 북인의 영수 정인홍이 사헌부 대사헌에 올랐을 때 서인의 이귀가 그를 탄핵한 것이다. 이에 대해 오여온은 앞의 상소에서 이귀가 "사단을 일으켜 산림(山林)을 일망타진하려는 목적으로 먼저 선비들의 영수인 정인홍을 꺾으려는 것"이라고 주장하면서 이귀의 상소 내용을 하나씩 반박하였다. 이때 중앙정계에 진출했던 정온도 1608년 상소를 올려 정인홍을 옹호하였다.

그해 광해군이 즉위하면서 정인홍은 영의정까지 올랐다. 향촌의 북인은 집권 여당에 속했고 향촌에서 절대적인 권력을 행사하였다. 사림의 권력이 수령을 능가한다는 이귀의 주장은 사실에 가까웠다.

인조반정과
북인의 몰락

향촌 사림은 정인홍이 주도하는 북인 정권의 강력한 지지자였다. 당시 북인은 서인, 남인과 대결하고 있었다. 생원 여후망의 활동이 대표적이다. 그는 1617년 11월 25일 인목대비 폐모론은 주장하는 성균관 유생들의 상소에 참여하였다. 5일 후 다시 상소를 올려 "역적 남인"을 비판하고 정인홍을 옹호하였다. 이듬해 여후망은 단독 상소를 올렸다. 그는 이 상소에서 "영의정 정인홍은 도가 바르고 덕이 깨끗하며, 학문이 깊고 행실이 단정하며, 스승에게서 얻은 것을 몸으로 실천하는 사람"이며, "한밤중의 일월과 같이 몸은 비록 집에 돌아가 있어도 마음만은 대궐을 늘 향하고 있다."고 주장하였다. 그리고 "임금을 잊고 나라를 등진 채 큰 선비를 해치려 하는 무리"를 비판하였다.

북인은 1623년 일어난 인조반정으로 한순간에 몰락하였다. 정인홍은 죽임을 당하고 여후망은 고령으로 유배되어 오랫동안 풀려나지 못하였다. 1631년 2월 여후망은 합천, 성주의 사림과 함께 광해군의 복위를 꾀했다는 반역죄로 처벌되었다.

이때 거창현의 폐현이 논의되었으나 간신히 모면하였다. 역적의 고장이니 수령을 파직하고 읍호를 강등해야 하지만, 거창은 이름은 현이나 실제로는 영남우도의 큰 고을로 물산이 풍부하고 지역이 넓어 다른 현에 합병하기 곤란하기 때문에 그대로 둔다고 결정되었다. 비록 폐현을 면했다고 하더라도 인조반정 후 북인이 몰락하면서 향촌 사림은 큰 타격을 받았다. 유명한 실학자 성호 이익은 "정인홍의 문생들은 원통하고 슬퍼하여 다시는 과거에 응하지 않아서 합천 등 여러 군에서 관직이 끊어진 지 오래되었다."라고 하였다. 이후 북인의 중앙정계 진출이 사실상 차단되었으므로 지역 유생이 받은 충격은 컸을 것으로 보인다.

한편, 광해군 때 위천 출신 정온은 북인과 다른 입장을 취하였다. 그는 1614년 영창대군의 죽음을 비판하는 상소를 올려 큰 파문을 일으켰다.

더욱 가슴 아픈 것은 전하께서 영창대군을 죽이지 않으려고 하셨으나 정항이 그를 죽였고, 조정에서는 법으로써 논죄하였으나 정항이 그를 핍박하여 죽였습니다. 아, 사람을 죽인 자는 사형시키는 것이 매우 엄한 국법입니다. 죄 없는 평범한 사람을 죽인 자도 용서할 수 없는데 하물며 우리 임금의 친동기를 죽인 자에 있어서이겠습니까. 신의 어리석은 생각으로는 정항을 참시하지 않는다면 아마도 전하께서 선왕의 묘정에 드실 면목이 없으리라 여겨집니다.   － 『광해군일기』 6년 2월 21일

정온은 이 상소에서 광해군이 영창대군을 죽인 것은 종묘에 들 수 없는 죄라고 주장하며 광해군을 정면으로 비판하였다. 광해군은 정온의 상소에 "머리털이 곤두섰다."고 말하면서 정온의 국문을 지시하였다. 정온은 국문을 당했으나 간신히 목숨을 구하여 제주도로 유배되었고 이후 10년 동안 제주도에서 귀양살이를 하였다.

그러나 정온은 인조반정 이후 다시 중앙정계에 복귀하여 전국적인 인물로 부상하게 된다. 인조반정 후 서인정권에서 향촌 사림 대부분은 중앙정계에서 몰락했으나 오히려 정온은 광해군을 비판함으로써 살아남은 셈이다.

조선시대의 두 차례 반정에서 모두 지역 출신 중앙권력자들이 몰락한 것은 매우 기이하다. 이미 앞에서 살펴보았듯이 16세기 훈구파 거창 신씨 세력은 중종반정으로 몰락했고, 17세기 사림파 북인세력은 인조반정으로 몰락하였다. 훈구파든 사림파든 향촌의 인물들이 중앙정계의 권력다툼에서 생존하기란 쉽지 않았다.

병자호란과 정온의 척화론

인조반정 이후 정온은 화려하게 정계에 복귀하여 벼슬이 이조참판, 대사헌에 이르렀다. 이때 중앙정계에서 활동한 거창 출신 조경도 정온과 같은 입장에 서 있었다. 조경은 "정온은 곧은 선비로 평생 의롭게 서서 세속을 돌아보지 않았다."고 옹호하였다.

정온은 청을 배척하는 입장에 섰다. 인조의 서인정권은 광해군의 중립외교를

정온고택의 정려문 정온고택 대문에 효종이 내린 '문간공동계
정온지문'이라는 정려가 걸려 있다.

비판하고 친명배금 정책을 표방하였
다. 1636년 청의 대군이 조선을 침입
하였다. 이를 병자호란이라고 한다.
인조는 남한산성에서 45일간 농성하
다가 결국 삼전도에서 항복하고 말았
다. 이후 조선은 300년 동안 청에 대
해 사대의 예를 취하게 된다.

1636년 조선이 남한산성에서 청
에 항복할 것을 결정했을 때 정온은 시
를 짓고 칼을 빼어 스스로 배를 찔렀는
데 죽지는 않았다. 정온은 곧 낙향하여
북상의 모리에 은거하였다. 모리(某里)
는 이름조차 없는 곳이라는 뜻이다. 백
이숙제가 수미산에서 고사리를 캐먹으며 은나라에 지조를 지킨 일을 본받아 정온은
오랑캐에 당한 수모를 견디지 못하고 모리에 숨어들었던 것이다. 이때 척화파로 정
온과 같은 입장이었던 서인 송준길도 북상 월성에 은거하였다. 정온이 죽은 후 왕조
실록에 실린 그에 대한 평가는 이러하였다.

정온은 젊어서 정인홍을 스승으로 섬겼으나 뒤에 정인홍의 악함을 깨닫고 통렬하
게 절교하였다. 광해 조에 영창대군이 억울하게 죽은 실상을 상소하여 진달하고
정항의 목을 벨 것을 청하였는데, 광해가 크게 노하여 옥에 가두고 죽이려고 하다
가 마침내 제주에 안치하였다. 반정 초에 즉시 석방되어 돌아와 여러 차례 관직을
역임하며 이조참판과 대사헌에 이르렀다. 천성이 꾸밈없고 곧으며 과감히 말하는
큰 절개가 있었다. 남한산성에 있을 때는 강화하자는 의논을 극력 배격하였다. 성
을 나가 항복한다는 말을 듣고는 찬사를 지어 옷에 묶은 뒤, 차고 있던 칼을 빼어

화엽루 정온이 은거한 북상면 모리 화엽루. 현재의 건물은 1921년 일제강점기에 중건한 것이다.

배를 찔러 유혈이 자리에 낭자하였는데 곁에 있던 사람이 구하여 죽지 않았다. 또 상소를 올려 국새를 바치지 말 것을 청하였는데 그 글의 기운이 격렬하였다. 성을 나온 뒤에 고향 집에 돌아가 있다가 죽었다. — 『인조실록』 19년 6월 21일

서인은 정온이 정인홍을 버리고 광해군을 비판한 것과 강경한 척화론을 펼친 것을 높이 평가하였다. 병자호란 후 정온에 대한 인망은 절정에 달하였다. 왕조실록에는 호란 때 정온 때문에 "강상과 절의가 일으켜 세워졌다."라고까지 평가되었다. 정온은 의리와 지조를 상징하는 인물로 추앙되었다.

서인정권 하에서 정온의 명성은 점점 높아졌다. 호란 후 서인은 청에 당한 치욕을 씻자는 북벌운동을 추진하였다. 북벌론은 실현 불가능한 명분에 불과했지만 누구도 반대할 수 없었다. 정온의 명성은 이러한 시대분위기 속에서 만들어졌다.

정온은 청의 연호를 쓰지 말자고 주장했고 사림들은 이미 망한 명의 연호를 계

속 썼다. 사림은 세계를 중화와 오랑캐로 나누고 명을 중화, 청을 오랑캐 나라로 보았다. 이러한 사고방식을 존화주의라고 한다. 정온은 존화주의의 화신이었다.

남인으로 전향한 향촌 사림

향촌 사림은 북인의 몰락 후 이황의 학통을 계승한 남인으로 기울었다. 숙종 때 남인은 서인과 치열한 권력다툼을 벌였는데, 이를 환국이라고 한다. 1676년 경상우도의 남인 유생들이 서인을 지지하는 삼가의 유생 권감을 매질하는 사건이 일어났다. 남인의 영수 허적은 다음과 같이 왕에게 아뢰었다.

> 삼가의 유생 권감이 예전의 권력에 붙어서 아름답지 못한 일이 많이 있었기 때문에 경상도 내의 많은 선비들이 통문을 돌려 벌을 내렸습니다. 그런데 권감은 그 벌을 받지 않고 오히려 여러 고을에 통문을 돌려 많은 선비를 욕하고 송시열의 성리학을 과장하여 주자에 비기며, 현재는 거짓 성리학의 세상이라고 하는 등 말이 지극히 흉하고 어그러졌습니다. 그때 경상도 유생들이 경상도 관찰사에게 고발하였으나 감사가 따르지 않으므로 유생들은 부득이 다시 모여 권감에게 벌을 주었습니다. 그러나 권감은 통문을 돌려 경상도 유생을 두루 욕하고 조금도 조심하거나 두려워하지 않고 의기양양하게 과거에 응시하였습니다. 그래서 유생들이 다시 새로운 경상도 관찰사에게 고발하자 감사는 다만 5차례 볼기만 치고 놓아 보냈습니다. 권감과 같은 사람을 관찰사가 엄하게 다스리지 못하면 어찌 경상도 전체를 다스릴 것이며, 또 향청의 좌수들이 제 역할을 하겠습니까.　　　－『숙종실록』 2년 3월 17일

송시열은 당대 서인의 영수였다. 권감은 송시열을 따르는 인물이었다. 그가 살았던 삼가는 경상우도에 속한 지역으로 남인의 세력권이었다. 경상도 남인은 기사환국 후 중앙정계를 장악하자 권감을 처벌하고자 하였다. 권감이 이에 저항함으로

써 분란이 일어났다.

숙종은 권감을 서울에 잡아다가 처단하라고 지시하였다. 형조는 그를 취조한 후 전라도 강진으로 귀양을 보냈다. 이 사건에서 보듯이 경상도 지역에서 남인과 서인은 치열한 세력다툼을 벌이고 있었다. 이때는 남인이 집권세력이었으나 오래가지 않았다. 곧 갑술환국이 일어나 중앙정계에서 남인이

『퇴계집』 퇴계 이황의 문인들은 남인이었다. 인조반정 이후 향촌 사림의 일부는 남인으로 전향하였다.

몰락하였다. 이때 남인으로 전향했던 향촌의 사림도 정치적 운명을 함께할 수밖에 없었다.

17세기 왕도정치를 실현하려는 향촌 사림의 열정은 눈부셨다. 그들은 꺾이지 않는 의지로 정계에 진출하여 권력다툼에 참가하였다. 그들의 노력은 몇 차례의 정쟁에서 패배함으로써 좌절되었으나 꿈을 버리지 않았다. 사림은 향촌에 서원을 세우고 향약을 실시하여 세력을 기르면서 중앙정계에 재기할 기회를 엿보았다.

서원 건립에 정성을 쏟다

서원은 선현에 제사하고 제자를 교육하며 풍속을 교정하는 조선시대 사립학교였다. 조선 최초의 서원은 중종 때 주세붕이 세운 백운동 서원이었다. 조선 후기 사림은 향촌에 서원을 세우기 위해 갖은 노력을 기울였다.

향촌 사림이 세운 최초의 서원은 안의의 용문서원이었다. 이 서원은 선조 때 건립되어 정여창, 임훈, 임운을 모셨고 현종 때 사액되었다. 인조 때 위천에 세워진 역천서원은 임득번과 정유명을 모시고 제사지냈다.

서원 건립에 앞장섰던 인물은 임진왜란 의병장이었던 문위다. 그는 왜란 후 관직에 올랐으나 북인이 실각하자 벼슬에서 물러나 서원 건립에 힘을 쏟았다. 자기

스승이었던 오건을 모시는 서계서원을 세우는 데 앞장섰고, 선조 때 산청에 건립된 서계서원은 숙종 때 사액되었다. 또, 현종 때 가조에 김굉필, 정여창, 이언적을 모시는 도산서원 건립을 주도했는데, 도산서원은 곧 사액되었다. 문위는 죽은 후 자신이 설립한 용산서원에 제향되었다. 정온은 용문서원과 도산서원에 제향되었다.

사림이 서원 건립에 열성을 기울인 것은 서원이 자신들의 세력기반이기 때문이었다. 특히 사액서원이 되면 국가로부터 토지, 노비를 제공받아 경제적 기반을 갖출 수 있었다. 서원은 사림의 학문, 신분, 세력을 보장해 주는 기관이었다.

서원 건립은 쉽지 않았다. 서원에 모실 뛰어난 인물, 서원 건축에 필요한 재력뿐만 아니라 향촌 유생의 동의와 중앙정부의 허가가 필요하였다. 정부는 서원 설립을 엄격히 통제하였기 때문에 사림은 서원 건립에 어려움을 겪었다. 인조 때 서원을 건립하려다가 실패하고 처벌받은 사건이 있었다. 사건의 경위는 다음과 같았다.

안음의 유생 신경직, 성경창 등은 자기 조상인 신권, 성팽년을 위하여 향교 근처에 사우를 건립했는데, 현감이 온 고을의 공론에 따라 그 사우를 철거하고 그 제목으로 제월당을 지었습니다. 그런데 수령이 바뀐 틈을 타서 다시 제월당을 철거했습니다. 경상도 관찰사가 이들을 잡아 가두었습니다.　　－『인조실록』 23년 1월 20일

인조는 이 사건을 보고받고 그 죄를 다스리라고 명령했으니 아마 처벌되었을 것이다. 그러나 이들의 서원 건립을 위한 노력은 계속되었다. 그리하여 숙종 때 신권과 성팽년을 모시는 구연서원이 위천 수승대에 세워졌다. 이즈음부터 학림서원, 영빈서원, 금계서원, 화천서원 등 다수의 서원들이 들어섰다. 이들 서원은 이제 그 가문의 세력을 상징하는 건물이었다. 이에 대하여 왕조실록은 이렇게 전한다.

대체로 영남 선비들의 풍습은 서원을 창건하는 것을 능사로 삼아 조금이라도 선비라는 이름이 있는 자나 높은 벼슬을 지낸 자가 있으면 반드시 사우를 세워 그를

관수루 구연서원 입구 누각으로, 자연미를 그대로 살렸다.

향사하였다. 그것은 어진 이를 높이고 학문을 강론하기 위한 것이 아니라 사람들을 모으고 곡식을 저축하여 서로 모여서 잡담이나 나누며 노는 곳으로 삼았던 것이다. 조정에서도 그것을 금하지 못하였다.　　　　　　　　　 - 『인조실록』 23년 1월 20일

서원의 폐단이 날로 심해지자 영조는 서원을 대폭 정리하였고 흥선대원군은 거창의 서원 중 1곳만 남기고 모두 철폐하였다. 현재의 서원은 그 후에 다시 세워진 것이다. 가장 최근에 세워진 서원은 1979년 건축된 곰실의 덕천서원이다.

화가, 명의, 그리고 불교 승려

조선시대 의사, 화가, 통역관 등은 중인신분으로 천시되었다. 그러나 어느 사회에서나 전문직은 필요한 법이다. 17세기 지역에서 유명한 의사와 화가가 출현하였다. 명의 김구상, 화가 진재해였다.

김구상은 광해군 때 인물이다. 1610년 광해군은 따뜻한 봄에 침을 맞기 위하여 전국에서 의원 3명을 서울로 불러들였다. 그중에 김구상은 이 지역 사람이었다. 당시 정부에서 그에게 말을 지급하여 불러올렸다고 했을 정도로 그는 당대의 명의였다.

화가 진재해는 숙종 때 인물이다. 그는 역관 진예남의 5대손으로 그의 아우 진재기와 함께 형제 화가로 유명하였다. 진재해는 숙종의 초상화를 그려 능력을 인정받았다. 숙종이 그에게 전신화를 한 벌 더 그리도록 했을 정도였다. 그는 실물에 가까운 사실화에 능숙하였다.

의사, 화가와는 달리 조선 후기 불교 승려는 매우 어려운 처지에 빠졌다. 성리학이 절대화됨에 따라 불교는 이단으로 취급되어 탄압을 받았다. 1614년 광해군이 오언관, 이여순, 정이를 친히 국문하여 죽인 사건이 있었다. 오언관은 스스로 15년 이상 불교를 공부하고 믿어 대략 이룬 바가 있었다고 말했고, 이여순은 8년 이상 불도를 지극히 믿어 터득한 바가 있었다고 하였다. 이들은 독실한 불교 승려였다.

오언관은 서자 출신으로 천시를 받다가 불교의 선을 수행하였다. 그는 "사람됨이 총명하여 변론을 잘 하였으며 불교서적을 모두 읽고 사찰을 두루 유람하는 등 종적이 이상하고 신비하였으므로 젊고 경망한 무리들이 많이 따랐다."고 하였으니, 불교에 꽤 정통했고 그를 존경하는 사람들도 많았던 모양이다. 이여순은 앞에서 등장했던 이귀의 딸인데 유생 김자겸의 아내였다. 이여순은 남편이 죽은 후 나정언의 첩 정이와 함께 오언관을 따라 도망하여 안음의 산속에 들어가 머리를 깎고 중이 되었다. 그들은 덕유

영산회상도(1742년) 북상면 소정 마을 옛 영취사 불화로 사찰이 소실되면서 문화재 수집가에 의해 국립중앙박물관에 소장되었다. 영산회상도란 석가모니가 영취산에서 도를 깨닫고 중생을 모아 설법하는 모습을 그린 불화이다. 높이 368cm, 폭 243cm이다.

산 속 토굴에서 8년 동안 함께 수행하다가 주민들의 신고로 체포되었다.

이 사건에서 보듯이 조선 후기 민간에는 불교신자가 많았지만 불교는 사회에서 용납될 수 없는 이단으로 취급되었다. 17세기 이 지역에는 100세를 넘겨 중앙정부에까지 화제가 된 인물도 있었지만 도적이 3건이나 발생했으므로 그렇게 평온한 사회는 아니었다. 불교는 지역민의 안식처였을 것이다. 조선 후기 불교가 이단시되면서 향촌은 점차 유교사회로 전환되어 갔다. 민간의 상장제례도 유교의식으로 바뀌어 갔다. 그러나 불교와 민간신앙은 쉽게 사라지지 않았다.

조선 후기,
중앙정부에
저항하다

3

정온고택

위천면 강천리에 있는 정온고택은 지역을 대표하는 조선
시대 건축물이다. 초계 정씨 집안은 정온 대에 전국적인
명가가 되었으나 그의 후손 정희량의 반란으로 몰락의 위
기를 맞았다. 그러나 19세기 들어 가세를 회복하였고, 지
금은 정온의 15대 종손이 고택을 지키고 있다.

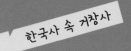

반란의 시대, 민란의 시대

18세기 영조와 정조는 붕당 간의 힘을 조정하고자 탕평
정치를 실시하였다. 그러나 영조 초에 일어난 이인좌·
정희량의 반란으로 소론세력이 몰락하고 대체로 영조
때에는 노론이, 정조 때에는 남인이 정계의 주도권을 장
악하였다.

영조 때 정희량의 반란이 일어났다. 반란군은 거창,
안의, 함양, 합천을 장악하고 정부군에 저항하였다. 지역
민들은 이 반란으로 큰 피해를 입었다. 이후 이 지역은
반역의 고장이라고 하여 사람들의 출세가 봉쇄되었다.

향촌 사족들은 중앙정계 진출이 힘들어지자 지역 내
에서 자신의 권력을 유지하고자 하였다. 그들은 농업경
제를 발달시키고 문중을 강화하였다. 그러나 사족들의
힘은 예전과 같지 않았다. 향리들은 수령과 결탁하여 농
민뿐만 아니라 양반까지 수탈하였다. 사족들의 권위는
한없이 추락하였다.

19세기 세도정치가 실시되면서 매관매직, 삼정문란
이 극심해졌고 수탈에 시달리던 농민들이 저항하였다.
농민봉기는 1862년 진주농민봉기를 시작으로 전국 각
지로 퍼져나갔다.

거창은 19세기 수령과 향리의 탐학이 가장 심한 지역
에 속하였다. 이때 조선 후기 최고의 저항가요 '거창가'
는 이곳에서 창작되어 전국으로 퍼졌다. 1862년 이곳
농민들이 봉기하여 관아를 점령하고 향리를 처단하였
다. 조선 후기 거창은 반란의 고장이었다.

오환숙 기증 도서

1725	**영조 즉위**
1728	위천에서 정희량이 반란을 일으켜 거창, 안의, 함양, 합천을 장악하였다.
1729	안음현이 폐현되어 위천지역이 거창에 합쳐졌다. 거창도호부가 처음으로 설치되었다.
1736	안음현이 부활되었다.
1744	3개의 거창향안이 하나로 다시 작성되었다.
1760	『거창부여지승람』이 편찬되었다.
1767	안음현이 안의현으로 개명되었다.
1777	**정조 즉위**
1788	창충사가 사액서원이 되었다.
1790	거창의 환곡 문란이 심하였다.
1799	중종비 단경왕후 신씨가 복위되어 거창도호부가 되었다.
1801	**순조 즉위** 거창의 삼정문란이 극심해졌다.
1835	**헌종 즉위**
1838	이재가가 거창부사로 부임하였다. 거창지역민들이 부사의 학정에 저항하였다.
1841	윤치광이 거창가를 지었다.
1850	**철종 즉위**
1862	**임술농민봉기** 거창에서 농민봉기가 일어나 수령을 내쫓고 향리를 처단하였다.

1. 성장하는 농촌 도시, 거창

도호부가
설치되다

1799년 6월 7일 정조는 거창현을 도호부로 승격시켰다. 정조는 이렇게 말하였다. "왕후의 본향은 으레 모두 주나 부로 승격해 왔다. 거창현은 단경왕후의 본향인데 연전에 고을의 무슨 폐단으로 인하여 부를 현으로 강등하였다. 참으로 잘 살피지 못한 일이다." 단경왕후는 종종반정으로 폐비되었던 왕비 거창 신씨를 말한다. 중종반정이 1506년에 일어났으므로 그녀는 무려 290여 년 만에 왕비로 복권된 것이다. 그로 인해 현은 도호부로 승격되었다.

거창이 도호부가 된 것은 이때가 처음이 아니었다. 정희량의 난 직후인 1729년 위천지역을 넘겨받아 도호부가 되었고, 1736년 위천지역이 안음현으로 되돌아간 후에도 도호부를 유지하고 있었다. 그러다가 정조 때 현이 되었다가 이때 다시 도호부로 승격되었다. 그 이후 1895년까지 도호부는 변화가 없었다.

거창도호부는 제법 당당한 풍모를 갖추었다. 중심부에 읍치를 두고 지역 내의 22개 면을 지배하였다. 읍치에는 부사가 사무를 보는 가근당과 객사, 향리들이 근무하는 인리청을 중심으로, 사마재, 흥학당, 향사당, 부사, 양무당, 군관청 등 여러 관청이 자리 잡았다. 또한 재물을 보관하는 동창, 서창, 대동고와 무기를 두는 군기고 등의 창고를 갖추었다.

도호부에는 3품직 부사가 파견되어 4~6품이 파견되는 군이나 현에 비해 위상이 높았다. 부사는 그 아래 좌수 1명, 별감 2명, 향리와 심부름꾼 92명, 군인 70명,

거창도호부 동헌 현재 남하면 무릉리 낙영재로 사용되고 있다.

거창도호부 정문 누각 일제강점기 때 찍은 사진이다.

거창도호부 객사 누각 현재 창충사 누각으로 사용되고 있다.

형벌 담당자 34명, 그리고 관노비 54명을 거느리고 도호부의 행정을 총괄하였다. 250여 명의 향리들이 이청에서 행정, 조세, 군사 등 제반 업무를 맡아 처리하였다.

19세기 순조 때 도호부 종사자가 20여 명 증가하였다. 특히 도호부의 공무원이라고 할 수 있는 향리와 지인의 숫자가 두드러지게 증가한 것이 주목된다.

도호부 승격으로 이 지역의 위상이 높아졌다. 중앙정부가 이곳

조선 후기 거창도호부의 종사자 수

직책	영조 때	순조 때	비고
부사	1	1	종3품
좌수	1	1	양반 대표
별감	2	2	양반 대표
군관	70	70	거창 주둔군
향리	68	90	공무 처리
지인	24	38	연락 업무
사령	27	25	형벌 업무
군뢰	7	6	감옥 업무
관노	36	30	관청 소속 남자 종
관비	18	14	관청 소속 여자 종
계	254	277	향리·지인 수의 증가

에 도호부를 둔 것은 그만큼 경제력이 성장했기 때문이었다. 조선시대에는 군현의 크기에 따라 대도호부, 목, 도호부, 현으로 나누어 지방관을 파견하였다. 도호부의 설치는 생산력과 인구에 따라 결정되었다. 조선 초기에는 1,000호 이상 지역에 도호부를 두었다. 조선 후기 거창도호부의 설치는 지역의 경제 발전 및 인구 증가의 결과였다. 이때 지역 경제는 새로운 단계에 들어섰다고 할 만큼 큰 변동을 겪었다.

농업 발달과 상업도시의 면모

조선시대 이 지역은 농사를 짓는 데 적합한 기후와 토지를 갖추고 있었다. 조선 초기의 기록에 "거창은 땅이 기름지고 기후는 따뜻하다."고 하였다. 농업 조건은 전국의 다른 지역에 비해서 뒤떨어지지 않았다. 읍 분지와 가조분지, 그리고 오늘날 면소재지가 자리 잡고 있는 작은 분지는 곡창지대였고, 분지로 흘러드는 크고 작은 냇가에는 농경지가 자리 잡고 있었다. 반면, 안음현에 대한 기록에는 "땅이 기름지

고 메마른 것이 서로 반반이다. 기후는 춥다."라고 하였다. 위천지역의 경작 조건은 좀 나빴다.

이 지역에서는 조선 초기부터 모내기를 통한 벼농사가 가능했던 것으로 보인다. 읍치 남쪽 6리에 있었던 웅곡지는 한들에 물을 대는 저수지였다. 또한 능곡제, 동량제, 가조에 거마동제, 곶지제가 있었다. 세종 때 거창현의 농작물로 벼, 조, 기장, 감, 대추, 배가 기록되어 있고, 안음현 경작물로는 벼, 기장, 조, 감이 쓰여 있다. 논에는 벼가, 밭에는 조와 기장이 재배되었고 감과 같은 과수도 재배되었다. 한편 도기소가 있었으나 하품을 생산한다고 했으니 크게 볼품이 없었다.

조선 후기 농업은 한층 발달되었다. 가장 두드러진 것은 모내기를 이용한 벼농사의 발달이었다. 조선 후기 거창지역에 통양제, 안전제, 마사제, 와제, 명지제, 거말흘제, 웅양신제 등 7개의 저수지가 생겼다. 저수지의 증가는 모내기법의 확산과 일치한다. 위천지역에도 서덕언, 구지보, 황산보가 기록되어 있으므로 마찬가지다. 특히 위천지역에 '보'가 기록되어 있는 점에 주목해야 한다. 보는 냇물을 막아 논에 물을 대는 수리시설이다. 이때 한들에 물을 대는 웅곡지가 없어진 것은 보를 이용하여 논에 물을 댔기 때문이다. 냇물이 풍부한 지역의 곳곳에서는 보를 이용한 벼농사가 성행하였다.

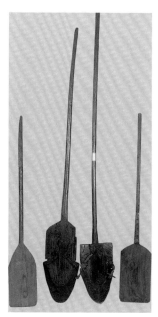

조선 후기의 농기구, 가래

모내기를 이용한 벼농사는 수확량의 증가를 가져왔다. 모내기법의 일반화로 벼 수확량이 이전보다 최소한 2배 이상 늘었다. 게다가 김매는 데 드는 노동력이 줄어들었고 보리농사를 함께 지을 수 있었다. 농업생산량은 비약적으로 증가하였다.

조선 후기 지리지에는 새로운 내용이 추가된다. "거창의 백성들은 농사와 길쌈을 잘한다." 이 한 구절은 지역의 경제성장을 상징적으로 보여준다. 게다가 거창의 산물에 '삼'이 추가되어 있다. 삼베를 짜는 수공업이 발달했음을 기록한 것이다.

농업과 수공업의 발달은 상업의 발달을 가져왔다. 읍치 영천강에는 제법 큰 섬이 있었는데 이곳에서 시장이 열렸다. 영천장시의 위치는 오늘날 거창교 아래이다. 영천장시는 1일, 6일에 열리는 5일장이었다. 그리고 읍에는 3일과 8일에 열리는 양무당 장시가 따로 있었다. 읍에 열흘에 4일씩 시장이 열렸으니 지역의

거창의 시장

장시 이름	개시일	월 개시 횟수	형태	연도
위천 고현 시장	5, 10	6	5일장	1770
거창 읍내 시장	1, 6	6	5일장	1770
거창 양무당 시장	3, 8	6	5일장	1770
가조 시장	4, 9	6	5일장	1770
신장 시장	3, 8	6	5일장	1800
고제 시장	2, 7	6	5일장	1800
웅양 시장	3, 8	6	5일장	1928
율원 시장	2, 7	6	5일장	1928
거창 시장	2, 7	6	5일장	1928
북상 시장	2, 7	6	5일장	1976
마리 시장	4, 9	6	5일장	1976
가북 시장	5, 10	6	5일장	1976
하성 시장	2, 7	6	5일장	1976
창남 시장	3, 8	6	5일장	1976

* 연도는 문헌으로 확인된 해이다.

활발한 상업 활동을 확인할 수 있다. 가조에는 4일, 9일에 5일장이 열렸고 그 밖의 면 지역에도 크고 작은 장시가 있었다. 이러한 장시는 안의, 함양, 무주, 합천 등지의 장시로 연결되면서 거창은 상업도시의 모습을 보이기 시작하였다. 지역의 교환경제는 이때부터 시작되었다.

인구의 비약적인 증가

조선시대 거창지역의 인구는 어느 정도였을까? 조선시대 인구는 호적을 통해 파악할 수 있다. 그러나 인구 계산에는 어려운 문제가 뒤따른다. 조선시대 이 지역의 인구에 대한 통계자료가 거의 없을 뿐만 아니라 당시의 인구조사 방법도 오늘날과

같지 않기 때문이다. 조선시대에는 각 호구에서 호구단자를 제출받아 호적을 작성하였는데, 여기에는 어린이를 비롯한 다수의 인구가 누락되었다. 역사학에서는 호구 수에 일정 숫자를 곱하여 대략의 인구를 추정한다.

조선시대 인구를 파악하는 데 또 하나의 어려운 문제는 현재와 조선시대의 거창지역이 일치하지 않는데 있다. 오늘날 거창군에는 당시 안음에 속했던 위천지역과 삼가에 속했던 신원지역이 포함되어 있는데, 당시 위천, 신원지역의 인구통계가 없기 때문에 추정에 의존할 수밖에 없다.

이러한 제약에도 불구하고 호구 수 기록을 바탕으로 거창지역 인구를 추산해 보면, 조선 초기인 15세기에 약 5,984명, 조선의 전성기였던 18세기에 49,949명, 그리고 19세기에 58,772명이었다. 이 수치는 오늘날 위천지역과 신원지역 인구를 포함한 것이다. 위천지역은 안의현 23개의 면 중 5개면, 신원지역은 삼가현 13개의 면 중 2개 면의 비율로 계산하였다.

조선시대 거창지역의 인구(단위: 명)

시기	지역	호수(호)	남자	여자	계	실제 인구 환산	거창 인구 환산	거창 인구 합계
15세기	거창	505	1,640	1,510	3,150	4,015	4,015	5,984
	안음	481			(2)793	3,824	1,593	
	삼가	307			2,017	2,441	376	
18세기	거창	4,263	8,892	11,139	20,031	33,891	33,891	49,949
	안음						12,852	
	삼가						3,207	
19세기	거창	5,016	10,366	14,790	25,156	39,877	39,877	58,772
	안음	4,565	8,555	10,756	19,311	36,292	15,122	
	삼가	3,085	8,046	9,085	17,131	24,526	3,773	

* 실제 인구 환산은 호수에 7.95를 곱한 값이다. 거창 인구 환산은 그 현의 면 비율로 계산하였다. 안음현 5/23, 삼가현은 2/13를 각 현의 인구수에 곱한 값이다. 18세기 안음, 삼가의 거창 인구 환산은 19세기 거창 인구 증가비율로 계산한 값이다. 거창 인구 합계는 현 거창군에 속하는 지역의 인구이다. 15세기 안음 인구는 793명으로 기록되어 있으나 호수로 보아 천 단위의 2가 빠진 듯하다. 오늘날 거창군에 속하는 남상면 춘천리, 진목리는 포함되지 않았다.

* 자료 출처 : 『세종실록지리지』(1454년), 『거창부여지승람』(1760년), 『경상도읍지』(1832년)

조선시대 이 지역 인구의 특징은 인구증가율이 매우 높다는 점이다. 조선 전체의 인구는 대략 15세기 600여만 명에서 16세기 850여만 명이었고, 18세기 1,400여만 명까지 늘었다가 19세기 1,200여만 명으로 줄어들었다. 18세기 조선 총인구는 15세기의 2배가 약간 넘는 수준이다. 반면 이 기간 거창지역의 인구 증가는 무려 8.3배에 이른다. 또한 19세기 조선 전체 인구는 줄어들었지만 거창 인구는 계속 증가하였다. 이러한 거창인구 추정치는 자료의 제약 때문에 한계가 있지만, 거창 인구가 조선 전체 인구에 비해 훨씬 빠르게 증가했다는 사실은 부정하기 어렵다.

인구증가는 인구 부양력인 경제가 뒷받침될 때 가능하다. 조선 후기 거창지역의 인구가 비약적으로 증가한 것은 지역의 경제가 그만큼 성장했다는 것을 뜻한다. 인구증가로 미루어볼 때 조선 후기 이 지역의 경제 발전은 조선의 평균 경제 발전보다 훨씬 두드러졌다.

논밭과 수확량

조선 초기 거창현의 토지는 안음현이나 삼가현보다 월등하게 많았다. 『세종실록지리지』에 따르면 거창현의 토지는 3,423결로 논이 약간 적으며, 안음현의 토지는 1,793결로 역시 논이 약간 적었다. 삼가현의 토지는 1,913결로 논이 절반이 못 되었다. 거창현의 토지 결수는 안음현이나 삼가현의 두 배에 달한다. 1결의 면적은 조선 전후기에 따라 약간 다르지만 대략 3,000~12,000평이었다. 조선시대 토지 결수는 경제력과 직결되었으므로 조선 초기 거창현의 경제력은 인근 지역보다 월등하게 높았다.

거창의 토지는 조선 후기 상당히 증가하였다. 19세기 토지 면적은 4,950여

거창 토지 결수의 증가(단위: 결)

시기	논	밭	합계
1454년	약간 적다	약간 많다	3,423
1760년	2,856	2,089	4,945
1832년	2,856	2,095	4,951
증가	1,522(45%)		

* 『세종실록지리지』(1454년), 『거창부여지승람』(1760년), 『경상도읍지』 (1832년)의 기록에 의한 것이다. 위천, 신원지역은 포함하지 않았다.

결에 달한다. 이것은 조선 초기 3,400여 결과 비교해보면 45% 정도 증가한 것이다. 그중 논의 증가가 눈에 띈다. 여기서 결은 생산량을 기준으로 하는 단위였으므로 조선 후기 농업생산량이 그만큼 증가한 것이다. 그 이유는 토지 개간으로 경지면적이 늘었을 수도 있고 새로운 농법으로 수확량이 증가되었을 수도 있다. 아마 이 두 가지가 모두 영향을 끼쳤을 것이다. 조선 후기 농업경제력이 조선 초기보다 2배 가깝게 증가했다는 사실은 확실하다.

조선 후기 거창에서 곡식은 얼마나 생산되었을까? 1결 수확량은 약 200~300두 정도였다. 토지 1결에 300두가 생산된 것으로 계산하면 곡물생산량은 4,485,300두가 된다. 조선 후기 곡물생산량은 45만 석 정도였지만 이 통계에 포함되지 않은 위천과 신원지역의 곡물생산량을 포함하면 이것의 두 배 정도 되었을 것이다.

여기서 한 가지 더 언급할 것은, 조선 후기로 갈수록 면세지가 증가한다는 것이다. 1831년 기록에 의하면 논 2,856결 중 면세지가 1,063결, 밭 2,095결 중 면세지가 852결이다. 즉, 논의 37%, 밭의 41%가 면세지인 것이다. 면세지의 증가는 국가재정 적자로 이어져 결국 지역민에 대한 각종 세금 증가를 초래하였다.

거창인 최초의 집단상경 청원

영조 때의 일이다. 1732년 4월 10일 영의정 윤치중이 입궐하는 길에 한 무리의 사람들이 그를 막고 호소하였다. 그들은 거창에서 올라온 사람들이었다. 그들은 거창지방 조사관에게 소장을 올린다면서 한양의 여관에서 머물고 있는데 실제로 굶어죽을 근심까지 있었다. 거창 사람들은 큰 홍수가 나자 진휼을 호소하기 위해 상경 청원투쟁을 벌였던 것이다. 그날 윤치중은 영조에게 다음과 같이 아뢰었다.

거창 등 네 고을의 수재를 생각하면 개벽과 같은 일이 있었으니 참으로 참혹합니다. 조정에서 진휼하는 방도로 특별히 염려를 돌아보는 행정이 마땅히 있어야 할 듯합니다. 만약 재해를 더욱 심하게 입은 곳에는 2년을 기한으로 세금을 감면하고 개간을 하도록 허락하신다면 아마도 잃어버린 곤궁한 백성의 마음에 위로가 될 것입니다. 마땅히 한번 처분하심이 있어야 하겠기에 감히 진달하옵니다.
– 「승정원일기」 영조 8년 4월 10일

이때 영조가 어떠한 처분을 내렸는지는 알 수 없다. 이것이 사료에 나타나는 거창지방민 최초의 집단상경에 대한 기록이다.

조선 후기의 세금

조선시대 농민들은 토지세뿐만 아니라 부역을 지고 특산물도 바쳐야 했다. 이를 조용조(租庸調)라고 한다. 조선 후기에는 세금의 종류가 점점 많아져 수십 가지로 늘어났다. 18세기 거창도호부 농민들이 냈던 세금은 다음과 같았다. 토지세는 원래 쌀로 내던 것인데 조선 후기에는 무명 70여 동을 부담하였다. 1동은 50필이다. 매년 2월에 징수하여 5월 안으로 호조에 납부하였다. 대동세는 무명 70동을 베와 돈으로 반씩 납부하고 쌀 480여 석은 대동고라는 창고에 보관하였다. 균역세는 대략 돈 1,700냥과 베 4동을 서울의 균역청에 냈다.

16~59세의 농민들은 군역을 졌다. 1760년에 편찬된 지리지에 따르면 한해에 군역의 의무가 있던 사람은 5,665명이었다. 그해에 직접 복무한 사람은 훈련도감 167명, 어영청 101명, 금위영 77명, 병조 105명, 예조 92명, 경상도감영 26명, 통영 1,485명, 창원의 경상우병영 349명, 진주진 1,075명 등으로 총 3,477명이었다. 나머지 사람들은 군포를 냈다. 당시 남자 8,900여 명 중 64%가 군역을 졌고 양반은 군역이 면제되었다.

이 밖에도 부사의 월급, 객사의 손님 접대비, 부에서 고용한 인부 임금 등으로 쌀 200여 석과 땔감, 숯을 바쳐야 했다. 진주, 성주, 대구, 안동의 유생들 모임에 부채, 인삼, 작약, 홍시, 곶감, 구기자, 꿀, 당귀, 꿩 등 각종 물품을 진상해야 했다.

특히 농민의 부담이 되었던 것은 환곡이라고 부르는 진곡이었다. 원래 환곡은 농민들을 구하기 위해 춘궁기에 농민에게 나누어 주었다가 추수 후에 받아들이는 곡식이었다.

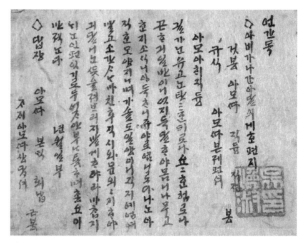

언간독

그러나 환곡은 세금으로 변하여 7월에 농민에게 곡식을 나누어 주고 10월에 받아들이는데 이때 10%의 이자를 받았다. 진곡은 벼 5만 7천여 석이었다. 지역민은 매년 5천 7백여 석의 환곡세를 물어야 했다.

도호부 향리들은 수령의 지시와 향청의 협조 아래 세금의 징수, 보관, 운송, 납부를 담당하였다. 1년에 창고를 열고 세금을 운송해야 할 일이 최소한 수십 회에 달하였다. 세금의 종류가 많고 내용이 복잡해짐에 따라 부정이 개입할 소지가 많아졌고 실제 그렇게 되어갔다.

세금이 개인당 얼마나 되었는지는 계산하기 어렵지만 농민들의 부담은 적지 않았을 것으로 보인다. 더욱이 농민 대다수는 소작농으로 수확의 절반을 지주에게 소작료로 내야 했으므로 처지가 좋지 못했을 것이다.

농민은 양반이 되면 부역과 환곡의 부담에서 벗어날 수 있었다. 일부 농민들은 부를 축적하여 양반 신분을 살 수 있었다. 그러나 대부분의 지역 농민에게 양반 신분을 얻는다는 것은 그림의 떡이었다.

언간독, 서민의식의 성장

언간은 한글 편지라는 뜻이고 언간독은 한글 편지의 각종 서식을 모은 책이다. 사진 속 언간독은 아버지가 길 떠난 아들의 안부를 묻는 편지의 견본이다. 앞에 주소를 쓰고 그 뒤에 내용이 들어간다. 조선 후기 선비들 사이에서는 한문 편지를 교환했으나 서민, 여성, 가족들은 한글로 편지로 썼다. 한글의 보급은 서민의식의 성장과 관계가 깊다.

아비가 외지에 나간 아들에게 하는 편지

길 가는 일은 탄탄한 큰길이나 아득히 험한 길이나 피곤하기는 마찬가지니,
어찌 목적지에 도착하여 몸이나 별 탈 없는지 소식이 없어 밤낮으로 염려가 된다.
나는 여전히 잘 지내며 식구들도 한결같으니 염려 말고,
할 일을 마친 후 즉시 돌아와 문 앞에서 큰 소리로 도착을 알려서,
너를 기다리는 아비의 마음을 저버리지 말도록 하여라.
마침 그곳으로 가는 사람이 있어 두어 자 안부나 전한다.
바쁘고 부산하여 이만 적는다.

호구단자와 호적

거창박물관에는 영조에서 고종 때까지 작성된 선산 김씨의 호구단자 37건이 소장되어 있다. 김두망의 호구단자 2건, 김춘갑의 호구단자 4건, 김남구 호구단자 7건, 김상권 호구단자 19건, 김영수 호구단자 5건이다. 한 가호에 이렇게 많은 호구단자가 남아 있는 일은 드물다. 조선 말기 양반 가구의 변화를 추적할 수 있는 좋은 자료이다.

김두망 호구단자(영조 38년, 1762년)

호구단자는 각 가호에서 관청에 제출하는 인구 신고서이다. 원래 호구단자에는 본인, 아내, 솔거자녀, 노비, 고용 일꾼까지 기록하게 되어 있었지만 생략되는 경우가 많았다. 호구단자에는 호주와 처의 이름, 나이, 본관과 함께 부, 조부, 증조부, 외조부까지 기록되어 있다. 선산 김씨 호구단자 중 가장 자세한 것은 영조 47년(1771년)에 작성된 김두망의 호구단자이다. 이 호구단자에는 그의 어머니, 첩, 아들, 딸까지 기록되어 있다.

조선 정부는 3년마다 한 번씩 인구를 조사하였다. 각 집에서 호구단자를 제출하면 지방관청에서 호구단자를 기초로 호적을 작성하여 중앙에 보고하였다. 호적에는 호주와 그의 선조, 처와 그의 선조, 그리고 가족과 노비가 기록되었다. 호적은 거창도호부, 경상도 감영, 한성부, 호조에 각각 1부씩 보관되었다. 호적은 조선시대 부역과 공물 징수의 기초자료였다.

호구단자(제5통수 김두망)

제1호 절충위장군 김두망 69세 본관 선산

　　　아버지 통정대부 김태봉

　　　할아버지 통정대부 김팔봉

　　　증조할아버지 통정대부 김인상

　　　외할아버지 임선일 본관 나주

처　　이성녀 62세 본관 완산

　　　아버지 이한온

　　　할아버지 이계명

　　　증조할아버지 이득생

　　　외할아버지 오세철. 본관 함양

모　　임성녀

첩　　김성녀 49세

아들　김순갑 16세

딸　　소사 10세

딸　　소사 7세

남자종 후봉은 30세로 사노비 금선의 아들임.

여자종 성혜는 32세로 사노비 고만의 딸임.

영조 47년에 작성된 김두망 호구단자 수록 내용

**정희량이
반란을 일으키다**

영조 때 거창지역은 중앙의 정권쟁탈전에 휘말려 큰 난리를 겪었다. 정희량은 위천에서 반란을 일으켜 거창, 안의, 합천, 함양 일대를 전쟁의 상태로 몰아넣었다. 정희량이 반란을 일으킨 목적은 소론이 노론을 제거하고 권력을 장악하기 위한 것이었다. 영조 초 소론은 이인좌, 정희량을 중심으로 서울, 평안도, 충청도, 경상도 등지에서 동시에 거병한다는 전국적인 반란 계획을 세웠다. 정희량은 그 반란의 영남 책임자였다.

정희량은 조선의 명문대가로 성장한 정온의 4대손으로 어릴 때 경종을 만나 격려를 받은바 있는 장래가 촉망되는 인재였다. 그러나 소론을 지지했던 경종이 즉위 4년 만에 갑자기 죽고 영조가 즉위하자 그는 경종이 노론에게 살해되었다고 주장하며 반란을 준비하였다. 그는 먼저 영남좌도의 중심인 안동에서 동조자를 구하였다. 그러나 안동의 남인들이 가담을 거부하자 자신의 고향인 위천에서 거병하였다. 이인좌의 동생 이웅보도 합세하였다.

1728년 3월 20일 정희량은 위천에서 군사를 일으켰다. 먼저 고현창고를 열어 군량미를 확보한 후 안의와 거창을 차례로 점령하였다. 그때 안음현감과 거창현감은 싸우지도 않고 도망쳤기 때문에 정희량은 전투 없이 쉽게 이 지역을 장악할 수 있었다. 정희량의 처남 조성좌는 향청 좌수 조상림의 도움으로 합천현감을 내쫓았다. 정희량 반란군은 거창, 안의, 합천지역을 점령하고 이곳의 군사, 무기, 곡식을 기반으로 대군을 거느렸다.

　　정희량의 반란군은 이인좌의
청주반란군과 합세하기 위하여 북
진을 서둘렀다. 반란군은 먼저 함양
을 점령하고 팔랑치를 넘어가려고
하였다. 그러나 전라도 관군에 패배
하고 거창으로 되돌아왔다. 반란군
은 두 부대로 나뉘어 한 부대는 이
웅보의 지휘 아래 주상 성기역에서

『**통정공무신일기**』 이술원의 형 이승원이 정희량의 반란 당시에 쓴
일기이다.

우두령을 넘어 추풍령으로 진격하고, 다른 한 부대는 정희량이 이끌고 고제 성초역
을 거쳐 무풍으로 향하였다.

　　반란군의 작전은 성공하지 못하였다. 한때 청주를 점령하고 서울로 진격하던
이인좌의 반란군은 안성과 죽산 전투에서 중앙 관군에게 패하였다. 중앙관군이 남
하하고 있을 때 경상도 관찰사가 거느린 경상도 감영군은 합천을 점령하고 정희량
반란군을 압박해왔다. 이웅보 부대는 우두령을 넘으려다 경상도 관군에 패하였다.

　　고제에 진을 치고 있었던 정희량 반란군은 자멸하였다. 반란에 가담했던 장교
들이 정희량과 이웅보를 사로잡아 관군에게 항복함으로써 반란군은 괴멸되었다.
오명항과 박문수 지휘하는 중앙관군이 거창에 도착했을 때는 이미 정희량의 목
이 잘린 후였다. 이때가 4월 3일이었다. 정희량의 반란은 열흘 만에 실패로 끝났다.

**반란에 가담한
사람들**

정희량의 난은 조선시대를 통틀어 이 지역이 중앙정부
의 주목을 받은 최대의 사건이었다. 반란 후 10년간 왕
조실록의 관련 기사만 60여 건에 달한다. 영조는 "안음
일대는 다 적이다. 비록 다 죽일 수 없다 하더라도 그중 더욱 심한 자를 잡아 죽인

뒤라야 비로소 진정될 수 있을 것이다."라고 말하였다. 이 사건은 향청의 사족과 향리는 물론 농민들이 대거 반란에 가담했다는 데 그 심각성이 있었다.

정희량이 순식간에 대군을 모을 수 있었던 것은 무엇 때문이었을까? 물론 대다수의 지역민들은 중앙의 권력투쟁에 관심이 없었다. 정희량의 난이 일어나기 7년 전인 1721년 다음과 같은 사간원 탄핵 기사가 나온다.

> 거창현감 유봉명은 관청 일을 완전히 팽개치고 술에 빠져 있는 것을 낙으로 삼습니다. 그리고 신씨 성을 가진 향소의 임원을 심복으로 만들어 크고 작은 재판의 판결에 한결같이 그의 말만 들으니 원망하는 소리가 이웃 군현까지 넘쳐납니다. 청컨대 파직하소서.
>
> — 『경종실록』 1년 2월 9일

왕은 결국 현감을 파면하였다. 향소는 향청을 말하고 그 임원은 좌수와 별감으로 양반 대표였다. 수령이 양반들과 함께 백성을 수탈했다는 이야기가 된다.

정희량의 반란을 진압했던 경상도 관찰사는 당시의 사정을 이렇게 파악하였다. "백성은 해마다 흉년으로 기갈이 들었는데 춘궁을 당하여 세금의 독촉이 있었으니 그 고통을 감당하지 못하였다. 이러한 차에 적의 무리가 창고의 곡식을 나누어주고 그 마음을 기쁘게 하며, 소를 잡고 술을 빚어 배를 채워주니, 오로지 양민이 본심을 잃고 반란군에 가담하였다." 민심이 이러했으므로 지배력은 순식간에 무너져 버렸다. 지역민들이 정희량의 난에 가담했던 것은 지배층의 수탈 때문이었다.

반란이 진압된 후 거창, 합천, 안의, 삼가지역의 마을은 황량하였다. 반란에 가담했던 사람이나 가담하지 않았더라도 의심을 받을까 의구심을 품은 사람들은 모두 산골짜기로 도망하여 마을과 논밭이 텅 비어 있었다.

정부에서는 박문수를 이곳에 남겨 민심을 수습하도록 하였다. 박문수는 홀로 말을 타고 여러 고을을 두루 다니면서 달아난 사람들을 불러오고 처벌하지 않겠다고 약속하였다. 이에 농민들은 모두 귀농하여 진정되었다. 암행어사 박문수의 전설이 시작되는 순간이었다. 그 후 박문수는 경상도 관찰사를 맡아서 영남지방의 민심을 수습하였다. 영조도 그해 4월 반역자의 처벌을 끝낸 후 나머지 사람들에 대한 사면령을 발표하였다.

반란을 진압한 사람들

정희량의 난 때 일부 사족과 향리들은 정희량의 봉기를 진압하는 데 앞장섰다. 그들은 서원과 향교를 중심으로 집안사람들과 노비를 동원하여 부대를 편성하고 '의병군문'을 결성하였다. 의병군문은 반란군과 직접 전투를 벌이지는 않았지만 첩보활동을 하거나 군자금을 기부하였고 치안상태를 유지하면서 백성을 통제하는 역할을 맡았다.

정희량의 난 진압 후 반란군에 맞섰던 사람들은 중앙정부로부터 보상을 받았다. 영조는 이들을 포상함으로써 왕에 대한 충성심을 확보하려고 하였다. 특히 이 반란은 사족이 주동하고 향리들과 농민들이 대거 가담하였으므로 백성에게 충성과 반란의 결과를 보여주기 위해서라도 충신에 대한 포상을 강화할 수밖에 없었다.

가장 크게 표창된 사람은 반란군에 저항하다 죽은 이술원이었다. 이술원은 거창 향청의 좌수였다. 정희량 군대가 들어올 때 현감 신정모가 노모와 처를 데리고 달아나자 주상까지 쫓아가서 그를 만류하였다. 정희량의 군사들이 몰려오자 이술원은 정희량을 크게 꾸짖다가 죽임을 당하였다. 반란 진압 후 영조는 충신의 정문을 세우고 그에게 충강공이라는 시호를 내렸다. 이어서 포충사를 지어 사액을 내리고 그의 위패를 모셔 제사지내게 하였다. 포충사는 흥선대원군의 서원철폐 때 남겨둔 전국 47개 서원 중 하나였다. 이술원의 아들은 공신의 자제로 관직을 받았다.

이 밖에도 반란 진압에 공을 세워 포상된 사람은 조한백, 신익명, 진재해 등 다수가 있었다. 그중에서 향리 출신으로 공을 세웠던 '5충신'이 두드러진다. 정희량이 거창을 점령하고 있을 때 신극종, 신석현, 신덕현, 신치근, 신광세 등은 반란군에

포충사

협조하지 않았을 뿐만 아니라 반군을 진압하는 데 앞장섰다. 조정에서는 창충사를 지어 이들을 제사 지내게 했고 공조좌랑 벼슬을 추증하였다. 향리신분이었던 이들에게 창충사 사액과 공신의 명칭은 후대 이 가문 출신 인물들이 성장하는 데 중요한 기반이 되었다.

　조선시대 공신이 된다는 것은 부역 면제는 물론 가문의 위상, 자손의 출세에 매우 유리하였으므로 공신에서 제외되었던 사람들과 그 자손들은 끊임없이 정부에 포상을 요구하였다. 1745년 이준휘가 아버지의 공을 상소하였으나 거절당하였다. 그러나 정부는 정희량의 난이 조선 후기 최대의 반역 사건이었으므로 그들의 충성을 강조할 필요가 있었다. 정희량의 난이 발생한 지 50년이 되던 해인 1788년 중앙정부는 반란 진압에 공을 세우고도 표창에서 제외되었던 사람들을 조사하였다. 이 지역에서는 전학령, 이우태 등 10여 명이 추천되어 관직 추증, 포상, 자손 등용 등의 특전을 받았다.

창충사

한편 정희량의 난 때 도망쳤던 현감 신정모는 반란이 진압된 후 관찰사에게 곤장을 맞고 옥에 갇혔다가 다시 국문을 받고 유배형에 처해졌다.

반역향 향촌사족의 처지

정희량의 난 이후 이 지역의 위상은 크게 변하였다. 이 지역을 포함한 경상우도는 '반역의 고장'으로 낙인 찍혀 중앙정부의 감시대상이 되었고 이 지역의 유생들은 중앙 정계로 진출하기 어려워졌다.

1733년 진주에서 괴문서 사건이 발생하자 조정에서는 이 사건을 정희량의 난과 연관시켰다. "대개 정희량이 안음에서 일어났기 때문에 흉도의 잔당이 호남과 영남 사이에 많이 숨어 있어 이러한 변괴가 있게 되었으니 그 근거와 소굴을 제거하라."는 주장이 나왔다. 그때 영남 사람 김오응은 상소를 올려 "경상우도의 궁벽한 고을은 정인홍이 악취를 남긴 곳으로 일종의 잘못된 기운이 그 중간에 뭉쳐 흉악한 무리를 출생시킨 곳이지만, 다른 영남지역의 인심은 진실로 변함이 없으니 온 경상도의 사람들에게 죄가 돌아가지 않도록 해 주십시오."라고 하였으니, 그때의 지역 사정이 어떠했는지 알 수 있다.

영조는 1737년 정희량과 편지를 주고받은 혐의가 있다고 하여 이덕하라는 거창 사람을 국문하였다. 그로부터 8년 후인 1745년 다시 그가 반란과 관련이 있다고 하여 왕이 직접 심문하고 유배를 보냈다. 1737년 경상도 관찰사의 건의를 보면 사정은 더욱 뚜렷해진다.

영남은 사대부가 많이 나는 고장입니다. 그런데 오직 경상우도는 근래에 와서 풍습이 더욱 천하게 변한 데다가 이인좌, 정희량의 무리가 나왔기 때문에 공자와 맹자의 고장을 도리어 반역자의 고장으로 대하고 있습니다. 만일 특별히 진작시키지 않는다면, 사람들이 장차 서로 자포자기하여 글을 읽는 종자들이 영원히 끊기게 될 것입니다. 이는 영남 사람의 수치일 뿐만 아니라 또한 조정의 근심이기도 합니다.
– 『영조실록』 13년 3월 3일

그는 이 보고에서 거창의 이휘, 안음의 신수이, 합천의 강지은과 정희운에게 관직을 내려주라고 왕에게 추천하였다. 왕은 이 건의를 받아들였다. 그러나 지역 유생들은 관직에 나가기 어려웠다. 이후 몇몇 가문에서 과거 합격자와 관리를 배출하였으나 그 수가 많지 않았고 고관으로 승진하는 인물은 거의 없었다.

이처럼 향촌 사림은 정희량 반란 사건으로 어려움에 처하였다. 영조는 1773년 "경상우도에 남명의 기풍이 있다."고 했고 이듬해에 "남명이 괴상한 논리를 주장하여 영남에는 폐단이 많다."고 직접 언급하면서 말년까지 경계를 늦추지 않았다. 향촌 사림은 이제 북인은 물론이고 소론으로도 출세할 수 없었다. 그 과정에서 그들 중 일부는 퇴계학풍을 받아들여 남인으로 전환하거나 율곡학풍을 수용하여 노론으로 변신하였다. 그리하여 향촌 사림은 크게 북인·소론계, 남인계, 노론계로 분화되어 갔다.

안음이 안의로 바뀌다

1728년 3월 정희량의 반란이 진압된 후 안음현이 없어졌다. 그해 7월 영조는 "역적의 괴수 정희량이 안음에서 났기 때문에" 안음현을 혁파하여 함양부에 붙였다. 1729년 안음현은 거창과 함양으로 쪼개졌다. 당시 좌의정은 안음현을 복구시키자는 경상도 관찰사의 건의에 대하여 "안음은 온 지역이 역적을 따른 고을이니 종자를 남기지 않고 진멸해야 하는 곳"이라고 주장하였다. 영조는 "안음을 함양, 거창 두 고을로 나누어 예속시킴으로써 안음의 백성들로 하여금 임금은 임금답고 신하는 신하다워야 한다는 의리를 알게 하라."고 명령하였다. 이리하여 위천지역은 거창에, 안의지역은 함양에 들어가게 되었다.

안음현이 없어진 이후 이 지역 사람들은 "반역의 고장"으로 낙인 찍혀 큰 고통을 겪어야 했다. 유명한 실학자이자 안의현감을 지냈던 박지원은 다음과 같이 기록하였다. "안음 사람들은 봇물도 이웃 고을 사람에게 먼저 빼앗기고 대낮에 무덤 주변에 있는 나무를 모조리 베어 가도 금지하지 못하였다. 그뿐만 아니라 입술만 조금 움직여도 도리어 역적으로 욕을 퍼부었고 향리, 장교, 사령들이 두 읍에 분속되어 마치 포로나 노예처럼 취급되었다. 사족들에게까지 일꾼으로 요구하는 형편이어서 그 고통을 호소할 곳이 없었다."

1736년 안음현이 복구되었다. 그때 좌의정의 건의이다. "안음은 정희량이 군사를 일으킨 곳이기 때문에 그 고을을 혁파하도록 명하였습니다. 그러나 이곳은 이름난 선비가 살았던 고장이며 또 호남과 영남의 요해이니 수령이 없어서는 안 됩니다. 대체로 고을을 혁파하는 기한을 처음에는 10년으로 하다가 중간에 5년으로 줄였습니다. 안음은 지금 벌써 9년이 되었으니 다시 설치하는 것이 합당하겠습니다."

안음현 광풍루 안음현의 누각이다. 위천지역은 조선시대에 대체로 안음현에 속했다. 정희량의 난 이후 잠시 거창도호부에 소속되었다가 1736년 안음현이 복구된 이후 되돌아갔다. 위천지역이 거창에 속하게 된 것은 1914년 이후의 일이다.

영조는 이 건의를 수용하였다.

안음현이 복구된 지 30여 년이 지난 1767년, 영조는 안음현을 안의현으로, 산음현을 산청현으로 바꾸라고 명령하였다. 역사상 '안의'라는 명칭이 처음 등장하는 순간이다. 그 계기는 산청에서 나이 어린 여자 아이가 출산했다는 암행어사의 보고였다. 영조는 "산음은 안음과 서로 경계가 접해 있는 데 불과하지만 이름이 좋지 않아서 이전에는 정희량이 생겼고 지금은 이런 일이 생겼다."고 말하였다. 영조는 산음에서 일어났던 일로 40여 년 전에 안음에서 일어났던 정희량의 반란을 연상하였다. 그리고 군현의 이름까지 바꾸었다. 정희량의 반란은 그만큼 중대한 사건이었

정희량의 난 이후 안의현의 변천

시기	변천 내용
1728년	함양현에 복속
1729년	위천지역은 거창도호부에, 안의지역은 함양도호부에 복속
1736년	안음현 복구
1767년	안의현으로 개명

고 이곳은 여전히 반역의 고장이었다.

정희량의 난은 역사상 지역민들이 일으킨 최대의 반란사건이었다. 그 이전이나 이후에도 이것을 능가하는 반란은 없었다. 이 사건은 중앙의 권력다툼에서 야기된 반란사건이었으므로 민중의 의사가 반영된 저항이라고 보기는 어렵다. 반란이 진압된 후 정희량의 가족에 대한 처벌은 잔인하기 짝이 없었다. 그럼에도 불구하고 정씨 가문이 유지된 것은 매우 특이한 일에 속한다.

초계 정씨 가문의 부활

정온은 병자호란 때 척화신으로 생전에는 물론 사후에도 영남뿐만 아니라 조정에서도 대단한 명망을 지닌 인물이었다. 정희량은 정온의 4대손이다. 1728년 정희량의 반란 이후 정희량과 그 가족은 역적으로 처형되고 가산은 모두 적몰되었다. 이때 몰수된 토지는 278결에 이른다. 초계 정씨 가문은 멸문지경에 처하게 되었다.

영조는 한 집안에서 충신과 역적이 동시에 나오자 역적 정희량은 처벌했지만 충신 정온은 현양해야 했다. 영조는 1764년 정계주를 입양하여 정온에게 제사지내고 그 자손을 등용하도록 하였다.

향촌 사림은 정조 때부터 반란 후 몰수된 정온의 토지를 회복하자는 운동을 벌여 나갔다. 이 운동은 가북의 용천정사를 중심으로 진행되었다. 용천정사는 정온이 모친 시묘살이를 한 후 묘막을 넓혀서 지은 건물이다. 정온은 용천정사에서 학문을 강론하고 계를 모으는 등 활발한 활동을 했던 바 있었다. 정온의 계통을 이은 용천정사의 향촌 사림은 정조~순조 때 4차에 걸쳐 상소 운동을 전개하였다. 이들의 활동은 결실을 거두어 순조는 1819년 드디어 정온의 위토를 환급하라고 지시하였다.

정씨 가문은 적몰되었던 토지 약 3결을 정온의 위토로 환급받았다. 여기에는 경상도 관찰사 김노경이 결정적인 역할을 하였다. 노론은 정희량의 난 이후 안의, 거창지역을 감시하기 위해서 노론계 인물들로 경상도의 지방관을 임명하고 암행어사를 파견하였다. 김노경도 집권당인 노론계 인물이었다.

향촌 사림은 정온의 토지를 환급받기 위해 그 토지가 정희량의 토지가 아니라 정온을 제사지내기 위한 토지였다는 사실을 강조하였다. 정온의 충절과 명망은 당색을 초월하여 존경의 대상이었기 때문에 정온의 명망을 이용했던 것이다. 그리고 토지 복급의 근거로 "정온을 제향하기 위한 위토"를 내세웠다. 노론은 자신들이 추앙하는 척

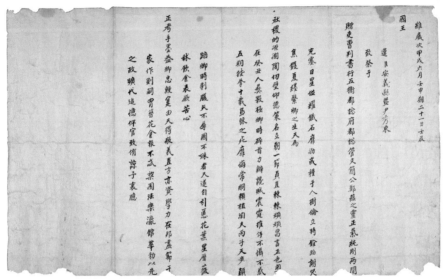

치제문 영조가 정온의 제향에 치제관으로 안의현감 윤수동을 파견하면서 내린 제문이다. 영조는 반역자 정희량 일가를 몰살하였지만 충신 정온 가문은 유지시켰다. 필사본.

화파 김상헌과 교유관계에 있었던 정온을 제향한다는 명분을 수용하였다.

정온위토회복사건은 향촌 사림의 변모를 보여준다. 사림은 정희량 반란 이후 반역자의 고장으로 낙인 찍혀 정계진출이 불가능해지자 노론과 사상적 친화관계에 있었던 정온에 의존하여 노론세력과 공생관계 속으로 들어가고자 하였다. 위토의 복급은 그들의 노력이 어느 정도 성공한 결과였다. 정씨 가문도 정온의 명망에 힘입어 지역사회에서 양반의 지위를 보존하였다.

3. 양반 가문의 정착

고을 주도권 다툼, 향전

『경국대전』에는 양반신분에 대한 규정이 없었다. 조선시대 양반들은 자신들의 신분을 증명하기 위해 향교나 서원의 청금록에 등록하거나 향청의 향안에 이름을 올리는 방법을 이용하였다. 그중에서 향안이 가장 중요시되었다. 향안은 향촌 양반의 명부를 말한다. 향안에 등록된 향촌 양반들은 향회라는 총회를 열었고 향규라는 규약을 작성하였다. 그리고 향청의 대표인 좌수와 별감을 추천하였다.

향안에 들기는 쉽지 않았다. 향안에 등록되려면 부계나 모계가 확실해야 할 뿐만 아니라 지역 양반들의 동의를 얻어야 했다. 비록 양반신분으로 이곳에 이주했다고 하더라도 당대에 향안에 오르는 경우는 드물었다. 거창향안은 임진왜란 때 불타버렸기 때문에 1617년 광해군 때 다시 작성되었다.

1677년 숙종 때 김재만이라는 유생이 향안을 훼손하는 사건이 발생하였다. 향안의 기록이다.

옛날 우리 고을의 원로들이 이름을 나열해 적은 한 권의 책을 작성하니 모든 향촌 양반의 이름이 기록되었다. 향안의 작성이 어찌 우연이겠는가. 비단으로 단장한 것은 그 이름을 높이기 위한 것이요, 쇠 자물쇠를 채워 간수하는 것은 그 기록을 소중하게 여기는 까닭이다. 지난 100년 동안 함부로 여닫지 않았다. 향안에 수록된 인물의 후손 중 누가 이를 업신여기겠는가. 지난번 김재만이 향중에서 벌을 받앓으나 반성할 줄 모르고 오히려 자물쇠를 두드려 깨뜨리고 함부로 향안을 꺼내 향원의 이름을 칼로 오려냈으니, 어찌 이를 참을 수 있겠는가! 수백 명의 향원 이름이 한 사람에 의해 더럽혀졌다. 칼질로 낭자하게 찢어진 책을 보니 차마 바라볼 수 없었다. 이에 합의하여 다시 이름을 나열해 향안을 단장하였다.

– 『거창향안』 정유년 서문

김재만은 향회에서 벌을 받은 데 불만을 품고 향청의 자물쇠를 깨뜨리고 자기 마음대로 향안을 꺼내어 칼로 이름을 오려냈다. 이 사건은 지역 양반의 세력다툼이었다. 이를 향전이라고 한다. 18세기 이 지역의 양반들은 향권을 둘러싸고 3개 세력으로 나뉘어 치열하게 향전을 벌였다. 향안도 3개가 따로 작성되었다. 중앙정계 진출이 막힌 사족들이 향권 장악에 힘을 집중했던 것이다.

고을의 향전은 수령에 의해 조정되었다. 1744년 영조 때 거창현감 이장오는 3파의 양반세력을 조정하고 3개의 향안은 통일하여 하나의 향안으로 다시 작성하였다. 향촌의 탕평책이었다.

향안 재작성 사건은 지역사에서 중요한 의미가 있다. 여기서 주목되는 것은 향전이 현감에 의해서 종결되었다는 것이다. 이때 수령의 힘은 사림의 분쟁을 조정할 정도로 커졌다. 16세기 이래 향촌사회를 주도하고 있던 사림의 힘이 약화되고

향안과 향전

내가 새로 부임했던 초기에 옛사람들의 뜻에 어긋남이 있어 분개하였다. 이 고을을 가만히 엿보니 풍속과 기색이 당파로 끌어들이려는 생각으로 옛날의 향안이 세 갈래로 나뉘어 저마다 명목을 세워 싸웠다. 이 때문에 서로 배척하고 알력하는 일이 습관이 되어 폐단이 매우 심하였다. 자기와 당파가 다른 자를 우물에 돌 던지듯 하고, 나와 같은 자를 하늘에 뽐내듯 하며, 스스로 만족해 여기는 모양이 심하였다. 내가 온 고을의 유식하고 명망 있는 자들에게 두루 알리어 세 가지를 합쳐서 하나로 만들 것을 제안했더니 여러 사람들이 동의하였다. 이에 내가 세 가지를 합하여 하나로 만들고 비단으로 책자를 잘 단장하였다.

– 거창현감 이장오, 『거창향안』 갑자년 서문

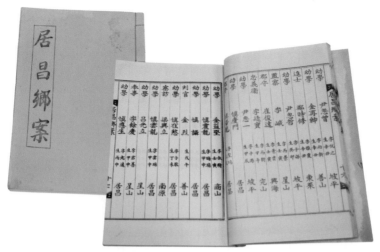

『**거창향안**』 거창의 양반 명부로 조선 초기부터 1935년까지 기록되어 있다.

반면 수령과 향리의 힘이 강해진 것이다. 이로써 지역사회의 주도권은 사림에서 수령으로 전환되었다. 이 사건은 수령의 권력이 사림의 권위를 능가하게 된 전환점이었다.

향리세력의 성장

향리는 고려시대부터 향권을 장악했던 향촌세력이었다. 그들은 16세기 이후 새로운 사족층이 양반으로 자리 잡으면서 점차 약화되었다. 향리는 중인으로 취급되어 수령의 명령과 사족의 통제를 받는 위치로 전락하였다. 조선 후기 인조반정과 정희량의 난으로 사족들의 중앙정계 진출이 막히고 그들의 세력이 약해지자 향리들은 자신의 세력을 키워나갔다.

향리의 성장은 영조의 왕권강화 정책과 연결되어 있었다. 영조는 지방 사족의 세력을 억누르고자 수령의 권한을 강화하였다. 그는 사족의 기반인 서원을 정리하고 이전까지 사족이 주관하던 향약을 수령이 주관하도록 하였다. 동시에 향리의 힘도 강화하였다.

영조는 지방의 향리를 직접 중앙으로 불렀다. 1773년 12월 영조는 거창 호장을 불러 지역 사정을 점검하였다. 그는 호장에게 "농사는 어떠한가?", "창고를 봉했는가?"라고 물었다. 영조의 정책에 따라 향리의 힘이 점차 강화되었다. 이제 향리는 수령과 결탁하여 향촌의 지배권을 행사하였다.

1789년 정조 때 거창에서 향리가 양반을 능멸한 사건이 발생하였다. 향리 전소대는 환곡을 독촉하다가 양반 서상덕의 어머니 하 씨를 죽였다. 서상덕은 살인 사건이라는 판결에 승복하지 않고 계속 억울하다고 하소연하였다. 그는 "하 씨를 밀쳐서 넘어뜨렸는데 그녀가 죽었다."고 진술하였다.

그의 주장은 거짓이었다. 시신을 조사한 결과 상처의 흔적은 전소대의 진술과 달랐다. 전소대가 폭행을 가해 하 씨를 죽였던 것이다. 결국 전소대는 살인죄로 처벌받았다. 이때 양반 서상덕도 이 사건을 떠벌렸다는 죄목으로 유배되었다.

정조는 "전소대가 천민으로서 양반을 능멸하였으므로 약자를 보호하고 강자

거창 신씨 세력의 성장

거창의 향리세력 중 정희량의 난 때 5공신을 배출한 거창 신씨의 성장이 두드러졌다. 이들의 자손들은 공신이라는 지위를 적극 활용하여 세력을 키웠다. 이 가문은 거창에 5공신을 기리는 창충사를 건립하였다. 그들은 집안의 재산을 다 기울여 재물을 마련해 이 건물을 지었다. 그들은 때때로 직접 서울에 가서 5공신의 공적을 널리 알렸다. 그 결과 정조 12년 거창 신씨 5공신은 모두 낭서 벼슬에 추증되었고, 창충사는 국가로부터 제수품을 지급받는 사우로 승격되었다. 그 자손은 명예직 관직을 받았으며 관직이 추증되어 참판에 이르는 경우도 있었다. 거창 신씨는 향리세계에서 주도권을 잡고 향촌에서 실력을 행사하였다. 그 위엄은 사족 못지않았다. 다음과 같은 기록이 있다.

그는 기상이 엄격하여 그를 아끼고 두려워하지 않는 사람이 없었다. 그리하여 관아에 출입할 때마다 노비들이 모두 늘어서서 엎드려 감히 고개를 들고 바라보지 못하였다. 또한 명분을 바로 잡고 기강을 떨쳤다. 그는 관청 건물을 수리했는데 그 규모가 매우 커서 사람들이 모두 기리고 우러러 보았다.

신씨 가문은 융성한 가세를 토대로 서당을 지어 자녀 교육에 힘썼고, 과거시험을 준비하기도 하였다. 그들 중 일부는 진사가 되었고 과거에 9차례나 응시하는 경우도 있었다. 그리고 향촌에 거주하면서 필명을 날려 사족과 교유관계를 가지는 데까지 이르렀다. 순조 11년 그때까지 호장이 주관했던 창충사 5충신에 대한 제사를 향촌 사림이 주관한 사실은 이 가문의 위세를 잘 보여준다.

를 누른다는 입장에서 처리하라."고 하였다. 정조의 말 속에는 양반이 약자이고 향리가 강자라는 사실이 함축되어 있다.

오충신 비

양반 서상덕은 토반이었지만 사대부는 아니었다. 토반이란 벼슬에 오르지 못한 지역 양반인 향반을 말한다. 향리는 향반을 함부로 대할 수 있을 만큼 힘이 커졌다. 이제더는 향촌사회에서 사회적 신분과 권력이 서로 일치하지 않게 되었다.

조선 후기 향리층은 전문적 지식, 재력, 단결 등을 통하여 다시 지역의 행정권을 장악하였다. 그중 거창 신씨 가문의 성장이 가장 두드러졌다. 향리의 성장으로 사족은 점차 위축되어 갔다.

향리세력의 성장은 향촌 지배세력의 변화라는 면에서 중요한 의미가 있다. 16세기에는 사림의 힘이 수령·향리보다 우위였으나 18세기에는 수령·향리의 힘이 사림을 압도하였다. 향촌권력이 역전되었다. 이로써 조선 말기 향촌 수탈구조가 형성되었다.

**향촌의
양반마을과 문중**

18세기 이후 향촌 사족들의 중앙정계 진출은 거의 차단되었다. 19세기 초 순조 때 발행된 『경상도읍지』에는 거창도호부 출신 문과 합격자가 전혀 발견되지 않는다. 안의현에서는 거창 신씨 출신 신인명, 신성진, 신필복 등이 보일 뿐이다. 이 지역에서 거창 신씨를 제외하면 사족의 중앙정계 진출은 거의 없었다고 해도 지나친 말이 아니다.

양반 가문이라고 하더라도 몇 대에 걸쳐 과거 진출자를 내지 못하면 몰락하기 마련이다. 18세기 이후 수령의 권한과 향리세력이 강화되면서 사족세력은 더욱 위축되었다. 앞에서 보았듯이 영조 때 현감이 향안을 다시 작성한 것은 이미 수령이 사족을 제압했다는 사실을 말해 준다. 향청과 향안은 더는 사족의 지위를 보장해줄 수 있는 장치가 아니었다. 향촌은 수령과 향리에게 완전히 장악되었다.

위기에 처한 향촌 사족들은 양반 신분을 유지하기 위한 새로운 방법을 찾아야했다. 사족들은 향촌 마을을 확실하게 장악하고자 하였다. 그들을 토지 경영을 통해 부를 축적하면서 문중을 중심으로 단결해 나갔다. 동성마을이 지역 곳곳에서 출현하였다.

조선 후기 『경상도읍지』에는 거창부에 이전에 있었던 10개 성씨 외에 16개의 성씨가 새로 등장한다. 위천지역에는 17개 성씨가 기록되어 있다. 그들이 향촌 마을에 자리 잡은 사족이라고 볼 수 있다. 그 구체적인 자료가 거창향안에 실려 있는 24가문이다. 이들이 거창도호부에 있었던 사족들인 셈이다. 구체적으로 살펴보면, 거창 신씨, 함양 오씨, 진양 형씨, 연안 이씨, 선산 김씨, 동래 정씨, 성주 이씨, 남평 문씨, 전주 이씨, 밀양 변씨, 홍해 최씨, 파평 윤씨, 벽진 이씨, 덕승 이씨, 하빈 이씨, 성산 김씨, 신창 표씨, 문화 유씨, 함흥 이씨, 함양 조씨, 진양 정씨, 밀양 박씨, 진양 강씨, 하양 허씨다.

이들 가문의 후손들 중에서 여전히 이 지역에 터를 잡고 살고 있는 이들이 적지 않다. 위천지역이나 신원지역의 구체적인 자료를 구하지 못했으나 아마 이와 비슷한 양상이었을 것이다. 이로써 조선시대 이 지역의 유력가문 형성이 완료되었다.

조선 후기 읍치에는 득세한 향리 가문이 살고 있었지만, 각 면리의 향촌 마을에는 같은 성을 가진 양반들이 문중을 형성하였다. 이들 가문은 그 지역의 지주이자 양반이었고 동시에 세력가였다. 이들이 오늘날 이 지역 문중의 직접 조상이다. 조선 말기까지 문과합격자를 냈던 위천의 거창 신씨 문중은 지역의 명문가였다. 정온의 후손인 초계 정씨도 19세기 다시 가세를 회복하였다.

이 시기에 형성된 문중은 향촌의 핵심 조직이었다는 점에서 중요한 의미가 있

청화백자

청화백자는 백자 바탕에 유약을 발라 구워낸 것으로
푸른색 무늬가 있다.
이 백자는 조선 후기 지역의 양반문화를 잘 보여준다.

청화백자병

용무늬항아리

청화백자팔각병

청화백자용무늬병

다. 문중은 지역의 가장 강력한 전통이라고 해도 결코 지나친 말이 아닐 것이다. 문중의 전통이 암울했던 일제강점기는 물론 산업화가 진행된 현대에 이르기까지 지역사회에 강력한 힘을 발휘하고 있다는 사실은 참으로 놀랍다. 지역사의 장기지속성은 향촌사회의 문중 전통에서 관철되고 있다.

족보와 제사로 뭉친 양반

조선 후기 향촌 마을은 양반이 사는 반촌, 상민이 사는 민촌, 그리고 양반과 상민이 함께 거주하는 혼합촌이 있었다. 반촌은 대체로 동성마을로 구성되었다. 몇 개의 성씨가 함께 거주하는 혼성촌도 있었다. 동성촌에서 문중은 종손을 중심으로 단결하였다. 각 가문은 재산과 제사를 장자에게 상속하여 문중의 세력을 유지하였다. 장자 이외의 아들이나 딸에게는 거의 재산을 상속하지 않았는데, 이것은 재산을 유지하여 가문의 세력을 지키려는 의도였다.

각 문중은 족보 제작에 힘썼다. 족보는 남성과 장손 위주로 편찬되었다. 빼어난 조상은 문중의 명예로 여겨 숭배하였다. 조상 중 문과 합격자나 고위 관리의 숫자는 가문의 위상을 보여주는 증거였다. 족보는 그 문중이 양반 신분임을 증명하고 자신들의 지위를 대외에 과시하기 위한 자료였다.

각 문중은 조상에 대한 제사를 중요하게 생각하였다. 문중은 너나없이 재산을 기울여 재실과 사당을 짓고 이곳에서 때맞추어 조상에게 제사를 지냈다. 제사는 양반 신분을 증명하는 중요한 의식이었다. 재실과 사당은 양반 문중의 구심이자 상징이었다. 이에 따라 조선 후기 놀랄 만큼 많은 재실과 사당이 건축되었다. 양반으로 자처하는 크고 작은 모든 문중은 재실을 지었다. 현재 이 지역에 남아 있는 재실은 300여 개에 달한다. 하나의 동리에 3~4개꼴이니 큰 마을 치고 재실 없는 곳이 없다고 보면 될 것이다.

조선 후기 지역민들은 문중을 중심으로 사회생활을 영위하였다. 그들은 문중

신창 표씨 세보 향촌에 거주하는 신창 표씨의 족보이다.

의 위상을 자신의 위상으로 삼았고, 문중을 통해서 자신의 일을 해결하였다. 문중의 중심은 종손이었고 종손이 없으면 반드시 양자를 들였다. 문중 중심의 사회생활양식은 끈질긴 생명력을 지녔다. 일제강점기에도 재실은 계속 건축되었고 족보는 계속 편찬되었다. 그것은 해방 후에도 마찬가지였다. 거듭 강조하거니와 양반 문중은 근현대까지 지역민들에게 영향을 끼친 가장 강력한 전통이었다.

정자와 누각은 양반 가문과 밀접하게 연결된 건축물이다. 현재 이 지역에 남아 있는 누정이 95개에 달하는 것만 보더라도 누정문화의 발달을 충분히 알 수 있다. 현존 누정을 가문별로 나누어 보면, 거창 신씨 10개, 은진 임씨 9개, 밀양 박씨 6개, 선산 김씨 5개이다. 이 순서를 조선 후기 이 지역에서 세력이 컸던 문중의 차례로 보아도 좋을 것이다. 산수가 아름다운 계곡마다 빼어난 자태를 뽐내는 누각과 정자는 조선시대 지역의 전통문화를 상징하는 건축물이다.

여기서 이 지역 정자의 우수성을 지적하고자 한다. 정자는 원래 마을에서 약간 떨어진 경치 좋은 곳에 세우는데, 산수가 좋은 이 지역에는 자연과 어울리는 정자가 많다. 정자는 처음에는 양반들의 공간이었으나 점차 서민들의 휴식공간이 되었다. 이러한 측면에서 정자는 지역민이 계승해야 할 대표적인 문화유산이다.

양반 가문의 유교윤리

효와 정절은 유교의 핵심윤리로서 조선시대 내내 강조되었다. 정부에서도 효자문과 열녀문을 세워 이를 장려하였다. 양반들은 자기 가문에서 효자와 열녀를 내는 것을 가문의 명예를 높이는 유력한 방법으로 삼았다. 국가로부터 효자, 열녀로 인 정받으면 부역과 환곡 등의 부담이 면제되어 지방관의 수탈로부터 벗어날 수 있었 다. 그 가문 인물들이 관직에 임명되기도 하였다. 이 때문에 조선시대 내내 지역 곳 곳에는 효자비와 열녀비가 세워졌다.

조선 후기 문중의 사회적 역할이 중요해지면서 효와 정절은 더욱 강조되었고 효자문과 열녀문도 늘어났다. 조선 말기로 갈수록 효자, 열녀에 대한 정려는 한층 증가하여 고종 때 최고에 달하였다. 각 가문은 이를 통해 안으로는 가문의 질서를 세우고 밖으로는 가문의 위상을 과시하였다. 현재 확인되는 이 지역의 효자, 열녀

거창지역의 효자비와 열녀비

시대	국왕	효자비	열녀비	효자기록	열녀기록
고려	우왕		1	1	
조선	세종			1	
	세조	1			
	중종			1	
	명종	2			
	선조	3	4		
	광해군			2	
	인조	3		1	
	영조	1	1		
	정조	1	1		
	순조	1	2		
	철종	2	2		
	고종	21	6	3	1
일제강점기		20	6	6	1
해방 후		33	5		
계		88	28	15	2

* 박기용, 『거창의 효자와 열녀』 1993을 기초로 작성하였다.

는 130여 명에 달한다.

비록 국가의 정려를 받지 못했더라도 문중에서 효자비와 열녀비를 세우는 일도 적지 않았다. 이러한 전통은 일제강점기와 해방 후에도 계속되어 이 시기에 세워진 효자비와 열녀비만 수십 개에 달한다. 주상면 내오리의 효열각이 세워지는 과정을 보면 조선시대 효자문, 열녀문의 역할을 알 수 있다.

1893년 4월 20일 거창 유생 이준학은 경상우도 사림 23명 이름으로 된 청원서를 예조에 올렸다. 그 다음 날인 4월 21일 고종이 철종왕릉에 참배하러 갈 때 이준학은 왕 앞에 엎드려 상소를 올렸다. 그 내용은 지극한 효도를 행한 아버지와 아들, 며느리에게 관직과 정려를 내려 달라는 것이었다.

김영묵은 9세에 그의 아버지가 위독하자 손가락을 깨뜨려 그 피를 아버지에게 먹여 생명을 연장시켰습니다. 그의 아들 김재철은 그의 아버지가 병들자 산속에서 노루 간을 구해다 먹여 아버지를 살렸습니다. 그의 며느리는 남편이 죽으려 할 때 손가락을 잘라 그 피를 먹여 남편을 살리려 하였습니다. 홀로된 며느리는 병든 시어머니에게 허벅지 살을 베어 먹여 낫게 했으며, 시어머니가 죽으려 할 때 손가락 피를 먹여 생명을 연장시켰습니다.　　　　　　　　　　 – 민종식, 「대가동철릉동가시상언」

그해 6월 30일 고종은 김영묵에게 통훈대부 사헌부 감찰을, 김재철에게 동몽교관 조봉대부를 추증하였고, 12월 이들 부자와 며느리의 정려를 허락하였다. 그리고 "정문을 세울 때 목재과 목수를 관청에서 제공할 것이며, 그 자손 집에 환곡 등과 잡역을 일체 면제하라."고 지시하였다.

중앙정부는 곧바로 경상도 관찰사에게 지시하였다. 경상도 관찰사는 1894년 4월 27일 거창부사에게 정려문 건립을 명령하였다. "정문을 세울 때 목재는 산에서 베고 인부는 부근의 면에서 동원할 것이며, 그 자손 집은 잡역과 환곡을 영원히 면제하라."고 하였다. 1894년 12월 주곡면장은 부사에게 이 집안의 환곡과 잡역의 면

주상면 내오리 효열각

제를 신청했고 부사는 이를 허락하였다. 김영묵의 손자 김기현은 일제강점기였던 1919년 이들에 대한 비석을 세웠다. 1894년은 조선에서 동학농민전쟁, 청일전쟁, 갑오개혁이 동시에 일어나 매우 어지러운 때였고, 1919년은 3·1운동으로 한민족 전체가 독립운동을 벌이고 있을 때였다.

몰락한 양반 가문의 청원서

1874년 12월 모곡 서변리에 사는 김운환 등은 암행어사에게 소지를 올렸다. 소지는 오늘날의 청원서에 해당한다.

> 거창 유생 김필유, 김경은, 김운환, 김운찬 등은 목욕재계하고 백배하며 삼가 이 글을 어사또께 올립니다. 엎드려 생각하건대 우리 유생들은 본래 선산 김씨 세족으로 순충공 김선궁을 시조라 하고 정조공 김연을 파조로 하여 현감공 김제남의 혈손으로서 강호 김숙자, 점필재 김종직의 방손임이 족보에 분명히 기재되어 있습니다. 그러나 가문의 운이 참혹하게 영락하고 자손이 쇠잔하여 가문은 일시에 몰락하니 모래 속에 섞인 옥이라고 하겠습니다. 근래에 와서 인심은 옛날과 같지 않으며 부역은 과다하고 강제로 부과되니 어찌 뼈에 사무친 원한이 아니겠습니까? 이러한 연유로 우리 유생은 우러러 애원하오며 엎드려 바라건대 깊이 통촉하시고 특별한 은혜를 베푸시어 제반 잡역을 영구히 면제해 줄 것을 외람되게 삼가 진정하오니 교시를 내려주시기 바랍니다.
>
> – 「거창유학 김필유 등이 올린 소지」, 『김순범소장기증자료집』

자신들이 양반의 자손이므로 잡역을 면제해 달라는 청원이다. 그해에 김운환은 이미 성주현감에게 같은 내용의 소지를 올린 바 있었다. 김운환은 전 거창현감 김제남의 12대손이며 지평현감의 7대 방손의 양반임에도 할아버지 때부터 부역을 했으므로 이를 면제해 달라는 내용이었다.

그들은 성주현감과 암행어사로부터 완문을 받았다. 완문은 오늘날의 공문에 해당한다. 완문의 내용은 이들이 잠영세족의 양반이므로 부역을 매기지 말라는 것이었다. 1878년 김운환은 계속 부역이 부과되자 다시 성주현감에게 소지를 올렸다.

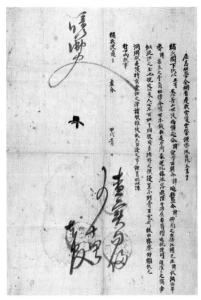
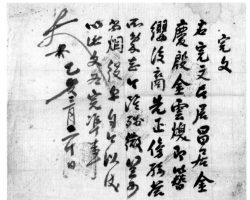

잡역면제 완문(상) 거창 거주 선산 김씨 김경은 등이 김종직의 방손이므로 앞으로 부역을 면해주라는 증표다. 완문(完文)이란 관부에서 발급하는 문서로 어떠한 사실 또는 권리나 특권을 인정하는 확인서를 말한다.

암행어사에게 올린 잡역면제 소지(좌) 1874년 거창읍 모곡 거주 선산 김씨 김필유 등이 부역 부과의 부당성을 어사에게 알리고 면제해 달라는 청원문이다.

11년 뒤인 1889년 새로운 문제가 발생하였다. 이번에는 김씨 집안 내부의 환곡면제 문제였다. 김제남의 13대손 김병일은 자신이 종손인데 김우범이 대신 환곡을 면제받았으므로 바로잡아 달라고 청원하였다. 김병일은 재차 소지를 올렸다. 성주현감은 "이미 시정하도록 명령했는데 무엇을 다시 하소연하는가? 만약 시정에 어려움이 있다면 처분문을 함께 가져오라."고 짜증 섞인 처분을 내렸다.

1895년 김우범은 부역문제로 청원서를 냈다. 자기는 양반임에도 불구하고 마을 앞 교량 건설 부역에 동원되었으므로 잡역을 면제해 달라는 내용이었다.

20여 년에 걸친 김씨 일가의 소지에는 부역과 환곡에서 벗어나려는 몰락양반의 필사적인 노력이 담겨 있다. 대부분의 향촌 양반들의 처지도 이와 비슷하였다. 1897년 유생 40명은 거창향교에서 회의를 열고 선산 김씨의 환곡면제를 결의하였다. 향촌 양반들의 공동대응이었다.

4. 저항하는 사람들

**극심한
삼정문란**

1780년 영남 암행어사 이시수는 정조에게 거창지역의 환곡 폐단이 가장 심하다고 보고하였다. 환곡은 해마다 증가하여 한 집에 배당되는 환곡이 수십 석에 달하였다. 연말에 수령이 환곡을 받아들일 때 매를 때리고 독촉을 하여도 수량을 채우지 못하여 환곡에 빈 껍질을 섞어 분량을 채우는 실정이었다.

경상도 관찰사의 보고에 따르면 거창의 환곡 사정은 다음과 같았다. 1790년 환곡 총액은 2만 5천 석인데, 그중에 1만 4천여 석은 농민에게 나누어주고 1만 1천여 석은 미처 나누어주지 못해 아직 창고에 있는 형편이었다. 관청에서 봄에 곡식을 나누어줄 때 빈 쭉정이만 나누어주고 가을에는 잘 여문 곡식으로 바치게 하였으므로, 농민들은 1만 4천여 석을 그냥 내는 것과 다름이 없었다.

정부에서는 이 폐단에 대한 대책을 활발하게 논의하였고, 정조는 "거창, 안의, 산청지역의 묵은 환곡을 모두 탕감해주고 문서도 불태워버리라."고 명령하였다. 1793년 영남 암행어사 이상황이 "거창의 백성들은 환곡으로 말로 다 할 수 없는 손해를 보았다."라고 보고하였다. 환곡의 폐단은 해결되지 않았다.

1804년 거창 신씨 출신 중앙관리 신성진은 긴 상소를 올려 지역의 삼정 폐단을 바로잡기를 청하였다. 당시 그는 노모의 병환으로 향촌에 내려와 있었다. 신성진은 이 지역의 환곡 폐단과 백성들의 고통을 일일이 열거한 후, 환곡을 줄여 정밀하게 거두고 중앙이나 지방의 비용을 줄일 것을 건의하였다. 그는 세금의 폐단은 거조선 후기 지역에서는 여전히 민간신앙이 성행하였다.
지배층의 수탈에 시달린 농민들은
민간신앙에 의존하여 위로를 받았다.

고제면 농산리 암각화 선사시대 선돌에 미륵불을 새겨 놓았다(유형문화재 제324호).

미륵불 모습(탁본)

돌무지 마을의 안녕을 빌고 정월 대보름날 제사를 지내던 곳이다. 거창읍 상림리에서 거창박물관으로 옮겨 놓았다.

기자석 아들 낳기를 빌던 민간신앙의 대상물로 거창읍 김천리에서 옮겨 박물관에 다시 세웠다.

환곡 폐단에 대한 신성진의 상소

오늘날 폐단은 손꼽아 셀 수 없을 정도로 많지만 많은 폐단들 중에 가장 절박한 것은 군정, 전결, 환곡 이 삼정뿐입니다. 그 중 가장 절박한 것은 환곡의 폐단입니다. 영남에는 환곡이 점점 불어나서 1인당 받는 것이 많은 사람은 수십 석을 넘고 적은 사람도 역시 10여 석을 밑돌지 않습니다. 이런 까닭으로 환곡을 거두어들일 때는 그때마다 한바탕 소란이 벌어집니다. 감사가 주현에 독촉하면 주현에서는 백성들에게 독촉합니다. 그해가 저물어 가면 도망친 자들이 많아지고 그러면 그 책임을 일족에게 지우게 되고 일족에게 징수한 것이 부족하면 또 이웃이나 마을에다 징수하게 되니, 쌀독이란 쌀독은 모조리 비게 되고 골목의 분위기가 쓸쓸하고 채찍만이 낭자하게 흩어져 있는데, 아녀자와 어린아이가 울부짖는 소리가 참혹합니다. 심지어는 부모와 자식, 형제 사이에도 섬기고 기름에 예절이 없고, 은혜와 인정이 막혀서 이웃과 마을, 일족과 친척 사이에도 원수가 번번이 생겨나니, 아름답던 풍속이 무너지게 되었습니다. 이러한 때에 환곡에 어찌 횡령이 없겠으며 간악한 향리가 어찌 정교한 재주를 다 부리지 않겠습니까? 이는 단지 한 고을의 폐단이 아니라 고을마다 모두 이와 같고 도마다 그러합니다.   – 「승정원일기」, 순조 4년 1월 26일

창, 안의, 함양, 산청이 영남에서 가장 심하며 이것은 "고향의 고을과 경상도 내에서 귀로 듣고 눈으로 목격한 일"이라고 강조하였다. 왕은 그의 상소를 보고 "잘 알았다. 삼정의 폐단을 시정하도록 조치하겠다."고 했으나 그 문란은 점점 심해져 갔다. 신성진은 이듬해에 다시 상소를 올렸다. 1822년 향촌 출신 중앙관리 신필복도 상소를 올렸다.

수령들의 가렴주구

18세기 후반 이후 수령들의 수탈은 점점 심해졌다. 수령은 향리와 결탁하여 전정, 군정, 환곡의 모든 세금을 과중하게 거두어 착복하였다. 중앙정부는 관직을 산 수령들이 노골적으로 농민을 수탈해도 거의 처벌하지 않았다.

1790년 사헌부는 거창부사 원택진을 정조에게 고발하였다. 부사는 환곡을 내다 팔아먹었고 토지를 조사하면서 돈을 거두어 원망을 들었으며, 두 명의 첩은 앞다투어 뇌물을 받았다. 그리고 고을 소유의 베를 팔아 착복하였고 국가행사 때 돈을 거두어 수백 냥을 챙기고 군사훈련비로 80여 석의 쌀을 거두었다는 것이다. 사

헌부는 "이 때문에 온 고을이 뒤숭숭하여 도탄에 빠진 듯 하였습니다. 청컨대 원택진에게 삶아 죽이는 법을 적용하소서."라고 청하였다.

정조는 사실을 조사한 후 약간의 폐단이 있었지만 백성을 편하게 할 의도이므로 죄 줄 것이 없다고 하였다. 왕의 명령에 대하여 의금부에서 다시 죄 줄 것을 청하자 왕은 경상도 관찰사에게 자세히 조사하라고 지시하였다. 원택진의 처벌 여부는 알 수 없지만 이후 기록이 없는 것으로 보아 아마 무사히 넘어갔을 것이다. 그래도 정조는 지방관의 비리를 철저하게 조사하였지만, 19세기 세도정치에 접어들면서 지방관의 비리는 거의 방치되었다.

고제 도산미륵불 가슴에 "도산미륵불"이라고 새겨진 이 미륵불은 특이하게도 관복을 입고 있다. 조선 후기 배고프고 천대받던 민중이 다음 세상에는 벼슬 아치로 태어나게 해 달라는 염원이 담겨 있는 듯하다. 고제면 개명리 옥계정 앞에 있다.

이때 지역민에게 환곡의 부담이 가장 컸지만 군포의 부담도 적지 않았다. 암행어사는 왕에게 "부잣집은 모두 군역에서 면제시키고 노약한 늙은이와 어린이를 죄다 몰아서 군포 액수를 채우는데 심지어 이중으로 징수하는 폐단이 있다."고 보고하였다. 죽은 자에게 군포를 부담시키는 것을 백골징포라 하였고, 어린이에게 군포를 징수하는 것을 황구첨정이라고 불렀다.

『순조실록』에 거창부사가 고발당한 기사가 나온다. 1808년 6월 암행어사 이우재가 부사 송흠서를 왕에게 고발하였다. 그가 처벌되지 않았던지 그해 11월 의정부가 다시 송흠서를 처벌할 것을 요구하자 왕은 그때서야 조사하게 하였다. 1813년 부사 이대원은 환곡을 떼먹고 빈 장부만 둔 죄로 고발당하였다. 안의현감 이연우는 1829년 같은 죄목으로 고발당하였고 안의현감 민치서는 1842년 처벌을 받았다.

수령의 수탈에는 향리들이 결탁되어 있었다. 『승정원일기』 1802년 6월 18일자 기사에는 "거창부사 윤희후는 창고의 환곡을 돈으로 바꾸었는데도 아전의 농간을 막지 못하였다."는 암행어사의 보고가 실려 있다. 부사가 향리들의 환곡 횡령을 눈감아 주었다는 말이다. 곧 부사와 향리가 야합하여 지역민을 수탈했던 것이다.

왕조실록에는 헌종 때 수령들의 비리가 발견되지 않는다. 그것은 수령의 부정이 없었기 때문이 아니라 중앙정부가 수령들의 수탈에 눈 감고 있었기 때문이었다. 사실 이때 수령의 탐학은 극에 달하고 있었다. 당시 수령과 향리는 중앙과 지방 그 어디로부터도 견제를 받지 않았다.

거창부사 이재가의 학정

1838년 헌종 43년 1월 이재가라는 인물이 거창부사로 부임하였다. 그는 악질 수령이었다. 그의 임기 4년 동안 지역민들은 부사의 학정과 수탈에 힘껏 저항하였다. 이때 이재가는 '거창가'를 통해 조선 탐관오리의 표본으로 지탄받았다.

1838년 양반 윤치광은 경상도 관찰사에게 청원서를 올렸다. 그는 여기서 이재가의 학정을 낱낱이 고발하였다. "향리들은 포탈한 환곡미 1,600석을 채우느라 농민에게 쌀 1석 값으로 4전씩 징수하였고, 향리들은 밤에 창고에 들어가 쌀을 빼돌리고 쭉정이 가마니를 대신 채우는 방법으로 곡식을 빼돌렸으나 부사 이재가는 이것을 눈감아 주었습니다." 그러나 오히려 조세에 저항하는 사람들이 관청으로 끌려갔을 뿐이었다.

같은 해 지역 사람 여럿이 곤장에 맞아 죽었다. 도호부의 사령들은 사욕을 채우고자 사소한 일을 탈 잡아 무고한 사람들을 잡다 곤장을 쳤는데, 한유택, 정치광, 김부대, 강일상은 곤장을 맞다 죽었다. 곤장을 맞은 지 한 달 이내에 죽은 사람도 10명에 달하였다.

그해 겨울 웅양지역 적화현면에서 양반 부인이 자결하는 사건이 일어났다. 적화현면 면장은 몰락한 양반 김일광의 집에 들어가 공납을 내라며 그 아내의 머리채를 끌고 손을 잡는 등 난동을 부렸다. 그때 남편은 외출 중이었고 마을 사람들은 겁이 나서 말리지 못하였다. 그 부인은 스스로 칼을 들어 손을 자르고 자결하였다. 남편은 이 억울함을 풀고자 면민에게 알리고 향회를 연 후 관찰사에게 호소하였다. 그러나 처벌은 고작 적화현면 면장이 유배되는 데 그쳤다.

1839년 유생과 농민들이 이재가의 학정에 저항하였다. 지역민들이 관청 앞에서 곡을 하는 회곡을 행하고, 향회를 열어 부당한 수탈에 항의하였다. 이재가는 회곡의 주역 이우석을 곤장을 쳐 죽을 지경으로 만들었고, 외아들의 죽음을 볼 수 없었던 그의 노모는 자살하였다. 또한 향회를 주도한 양반 4명을 유배시키고 3명에게 거액의 속전을 징수하여 파산시켰다.

이에 유생 정자육, 심전충 등 대표 3인은 경상도 관찰사에게 부사의 "13가지 폐막"에 대한 고발장을 올렸다. 관찰사는 고발인과 향리를 조사하라고 지시하였다. 부사 이재가는 소장을 올린 장두 세 사람을 잡아 가두고 고문을 가하였고, 결국 그들은 장살 아래 죽음을 맞았다.

1840년에도 이재가의 수탈은 멈추지 않았다. 이미 폐지된 '방채'라는 관청비용세 2,400냥을 토지에 부과하여 징수하였고, 관찰사 방문 때 천막비용이라는 명목으로 500~600냥을 징수하였으며, 세금창고 관리비로 벼 420여 석을 징수하였다. 또 자기 아들이 과거 치르러 간다는 명목으로 돈을 걷고, 도산서원 제물인 대구를 빼돌렸으며, 심지어 농가에서 죽은 소를 빼앗아 관청 사령들에게 주어버렸다.

그해 경상도 관찰사가 이 지역을 순방했을 때 유생 윤치광은 죽은 동지 정자육의 뜻을 이어 부사의 비리를 고발하였다. 그러나 부사는 처벌되지 않고 1841년 청주목사로 옮겨갔다. 1842년 암행어사는 농민들에게 온갖 학정을 자행했던 전 부사 이재가에 대해서 "거창부사 이재가의 일은 하잘 것 없는 잘못으로 반드시 가혹한 평가를 할 필요가 없다."고 왕에게 보고하였다.

왕조실록을 보면 이 지역 수령 중 비리를 저지른 인물이 종종 발견되며 그들 중 몇 명은 중앙정부로부터 처벌을 받기도 하였다. 그러나 조선왕조 500년간 이재가만큼 학정으로 악명 높은 수령은 없었다. 이재가는 악질 수령으로 지역사에 새로운 기록을 세운 인물이다.

저항 지식인의 출현

유생 윤치광은 이재가를 고발하는 '거창부 폐장'을 지었다. 여기에는 도호부의 14가지 폐단이 실려 있다. 곧 6폐, 3고, 2원, 1변과 감히 말 못 할 것 1가지, 추가할 것 1가지이다.

6가지 폐단은 환곡, 토지세, 군포, 관청비용, 창고비용, 천막비용에 대한 부정이며, 3가지 고통은 남용되는 장살, 부녀자 폭행, 민가재산 약탈이다. 2가지 원망은 농민의 소 약탈, 세금의 사전 강제 징수이고, 1가지 변고는 향청의 자리다툼이다. 감히 말 못 할 것은 암행어사의 부정과 향교, 서원 관련 비리이다.

학정의 주인공은 부사 이재가였다. 그 주위에서 두 무리의 집단이 비리를 직접 감행했으니 향리세력과 향청의 무리였다. 향리들은 부사의 비호 아래 노골적으로 부정축재에 열을 올렸다. 그들은 공공연하게 창고에 있는 곡식을 빼돌려 치부했고 결손나는 것을 메우기 위해 다시 세금을 부과하였다. 또한 전세, 군포, 환곡 등 각종 명목의 세금을 규정된 액수보다 많이 책정하거나 국가의 진휼 곡식을 가로채 자기 잇속을 챙겼다. 그들은 "곳간 속의 쥐"였다. 그들은 막대한 부정을 저질렀지만 곤장 한 대 맞지 않았다.

향리와 손발을 맞춘 무리가 향청에서 임무를 맡은 인물들이었다. 향청의 책임자 좌수, 별감은 이미 부사의 손아귀에 놓여 있었다. 좌수에 의해 임명된 면장들은 지역에서 각종 세금을 징수하였다. 이 과정에서 그들도 자기 주머니를 채울 수 있었다.

사정이 이러했으니 지역에서 힘깨나 쓰는 인사들은 수단과 방법을 가리지 않고 좌수, 별감, 면임 자리를 차지하려고 싸움을 벌였다. "좌수를 바라는 자 10여 명

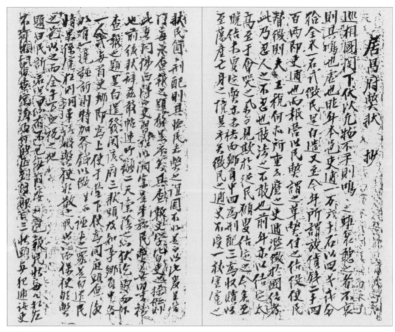

거창부 폐장

이요, 별감을 바라는 자 수십 인"이었다. 또한 지역의 무뢰배들은 연말이면 읍으로 몰려가 한자리 차지하기 위해서 권력자 주위에서 머리를 기웃거리고 눈을 번뜩였다. 그러다가 한자리 차지하지 못한 자들은 서로 붙들고 끌고 칼을 빼어들고 머리를 맞부딪치고 주먹질을 하니 향청은 시장판이 되었다.

향촌 양반들은 부자나 가난한 사람이나 모두 수탈당하였다. 그들은 상민과 똑같이 세금을 징수당했고, 세금을 내지 못하면 향리들이 집 안에 들이닥쳐 양반의 의관이나 재물, 그리고 토지를 헐값으로 팔아넘겼다.

유생 윤치광은 부정부패에 저항했지만 역부족이었다. 그는 '취옹정기'와 '사곡서'를 지어 부패상을 풍자하였고, '거창부 폐장'을 기초로 마침내 저항가요 '거창가'를 지었다. 놀랍게도 그의 노래는 조선 땅에 널리 퍼져 나갔다. 마침내 1862년 2월 23일 진주에서 몰락양반 유계춘이 주도하여 농민봉기를 일으켰을 때 농민들은 '거

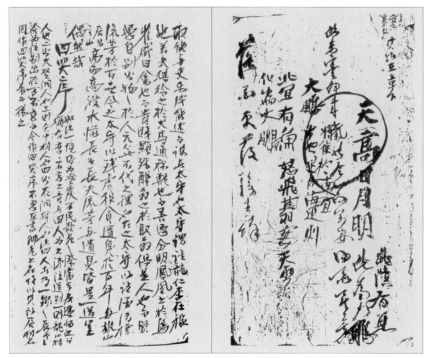

사곡서와 취옹정기

창가'를 부르고 있었다. 거창 농민들도 뒤를 이었다.

윤치광은 조선 후기 저항 지식인의 출현을 알려준다. 윤치광은 양반 신분이었음에도 불구하고 불의에 저항하여 자신을 희생하였다. 지식인으로서 권력에 굴복하지 않고 정의로운 행동을 하는 사람을 지성인이라고 부른다. 윤치광과 그의 동지들은 당대 조선의 지성인이었다.

임술년 농민봉기

1862년 철종 13년 3월 21일 거창읍치에서 농민들이 봉기하였다. 그때까지 지방관과 향리들의 수탈은 여전하였다. 당시 부사 황종석은 세금 1만 냥과 쌀 100석을 횡령했고 향리 신재문은 관청 곡식 6천여 석, 장복영은 2천5백 석을 포탈한 뒤 지역민들에게 이자를 거두어 메우고 있었다. 견디다 못한 사람들은 부사 황종석이 농민봉기를 진압하러 진주에 간 틈을 이용하여 봉기하였다.

양반 이시규, 최남규, 이승문 등은 먼저 통문을 돌려 농민들을 모았다. 그날은 읍내 영천장날이었다. 봉기한 군중은 먼저 향리들의 집을 불살랐다. 이어서 도호부 관아로 몰려가 관청 장부에 불을 질러 버렸다. 이 소식을 들은 부사 황종석은 대구를 거쳐 서울로 도망쳤다. 지역민들은 향촌을 장악하고 향회를 통해 스스로 통치하였다.

그해 5월 10일 중앙에서 파견한 선무사가 거창에 도착하였다. 지역민들은 이튿날인 장날 함께 모여서 선무사에게 폐정개혁을 요구하기로 하고 통문을 돌렸다. 이에 겁먹은 선무사는 성주를 향해서 가조로 꽁무니를 뺐다. 봉기군 수백 명은 점심때쯤 선무사를 따라잡았다. 그들은 가조의 조세창고 앞에서 선무사에게 토지세 감면을 요구하였다. 선무사는 자기는 잘 모른다고 발뺌을 하는 데 급급하였다.

한편, 5월 28일 경상도 관찰사의 보고로 사정을 자세히 알게 된 정부는 부사 황종석을 파면하고 경상감영군으로 봉기를 진압하라고 지시하였다. 관군은 농민봉기 주모자를 체포하였다. 암행어사 이인명은 이시규, 이승문, 최남규를 대구로 압송하라고 지시하였다.

이때 농민들은 관군에 직접 저항하였다. 그들은 관군을 습격하여 쫓아버리고 봉기 지도자를 구출하였다. 암행어사 이인명은 관군을 풀어 주모자를 체포하려고 하였으나 오히려 농민들에게 사로잡혀 향청의 옥에 갇히는 신세가 되었다. 그는 농민들에게 애걸하여 5일 후 겨우 풀려났다.

이로부터 두 달 후 이승문, 최남규는 관군의 끈질긴 추적으로 체포되었다. 그리고 8월 10일 진주에 있는 우병영에서 처형당하였다. 이시규도 후에 체포되었다. 탐학했던 부사 황종석은 곤장 100대를 맞고 귀양 갔으며, 향리 신재문과 장복영은 진주 경상우병영에서 장살되었다.

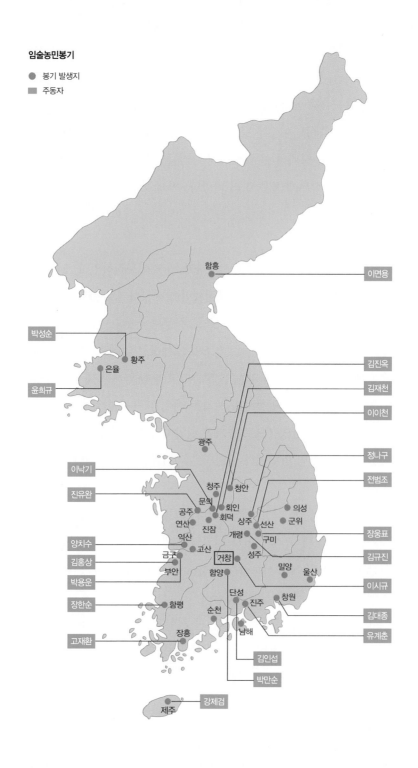

임술농민봉기

● 봉기 발생지
■ 주동자

이면용

박성순

윤희규

김진욱

김재천

이이천

정나구

전범조

이낙기

진유완

장웅표

김규진

양치수

김흥상

박용운

이시규

장한순

김대종

유계춘

고재환

김인섭

박만순

강제검

함흥

황주

은율

광주

청주

청안

문의

회인

공주

회덕

상주

의성

선산

군위

연산

진잠

개령

구미

익산

고산

성주

금구

거창

밀양

울산

부안

함양

함평

단성

창원

순천

진주

장흥

남해

제주

1862년 농민봉기는 지역민들이 지방관과 향리의 탐학에 저항하여 그들을 내쫓아버린 쾌거였다. 농민봉기에는 양반과 농민이 결합하였다. 양반 지식인이 선두에 서서 봉기를 지도했으며 농민들이 그 뒤를 받쳤다. 이시규, 이승문, 최남규는 자기를 희생하여 농민봉기에 앞장섰던 지성인이었다.

봉기한 군중이 관군을 공격한 것도 특이하다. 그들은 무력으로 지도자를 구출하고 암행어사를 옥에 가두었다. 당시의 많은 농민봉기 중에서 아직까지 이러한 사례를 발견하지 못하였다. 이 봉기는 지도성, 통일성, 적극성을 바탕으로 일정한 성과를 거둘 수 있었다.

봉기군의 최종목표는 농민자치였다. 실제 지역민들은 수령과 향리를 내쫓은 후 기존 양반의 회의기구인 향회를 지역의회로 만들고 대표를 뽑아 스스로 지역을 다스렸다. 곧 지역의 지성인들과 민중들이 합심하여 부패한 중앙관리 및 그와 결탁한 지역 토호를 제거하고 자치정부를 세웠던 것이다.

거창농민봉기는 지역민중사에서 특별한 의미를 가지고 있다. 이 봉기는 농민들이 중앙정부에 반기를 든 최대의 사건이었다. 반란의 시기였던 신라 말기나 고려 중기에도 이처럼 대대적으로 일어났던 적은 없었다. 또한, 임술년 농민봉기는 동학농민전쟁으로 이어지는 본격적인 민중운동사의 시작이었다. 지성인과 농민의 저항정신은 일제강점기 독립운동으로 계승되었다.

임술농민봉기와 인민사

거창읍 가지리에 인민사라는 독특한 사당이 있다. 이곳에서는 임술년 농민봉기에 앞장
섰던 이승모, 이승진을 제향한다. 한국에서 농민봉기 지도자를 모시는 사당을 찾기란
쉽지 않다. 이 사당은 1932년 일제강점기 때 문중에서 건립하였다.

인민사의 기록을 보면, 이승모는 양반 집안의 후예로 자질이 빼어나고 기개가 강
직하며 말이 엄하고 곧아서 정치를 바로잡으려는 큰 뜻을 품고 있었다고 한다. 그는
19세기 후반 중앙관리와 지방아전들의 탐욕에 농민들의 삶이 도탄에 빠지자 이 일을
해결하기 위해 일어섰다. 그는 우선 동지 몇 사람과 의논하여 정부에 청원서를 내기 위
해 사람들에게 통문을 돌렸다. 그날이 1862년 3월 21일 영천 장날이었다. 이것이 농민
봉기의 시작이었다. 인민사 비문에는 당시의 사정을 이렇게 쓰고 있다.

모이고 보니 마침 고을의 장날이라, 어리석고 완고한 백성들과 도리에 어긋난 무리들이
함께 섞이어 붐비니 오합지졸이요 개미행렬 같아 거리를 메우고 들에 가득해 사람들이
무리를 이루었다. 평소에 두려워하고 꺼리는 것이 많으면서 능히 펴지 못한 것과, 혹은
묵은 원망과 미워함을 보복하지 못했던 것과, 혹은 유감과 시기함을 간직했다가 감히 마
음대로 못했던 것을 이런 기회를 만나서 "때가 왔도다! 때가 왔도다!" 하며 분격해 팔을
걷어붙이고 발을 동동 구르며 제멋대로 날뛰며 시끄럽게 부르짖고 앞다투어 높은 소리
로 외쳤다. "이왕 폐단을 바로잡으려면 아전과 백성 중에 권세 있고 위엄스러웠던 자들
이 온갖 폐단을 낳았으니 먼저 소탕해 없애지 않을 수 없다." 한 사람이 소리치니 만 명
의 입술이 우레처럼 호응했고, 한 구석에서 선동하니 사방에서 바람처럼 따라서 조짐이
매우 어그러졌다. 이에 그치게 할 수도 없고 해산시킬 방법도 없어 위태롭기가 이를 데
없었다. 이 지경에 이르러 속수무책이라, 마침내 몸을 빼어 무리를 떠나 길게 탄식하고

인민사

집으로 돌아왔다. 의지할 데가 없는 무리들이 끝내 해산하지 않고 머리를 묶고 몽둥이를 들고 무리를 나누어 날뛰면서 연달아 고을의 완악한 아전들을 범하고 마을의 몇몇 거족들의 집에 가서 불을 지르고 재산을 빼앗으니 무릇 난리로 일어난 불이 되었다.

– 이준섭, 인민사 비문

이승모는 농민봉기 후 관군에 체포되어 처형당하였다. 이 비문을 쓴 사람은 "이승모는 큰 죄가 없었으나 청원서를 쓴 죄로 사형당해서 애통하고 가련하다."고 하였다. 이승모는 농민봉기를 반대하고 법의 테두리 안에서 지역의 폐단을 해결하려고 했던 향반이었다.

**윤치광,
거창별곡을 짓다**

'거창가'는 조선 후기 전국에 널리 퍼진 저항가사이다. 거창가의 지은이가 유생 정자육이라는 주장이 있으나 그의 동지였던 윤치광으로 보는 것이 타당하다. 윤치광은 해평 윤씨로 1821년 아버지 윤복렬과 어머니 인동 장씨의 둘째 아들로 태어났다. 그는 1838년 17세의 나이로 정자육과 함께 경상감사에게 청원서를 올렸다가 부사 이재가에게 고난을 당하였다.

1841년 학정의 주인공 부사 이재가는 아무런 처벌도 받지 않고 청주목사로 옮겨가게 된다. 이때 윤치광은 향촌의 장로 4명이 눈물로써 부사를 전송하는 장면을 목격한다. 그는 이 광경을 보고 '네 사람의 울음'이라는 사곡서를 썼다.

거창지역이 모두 도탄에 빠지고 만민이 죽고자 할 즈음에 본관이 바뀌어가는 날 오히려 연연하여 잊지 못하는 자 4인이 있으니 이들은 눈물을 흘려 송별을 하는구나. 하나는 용산촌 사람이요, 둘은 대초동 사람이요, 셋은 시중촌 사람이요, 넷은 화동촌 사람이다. 이 네 사람은 한 마을의 장로로서 눈물로 이별하기 위해 아주 뜻하지 않게 나오므로 이제 사곡서를 짓는다. 그러나 차마 고을 장로의 이름을 곧바로 쓸 수 없는 까닭에 그 사는 마을의 이름으로 사곡서를 짓고 드러내서 선양하노라.

– 윤치광, 「사곡서」, 「고장」

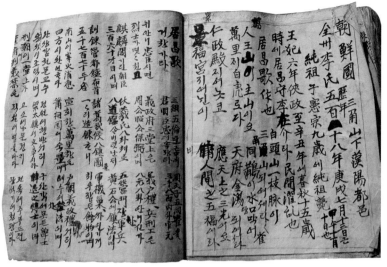

거창에서 전해오는 거창가 필사본

이 네 사람의 가명은 가북 용산의 정화언, 가조 대초의 김청지, 웅양 원촌의 강열지, 남하 살목의 박숙호였다. 그는 이 글에서 각종의 울음을 논한 후 마음에서 우러나오는 울음과 입술에 발린 울음을 구별하였다. 그리고 이 땅에는 온갖 울음이 가득 차 있다고 말한다. "산 자도 울고, 죽은 자도 울고, 형 받는 자도 울고, 유배된 자도 울고, 양반도 울고, 상민도 울고, 진짜 울음, 거짓 울음, 이 어떤 울음인데 거창에만 이토록 많은가!"

윤치광은 자신이 올린 청원서 '거창부 폐장'을 토대로 유생과 농민을 위한 작품을 지었다. 유생을 위한 글이 '취옹정기'이다. 이 글은 구양수의 취옹정기를 흉내 내어 지역의 폐정을 비판한 것이다. 그는 구양수의 '취옹(醉翁)'과 이재가의 '취옹(取翁)'이 서로 다르니, "옛날의 태수는 시와 술로써 맑은 표를 세워 백세 동안 아름다운 이름을 남겼으나 지금의 태수는 잔학과 탐욕으로 백 년 동안 악취를 풍겨 거창의 계산과 함께 높고 높으며 영수와 함께 길고 길 것이로다."라고 하였다. 계산은 죽전동산이요, 영수는 영호강이다.

윤치광은 농민을 위해 지역의 부패상을 노래로 만들었다. 그가 지은 거창가는 조선 농민들에게 널리 퍼져 나갔다. 그리고 농민의 저항의식을 일깨워 임술년 농민봉기에 기여하였다. 거창가는 입에서 입으로 전해지고 손에서 손으로 베껴져 현재까지 전한다. 현재 남아 있는 거창가 이본은 모두 13종이다.

거창가는 조선 후기를 대표하는 저항가사로 인정받고 있다. 저자 윤치광은 족보에 자손이 단절된 것으로 보아 끝까지 지역민을 위해 싸우다가 희생된 것으로 생각된다. 그는 조선시대 거창이 낳은 위대한 지성이었다.

그의 노래는 거창 최고의 문학작품이다. 이러한 의미를 살려 거창가의 주요 부분을 옮겨 싣는다. 다만 그때의 글이 고문이라 읽기 힘들고 사본이 많기 때문에 교합본을 쉬운 말로 옮겼다. 원문은 조규익의 『봉건시대 민중의 저항과 고발문학 거창가』에 실려 있다.

향리가 간리되고
태수가 원수로다

어쩌다 우리거창 운세가 불행하여 / 온고을 가난하여 만민이 목마르다
요순임금 정치에도 사괴가 있었으며 / 제위왕 정치에도 간신배가 있단말가
일월이 밝건마는 엎은솥 빛안들고 / 봄날에 덕을편들 바위그늘 미칠소냐
이재가 어인재고 저재가 어인잰가 / 거창이 폐창되고 재가가 망가로다
향리가 간리되고 태수가 원수로다 / 책방이 취방되고 진사가 다사하다.
어화세상 사신님네 거창폐단 들어보소 / 재가가 내려온후 온갖폐단 지어내니
구중천리 멀고멀어 이전민정 모르시고 / 등청각 높은집의 풍속관찰 경상감사
읍보만 믿고쫓아 문불서양 아닐런가 / 아전포탈 만여석을 백성이 무슨죈고
넉돈씩 나눠거둬 모든곡식 물려내니 / 수천석 포탈아전 매하나 아니치고

한두말도 물리잖고 백성만 물어내니 / 대전통편 조목중에 이런법이 있단말가

이천사백 관청경비 이것또한 아전포탈 / 토지세에 부쳐내어 민가에서 징수하니

왕의세금 소중커든 아주작은 아전포탈 / 국세에 부쳤다가 임의대로 조작할까

이장도 백성이라 또다시 징수시켜 / 아전포탈 메꾸는게 비단올해 폐단이랴

본읍지형 둘러보니 삼가합천 안의지례 / 사읍중에 처하여서 매년지세 상정할때

타읍은 열한두냥 민간에 매겼으되 / 본읍은 십육칠량 해마다 징수하며

타읍도 무명상납 호조혜청 납부하니 / 다같은 왕의백성 왕의세금 같이하며

어쩌다 우리골은 두석냥씩 더걷는가 / 더군다나 원통한일 백사장의 세금이라

근래의 냇가논밭 산언덕 쌓였는데 / 절통하다 이내백성 감면하나 못먹어라

재해토지 감면지시 조정처분 있건마는 / 조정감면 재해감면 중간갈취 뉘하는가

거창가는 부사 이재가가 온 후 이 지역이 폐허가 되었다는 고발로 시작된다. 이
재가가 어떤 자이기에 그가 부사로 온 후 거창이 폐읍이 되고 집들이 다 망했고, 향

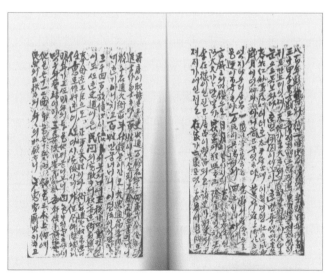

거창가 원문

리는 간사한 관리가 되고 부사는 원수가 되었으며, 부사의 비서격인 책방이 백성의 재산을 끌어 모으는 취방이 되었고, 이를 고발할 진사의 일이 많아졌는가? 사람들은 암행어사나 관찰사에게 알렸지만 그들은 향리의 보고만 믿으니 "서양 사람에게 부처를 묻는 꼴(불문서양)"이었다.

　아전이 환곡미를 떼어먹고는 백성에게 세금을 거두어 채우고 그들이 포탈한 관청경비세도 토지세에 추가하였다. 이곳의 토지세는 인근 지역에 비해 높았으며 심지어 백사장에도 세금을 매기고 재해를 당한 토지에도 세금을 매겨 향리가 중간에서 모두 갈취하였다.

너 죽은 지 몇 해인데
군포세가 웬 말인가

포목세중 악생포는 제일로 고된세금　/　삼사년 내려오며 탐학이 자심하다

악생포 한차례로 한고을을 얽어매어　/　많으면 일이백냥 적으면 칠팔십냥

저문저녁 남모르게 책방으로 들어가니　/　포목세 한차례에 몇몇집이 탕산했나

그나머지 허다한포 수륙군병 그만두고　/　선무포 군역포며 향리포 사령포라

각기다른 저포목세 백가지로 매겼으니　/　김담사리 박담사리 큰애기 작은애기

어서가고 바삐가자 향리청 잡혔도다　/　마을앞 짖는개는 관리보고 꼬리치며

뒷집의 우는아가 아전왔다 우지마라　/　한몸군역 원통한데 황구첨정 가련하다

산사람은 던져두고 백골징포 무슨일고　/　거친무덤 길가송장 너의신세 불쌍하다

너죽은지 몇해인데 군포세가 왠말인고　/　죽은송장 다시파서 백골빛이 처량하다

군포수탈 네청원을 호령하여 쫓아내니　/　달떨어진 깊은밤과 비내리는 슬픈밤에

원통하다 우는소리 관청하늘 함께운다　/　청상과부 우는소리 그대신세 처량하다

천생연분 이생언약 날버리고 어디간고　/　엄동설한 차가운방 독수공방 더욱섧다

남산의 지심밭은 어느장부 갈아주며 / 정원에 익은술을 뉘데리고 권할소냐
잃은자식 아비불러 어미간장 녹여낸다 / 설읍게 우는자식 배고프다 설운사정
남편생각 설운중에 죽은남편 군포났네 / 흉악할사 주인놈이 과부손목 끌어내어
군포돈 던져두고 징세전례 먼저찾아 / 필필이 짜논베를 탈취하여 간단말가
흉악하고 분한일을 또다시 들어보소 / 정유년 시월달에 적화면에 변이났네
몰락양반 김일광이 선무포가 당할말가 / 김일광 나간후에 면장이 수세할 때
양반내정 돌입하여 청춘과부 끌어내니 / 반상명분 무거운데 남녀유별 지엄커든
흉폭한말 하감한데 머리털을 끈단말가 / 장하다 저부인네 이런욕 당한후에
아니죽고 쓸데없어 손목끊고 즉사하니 / 대낮에 빛이없고 청산이 갈라지네
백년해로 삼생언약 뜬구름이 되었어라 / 만리앞길 이내목숨 한칼아래 죽단말가
흉악하다 면장놈아 너도또한 인류거든 / 여자정절 굳은마음 네가감히 모욕할까
만경창파 물을지어 나의분함 복수코자 / 남산녹죽 수를헨들 네죄목에 더할소냐
열녀정문 고사하고 살인사형 못시키니 / 두견소리 가는비에 영혼인들 아니울까
금년사월 본읍우박 그원망이 아닐런가

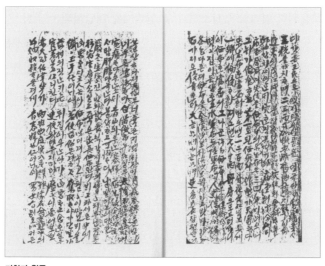

거창가 원문

악생포는 중앙에 있는 장악원 악생에게 지급하는 세금이었다. 무엇보다 군포 부담은 큰 고통이었다. 군포는 16~59세의 양인 남자에게 거두는 세금이었지만, 관에서는 군역장부에 "김담살이, 박담살이, 큰 애기, 작은 애기"라는 허명으로 이름을 올리고 어린이, 늙은이, 심지어는 죽은 사람에게까지 군포를 징수하였다. 군포를 거두는 방법도 잔인하여 징세 책임을 맡은 면장이 적화현면 양반집 부녀자를 죽게 한 사건이 발생하였다.

너희들은 어찌하여
곤장 아래 죽었는가!

학정도 하거니와 남살인명 어인일고 / 한유택 정치광과 김부대 강일상아
너희들은 무슨죄로 곤장아래 죽단말가 / 한달만에 죽은사람 보름만에 죽은백성
오륙인 되었으니 그원한 어떠할고 / 불상하다 저귀신아 가련하다 저귀신아
용천금 비껴들고 일산앞에 인도하며 / 아침저녁 개폐문에 고각성에 울어주니
공산편월 조각달과 백양청사 떨기중에 / 원통하다 우는소리 재가목숨 온전할까
비명에 죽은원한 염라국에 상소하니 / 염라대왕 대답하되 너의처지 가련하다
아직물러 기다리면 별도엄벌 내하리라 / 야차나찰 쇠사슬로 뉘분부라 거역할까
우리지옥 열집중에 철산옥이 제일중타 / 진조고 송진회도 다그곳에 갇혔으니
예로부터 탐관오리 철산옥을 면할소냐 / 작년회곡 향회판의 통문대표 조사하여
이우석 잡아들여 죽일거조 시작하니 / 그어머니 거동보소 청상과부 키운자식
악형함을 보기싫어 목을매어 먼저가니 / 고금일을 내어본들 이런변이 또있을까
폐단없이 다스리면 회곡향회 일어날까 / 개과천선 아니하고 무죄백성 죽게했나
봄가을 감사들의 거행이 즐거웁다 / 민간차일 아니거든 백포장이 무슨일고
본읍삼백 삼십동에 삼십동은 차일받고 / 삼백동은 돈을받아 합한동이 오륙백냥

책방이 분급받아 공방아전 살찌겠다. / 큰밥상 작은밥상 나라면제 있건마는
대소밥상 드린후에 별찬으로 내아진지 / 이러한 예의방에 남녀유별 자별커든
사돈팔촌 부당한데 내아진지 무슨일고 / 오백리 봉화현의 각화사 어디메뇨
산갓김치 구해다가 잔치상에 별찬하니 / 나물반찬 한가지를 오백리에 구탄말가
우리거창 중대읍에 요리사가 없다하여 / 전주감영 치치달아 요리사를 세내어서
안의현감 민치서 조롱하여 하는말이 / 내아진지 하지말고 내아수청 하여보소
너의집 제사물건 오백리에 구할소냐 / 백성의 다친소를 어찌하여 앗아다가
사령에게 내어주어 소임자 잃게하니 / 옛태수 다스림을 자세히 들어보소
큰칼팔아 큰소사고 작은칼로 송아지사 / 농가의 극한보배 공연히 잃단말가
백성으로 원통하니 이런정치 어떠할고

거창부사는 죄 없는 사람을 잡아다 곤장을 쳐 죽였다. 한유택 등 4명은 곤장을 맞다가 죽었다. 견디다 못한 사람들이 유생을 중심으로 회곡, 향회를 열어 항의하자 부사는 그 대표자 이우석에게 곤장을 쳤고, 자식의 죽음을 차마 못 본 그의 어머니는 목을 맸다. 이재가는 경상도 관찰사가 이곳에 올 때 천막을 징발하면서 수백 냥을 포탈하고, 감사의 식사대접을 위해 먼 데서 음식과 요리사를 구해왔다. 또 농민이 자기 소의 다리가 부러졌다고 신고하자 그 소를 빼앗아 사령과 관노에게 주어버렸다.

글공부 하지 말고
아전 되면 부자 된다

불상타 각면장들 해진옷을 주저하며 / 많은공납 징수중에 춘하추동 월당있어
백성의 힘을보아 차례차례 시키더니 / 삼사년 내려오며 각종공납 미리받아

여름에 바칠공납 연초에 액수매겨 / 겨울에 바칠공납 7월에 독촉하여
중간이익 제뜻대로 상납기일 앞당긴다 / 민간수세 늦어지면 관가독촉 불과같다
밀린돈 빚을내어 이곳저곳 꾸어다가 / 급한관욕 면한후에 이달가고 저달가매
관청하인 수색함은 염라국의 병졸같다 / 추상같은 저호통과 철석같은 저주먹을
이리치고 저리치니 정신혼쭐 날아간다 / 쓰는것이 재물이요 드는 것이 돈이로세
그해일년 세금판에 이삼백냥 빚을지니 / 집과논밭 다판후에 일가친척 탕진한다
이런폐단 부족타고 또한폐단 지어내되 / 창고세 열말나락 고금에 없는폐단
작년적자 메우려고 토지세에 분급해서 / 이익없이 맡기어서 향리봉급 없다하여
일결마다 열말나락 법밖에 가렴하니 / 본읍토지 헤아리니 삼천육백 여결이요
열말나락 계산하니 이천삼백 여석이라 / 토지환곡 하는고을 조선팔도 많건마는
창고세로 열말나락 우리거창 뿐이로세 / 태조대왕 명령인가 황희정승 분부런가
끙끙대며 지은농사 필필고생 짜는베를 / 나라봉양 던져두고 아전이식 먼저하니
어하세상 선비님네 글공부 하지말고 / 진사급제 구치마오 부모처자 고생하니
벗어놓고 아전되면 천가지녹 거깃나니 / 손쌈지가 아니거든 소매에 든단말가
망석중이 되었는가 노닐대로 놀아준다 / 향리포탈 다시거둬 읍외각창 쌓아놓고
쭉정이도 섞거니와 환곡손실 더분하다 / 대낮에 나눠주기 저도또한 염치없어
간사한 꾀를내어 백성의 눈을속여 / 환곡분급 하는날에 재인광대 불러들여
노래하고 재주시켜 온갖장난 다시키니 / 허둥지둥 하는거동 도깨비와 비슷하고
아깝도다 사모관대 우리임금 주신바라 / 캄캄밤중 나눠주니 알곡빈곡 분별할까
아전관속 현란중에 장교사령 독촉하니 / 삼사십리 먼데백성 종일굶어 배고파라
환곡잃고 우는백성 열의일곱 또셋이라 / 재판도 명판결에 글도또한 문장이다
하빈이씨 산송판결 고금에 희안할사 / 방석대변 탈을잡아 부지천지 일렀으니
천지를 모르거든 군신유의 어이알리

세금을 징수하는 면장은 세금을 미리 거두어 이익을 챙겼다. 그리고 창고 일을

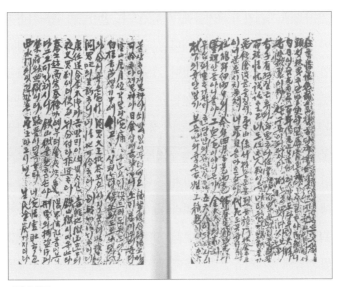

거창가 원문

맡은 향리의 봉급으로 1결에 10말씩 거두었다. 향리들은 창고에 쌓은 쌀에 쭉정이를 섞어 1석을 2석으로 만들고 나머지를 횡령하였다. 심지어 환곡을 나누어 주는 날 겨 섞은 벼를 차마 낮에 나누어 줄 수 없자 광대를 불러 시간을 보낸 후 야음을 이용하여 쭉정이 벼를 나누어 주었다. 그리하여 작자는 "과거 공부보다 향리가 되는 것이 낫다."는 자조 섞인 말을 한다.

불상타 청주 백성
네 고을도 불행하다

민간폐단 다못하여 향교폐단 지어내니 / 향교서원 각학교에 창고지기 잡아들여
유건도포 둘씩둘씩 차례차례 받아내되 / 없다고 말을하면 속전두냥 물려내니

신축년 윤사월에 자기자식 과거볼때 / 유건도포 받아다가 관노사령 내어주어

과거장에 들어갈때 노비선비 꾸며내니 / 공자님 쓰신유건 노비사령 쓴단말가

앞뒤한일 생각하니 분한마음 둘데없어 / 초저녁에 못든잠을 새벽녘에 겨우들어

비몽인듯 사몽인듯 유형인듯 무형인듯 / 영검하다 우리공자 대성전에 눌러앉아

3천제자 나열중에 4대제자 앞장서고 / 정호정이 뒤따르니 예악문물 빛나도다

자하자공 보고할때 자로의 거동보소 / 사문난적 잡아들여 큰소리로 꾸짖는말

우리입던 누건도포 노비사령 당탄말가 / 진시황 분서갱유 너의죄목 더할소냐

사형집행 나중하고 북을쳐서 죄알려라 / 우리고을 도산서원 학교중에 최고니라

한훤일두 동계선생 3대학자 배향하니 / 어떻게 소중하며 뉘아니 공경할고

신축팔월 가을제사 서원유생 들어올때 / 여러제물 타낼적에 대구제물 없다거늘

없는연고 물어보니 예방아전 고한말씀 / 본관사또 어제날로 봉물중에 넣었단다

줄라말라 힐난하다 저녁황혼 돌아올때 / 태풍폭우 산골길에 재물노비 죽었으랴

대구제물 없어지고 대낮제사 웬일인고 / 사문에 얻은죄를 신원할수 있을소냐

전후폐단 헤아리면 일필로 난기로세 / 천리구중 깊고깊어 민간고질 알길없다

간신배의 기운인가 청주목사 옮겨갈세 / 백성에게 재산뺏어 뇌물주기 일삼으니

불쌍타 청주백성 네고을도 불행하다 / 불측하다 이우방아 벌받을놈 너아니냐

별감자리 벼슬하며 오십냥이 천냥이냐 / 청원서쓴 정자육을 구태여 잡단말가

잡기도 심하거든 청원서 앗아다가 / 관가로 가져가니 그포악 오죽할까

거창땅 모든백성 상하남녀 노소없이 / 비나이다 비나이다 하늘님께 비나이다

청원쓴 저사람을 무사석방 내어주소 / 살리소서 살리소서 일월성신 살리소서

만백성 위한사람 무슨죄 있단말가 / 장하다 윤치광아 굳세다 윤치광아

고을폐단 고치자고 매년귀양 절통하다 / 푸른하늘 외기러기 어디로 향하느냐

소상강을 바라느냐 동정호를 향하느냐 / 하늘한폭 지어다가 세세민정 그려내어

인정전 용상앞에 빨리내려 노니다가 / 우리임금 보신후에 별도처분 내리소서

더디도다 더디도다 암행어사 더디도다 / 바라나니 바라나니 금부도사 바라나니

푸대쌈에 잡아다가 큰길가에 버리소서 / 어하 백성들아 연후에 태평세계라
만세만세 억만세에 여민동락 하오리라

부사 이재가는 자기 자식이 과거보러 한양에 갈 때 향교와 서원에서 유건과 도포를 가져다가 과거장에서 노비와 사령에게 입혔다. 또한 도산서원에 제사를 지낼 관청에서 지급한 제물 중 대구어를 빼내어 자기 집으로 부쳤다.

윤치광은 이재가가 청주목사로 가자 청주백성을 걱정한다. 그는 비록 자신은 유배되지만 국왕이 이 사실을 알고 해결해 줄 것을 희망하면서 끝을 맺는다.

일제의 침략과
지배에 맞서다

덕유산

덕유산은 거창의 북쪽을 가로막고 있는 산이다. 이 산은
속리산에서 지리산으로 이어지는 백두대간의 산악지대에
위치하여 역사의 격동기마다 전투 지역이었다. 대한제국
말기 일제의 침략에 대항하여 거창의병이 이곳에서 봉기
하였고, 이곳으로 온 전국의 의병과 함께 일제와 맞섰다.

일제와 맞선 한민족

1876년 개항 후 조선은 제국주의의 침략에 직면하였다. 조선인들은 서양의 문물을 받아들여 부국강병을 이룩하고자 갑신정변, 갑오개혁, 독립협회, 광무개혁을 전개하고, 일제의 침략을 막아내고자 임오군란, 동학농민전쟁, 애국계몽운동, 의병전쟁을 일으켰다. 그러나 1905년 을사늑약, 1910년 한일강제병합으로 조선은 일제의 식민지가 되었다. 거창 지역민들은 학교를 세워 근대문물을 수용하는 한편 애국계몽운동과 의병전쟁을 벌여 일제의 침략에 최후까지 저항하였다.

일제는 조선총독부를 두고 한반도를 무력으로 점령하고 경제적 수탈을 자행하였다. 식민지 조선인들은 다양한 방법으로 일제에 맞섰다. 1919년 3·1운동은 민족 최대의 독립운동이었다. 이곳 지역민들도 3·1운동을 일으켜 일제의 무단통치에 저항하였다.

1920년대 이후 일제가 소위 '문화통치'로 회유정책을 펴자 일부 조선인들은 일제에 협력했지만 대다수 한민족은 일제에 대한 저항을 계속하였다. 식민지 조선에는 농민운동, 노동운동, 청년운동, 학생운동, 여성운동, 형평운동, 공산주의운동, 신간회운동 등 다양한 민족해방운동이 전개되었다. 1926년 6·10만세운동, 1929년 광주학생항일운동이 대표적인 항일시위였다. 지역민들은 학교를 세우고 청년단체, 농민단체, 사회단체를 조직하여 일제의 지배에 저항하였고, 1927년에는 신간회 거창지회가 설립되었다.

가조 3·1운동 기념 만세정

**경상남도
거창군이 되다**

거창농민봉기 이듬해인 1863년 고종이 즉위하고 흥선
대원군이 집권하였다. 흥선대원군의 삼정개혁으로 농
민봉기는 일단 수습되었다. 이때 향촌의 서원이 철폐
되었다. 흥선대원군은 1871년 전국의 서원 600여 개를 철폐하면서 47개만 남겼는
데, 이곳에서는 포충사를 제외한 모든 서원이 파괴되었다. 또한 이해에 흥선대원
군은 국방력 강화정책으로 거창과 안의에 별포군을 설치하였다.

1873년 고종의 친정이 시작된 후 강화도조약, 임오군란, 갑신정변 등이 잇달
아 일어나고 개화, 척사의 대립이 격화되었다. 이때 지역민들은 대체로 개화에 대
하여 부정적인 입장을 취하였다. 1884년 안의유생 전학순은 고종에게 올린 상소에
서 전통적인 의복제도의 변경을 반대했지만 고종의 허락을 받지 못하였다.

거창의 변화는 1894년부터 본격화되었다. 이해에는 청일전쟁, 동학농민전쟁,
갑오개혁이 동시에 진행되고 있었다. 이듬해 행정구역이 변경되었다. 1895년 전국
의 8도가 23부로 바뀌자 거창도호부는 거창군이 되어 진주부에 소속되었다. 이때
위천지역은 안의군에 통합되어 진주부에 소속된다.

1년 후인 1896년 23부가 폐지되고 전국에 13도가 설치되었다. 경상도는 경상
남도와 경상북도로 분리되었고, 거창군, 안의군, 삼가군은 모두 경상남도에 소속되
었다. 당시 군을 5등급으로 구분했는데 거창군은 3등급, 안의군과 삼가군은 4등급
이었다. 군에는 군수가 파견되었고 향청의 좌수는 향장으로 임명되었다.

개항 후 10년쯤 지나면서 도적이 증가하였다. 1885년 명화적이 발생하였고 1889년에는 화적 17명이 마을을 습격한 사건이 일어났다. 1892년 안의에서 비적을 토벌하였다. 1902년에 거창에서 화적이 나타났고 1904년 비적을 체포하였다. 당시의 사정은 "거창, 안의에 화적이 부지기수라."고 표현되었다. 도적의 출현은 일본의 경제침탈과 중앙정부의 수탈에 대한 지역민들의 저항이었다.

개항으로 역사는 새로운 단계로 접어들었다. 서양의 신문물이 일제 침략세력과 함께 몰려들었다. 조선정부의 개화정책도 지역을 변화시켰다. 1897년 고종이 황제로 즉위함에 따라 지역민은 대한제국의 신민이 되었다.

이곳은 내륙지역이기 때문에 새로운 문물이 좀 늦게 전달되었지만 본질적인 면에서는 차이가 없었다. 지역민들은 침략에 대한 저항, 근대에 대한 대응에 직면하였고, 반봉건·반외세라는 새로운 역사적 과제를 짊어졌다.

동학농민전쟁이 진압되다

1894년 동학농민전쟁은 일제의 침략과 조선정부의 수탈에 대항한 역사상 최대의 농민전쟁이었다. 이 지역의 농민봉기는 관군과 일본군에 의해 진압당하였다. 1894년 6월 동학농민군 몇 명이 체포되어 대구로 압송된 사건이 있었다. 향토사에 의하면 이은우라는 인물이 가조의 농민군을 이끌고 읍으로 진격하다가 실패하고 사형당했다고 한다.

그 후 8월까지 농민군에 대한 철저한 수색과 탄압이 진행되었다. 사료에는 "안의, 거창, 함양 세 읍의 수령은 힘을 모아 엄히 단속하여 소란스럽게 떠드는 백성들을 잡아다가 번번이 죽였다. 이 때문에 세 고을에는 동학도들이 감히 침범하지 못하였다. 당시 가족을 거느리고 세 읍으로 피난하는 자가 매우 많았다."고 기록되어 있다.

부사 정관섭은 이곳에서 농민군을 잘 진압한 공으로 그해 10월 소모사로 임명되어 거창, 함양, 산청, 합천에서 진주, 남해에 이르는 12읍의 동학농민군 진압 책임을 졌다. 그해 11월 전라도 장수의 농민군이 안의와 거창으로 진격하자 관군이 이를 방어하였다. 11월 21~23일 대구감영의 관군이 거창과 안의에 주둔하였다. 한 달 후인 12월 22~23일에는 일본군이 거창에 진주하였다. 12월 초 무주에서 이곳으로 진격하는 농민군과 진주에서 이곳으로 들어오려는 농민군을 관군과 일본군이 막아냈다. 일본군은 1895년 1월 상순 이 지역에서 농민군을 토벌하였다.

지역 유생들은 군대를 조직하여 농민군을 진압하였다. 여기에 앞장섰던 사람은 신세해, 유영환, 이현규, 이준학, 정찬건, 하종호, 신계근, 정해석, 신영선, 강달주, 이준철, 신달홍, 이현두 등이었고, 이준학과 강달주는 공신으로 책봉되었다. 또 양반들은 민보군을 조직하여 농민군을 처단하였다. 1895년 2월 오성서, 강기만이 민보군에 의해서 처단되었다는 기사가 나온다. 동학농민군은 부정부패를 없애고 일본을 내몰고자 했지만 정부군, 일본군, 그리고 지역 양반 등에 의해서 가차 없이 진압되었다. 거창부사와 안의현감은 이 공으로 승진하였다.

당시 농민군에 가담했던 사람들이 입은 피해는 매우 컸다. 농민군의 재산은 모두 관리의 재산이 되고 가옥은 모두 불탔으며 기타 부녀자 강탈, 능욕 등은 차마 기록할 수 없을 정도였다고 한다. 피해는 전라도, 충청도와 함께 거창, 안의, 함양, 산청 등지에서 매우 심했다고 기록되어 있다. 동학농민전쟁 직후 거창부사로 임명받은 조중엽은 "거창은 예전부터 일이 없는 한가한 관아였으나 동학란 이후 돌변하여 어떻게 구제할지 알지 못하여 근심스럽고 울적하다."고 독백한바 있다.

이처럼 이 지역에서 일어난 동학농민전쟁은 철저하게 진압되었다. 지역 양반들이 일본군에 대하여 어떠한 반응을 보였는지를 알려주는 자료는 없지만 이들이 농민군에 대하여 품은 적개심은 뚜렷이 나타난다. 양반들은 조선을 침략하는 일본군보다 신분제 폐지, 토지 분배 등을 주장하는 농민들에게 반감이 더 컸다.

일제 통감부의 지배

1905년 11월 일제는 대한제국의 외교권을 강탈하고 이듬해 통감부를 설치하였다. 초대통감 이토 히로부미는 대한제국 식민지화 작업을 강행하였다. 거창 또한 일제의 지배체제로 편제되어 갔다.

일제의 지역 장악은 친일파 군수를 임명하고, 재판소, 경찰서, 헌병주재소, 세무서 등 각 기관을 설치하여 직접 지배하는 방법으로 진행되었다. 일제는 우선 친일파 군수를 임명하고 좌수와 별감 등을 군서기로 임명하였으며 향리 중 10여 명을 하급관리로 임명하였다. 각 면에 면장을 임명하여 행정과 세금 징수를 집행하였다.

일제는 거창에 경찰서를 설치하여 1894년 순교라고 불리는 경찰을 파견하고, 1903년 경찰병력 12명, 관리 5명을 증원하였다. 1906년과 1907년 경찰 확장계획에 따라 경찰력이 대폭 강화되었다. 경무서 분서가 설치되고 각 지역에 분파소가 설치되었다. 이후 일제경찰은 출판, 집회, 결사 단속 등 치안경찰업무 뿐만 아니라 행정 업무, 사법권 행사 등 광범위한 역할을 수행하여 지역을 통제하였다.

일제는 조세권을 장악하였다. 통감부는 1906년 군 행정에서 징세권을 분리한 후 세무관을 파견하였다. 세무관은 군에 거주하는 세무주사를 감독하고 각 면의 면장을 징세 기구로 삼았다. 군 세무서에서 세금 총액을 면장에게 부과하면 면장은 납세고지서를 발부하고 최고 납세자를 공전영수원으로 임명하여 세금을 징수하였다.

일제는 사법권을 장악하였다. 1895년 재판소구성법이 발표되고 그해 8월 27일 거창군재판소 관할구역이 발표되었다. 1907년 거창재판소가 설치되어 일본인 검사와 판사가 임명되었다.

일제의 침략에는 우체소가 큰 역할을 하였다. 1894년 이곳을 지나는 대구 - 부산 전신선이 개통되고 1901년 12월 전주 - 대구선이 가설되었다. 거창 우체소는 1897년 이후 진주우체사 소관으로 설치되

초대통감 이토 히로부미

어, 합천에서 안의까지 이틀에 한 번씩 우편물을 수송하였다. 이러한 전신과 우편은 통감부의 지역 통치, 세금 징수에 이용되었다.

이처럼 1905년 이후 거창은 일제에 의해 장악되었다. 친일파 한국인 군수는 행정권을, 헌병과 경찰은 무력을, 세무서는 조세징수권을, 재판소는 사법권을 가지고 지역민을 통치하였다. 일부 인사들은 일제의 지배에 협조했지만 다수의 지역민들은 일제의 지배를 불쾌하게 생각하였다.

주권수호투쟁의 전개

을사늑약 이후 주권이 상실되고 일제에 의해 한일합병이 추진되자 지역민들은 전국의 저항운동에 발맞추어 반대투쟁을 벌였다. 을사늑약 체결 직후 당대 유림의 명망을 얻고 있었던 유생 곽종석은 을사늑약 반대상소를 올렸다. 그는 왕을 독대할 정도로 고종의 신임을 얻었던 인물이었다. 상소의 내용은 다음과 같다.

> 지난번 상소에서 어리석은 신은 만 번 죽을 각오를 하면서 "이제라도 빨리 결단해서 명백한 명령을 내려 박제순, 이지용, 이근택 등 여러 역적들의 머리를 거리에 내걸어서 매국한 자들에 대한 떳떳한 법을 바로 세우며, 여러 나라 공관에 성명을 내고 크게 담판을 열어 천하의 공법으로 단죄해야 할 것이다."라고 하였습니다. 이것은 잠시라도 늦출 수 없는 일입니다. 만일 혹시라도 주저하며 위축된다거나 잠시라도 구차하게 기다린다면, 폐하께서는 아무리 자리를 보전하려고 해도 높아봤자 월남 왕처럼 되는 데 지나지 않을 것이며, 망국의 운명이 차례차례 눈앞에 다가올 것입니다. 저 일본이 맹세를 저버리고 신의를 배반하며 오만 가지로 기만하고 희롱하는 것을 폐하께서는 실컷 경험하지 않으셨습니까? 저들의 오늘의 감언이설이 내일에는 독인 것이니, 폐하께서는 깊이 살피소서.   – 「고종실록」 42년 12월 5일

곽종석은 고종황제가 우리 2천만 백성들과 함께 종묘사직을 위해 죽을지언정 일본의 신하나 포로가 되지 말아야 한다고 주장하였다.

한편 윤충하는 직접 을사오적 처단에 나섰다. 그는 거창읍 구례마을 출신으로 1906년 서울에서 나철과 오기호 등과 함께 오적암살단을 조직하였다. 오적암살단은 1907년 3월 25일 오전 10시에 일제히 일어나 을사오적을 사살하기로 계획하였다. 그러나 이 거사는 실패로 끝나고 19명이 체포되었는데, 윤충하는 그중 1명이었다. 당시 윤충하는 농업에 종사하던 53세의 양반이었다.

거창지역민들은 실력양성운동에 동참하였다. 1907년 일제에게 진 빚을 갚고 경제자립을 이루자는 국채보상운동이 일어나자 지역민들은 모금운동에 동참하였다. 1907년 4월 13일자 『대한매일신보』에는 웅양면 산포리 부인 17명이 19원 80전을 보내왔다는 기사가 실렸다. 또한 교육을 통한 실력양성에도 지역민들의 관심은 높았다. 이병태는 서북학회의 회보인 『서우』에 논설을 게재하여 서양학문을 익혀 주권을 지키자고 주장하였다. 1907년 향교가 거창소학교로 개편되자 지역민들은 자녀를 진학시켜 신학문을 습득케 하는 데 열의를 보였다.

당시 지역민들은 꽤 정세에 밝았다. 개항 후 서양 문물을 수용하여 주권을 지키려는 사람들을 개화자강계열이라고 한다. 을사늑약 이후 개화자강운동은 지역민들이 세계정세와 한반도 사정에 상당한 식견을 가지고 대응했음을 보여준다.

1910년 3월, 친일매국노 집단이 한일합방을 주장하자 이현구 등 지역민 49명은 국민대연설회를 열고 일진회의 비리를 성토하였다. 일제의 침략에 대한 지역민들의 저항은 다양하게 전개되었지만 가장 치열했던 투쟁은 의병전쟁이었다.

의병장 노응규의 활약

1895년 일제는 명성황후를 시해하고 단발령을 실시하였다. 이에 전국의 유생과 농민들이 의병을 일으켰다. 이를 을미의병이라고 한다. 이때 지역민들은 노응규를 중심으로 의병활동을 벌였다.

노응규는 고제 출신으로 안의에서 성장하였다. 그는 을미사변이 일어나자 안의 장수사의 승려 저재기, 문인 정도현, 박중필 등과 함께 의병을 일으켰다. 노응규 부대는 1896년 1월 8일 진주성을 점령하고 친일파 군수와 일본인을 공격하였다. 그의 의병부대는 1만 명에 달하였다.

1896년 아관파천 후 고종은 단발령을 철회하고 의병해산권고 조칙을 내렸다. 노응규는 왕의 명령에 따라 의병을 해산하고 귀가하던 중 의병을 배신한 정한용이 노응규를 도적으로 몰아 그의 아버지와 형을 살해했다는 소식을 들었다. 그는 전라도로 피신한 후 고종에게 상소를 올려 고종으로부터 의병장으로 인정받았다. 고향으로 돌아온 그는 부형의 원수를 갚고 장사를 치렀다.

그로부터 10년 후 일제가 을사늑약으로 대한제국의 외교권을 강탈하자 노응규는 다시 의병을 일으켰다. 이때의 의병을 을사의병이라고 한다. 고종의 밀명을 받은 노응규는 1906년 11월 삼남지역의 요충지인 황간에서 거병하였다. 거창 출신 서은구는 의병부대의 중군장을 맡았다. 당시 노응규는 의병을 일으킨 뜻을 이렇게 말하였다.

현재 일본인이 우리나라를 압제하여 인민이 이처럼 고난을 받게 되었으니 앉아서 보고만 있을 수 없다. 우리들도 역시 이 나라에서 생을 받은 국민으로서 외국의 모욕을 받았으니 통탄스럽기 이를 데 없다. 뜻 있는 지사들을 모아 서울의 통감부로 달려가서 이토 히로부미와 담판을 하고 적과 싸워 일본인을 축출하자.

- 「서은구 판결선고서」, 「독립운동사자료집 별집」 1

노응규의 의병부대는 일제의 시설물과 철도, 열차 등 군용시설을 파괴하고 일본군의 척후병을 섬멸하였다. 이들은 덕유산의 문태수, 이장춘 의병부대와 서로 연락하면서 의병활동을 전개하였다.

노응규 순국 사적비

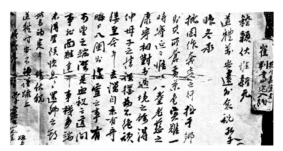

노응규가 한말의 유명한 의병장 최익현에게 보낸 서한

　　1907년 1월 21일 노응규 의병부대의 지도부가 경찰에 체포되었다. 노응규, 서은구 등 주동자 3명은 서울 경무부 감옥서로 끌려갔다. 노응규는 일제의 심한 고문으로 2월 16일 순국하였다. 그때 그의 나이 47세였다. 중군장 서은구는 1907년 7월 엄해윤, 노공일 등과 함께 황해도 백령도로 7년 유형형을 선고받았다. 이때 덕유산에서 의병의 대투쟁이 전개되고 있었다.

최초로 거창에 온 일본군

일본군이 이 지역에 처음 들어온 것은 1894년 12월 22일이었다. 일본군은 동학농민군을 토벌하라는 일본군 사령부의 명령을 받고 조선 관군과 함께 그해 11월 12일 용산을 출발하여 경기도, 충청도를 거쳐 이곳에 들어왔고, 이어서 전라도로 들어가 동학농민군을 학살하였다. 일본군과 조선 관군이 진압한 세력은 동학농민군이든 항일의병이든 대체로 한국인들이었다. 이 지역을 지나간 일본군 보고서는 동학농민군에 대하여 다음과 같이 쓰고 있다.

동학당은 일종의 난민으로 대개는 양민과 혼합해 있어, 그중에서 동학당을 판별해내는 것이 일본토벌군으로서는 제일 곤란한 점이었다. 그리고 그들은 도처에서 기포하여 그 무리를 모으고 군대에 저항하므로 한번 싸워 이를 격파하면 즉시 흩어져 인민이 되고 혹은 현감, 군수, 부사 등에게 다그쳐 동학당이 아니라는 증서를 요구한다. 그럴 때는 지방장관이 양민과 악한 자의 차별 없이 그들의 요청대로 증서를 내준다. 그러므로 동학당이 되어 일본토벌군에게 저항했던 자도 양민을 가장하게 되었다. 이런 일로 현감, 군수, 부사 등에게 힐문하면 그 대답이 애매모호해서 종잡을 수 없다. 갑이라는 곳에서 물어보면 을이라는 곳의 인민은 모두 동학도라고 하지만 을이라는 곳에서 물어보면 갑이라는 곳의 인민이 모두 동학당이라고 한다. 이들을 그냥 내버려두면 다시 후환이 생길지도 모르므로 할 수 없이 며칠간 한곳에 머무르게 되었다. 지방 관리는 단순히 그 사람 수만 채우고 있을 뿐, 동학도의 세력이 왕성할 때는 그들이 하라는 대로 하고 군대가 가면 군대를 편드는 것 같이 주선하고, 군대가 떠나려고 하면 또다시 동학도에게 공략당할 것을 겁내 한사코 군대를 멈추어 두기를 바란다. 이러므로 작전수행이 몹시 늦어졌다.
- 1895년 2월 10일 일본군 후비보병 독립 제19대대장 미나미 코시로(南小四郎)의 「동학당정토책전 실시보고」

1894년 조선에 진주한 일본군

일본군은 조선의 관군이 민중에게 해를 끼쳤다고 보고하고 있다. "전투에서 항복해 오는 인민을 가해한 것은 조선 관군이다. 이 때문에 일본군이 규율을 엄중히 해서 명령했지만 마이동풍으로 마음에도 두지 않는 것 같았다. 그리고 행군을 출발하려면 시간에 늦고 숙영하면 민가를 수색해서 물품을 약탈하였다. 분산해서 전투할 때는 일본군 후방에서 사격하여 위험하기 짝이 없었다. 그렇지만 남원 지방부터는 점차 교육 훈련이 되어서 다수 인원으로 군사를 동원해 쓰면 지대로서 파견할 수 있게 되었다." 이 보고서는 일본군이 앞장서고 조선 관군이 보조하면서 농민군을 진압했음을 보여준다. 일본군은 1908년 의병을 토벌하기 위해 또다시 거창에 진주하였다.

월성의병이 봉기하다

을사늑약 후 월성의병이 결성되었다. 오일선, 김성진, 김현수, 하거명, 박화기 등 40여 명은 월성서당에서 모여 일제의 침략을 물리치고자 의병부대를 조직하였다. 월성의병은 도총, 유격, 후군, 군수, 정보 등의 부서로 편제되었다. 의병본부인 도총부는 김현일의 사랑채에 설치되었다.

유격대장은 하거명, 부대장은 박화기가 맡았다. 유격대는 10여 명의 부대로 편성되어 산속에 막사를 짓고 본부와 연락을 취하면서 작전을 수행하였다. 이들은 암호와 신호를 정하여 신속하게 행동하였고 적의 허점을 습격하는 유격전법으로 많은 전과를 거두었다. 후군장 김성진은 의병들에게 무술을 가르치는 한편 전방과 호응하여 활동하였다. 군수감은 김현수가 맡았는데 이들 군수부대원들은 군량과 무기, 탄약 등을 수집, 제조, 조달하였다. 정보 수집을 맡은 감찰 이석길은 마을 앞에 주점을 차려놓고 대원들로 하여금 왕래하는 사람들을 살피며 정보를 수집하게 하였다.

월성은 의병의 본거지가 되었다. 월성의병이 활동을 시작했을 때 많은 의병들이 덕유산으로 이동해 왔다. 1906년 월성의병은 문태서의 충청도의병과 제휴하여 싸웠다. 또한 전국 각지에서 덕유산으로 모여든 의병장 200여 명에게 군수물자를 보급하였다. 1907년 이후 월성의병은 덕유산의병과 함께 일본군 및 관군과 치열한 전투를 벌였고 읍에 주둔한 일본군을 공격하였다. 1908년 월성의병은 덕유산의병

월성의거 사적비

과 함께 무주구천동에서 적 200여 명을 포위하여 살상하는 전과를 올렸다. 이어서 그해 9월 삿갓골에서 일본군과 전투를 벌여 7명의 적을 사살하는 전과를 올렸다.

　월성의병이 활약했던 1907년 전국에서 항일의병이 크게 일어나 일제의 침략에 저항하였다. 이를 정미의병이라고 한다. 이때 가조의 유생이었던 김훈은 1907년 9월 경기도 양주에서 허위와 함께 거병하여 13도 창의군을 조직하였다. 김훈은 의병봉기에 대해 이렇게 말하였다. "현재의 한국은 오직 이름뿐이다. 그 국가의 실권을 모두 일본에게 탈취당하기에 이른 것은 결국 을사5적과 정미7적이라는 매국노 때문이다. 우리 의병은 그들을 모두 죽이고 국권을 회복한 후 의병 중에서 인물을 선임해서 새 정부를 조직해야 할 것이다." 김훈의 의병부대는 일본군과 10차례 전투를 벌이면서 서울진공작전을 전개하였다. 그는 1908년 총기 구입을 위해 서울에 잠입했다가 일본군에 체포되었다.

**고제 오진사
의병부대의 활약**

고제면 궁항마을 오진사 부자의 의병활동은 매우 두드러졌다. 1908년 2월 15일 주곡면장의 밀고에 따르면, 오진사는 각 면에서 돈과 곡식을 징발하고 의병을 모집하였는데 이때 고제면 주민들은 의병 쪽으로 뜻이 기울어져 있었다고 한다.

일본인 거창경찰서장은 오진사를 "폭도의 큰 우두머리(暴徒の巨魁)"라고 불렀다. 일제는 일본군과 일본경찰, 한국인 경찰, 한국인 군수, 면장, 이장 등을 총동원하여 의병을 진압하였다. 일제의 "폭도토벌일지"를 보면 당시 일제 경찰과 군인들은 오진사를 체포하려고 혈안이 되어 있었다.

1908년 2월 15일 일제는 오진사의병을 토벌할 계획을 세웠다. 거창경찰서는 일본군 합천·함양수비대와 함께 21~22일 사이 오진사를 체포할 계획으로 궁항마을에 대해 엄밀히 경계하였다. 그들의 목표는 2월 20일 일찍이 "폭도"의 출몰이 가장 빈번했던 웅양면, 적화면, 고제면 지방을 포위하여 정찰할 것과 궁항마을에 거주하는 "수괴" 오진사 부자를 포박하려는 것이었다. 일본군 합천수비대는 우측에서, 함양수비대는 좌측에서 공격하고 경찰서는 수사부장 이하 일본인 순사 5명, 한국인 순사 3명 등이 정면에서 공격할 계획이었다.

2월 22일 경찰서장은 일본인 순사 7명, 한국인 순사 3명 등을 이끌고 합천수비대와 함께 웅양면을 정찰하고 적화면으로 들어갔다. 일제의 경찰과 군인은 합동작전으로 적화면 일대를 수색하였다. 일제군경은 적화면에서 1박하고 이튿날 새벽 오진사가 잠복한 고제면 궁항마을을 포위, 공격하였다. 그러나 오진사 부자는 이미 지난 15일 임씨, 신씨, 배씨 등 3명을 의병에 가담시켜 종적을 감춘 후였다. 일본군경은 면장과 동장에게 의병이 오면 조금도 기다리지 말고 가장 민첩, 신속하게 비밀리에 보고하라고 엄하게 명령한 후 읍으로 돌아갔다.

오진사 의병부대는 고제에 기반을 두고 계속 활동하였다. 그러던 중 4월 26일 동변리에 격문이 돌았다. 그 내용은 "왜군이 오거든 속히 의병에게 통보할 것, 의병이 없으면 한국은 오랑캐가 될 것이다. 의병의 정성을 생각하고 나중에 후회하

고제 궁항마을 앞 정자나무

지 않도록 지금 보답할 것" 등이었다. 경찰은 동변동장, 서변동장과 전령을 체포하여 조사하였다. 이 과정에서 고제면 매학동에 사는 배준경이 오진사로부터 의병격문을 받은 것으로 밝혀졌다. 그러자 배 씨의 친척들은 배준경의 면죄를 빌기 위하여 옆 동네에 잠복 중이던 오진사와 그 부하 1명을 체포하여 일본군 수비대에 넘겼다. 이리하여 일본군경의 집요한 추적을 받았던 저명한 의병대장 오진사는 체포되고 말았다.

덕유산 의병부대가
결성되다

일제의 "폭도토벌일지"를 보면 거창지역의 의병활동에 놀라게 된다. 여기에 실려 있는 이 지역 관련 의병 기사만 대략 100여 건에 이른다. 그 이유는 월성의병이나 오진사의병과 같이 지역 의병의 활동도 있었지만, 동시에 전국의 의병이 덕유산으로 이동해 왔기 때문이다. 덕유산으로 온 전국의 의병부대들은 덕유산의병부대를 조직하여 일본군과 싸웠다. 덕유산의병의 활동은 1907~1908년에 절정에 달하였다.

덕유산의병장의 대표적인 인물은 김동신이었다. 그는 1907년 내장산에서 의병을 일으켜 삼남의병대장이 되어 일본군을 공격하였다. 한때 그의 의병부대는 1천 명에 달하였고 그의 부하 장수들도 각각 수십 명에서 수백 명의 의병을 거느리고 있었다. 그는 1908년 3월 고제면 매학전투 후 신병으로 도피생활을 하다가 일본군에 체포되었다.

김동신이 체포되었을 당시 덕유산의병은 다음과 같았다. 문태수 부대 200명, 유종환 부대 100여 명, 최창근 부대 50여 명, 성문길·차은표 부대 500명, 오대권 부대 30여 명, 국인묵·임병주 부대 1천여 명이 경상도, 전라도, 충청도 접경지대를 중심으로 활약하고 있었다.

안의 서상 출신 문태수 의병장은 김동신의 사후 덕유산의병부대를 지휘하였다. 그는 1907년 이후 덕유산을 중심으로 의병투쟁을 전개하던 중 1908년 덕유산의병연합부대를 조직하였다. 문태수 의병은 1909년 경부선 이원역을 공격, 소각하였다. 문태수 의병장의 서기였던 성문길은 1908년 5월 지상곡면 덕동에서 체포되었다. 그는 동학농민전쟁 때 농민군 대장으로 활약하다가 의병장이 되었던 인물이었다.

덕유산의병장 유종환은 화려한 전투경력을 지니고 있었다. 그는 1907년 9월 김동신 덕유산의병부대의 선봉장으로 월성전투를 벌였다. 그 후 그는 독립부대를 결성하였다. 1907년 10월에 무주, 지례에서 의병 70여 명을 규합한 후 이듬해 봄 영동, 황간, 무주, 무풍, 지례에서 활동하다가 일본군 함양수비대와의 전투에서 패하였다. 1909년 2월 다시 황간에서 총을 획득하여 무주, 안의, 장수, 지례 등지에서 의병전쟁을 벌였다.

　그 밖에도 덕유산의병장으로 정일국, 노병대, 김동성, 김천만, 이진사, 전성범, 이백응, 김태수, 정자선 등이 활동하였다.

거창의병, 일제와 친일파를 공격하다

의병의 주된 공격대상은 일본군, 일본군 헌병, 일제 경찰, 일본인이었다. 의병은 일본군과 치열한 전투를 벌였다. 1907년 9월 4일 월성전투는 의병부대와 일본군의 대충돌이었다. 그 후 큰 전투만 보더라도 1907년 12월 안성 전투, 1908년 2월 거창전투, 3월 고제 매학전투, 4월 가북 몽석전투, 이진사의 거창, 합천 전투가 있었다. 1908년 4월 7일 매학동에서 이진사가 이끄는 의병 120명은 일본군과 3시간 교전을 벌였다.

　일본군은 1908년 4월 13일 합천에 있었던 보병 제14연대 7중대 주력을 거창으로 옮겼다. 일제 경찰은 "변장순사대"를 만들어 의병 정보를 파악하였다. 1908년 5월 일본군은 덕유산 주변 거창과 무풍의 의병을 공격하였다. 이 과정에서 성문길, 김동신 등 의병장이 체포되었다. 임수환, 이장춘이 지휘하는 의병은 5월 10일 무풍 근처에서 일본군 토벌대와 맞섰지만 의병부대는 큰 타격을 입었다.

　1908년 12월경 문태수, 염도중 등의 의병장이 지휘하는 의병 약 1천여 명은 속리산 일대와 덕유산의 거창, 안의, 무주, 진안, 장수에 포진하고 일본군과 맞서고 있었다.

　의병은 일제의 침략에 협조했던 자들도 공

문태수 의병장

격하였다. 그 대상자는 주로 군수, 면장, 세금 징수원, 친일지주 등이었다. 1908년 1월 19일 북하면 동성마을의 강겸오 집에 의병이 쳐들어와 그와 가족을 구타하였다. 의병은 황산 안동의 공전영수원 신모씨의 집을 습격하였으나 미리 피신하여 화를 면하였다. 이어서 읍내의 자산가라고 칭하는 김병우 집에 쳐들어가서 금품을 빼앗아 고제, 무주 방면으로 사라졌다.

1908년 2월 12일 의병 200여 명이 고제와 적화에 와서 주민을 모아놓고 다음과 같이 선포하였다. "면장은 지금 각 면에서 징수 중인 세금을 징수하지 말 것, 그리고 인민은 세금을 납부하지 말 것, 만약 면장이 징수하든가 인민이 납세할 때는 피해를 입히겠다."

1909년 2월 28일 의병은 고현면 상천동 공전영수원 경헌중의 집에 침입하여 엽전 274냥과 지폐 22원을 강탈하였다. 5월 24일에는 삼가의 공전징수원 석춘천의 집에 있는 공금을 빼앗고 집을 불살라 전소시킨 후 거창으로 이동하였다.

이처럼 의병은 침략자 일본제국주의 군대와 맞서 싸웠으며 동시에 일제의 침략에 협조했던 군수, 면장, 세금 징수원 등 친일파 인물들에게도 공격을 가하였다.

1910년
덕유산의병의 종말

1909년에 접어들면서 의병의 세력은 현저히 약해졌다. 의병은 우월한 무기를 가진 일본 정규군과의 전투에서 많은 피해를 입었다. 월성의병도 1908년 10월까지 임구희, 하거명, 김권원, 박화기, 박수기, 유춘일 등이 전사하였다. 이때부터 의병은 소규모 부대로 편성되어 유격전술로 일본군과 대적하였다.

의병이 약화되자 이 지역에 주둔했던 일본군은 1909년 2월 2일 호남의병 진압을 위해 순천으로 이동하였다. 그리고 일본군 제14연대 제3중대 1소대가 2월 6일자로 이곳에 주둔하였다. 일본군 주둔지는 현재 세무서가 있는 자리였다.

1909년 3월 북상 월성에서는 문태수, 전성범, 박준실, 유종란 등 4명의 의병장

월성의병의 산 증인, 월성 황점의 300년 수령의 고욤나무

이 연합하여 약 100명의 의병부대를 이끌고 있었다. 3월 10일 경찰서 순사, 일본군 수비대, 거창과 안의 헌병대는 연합하여 의병 '토벌'에 나섰다. 이때 거창경찰서는 일본인 순사 3명, 한국인 순사 6명을 변장시켜 정찰로 보냈으며 거창수비대 일본군 6명을 척후로 파견하였다. 3월 13일 의병 34명은 일본군이 읍을 비운 틈을 타고 내려와서 장팔리 김수복의 집을 침입하여 엽전 124냥을 빼앗았다. 일본군이 밀정을 이용하여 의병 '토벌'에 나섰다면, 의병은 유격전술로 맞섰던 것이다.

연수사 1910년 거창의병은 감악산 연수사에서 마지막 항전을 벌였다.

　의병의 유격활동은 계속되었다. 1909년 3월 25일 의병은 삼가와 진목에서 한국인 순사 신재균을 체포하였다. 4월 5일 의병 6명이 주상면에서 유백운 집을 습격하여 그를 구타하고 금품을 징발했으며, 4월 7일에는 가북에서 의병 5명이 홍치안 부자를 납치하였다. 4월 12일 가북 우혜를 습격한 의병 5명은 마을의 자위대원과 싸웠으며 이어서 남흥면 불계리의 조국서 집에 침입하여 금품을 탈취하였다. 4월 23일 의병장 유종환은 의병 23명을 인솔하고 가북 어인을 점령하였고 이튿날 신방에서 이장을 체포하고 금품을 빼앗았다. 4월 25일 새벽 일본군 수색대는 양각산으로 후퇴하는 의병부대를 공격하였다. 이때 전투에서 의병 4명이 전사하고 의병장 유종환과 의병 9명이 일본군에게 사로잡혔다.

　이후에도 의병의 활동은 지속되었지만 세력이 한층 약화되었다. 1909년 8월 5일에 의병 4명이 남흥면 이소사의 집에서 금품을 빼앗았고, 18일 의병 8명이 한국인 순사를 공격하였다. 이때부터 귀가하여 체포되는 의병의 수가 점차 증가하였다. 그리하여 9월이 되면 경상남도에 의병장 3명, 의병 200명이었을 정도로 위축되었고 의병의 공격도 단 3회에 그쳤다. 의병은 1909년 10월 10일 위천에서 벌채 중이던 일본인 5명을 공격하여 1명을 처단하였다. 10월 23일에는 의병 7명이 안의 지역에서 군자금을 모금하다가 4명이 체포되었다.

덕유산의병의 활동은 1910년까지 지속되었지만 1910년 5월 25일 무풍전투에서 의병 76명이 전사함으로써 결정적인 타격을 입었다. 그해 6월 10일 의병 5명, 7월 24일 의병 12명이 연수사에서 전사하였다. 7월 30일 덕유산의병 60명 중 21명이 전사하였고 곧이어 5명이 전사하였다. 8월 2일 무풍에서 의병 50명 중 17명이 전사하였다.

1910년 8월 23일 대한제국이 멸망하였다. 문태수 의병장은 1910년 경술국치 후 도피하던 중 1912년 서상면장의 고발로 안의 헌병대에 체포되었고 이듬해 2월 경성감옥에서 자결하였다. 거창의병은 주권상실 그날까지 일제와 맞서 싸웠던 위대한 투쟁이었다.

협조하는 자와 저항하는 자

1908년 2월 17일 거창군수 양재건은 그의 하인 한성대를 웅양면장 이준홍에게 보내 훈령을 전달하였다. 그때 웅양면에 들어와 있었던 의병 40여 명은 한성대를 잡아 문책한 결과 그가 군수의 전령이라는 사실을 밝혀냈다. 의병은 한성대를 적화면으로 끌고 가 총살하였다. 그의 시체 위에는 다음과 같은 글이 놓여 있었다.

슬프도다! 거창의 모든 군민들아. 웅양면에 살고 있는 큰 역적 이준홍은 왜놈과 같은 심보를 가지고 의병들을 모두 몰살하려고 한다. 거창의 큰 역적 양재건에게 보고하여 왜적들을 불러들이려고 하인 한성대에게 보고문을 보내어 정탐하다가 의병에게 붙잡혀서 총살당하게 된 것이니, 한성대는 그의 죄가 아니라 이준홍의 죄로 죽은 것이다. 한성대의 말을 들어보니 모든 일이 죽일 죄가 아닌 것이 없으니 이준홍은 반드시 한성대로 말미암아 죽게 될 것이다. 이준홍은 살이 썩어 진흙이 되고 뼈가 재로 남을지라도 오히려 그 죄가 남으리다. 아! 거창 군민들이여 이를 잘 살펴 알기 바라노라.

– 거비발 제66호의 1, 「폭도토벌편책」

의병은 일제에 협조하고 있던 거창군수 양재건, 웅양면장 이준홍에게 큰 적대감을 가지고 있었다. 적화면장 이두찬과 웅양면 집강 엄주석이 이를 급히 군수에게 신고하자, 경찰분서장 경부 키타하라(北原)가 수사에 착수하였다. 2월 22일 경찰분서장은 일본인 순사 7명과 한국인 순사 3명 및 통역 등을 이끌고 웅양면 산포에 도착하여 한성대의 사체를 검시하였다. 그 후 각 면에 밀정을 풀어 의병을 수배하였다.

그때 합천 수비대장 우다가와(宇田川) 특무조장이 일본군 16명과 합천주재소 일본인 순사를 이끌고 도착하였다. 경찰과 군대는 면 지역을 빠짐없이 정찰하였으나 얻은

웅양면 산포마을 개항기 산포마을은 거창에서 가장 개명된 마을 중 하나였다.

바가 없자 다시 적화면을 수색하였다. 수색대는 그곳에서 1박한 다음 이튿날 고제로
넘어가 수색을 계속하였다.

　일제의 의병 토벌 작전으로 지역민들은 큰 고통을 당하였다. "거창군에서는 수비
대가 올 때마다 하물 운반을 위해 무상으로 인부를 차출하여 소와 말과 같이 몽둥이를
휘두르고 심하면 구타하였다. 또한 면장, 동장도 성실하게 협조하고 있음에도 불구하
고 때때로 구타당하는 등 곤란이 극에 달하였다. 그들은 한편으로는 의병에 박해를 받
고 다른 한편으로는 수비대의 압제, 가혹함에 괴로운 상태로 도저히 잠시도 편안할 수
없다는 원성이 나오고 있다." 일제 경찰의 보고이다.

**행정구역의
변화**

1910년 한반도에 조선총독부를 설치한 일제는 지방제도를 개편하였다. 이해에 구역을 정리하고 면을 행정단위로 설정하였으며, 면장이 그 지역을 통치하도록 하였다. 일제는 1914년 지방 관제를 대폭 개편하고 군과 면을 통폐합하였다. 기존의 317개 군을 220개 군으로 줄이고 4,622개 면을 2,500여개 면으로 축소하였다. 면 아래에 있던 동리도 통폐합하여 7만여 개에 달하던 동리를 3만여 개 이하로 줄였다. 동리에는 동리장을 폐지하고 구장을 두었다. 1917년 일제의 지방 행정체계는 전국 13도, 12부, 317군, 4,408면으로 확정되었다.

1914년 거창의 행정구역이 개편되었다. 당시 안의군에 속했던 마리, 위천, 북상지역과 삼가군에 속했던 신원지역이 거창군에 편입되었다. 이때 거창군은 오늘날과 비슷한 행정구역이 되었다. 1927년 이후 거창군은 13개 면, 즉 거창면, 읍외면(월천면), 주상면, 웅양면, 남상면, 남하면, 가조면, 가북면, 고제면, 마리면, 위천면, 북상면, 신원면으로 정리되었다. 일제는 면장을 대부분 교체하여 면 지역에서 덕망, 자산, 세력의 세 가지 측면에서 영향력 있는 인물을 면장으로 임명하였다.

1917년 조선총독부는 '면제'에 대한 법령을 공포함으로써 면 제도 시행을 완성하였다. 이에 따르면 각 면에서 수행할 행정업무는 다음과 같았다.

1. 도로, 교량, 선박, 하천제방, 관개배수

2. 시장, 조림, 농사, 양잠, 축산, 산업 개량, 해충구제

3. 묘지, 화장장, 도살장, 상수도, 하수도, 전염병 예방, 오물처리

4. 소방, 수방

5. 기타 총독부 허가 사항

　1910년대 각 면에는 면사무소가 설치되었고 그곳에서 면장이 식민지 행정을
담당하게 되었다. 면장 아래 면서기와 회계원은 행정실무를 담당하였다. 각 마을
의 동리장은 월급이 없는 구장이 되어 면장의 행정을 도왔다. 일제는 면장과 구장
을 식민지 통치의 동반자로 끌어들여 조선총독의 지시사항을 각 지역에서 집행하
였다. 이로써 조선총독부는 각 마을까지 행정적으로 지배할 수 있게 되었다.
　일제의 지방제도 정비로 조선시대 지방제도는 자취를 감추었다. 양반조직인

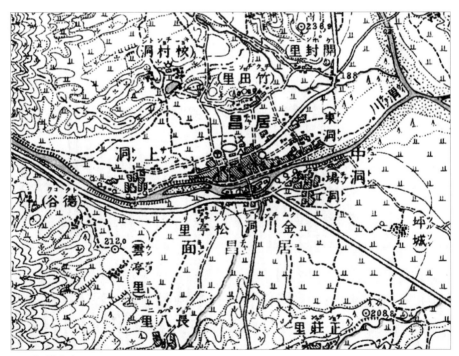

1917년 거창면 지도

향청과 그곳에 근무하는 좌수와 별감이 사라졌다. 또한 군청에서 행정업무를 보던 1백 명에 달하던 향리가 없어지고 군서기, 면서기라는 일제의 행정관리가 새로 생겼다. 면에서는 월급을 받는 면장, 면서기가 행정을 맡게 되자 기존의 각종 자치조직은 사라졌다.

일제강점기 거창군수는 양재건, 유상범, 이찬영, 정교원, 심능익, 방한복, 김성한, 백남일, 변영화, 황윤동, 이필동, 윤관, 고병권 등이었다. 안의군수는 양재건, 김병우였다. 그들은 일제 식민지 경영의 지역 대리인이었다.

한편, 일제강점기 일본인들은 지배적인 위치에 있었다. 1938년 이 지역에 거주했던 일본인은 100여 호, 400여 명이었다. 일본인은 관공서에 근무하는 관리가 대부분이었고 몇 명의 대금업자와 상공업에 투자한 자들도 있었다. 이때 이 지역에 거주하는 중국인은 직물상인과 요리업자로 8호, 20여 명이었다. 일제강점기 소수의 일본인 관리, 그의 협력자였던 조선인 관리와 경찰이 식민지 거창을 지배하였다.

1910년대 일제 통치

1910년대 조선총독부는 이 지역에 군청과 면사무소, 경찰서와 헌병대, 그리고 재판소 등 통치조직을 모두 갖추었다. 관청은 조선시대의 관아와 객사에 자리 잡았다. 현재 위치로 보면 우체국, 경찰서, 군청이 있는 일대였다. 지역 통치자는 군수, 면장, 군서기, 면서기 등 행정관료, 헌병과 경찰, 검사와 판사 등이었다.

당시 일제의 통치에 협조했던 단체로 거창지방위원회가 있었다. 지방위원회는 1907~1911년까지 활동했던 일제 협력기관이었다. 경상남도지방위원회에서 활동했던 인물로 이우형이 있었다. 지역위원들은 경술국치 전후 세금 징수를 돕고 민심 동향을 파악하는 역할을 하였다. 이들은 지역사회의 유지나 관공리로 성장하였다. 일제는 향촌세력을 친일세력으로 만들었고 향촌세력은 일제의 권력을 이용하여 지방의 세력가로 성장하였다.

거창도호부를 점령한 일본군 거창도호부 관아 입구(위)와 사비청. 일제는 거창도호부 관아에 군청, 경찰서, 헌병대, 세무서, 법원지청 등의 관청을 설치하여 거창을 지배하였다. 일본군 헌병이 일제의 관청을 지키고 있다.

『경남신문』1910년 11월 17일자 기사를 보면 거창지방위원 이우형과 신준근이 지방위원의 이름으로 보낸 글이 실려 있다. 그 명단에는 두 사람 이외에 정태균(동부면 하리), 우택구(동부면 하리), 이현원(웅양면), 이준식(웅양면 산포), 이준악(웅양면 산포), 유진팔(적화현면 송산), 류동석(고제면 산양), 이현희(주곡면 오류동), 이정봉(모곡면 동변), 김영기(모곡면 사동), 표정준(모곡면 죽동), 김성장(모곡면 서변), 변관수(갈지면 지내), 정종하(천내면 임리), 신종삼(천외면 중리), 김종우(천외면 장팔리), 이진우(남흥면 평성), 김기현(고천면 둔동), 김성범(청림면 대산), 정면석(무등면 대야촌), 어재연(가서면 동례리), 김채환(상가면 부산), 변우서(가동면 병산), 변안수(가동면 병산), 박무흥(가북면 몽석동) 등 모두 27명의 위원들이 병기되어 있다. 이들은 읍에서 각 면 지역에 걸쳐 있었다. 이들이 당시 지역의 유력인물이었다고 생각된다.

지방위원은 일제강점기 군수, 참사, 면장 등으로 나가는 경우가 많았다. 이우형은 1917년 경남지방토지조사위원회 임시위원, 1920년 거창면장, 거창군 참사, 1927년 거창금융조합장을 지냈다. 신준근은 1919년 거창군 참사를 지냈다. 총독정치 초기 지방위원들은 이후 지역유지로 성장하기 쉬웠을 것이다.

1910년대 일제의 정책은 군청, 경찰서, 헌병대 등 통치기관들에 의해서 집행되었다. 당시 국책사업이었던 토지조사사업은 1915~1916년, 1년 동안 이 지역에서 실시되었다. 조선총독부는 토지조사사업을 통해 토지소유권을 확인하고 토지세를 부과하였다. 국공유지와 미신고 토지는 조선총독부 소유가 되었다. 이때 작성된 지적도가 현재까지 사용되는 경우가 많다.

일제의 관리들은 농업을 장려하는 한편 세금 징수에 열을 올렸다. 1910년과 1911년, 계속하여 농산품 품평회가 열렸다. 지역민은 세금의 무게뿐만 아니라 세금의 횟수와 납세 방법의 복잡함 때문에 곤란을 겪었다. 또한 각종 농작물 재배강요와 현물징발로 고통을 당하였다. 무엇보다도 일제가 발표한 각종 법령이 지역민에게 "비 오듯이" 퍼부었고 미처 소화하지 못하면 엄벌에 처해졌다.

일제의 지배는 지역사의 커다란 전환점이었다. 우선 향촌 지배권력이 바뀌었다. 조선정부의 수령은 조선총독부의 친일군수로, 조선시대 향리는 군서기와 면서기로 전환되었다. 또한 조선시대 향촌세력을 대신하여 지역유지가 등장하였다. 이후 지역민들에게는 근대라는 이름 아래 각종 식민정책이 강요되었다. 일제의 지배는 이민족의 지배라는 측면에서 이 지역 역사상 초유의 사건이었다.

헌병경찰과 태형령

일제의 한반도 지배는 무력을 통한 점령이었다. 일제는 1906년 이후 주요 도시에 군대를 주둔시켰고 1915년 2개 사단으로 증편하였다. 또 1910년 대한제국의 경찰권을 강탈하고 1914년 지방 행정개편에 맞추어 1개 군에 1개 경찰서 또는 헌병관서를 설치하였다.

1907년 거창경찰분서가 설치되었고 1909년 거창경찰서로 개명되었다. 거창경찰서 아래 안의, 함양, 산청, 합천, 초계에 각각 순사주재소를 두었다. 1910년 경술국치 이후 읍에 경찰서, 각 면에 경찰주재소를 두었다. 그해 일제는 이 지역에 헌병분대를 설치하였다. 경상남도 진주헌병대 산하의 거창헌병분대는 거창군, 초계군, 합천군, 삼가군, 안의군, 함양군, 산청군을 관할하였다. 이를 위해 산청, 삼가, 권빈, 안의, 함양, 웅양에 각각 헌병분견소를 두었다. 1914년 거창헌병분대는 거창, 합천, 산청, 함양을 관할구역으로 하였다. 산청, 함양에는 헌병분견소를 두었다.

헌병경찰의 역할은 매우 광범위하였다. "헌병과 경찰관은 조선의 경찰 및 위생사무를 처리하는 것 이외에도, 범죄즉결, 민사소송조정, 검찰사무와 집달리 사무를 행하게 되었고, 도로의 건설, 삼림의 보호, 나무 심기의 장려 행정에 관여하였다. 지방에 따라서는 국경세관 사무, 산림감시 근무, 어업 조사, 우편물 보호 등에 임하고, 또 벽지에서는 일본어 보급, 실업 지도, 징세 원조, 강우량 측정, 짐승피해 구제 등에도 종사하여 행정 각 부분에 원조, 공헌한 바가 적지 않았다." 조선총독부의 헌병경찰에 대한 평가이다.

일제 헌병경찰은 막대한 권력으로 지역민들을 짓눌렀다. 일제는 경찰범처벌규칙, 범죄즉결례, 조선태형령과 같은 법을 제정하였다. 여기서 3개월 이하의 징역과 같은 범죄를 일본 헌병, 경찰이 즉결하도록 함으로써 주민들은 재판도 없이 처벌되었다. 또한 일제 경찰은 태형이라는 야만적인 형벌을 집행하였다. 태형은 규정상 1일 1회 30대 이상 때리지 못하게 되어 있었다. 그러나 실제로는 80대 또는 그 이상을 때려 기절하는 경우가 많았고 그 때문에 사망자와 불구자가 발생하였다.

1910년대 일제의 헌병경찰통치 아래 지역민은 그들의 허가 없이 어떠한 일도 할 수 없었으며 그들의 명령에 저항하면 가차 없이 태형에 처해졌다. 이 지역의 태형 기록이 없으므로 진도지역의 사례로 대신하거니와 이곳도 사정이 비슷했으리라 생각된다. "전라남도 진도는 육지면 재배 지시를 따르지 않았다. 경찰이 군수를 방문하여 요청하니 군수는 재배지를 물색하여 호출하고 파종할 것을 명령하였다. 그러나 농민의 기세가 완고하여 좀처럼 응하지 않았다. 군수는 이에 태형을 명하고 처음에는 가볍게 때리게 했지만, 여전히 승낙하지 않는 까닭에 점차 심하게 20회 엉덩이를 때렸다. 엉덩이 전체가 빨갛게 부풀어 오르자 고집을 버리고 파종할 것을 승낙하였다." 사정이 이러했으니 일제강점기 어린이들은 "순사 온다!" 하면 울음을 그쳤던 것이다.

3·1운동, 가조와 위천에서 폭발하다

일제의 지배와 수탈에 저항하여 마침내 3·1운동이 폭발하였다. 1919년 3·1운동이 전국으로 확산되자 가조에서도 독립만세운동이 일어났다. 가북면 용산리의 김병직과 가조면 동례리의 어명준은 만세운동을 일으키기로 하였다. 그들은 3월 20일 가조 장날 거사하기로 하였다.

장날 오후 가조장터에 400~500명의 장꾼들이 모였다. 두 사람은 만학정 앞에서 태극기를 높이 들고 "대한독립만세!"를 선창하였고, 군중들은 함께 독립만세를

가조 3·1운동 기념탑   위천 3·1운동 기념탑

외쳤다. 두 사람은 "조선인은 오늘부터 왜적의 손에서 벗어난 자유민이다!" 하고 외치면서 시위를 전개하였다.

　　이때 가북면 용산리에 있었던 헌병주재소의 일본 헌병들이 시위를 진압하러 출동하였다. 이 틈을 타고 김병직과 어명준은 헌병주재소로 달려가 문서를 모두 불태우고 기물을 모조리 파괴하였다. 밤늦게 일본인 헌병과 조선인 헌병보조원이 시위가담자 60여 명을 체포하여 헌병주재소로 돌아왔다. 두 사람은 체포되어 온 사람들과 힘을 합하여 일본헌병대와 난투극을 벌였다. 그러나 그들은 일본 헌병에게 체포되었고, 이튿날인 3월 21일 읍에 있는 헌병분대로 압송되었다.

　　이 소식을 접한 가조와 가북의 민중들은 분노하였다. 애국지사들은 가조면 석강리 정자나무 아래에서 대책회의를 열고 3월 22일 거창 장날 거사하기로 결정하였다. 또한 대표자 5명을 선출하여 가조와 가북 전역에 이 사실을 알리기로 하였다. 이때 결의된 내용은 다음과 같았다.

- 대표자를 선정하고 그중 5인의 책임 대표를 선출한다.
- 3월 22일 거창 장날에 독립만세를 외치고 일본 헌병분대를 습격한다.
- 3월 21일 밤을 이용하여 각 마을에 전달하여 내일 일제히 동원한다.
- 3월 22일 오전 11시까지 만학정 정자나무 아래 집합한다.
- 이 운동에 불참하는 자는 엄중히 문책한다.

이 정보는 일제경찰에게 누설되었다. 3월 22일 아침 일본군 헌병분대 헌병들이 가조면 장기리로 달려와 주동인물 오문현, 김호, 어명철, 최영순, 김채환을 끌고가 취조하였다.

그날 오후 2시 30분 가조와 가북의 군중 3천여 명은 "독립만세"라고 쓴 깃발을 앞세우고 행렬을 지어 읍으로 향하였다. 시위행렬이 살피재를 넘어 둔마마을에 이르렀을 때, 거창헌병분대와 용산헌병주재소의 헌병들이 합세하여 공포를 쏘며 군중을 해산시키려고 하였다. 군중이 해산하지 않자 일본헌병은 군중을 향해 발포하였다. 이때 사망자 5명, 부상자 4명이 발생하였다. 그리고 1백여 명이 체포되어 일본헌병대로 끌려가 고문과 태형을 당하였다. 가조의 만세운동으로 5명이 구속되었다.

가조의 만세운동이 있은 지 채 20일이 되지 않아 위천에서 만세운동이 일어났다. 위천면 장기리 정대필, 유희탁은 정수필, 유한탁, 이준형과 함께 만세시위를 계획하였다. 그들은 4월 8일 위천 장날을 거사일로 정하고 사람들에게 연락을 취하였다. 장날 정오 주동자가 태극기를 흔들면서 "대한독립만세!"를 외치자 장터는 삽시간에 감격과 흥분의 도가니가 되었다. 시위대는 헌병주재소를 습격하여 돌을 던지면서 "우리는 독립국이니 일본인은 물러가라!"고 함성을 질렀다. 일본 헌병은 총검을 휘두르며 군중을 해산시켰고, 체포된 정대필, 유희탁은 거창헌병분대로 압송되었다. 그들은 각각 3년형을 선고받았다.

3·1운동은 이 지역 최대의 민족운동이었다. 이 운동에는 사상과 계층에 관계없이 모든 사람들이 참가하였다. 지주와 지식인도 농민과 함께하였다. 가조에서는 마을과 문중이 군중 동원에 앞장섰다. 가조와 위천 시위 모두 일제에 무력으로 저항한 폭력투쟁이었다는 특징도 가지고 있다. 3·1운동은 외세에 맞서 지역민들이 모두 단결한 점에서 임진왜란 때의 의병과 쌍벽을 이룬다.

유림이 독립을 청원하다

1919년 1월 고종이 승하하였다. 이때 서울에 모인 유림들 사이에 파리강화회의에 독립청원서를 제출하자는 의논이 일어났다. 당시 영남유림의 대표인 곽종석은 가북면 다전마을에 살고 있었다. 유림들은 독립청원에 곽종석이 나서 줄 것을 요청하기로 하고, 2월 19일 곽종석의 제자 윤충하를 가북으로 파견하였다. 곽종석은 2월 27일 자신의 제자 김황과 조카 곽윤을 서울로 보내 김창숙을 만나 유림의 거사를 도모하게 하였다.

3·1운동이 발발한 후 서울의 유림은 곽윤과 김황을 다시 곽종석에게 보내 독립청원서 작성을 요청하였다. 김창숙, 이중업, 김정호, 성태영, 유진태 등의 유생들은 전국에서 서명자를 모았다. 김창숙이 가북으로 와서 곽종석을 만났을 때 곽종석은 "나는 나라 잃은 늙은이로 죽을 곳을 찾지 못하였는데 이번 전국 유림의 거사에 앞장서서 천하만국에 대의를 외치고자 한다. 그것은 노부가 죽을 곳을 얻는 날이

다전마을 면우 곽종석이 말년에 거주하던 곳으로, 일제강점기 중촌으로 개명되었다가 1995년 해방 50주년을 맞이하여 원래 이름을 되찾았다.

파리장서비

다.”라고 말하면서 자신이 지은 독립청원서를 김창숙에게 내놓았다. 곽종석은 독립청원서 전문을 김창숙에게 외우게 하고 문서를 미투리 한 켤레로 짜서 서울로 보냈다.

　그때 충청도 유림은 독자적으로 독립청원운동을 준비하고 있었다. 영남유림은 서울에서 충청도 유림을 만나 함께 행동하기로 합의하였다. 그리고 파리강화회의에 보낼 독립청원서를 곽종석이 기초한 글로 통일하고 137명의 유생이 서명하였다. 여기에 서명한 지역 유림은 곽종석, 김재명, 윤인하, 이승래, 변양석, 박종권, 윤철수 등이었다.

　3월 23일 김창숙은 일제경찰의 눈을 피해 용산역을 출발하였다. 그는 다음 날 만주 안동역을 거쳐 3월 28일 상하이에 도착하였다. 김창숙은 이동녕, 이시영, 조선한, 신규식, 조완구, 신채호 등 독립운동 지도자들을 만나 파리로 갈 계획을 의논하였다. 그 결과 김창숙이 직접 파리로 가기보다 이미 파리에 가 있던 김규식을 통하여 독립청원서를 제출하기로 하고, 청원서를 영어, 불어, 독일어로 번역하여 수천 부를 인쇄하였다. 그는 독립청원서를 파리강화회의에 보내는 동시에 중국과 세계 각국의 공사관, 언론기관, 그리고 국내의 향교에 발송하였다.

유림의 독립운동이 널리 알려지자 일제경찰은 국내에서 유림들을 구속하였다. 곽종석은 4월 18일 구속되어 21일 대구감옥에 수감, 5월 15일 공판을 받아 2년 형을 선고받았다. 이에 곽종석은 "우리는 범법자가 아니라 포로이다. 우리는 원수들에게 구차하게 용서를 바라지 않는다. 호소할 곳은 오직 하늘뿐이다."라고 말하였다. 곽종석은 병보석으로 풀려났으나 10월 27일 74세로 가북 다전에서 별세하였다.

이처럼 1919년 유림의 독립운동은 거창에서 비롯되었다. 곽종석이 작성한 독립청원서를 파리장서라고 부른다. 파리강화회의에 보내는 긴 글이라는 뜻이다. 곽종석은 이 글에서 "한국은 만방의 하나로 삼천리강토와 2천만 겨레의 4천여 년의 유구한 역사를 가진 문명국"이며, "나라 없는 삶보다 나라 있는 죽음을 떳떳하게 여기며", "우리는 죽음을 택할지언정 일본의 노예가 되지 않을 것이다."라고 선언하였다. 현재 침류정 뜰에 파리장서비가 서 있다.

1919년 우리 민족은 3·1운동을 전개하면서 파리강화회의에 독립청원서를 보냈으나 한민족의 독립은 허용되지 않았다. 한민족은 1921년 미국에서 개최된 워싱턴회의에 대표단을 파견하고 독립청원서를 제출하였다. 이 청원서에는 13도 대표, 260개 군 대표, 구 왕실·귀족 대표가 서명하였다. 거창군 대표로는 변영주가 서명하였다. 워싱턴회의에서도 한국의 독립문제는 논의조차 되지 않았다.

제1차 세계대전 이후 지역민들이 벌인 3·1운동, 파리장서운동, 워싱턴독립청원은 모두 실패로 끝났다. 한민족의 독립은 제2차 세계대전으로 일제가 패망할 때까지 기다려야 했다.

나라도 임금도 없는 외로운 백성

주상면 연교리 유생 이주환은 1910년 일제에 납세를 거부하였다. 군청에서 그를 잡아가자 그는 "나라가 망하고 없거늘 누구에게 세금을 바친단 말이냐!"라고 꾸짖고, "왜놈의 입김이 간 음식은 먹지 않겠다."며 단식을 하였다. 그는 석방 후에도 한 푼의 세금도 내지 않았다. 일제 헌병이 그를 잡아가서 강제로 손도장을 찍게 하자 그는 분노에 차서 집에 돌아와 자신의 엄지손가락을 잘라 버렸다.

1919년 1월 22일 고종황제가 세상을 떠나자 이주환은 흰 삿갓을 썼다. 1월 30일 주상면사무소로 가 면장에게 자신의 민적을 요구하여 찢어 버렸다. 이주환은 그 길로 거창읍 침류정으로 달려가 절명시 한 수를 남기고 자결하였다.

> 나라도 임금도 없는 외로운 백성
> 슬프게 바라 우는 가련한 정이로다
> 삼천리강토가 비록 넓다고 해도
> 일흔 늙은이 떳떳이 다닐 수조차 없구나
> 서산에서 캐는 고사리는 눈에 자주 푸르렀고
> 동녘 하늘에 달은 마음을 비추어 밝았도다
> 끝없는 통한을 어디에 호소할 것인가
> 지하에서 우리 임금 모실 것을 맹세하노라

이주환이 죽은 지 며칠 후인 2월 7일 남하면 안흥마을의 여든한 살의 윤봉의가 스스로 목숨을 끊었다. 그는 1905년 을사늑약 이후 자결하려고 하였으나 고종황제가 살아 있으니 어찌 임금보다 먼저 죽겠느냐고 하였다. 그러다가 1919년 고종이 승하하자

침류정과 이주환 순절비 현재 거창읍 상림리 영호강변에 있는 침류정 뜰에 이주환 순절비, 파리장서비가 서 있다.

목숨을 끊었던 것이다.

　이주환과 윤봉의는 조선왕조에 충성을 다한 향촌의 지조 있는 선비였다. 두 열사가 죽은 직후 이 지역에서 3·1운동과 파리장서운동이 전개되었다. 이들이 10년 동안 망국인으로서의 구차한 목숨을 유지하다가 자결했을 때 지역민들은 목숨을 건 독립운동에 나섰던 것이다. 방법은 달랐지만 뜻은 하나였다.

　두 열사가 순국했던 1919년은 지역사의 큰 분기점이었다. 이해를 전환점으로 독립운동의 주체가 교체되었다. 이전까지의 독립운동가는 지식층 위주였고 유생들도 큰 역할을 담당하였다. 그러나 이후의 민족운동은 민중이 중심이 되었다. 이 지역의 청년, 농민, 노동자, 종교인 등이 민족해방운동의 중심에 섰다. 지식인 중에서 독립운동을 계속한 인물도 있었지만 일제의 통치에 협조하는 인물이 증가하였다. 3·1운동이 일어났던 1919년을 분기점으로 지사 중심의 독립운동은 민중 중심의 민족해방운동으로 전환되었다.

4. 민족해방투쟁의 전개

**거창청년회의
조직과 활동**

일제강점기 최초의 청년단체는 아림청년회였다. 초창기 아림청년회는 회원이 수백 명에 달했으나 곧 모임이 지지부진해졌다. 이에 주남재는 1920년 아림청년회를 거창청년회로 바꾸어 다시 세웠다. 거창청년회는 "정신적·물질적 신생활 자각"을 목표로 하였다. 그 사상은 제1차 세계대전 이후 세계를 풍미한 세계개조론, 사회개조론의 영향은 받은 민족주의였다.

거창청년회는 300여 명의 회원과 2만여 원의 자금을 모금하여 본격적인 활동에 나섰다. 1922년에는 재외동포돕기 모임을 침류정에서 열었는데 400여 명이 참가하였다. 1924년부터는 매월 강연회를 개최하기로 하였다. 그해 3월 29일 첫 강연회의 주제는 생활개조에 관한 것이었다.

1925년 3월 7일 청년회는 대혁신 총회를 개최하고 강령을 제정하였다. 총회는 대중본위를 목표로 단결하자는 강령과 함께 다음 사항을 토의하였다.

- 신진 청년을 훈련시키기 위하여 독서회, 강연회를 수시로 개최할 것
- 국제청년데이를 기념할 것
- 노동자, 농민운동을 적극적으로 후원할 것
- 계급의식을 촉진하기 위해 노동야학을 조직할 것
- 5월 1일을 거창청년데이로 정하고 기념할 것

- 신여성운동을 촉진하며 여자야학회 및 강연회를 수시로 열 것
- 각 단체와 연합하여 사기단체 훔치교를 박멸할 것
- 조선청년동맹에 가입할 것
- 경남청년대회발기회에 참가할 것
- 각 단체와 연합하여 거창유치원을 세울 것

청년회 신임집행위원은 신용희, 이석모 등 25명이었고 상무위원은 5개 부서 14명이었다. 총무부는 주남재·이상직·신창선, 재무부는 주정민·신경재, 교무부는 김영후·이태정·장대희, 조사부는 장판암·전태선·김득수, 운동부는 서재년·김우판·이계갑이 맡았다. 청년회의 혁신은 1924년 사회주의자들이 주도하는 조선청년총동맹의 창립에 따른 것이다. 이때부터 당시 식민지 조선을 풍미하던 공산주의 사상이 이곳까지 영향을 미치기 시작하였다.

청년회는 1925년 5월 28일 거창시장에서 시민대운동회를 개최했으며, 이어 노동야학을 열었다. 그해 8월부터는 매주 토요일 오후 8시 거창청년회관에서 독서회를 가졌고, 11월에는 거창기독교면려회와 함께 공창, 흡연, 아편 폐지운동을 벌였다.

청년회는 1926년 8월 21일 새로운 거창청년회관을 준공하였다. 이날 낙성축하식에는 200여 명이 참가하여 성황을 이루었으며, 서화전람회, 주산경기대회, 윷놀이대회, 웅변대회 등이 개최되었다. 청년회관 건축을 둘러싸고 김천동의 청년단

거창청년운동을 보도한 『동아일보』 기사(1925년 3월 12일)

이 총무부원 탄핵안을 제출하여 임원 일부가 일시 사임하는 등 침체기가 있었다.

1927년 청년회는 연극 공연, 도서관 개설, 음악회 등의 활동을 계속하였고, 청년회 주최 추석시민운동회에서는 수십 종의 경기가 열렸다. 1929년 8월 제3회 시민운동회에서는 20여 종의 경기가 열려 수만 명의 관중이 참관하였다.

무엇보다도 청년회의 가장 큰 업적은 재정난과 경찰의 간섭에도 불구하고 지역의 빈민 아동에게 무상교육을 실시한 보성학원을 지속해 온 일이다. 그 밖에 각 지역에 가조청년회, 위천금원산청년회, 남상노동청년회, 남상청림청년회, 남하무릉청년회, 신원청년회 등이 있었다.

청년운동은 일제강점기 가장 활기찬 지역운동이었다. 그 중심에는 주남재가 있었다. 주남재는 기독교 신앙을 가진 민족주의자였다. 거창청년회의 사상은 민족주의가 중심이었고, 그 운동론은 실력양성론이 주류를 이루었다.

신간회 창립과 거창청년동맹

1927년 10월 22일 신간회 거창지회가 창립되었다. 신간회는 1927년 민족주의자와 공산주의자가 연합하여 조직한 일제강점기 최대의 사회단체였다. 이날 창립대회에는 중앙에서 홍명희와 안재홍이 참석하였다. 이들은 일제강점기 이 지역을 방문한 가장 저명한 독립운동가였다.

신간회 거창지회 창립대회는 성황을 이루었다. 오전부터 음악을 울리는 선전대 자동차가 일대를 누볐으며 신간회의 강령이 실린 붉고 푸른 선전지가 시내에 뿌려졌다. 오후 4시 청년회관에는 48명의 회원이 모여 창립대회를 열었다. 창립대회는 임유동의 개회사에 이어 임시의장 주남재, 서기 정우석이 선출되어 경과 보고, 취지 설명, 강령 규약 통과, 각지에서 온 신간회 축전 낭독 순으로 진행되었다. 그 후 안재홍, 홍명희의 신간회 현황 보고, 유용묵의 축사가 있었다. 대회는 임원 선출 후 만세삼창으로 마쳤다.

신간회 거창지회는 서무부, 재정부, 조직부, 선전부를 두었다. 임원은 회장 윤병수, 부회장 주남재, 간사 이종호, 신익재, 윤기상, 정우석, 신용희, 황창석, 서재년, 이상직, 주정민, 최성환, 전태선, 신창선, 신권재였다. 제1회 간사회의는 창립 총회 직후에 열렸다.

그날 저녁 8시 홍명희, 안재홍의 기념강연회가 열렸다. 홍명희는 "선전의 종류와 방법", 안재홍은 "영원한 투쟁"이라는 주제로 수백 명의 청중에게 열변을 토하였다.

신간회 거창지회는 일제 경찰의 간섭으로 제대로 활동할 수 없었다. 1928년 4, 5차례나 간사회의를 소집했는데 출석한 간사는 항상 회장과 서기뿐이라서 한 번도 토의를 하지 못하였다. 또한 그해 창립기념식도 제대로 열리지 못하였다.

신간회의 창립은 민족주의와 공산주의의 민족통일전선 결성이라는 큰 의의를 가진다. 1920년대 공산주의가 유입된 이후 한국의 독립운동계는 민족주의계열과 공산주의계열로 분열되었다. 신간회는 일제와 타협을 거부하고 절대독립을 주장했던 민족주의자와 공산주의자의 연합전선이었다. 신간회 거창지회 회원도 두 계열의 인사들이 결합되어 있었으나 민족주의계 인사들이 우위를 점하였다. 신간회 거창지회는 이 지역의 민족유일당이었다.

한편, 1928년 조선청년총동맹 경남연맹이 결성되면서 거창청년회는 거창청년동맹으로 전환되었다. 청년동맹은 사회주의적 색채가 강하여 민족해방운동, 노동자농민운동 지원, 메이데이(노동절) 행사, 사회주의 기념식 등의 사업을 추진하면서 일제에 저항하였다. 합천에서는 공산주의 청년들이 구속되는 사건도 있었지만, 거창청년동맹은 민족주의자 중심이었다. 청년동맹은 조선청년총동맹이 추진하는 여러 가지 공산주의운동에 참가하지 않았고 공산주의 검거사건에 연루된 일도 없었다.

1931년 청년동맹 제3회 총회에서 선출된 임원은 집행위원장 신성재, 위원 이오판, 변경식, 신중업, 신두재, 권진홍, 김두진, 신우철, 전을용, 신중길, 신쾌봉,

정완영, 이근채, 그리고 후보위원으로 박금득, 이삼득, 정한원, 검사위원장에 장대희, 이건용이었다. 청년동맹은 보성학원 운영 등 이전의 거창청년회가 실행했던 활동을 계속하였다.

청년동맹의 활동은 안팎으로 상당한 제약이 따랐던 것으로 보인다. 1932년 간부였던 신희종이 "모든 것이 뜻대로 되지 아니하므로 세상을 비관하고 자살"했고, 그해에 청년 신성과 신병항은 독립운동을 하러 중국으로 떠났다.

농민운동과
노동운동

1920년대 거창소작인상조회가 조직되었다. 상조회는 1923년 11월 15일 침류정에서 주남재의 사회로 총회를 열고 회장에 유상범, 부회장에 주남재를 선출하였다. 상조회의 이사에는 김학교, 서기에는 장정희, 찬성원에는 이현빈, 신준근, 황용구, 이우형, 김창수, 우상현, 그리고 평의원에는 김기년, 전병철, 장기호, 신정용, 장극천, 신용근, 박정하, 신원기, 신석민이 선출되었다.

상조회는 소작농에게 가장 절실했던 지세와 소작료 문제를 지주와 협의하여 해결하고자 하였다. 1924년 소작인상조회는 거창군노동회로 전환하였다. 간부는 위원장 김병우, 위원 주남재, 장기상, 김학규, 정준식 등이었다. 그러나 거창소작인상조회는 농민단체라기보다는 지주단체였다. 중앙조직인 조선소작인상조회는 1921년 친일매국노였던 송병준이 조직한 단체로 일제에 협력하기 위한 지주들의 이익단체였다. 따라서 거창소작인상조회는 소작농들의 이해관계를 대변할 수 없었다.

농민운동은 1920년대 후반부터 본격화되었다. 지역의 농민운동이 공산주의의 영향을 많이 받았던 것은 시대의 조류와 일치했다. 1920년대 민족해방운동론으로 공산주의가 확산됨에 따라 지역인들 중에 공산주의를 수용하는 사람들이 늘어났다. 청년들은 독서회, 농민단체, 노동단체를 조직하여 민족해방투쟁을 전개하였다.

일제강점기 침류정의 모습 1924년 거창노동회가 창립된 장소로, 일제강점기 거창소작인상조회 등 여러 모임이 종종 이곳에서 열렸다. 침류정은 조선 명종 때인 1552년에 처음 세워졌다. 현재의 침류정은 1933년 홍수로 유실된 것을 1992년에 중건한 건물이다.

1927년 거창농민독서회사건으로 7명이 구속되었다. 그들은 1926년 3월 전북 정읍에서 체포되어 취조를 받고 12월에 기소되었고, 1927년 4월 1일 진주지방법원 재판에서 3년에서 1년까지 구형되었다.

1931년 11월 3일 거창농민동맹 소속 신희종 등 8명이 검거되는 사건이 발생하였다. 그들은 가하단을 조직하여 활동했는데 이때 농민동맹을 조직하기로 하고 준비인원을 선거하여 맹원 모집을 하다가 검거되었다. 그들은 전국적인 농민조직인 조선농민총동맹의 거창지부를 건설하고자 하였다.

1930년대 낙동강농민조합운동이 일어났다. 낙동강농민조합은 낙동강 일대 농민조합 연합체였다. 당시 공산주의자들은 소작쟁의, 노동쟁의를 통한 민족해방운동을 목적으로 '적색농민조합', '적색노동조합'을 조직하여 혁명적 농민·노동운동을 격렬하게 전개하고 있었다. 낙동강농민조합도 그중 하나였다.

　거창경찰서는 1932년 10월 22일 거창읍 하동의 함옥정 등 청년 18명을 갑자기 검거하였다. 그해 12월 1일 함옥정 등 5명을 진주로 이송하고 13명을 석방하였다. 구속된 사람은 고물상을 하던 함옥정(26세), 사방공사 인부 신양재(21세), 무직 차소돌(20세), 무직 오중수(20세), 제화공 심시돌(21세), 사방공사 인부 조재봉(20세)이었다. 이들은 1933년 6월 23일 1차 공판을 받고 6월 30일 판결을 받았다. 함옥정은 1년 6개월, 신양재·차소돌·오갑수는 1년 3개월, 심시돌·조재봉은 1년의 징역형을 선고받았다. 죄목은 치안유지법 위반이었다. 치안유지법은 1925년 일제가 공산주의자와 독립운동가를 탄압하기 위해 만든 일제강점기 대표적인 악법이었다.

　한편, 1924년 지역의 노동자조직인 삼진노동공제회는 남선노농동맹에 가입하여 활동하였다. 1927년에는 거창노동조합이 조직되었다. 노동조합은 그해 4월 4일 거창읍 하동 이춘백의 집에서 창립총회를 열었는데 참석자는 250명이었다. 총회 후 회원들은 노동조합기를 선두로 풍물을 울리면서 시내행진을 벌였다. 조합장은 장정주, 부조합장은 신창선, 간사는 조정수였다. 4월 9일 간부회의는 노동 중 부상 치료비는 고용주가 부담할 것, 부당한 노동지시를 거부할 것, 곡물상 노동자의 잡역에 임금을 지불할 것 등을 결정하였다. 그리고 고문으로 신창재, 신용희, 주남재, 이종호를 확정하였다. 1926년 조합원은 600명이었고 이후에도 계속 증가하였다. 가조에서는 1927년 9월 31일 50명의 조합원으로 가조노동조합이 창설되었다.

　농민·노동단체는 1924년에 결성된 조선노농총동맹, 1927년에 개편된 조선농민총동맹, 조선노동총동맹과 연결되어 있었다고 생각된다. 농민·노동운동은 점차 공산주의의 영향이 강해졌으나 민족주의의 성격도 유지되었다.

**기독교
민족운동**

일제강점기 종교는 불교와 기독교가 주류를 이루었다. 이 지역 불교는 사찰 3개, 승려 5명에 불과하였다. 기독교는 장로교로서 본부는 거창읍교회였고 신도 수는 400여 명이었다. 면 지역에는 6개소의 교회, 200여 명의 신도가 있었다. 당시 이곳에 호주 선교사 5명이 파견되어 교회를 관리했는데 그 관저는 현재의 샛별초등학교 자리에 있었다.

기독교 청년들은 기독청년회, 여자기독청년회를 중심으로 활동하였다. 기독청년회는 1922년 6월 16일 창립되었는데, 회장 심문태, 부회장 겸 총무 주남선, 서기 이상직, 회계 유주원, 종교부장 고운서, 교육부장 주남재, 운동부장 이상직, 사교부장 김학규, 실업부장 신도출, 구제부장 유주원이었다. 기독청년회는 그해 7월 13일 강연회를 개최하고 11월 17일 황해도 수재민돕기 연극공연을 후원하였다. 1923년에는 보신강습소를 열어 소외학생들에게 보통교육을 시작하였다.

기독청년회는 1924년 3월 24일부터 29일까지 조선어강습회를 열었다. 강사는 한글 연구로 이름이 높은 조선어연구회의 이윤재였다. 그는 성음론, 품사론, 문장론, 논문독해, 번역, 조선어학사, 표절어, 문자용법, 속기법을 강의하였다. 이러한 활동으로 1925년 5월 3일 기독청년회 간부 주남봉, 목사 김길창, 교인 유기도, 김영후가 경찰서에 검거되기도 하였다. 1927년 기독청년회원은 40여 명, 여자기독청년회원은 150여 명이었다.

읍교회 내에 선교사가 후원하는 명덕여학교가 있었다. 1924년 명덕여학교에서는 유치원 설립을 위한 기성회를 조직하고 500명을 모아 강연회를 열어 기금을 모집하였다.

기독교 독립운동은 읍교회를 중심으로 진행되었다. 읍교회의 장로 오형선, 조사 고운서, 주남선은 평양에서 비밀리에 조직되었던 대한국민회와 연락하여 경남전도대를 조직하였다. 1919년 9월 오영선이 장로교 평양 총회에 참가한 후 고운서가 경남전도대 거창지회를 조직하였고, 당시 평양신학교 학생이었던 주남선과 연

죽전마을과 호주 선교사 저택 죽전마을과 그 위에 호주 선교사 저택이 보인다. 1930년경의 사진으로 현재의 샛별초등학교 자리이다. 주위에 주남선, 주남수의 집이 있었다.

락하여 독립운동 자금을 전달하였다. 대한국민회는 대한민국임시정부와 연락하여 독립운동을 추진하고 있었다. 경남전도대는 겉으로는 전도를 내걸었지만 실제로는 독립운동을 벌이면서 독립운동 자금을 모금하였다. 경남전도대는 진주에 본부를 두고 통영, 남해, 거창을 중심으로 활동하였다.

　1921년 경남전도대는 일제에 발각되어 진주에서 재판을 받았다. 검사는 고운서에게 징역 2년을 구형하였다. 이때 고운서는 재판정에서 "내가 독립운동에 관한 행동을 했다고 하더라도 범죄라고 할 수 없다. 왜냐하면 우리 조선의 독립은 조선 이천만 동포의 행복일 뿐 아니라 동양의 평화 유지상 큰 행복이며 널리 말하면 세계 평화의 기초이다."라고 당당하게 주장하였다. 이때 일본인 판사는 "너에게 이익되는 말만 하라."고 제지했고 검사는 판사에게 독립에 대한 변론으로 시간을 보내지 말라고 요구하였다. 고운서는 징역 1년을 선고받았다. 이때 기독교인 독립운동에 대한 검거가 진행되고 있었다. 이 일은 뒤에서 다시 다루겠다.

그 후 읍교회 목사가 되었던 주남선은 일제가 강요한 신사참배에 대한 반대투쟁을 벌였다. 일제는 1937년 읍교회와 명덕여학교에 신사참배를 강요하였다. 호주 선교사들은 신사참배에 반대하여 철수하였고 명덕여학교는 폐쇄 위기에 빠졌다. 1938년 장로회는 신사참배를 결정하였고 그해 9월 읍교회도 신사참배를 결정하였다. 1939년 2월 명덕여학교 학생들은 신사참배를 행하였다. 당시 신사는 현재의 충혼탑 자리에 있었다. 이때 주남선 목사는 읍교회를 떠나 신사참배 반대운동을 벌이다가 1938년 경찰에 체포되었다. 그는 잠시 석방되었으나 1940년 다시 체포되어 구속되었다. 그는 감옥에서 해방을 맞았다. 주남선은 본명이 주남고였는데 옥중에서 이름을 주남선으로 바꾸었다.

형평운동이 일어나다

1930년 9월 가북면 중촌에서 백정이 살해되는 사건이 일어났다. 한만이(56세)의 아들이 같은 동네에 사는 백정 유태식(42세)의 콩밭에서 꼴을 베다가 곡식을 상하게 하였다. 유태식이 그를 꾸짖자 한만이는 "백정이 양반의 자식을 때리며 욕설을 한다."고 하며 유태식을 곤봉으로 난타하였다. 일주일 후에 유태식은 사망하였다.

이 사건에서 보듯이 일제강점기에도 백정에 대한 사회적 차별이 여전히 남아 있었다. 일제는 호적의 백정 이름에 붉은 점을 찍어 표시하였다. 당시 백정은 사회적 차별을 받은 것은 물론이고 백정의 아들은 학교에 들어갈 수도 없었다. 이에 백정들은 평등을 외치며 1923년 진주에서 조선형평사를 창립하였다.

1923년 조선형평사 거창분사가 창립되었으나 별다른 활동이 없었다. 1926년 형평사 중앙본부의 지시와 김상석, 이덕재 등의 열렬한 활동으로 이곳에 형평청년회가 정식으로 창립되었다. 처음에는 5월 2일에 창립식을 열기로 계획하였으나 순종이 승하하자 애도의 뜻으로 연기하였다.

거창형평사 창립 3주년 기념식(1926년)

거창형평청년회 창립식은 1926년 6월 18일 오후 2시 거창형평사 사무실에서 열렸다. 창립식은 임시의장 유형의 사회로 진행되었다. 여기서 거창청년회 조사부원 김득수의 축하문에 대한 격렬한 토론이 벌어졌다. 그 내용을 알려주는 자료는 없다. 이 자리에서 김상석, 이덕재, 정기작 등 3명을 질문위원으로 뽑고 그들이 질문할 내용을 작성하여 집행위원회에 보고하기로 하였다. 형평청년회 간부진은 집행위원장에 김상석, 서무부에 이덕재 외 3명, 교양부에 김영권 외 2명, 조사부에 조판국 외 2명, 정위부에 이실이 외 3명이었다.

창립 축하식은 그날 오후 4시 신태성이 신축한 건물의 2층 누각에서 열렸다. 축하식은 일제 경찰이 삼엄하게 경계하는 가운데 유형의 사회로 주악과 함께 거행되었다. 홍보용 자료의 취지 설명, 각지로부터 온 30여 통의 축전 낭독, 각 단체 대표인 정현, 황태성, 주남재, 문봉옥 외 여러 명의 열렬한 축사, 회원 이도서 외 여러 명의 감상담이 이어졌다. 축하식은 음악과 만세삼창으로 끝났다. 이어서 여흥으로 김천여자청년회, 영동소녀회가 출연한 연극이 있었다.

1928년 형평청년경상남도연맹이 조직되었고 군 단위 형평청년회가 참가하였다. 거창형평청년회가 경상남도연맹에 가입했는지는 알 수 없다. 1931년에 열린 제2회 경상남도연맹 대의원회에 18개 지부 대의원이 참석했다고 했으므로 거창형평청년회가 여기에 가입했을 가능성이 크다. 이 대의원대회는 신간회 해소문제 논의에 대해 경찰이 제지하는 등 극도의 긴장감 속에서 진행되었다. 이때 형평운동은 활동방향을 공산주의운동으로 전환하여 형평청년전위동맹을 조직하였다. 그 강령은 사유재산제도 폐지, 공산주의 사회 건설, 봉건계층과의 적극 투쟁 등이었다. 경남형평청년회도 이 조직에 가입하였다. 경남형평청년회는 1933년 일제 경찰에 검거되어 박경식, 이명록 등이 구속되었다. 구속자의 이름에 거창형평청년회 간부의 이름은 보이지 않는다.

형평운동은 사회평등운동임과 동시에 민족해방운동의 의의를 지니고 있다. 일제는 지주전호제, 호적제, 백정제를 온존시켜 양반에 대한 우대, 여성에 대한 차별, 백정에 대한 천대를 유지시키면서 식민지 수탈을 자행하였다. 따라서 "저울처럼 평등한 사회를 만들자"는 백정의 형평운동은 일제의 수탈에 저항하는 식민지 민중의 민족해방투쟁의 성격을 지녔다.

일제 경찰과 사회운동

3·1운동 후 일제는 결사, 집회의 자유를 어느 정도 허용할 수밖에 없었다. 지역민들은 이 기회를 이용하여 청년단체, 농민단체, 노동단체 등을 조직하고 여러 가지 민족운동을 펼쳐나갔다. 그러나 일제강점기 지역의 사회운동 실정은 비참하였다.

> 거창의 사회단체를 소개하자면 너무나 참괴하다. 사상계도 너무나 냉랭한 곳이며 또 사회사업에 뜻을 둔 인사가 있다고 할지라도 서로 반목과 질시로 착수하지 못하며 당파 관계로 일하기 어려운 까닭으로 실패뿐이다. 기미년 이후로 봉기하였던 여러 단체도 아침에 생겨 저녁에 사라지는 격으로 유명무실한 것이 대부분이다. - 『동아일보』 1927년 8월 22일

이 기사를 보면 사회운동에서 지역 인사들 사이에 갈등이 있었다는 사실을 알 수 있다. 사상계가 냉랭하다고 한 것으로 보아 공산주의세력은 약하였다. 지역사회에서는 사상 대립보다 지역운동가나 지역유지 사이의 갈등이 더 컸던 것으로 보인다.

그러나 사회운동이 참담했던 주된 이유는 경찰의 탄압 때문이었다. 일제 경찰은 사회운동을 철저하게 감시하고 탄압하였다. 그들은 모든 집회에 임석하여 감시하였고 일제에 대한 비판이 있으면 즉시 연설을 중지시키거나 집회를 해산시켰다. 다음은 앞서 소개한 바 있는 가하단에 대한 기사이다.

> 경남 거창 가하단에서는 지난 10일 오후 8시부터 거창청년회관에서 신춘강연회를 개최하였다. 정각 전부터 회집하는 관중은 만원을 이루어 예정한 연사 여러분이 각각 열변을 토하여 관중에게 많은 감명을 주었다. 신상빈 씨가 등단하여 말을 시작하자 임석 경관의 주의 중지명령으로 11시 반경 무사 폐회하였다.   - 『동아일보』 1929년 3월 14일

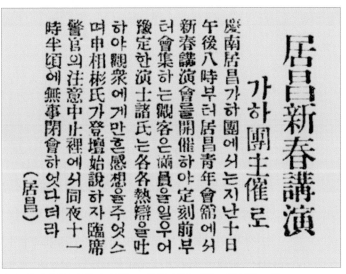

일제 경찰의 가하단 강연중지 명령을 보도한 『동아일보』 기사(1929년 3월 14일)

　　일제 경찰의 간섭으로 가하단의 집회가 해산되는 장면이다. 1931년 가하단 주축 인물들은 거창농민동맹을 창설하려다가 일제 경찰에 검거되어 투옥되었다.

　　1931년 가조 농민들이 소작인조합을 만들어 악질 지주에 대항하였다. 경찰은 주도자를 검속하고 위협하여 조합설립을 무산시켰다. 『동아일보』는 이 사건을 크게 보도하고 사설에서 "거창경찰 당국에게 경고한다."라고 강력하게 비판하였다.

　　심지어 일제 경찰은 무산아동교육까지 탄압하였다. 거창청년회가 설립하여 운영한 빈민아동 교육기관인 보성학원을 어렵게 한 것은 재정난뿐만이 아니었다. 당시 신문은 "거창경찰서에서 학원 선생을 호출한 후 '대표자를 선정하여 허가를 얻기 전에 교수하면 절대 용서 없이 엄중한 처벌을 한다.'는 통고를 하였다."고 전한다.

　　이처럼 일제 경찰은 지역민들의 사회운동을 철저하게 통제하였다. 1932년 경찰은 메이데이 기념일 행사는 물론이고 조선일보사 거창지국의 야유회까지 금지하였다. 식민지 거창은 일제 경찰의 감시 눈초리에 포위된 창살 없는 감옥이었다.

**일제강점기
초등학교**

최초의 초등학교는 오늘날 거창초등학교의 전신인 거창공립보통학교였다. 이 학교는 1909년 신교육을 위하여 개화 인사들이 주도하여 세웠던 원명학교에서 시작되었다. 원명학교는 1907년 향교에 세워졌던 소학교의 후신으로 최초의 근대적 학교였다.

1910년 국권상실 후 조선총독부는 조선교육령을 발표하고 전국 각지의 초등학교를 공립보통학교(공보교)로 통일하였다. 원명학교는 1911년 5월 조선총독부의 허가를 얻어 거창공립보통학교가 되었다. 당시 일제의 소학교는 6년제였지만 거창공보교는 초기에 4년제로 운영되었다. 각 학년 1학급, 학급정원은 50명이었다.

1913년 6월 12일 거창학교조합이 인가되었다. 학교 조합은 거창읍 일대의 지역민들로 구성되었으며 조합비를 징수하여 학교를 운영하였다. 1925년 거창공보교는 현재 자리에 교사를 신축하였다. 1927년 거창공보교 학생 수는 남학생 658명, 여학생 184명, 총 14학급 842명이었다. 교사 수는 교장 1명을 포함한 14명이었다.

오늘날 위천초등학교의 전신인 위북공립보통학교는 거창공보교와 비슷한 경로로 설립되었다. 정태균이 1913년 4월 위천에 설립한 사립고북학교가 위천공립보통학교로 전환되었다. 위천공보교는 1916년 3월부터 6년제 학교가 되었다. 1927년 학생 수는 남학생 249명, 여학생 24명, 총 6학급 283명이었다. 교사는 6명이었다.

거창공립보통학교

거창소학교 거창공립보통학교는 1938년 제3차 조선교육령에 의해서 거창소학교로, 1941년 국민학교령에 의해서 거창국민학교로 바뀌었다. 국민학교는 '황국신민학교'의 약자이다.

이어서 웅양, 가조, 남상, 신원에 공립보통학교가 설립되었다. 웅양공보교는 1920년 4월에 설립되었고 1925년부터 6년제로 운영되었다. 1927년 당시 학생 수는 남학생 207명, 여학생 23명이었으며 총 6학급에 교사 수는 6명이었다. 가조공보교는 1920년 9월에 설립되었다. 1927년에 6년제가 되었고 당시 학생 수는 남학생 190명, 여학생 16명이며 6학급으로 교사는 5명이었다. 신원공보교는 1926년 5월에 설립되었다. 1927년 당시 4년제이며 학생 수는 남학생 120명, 여학생 20명으로 2학급이고 교사가 2명이었다. 남상공보교는 1926년 8월에 설립되었다. 1927년 당시 4년제였으며 학생 수는 남학생 146명, 여학생 7명으로 4학급에 교사는 4명이었다.

이리하여 1927년까지 공립보통학교는 거창, 위천, 웅양, 가조, 신원, 남상 등 총 6개 학교가 설립되었다. 이후 초등학교 설립이 계속되어 학교 수가 증가하였다. 1927년 가북공보교, 1928년 마리공보교와 남하공보교가 설립되었다. 계속해서 주상, 북상, 고제, 월천에 공립보통학교가 설립되어 1932년 군내 13개 면에 공보교가 하나씩 설립되었다. 이 학교들이 오늘날 각 읍·면소재지에 있는 초등학교의 전신이다.

그 밖에 무산 아동을 위한 사립학교들이 설립되어 있었고, 중등교육기관으로 농업보습학교가 설립되었다. 1938년 공립보통학교 13개를 포함하여 총 21개 학교가 있었고, 재학하는 학생 수는 4,829명이었다.

줄기찬 학교증설운동   초등학교 증설은 조선총독부의 1920년대 "3면1교", 1930년대 "1면1교" 정책과 연관되었지만 지역민들의 열정적인 교육열에 기인하는 바가 더 컸다. 일제는 1910년대부터 학교의 구역을 정하고 학교조합제도를 운영하였으며, 학교평의회제도를 만들어 학교 관련사항을 자문하도록 하였다. 1939년 거창학교평의원은 거창

위천공립소학교 1940년경의 사진으로 일제의 전쟁교육으로 학생들이 운동장에서 검술훈련을 받고 있다.

읍 김상길, 위천면 정종락, 웅양면 이현진, 가조면 변경식, 남상면 정학조, 신원면 임채열, 가북면 서응섭, 마리면 강우주, 남하면 신현종, 북상면 임유환, 고제면 이홍운, 월천면 김도근, 주상면 신규상 등이었다.

일제는 각 학교의 설립과 운영에 필요한 학교설립예치금, 학교조합비 등의 자금을 주민으로부터 징수하였다. 따라서 지역민의 경제 능력이 없으면 학교의 신설과 운영이 불가능하였다. 가난한 면 지역에서는 학교설립을 위해 각고의 노력을 기울였다. 지역민들은 학교설립을 결정하고 학교설립기성회를 설립한 후 주민들에게 학교설립기금을 나누어 거두었고 모자라는 자금은 후원금에 의존하였다. 학교설립 자본금이 모이면 거창군, 경상남도에 학교설립을 신청하여 허가를 얻었다.

가북면에서는 1926년 면장을 중심으로 면민들이 기부금을 모아 4,000원을 적립하여 학교설립 인가를 얻었고, 이듬해에 가북공립보통학교를 설립할 수 있었다.

주상면에서는 매년 면 경비 6,000원도 감당하기 어려웠기 때문에 학교설립비용을 감당할 수 없었다. 이에 1928년 5월 28일 주상면민들은 인근 월천면과 함께 학교를 설립하고자 면민대회를 열고 군수와 도지사에게 진정서를 제출하였다. 그러나 이 계획은 실패하였다. 그 후 주상면민은 1932년 10월 28일 주상공립보통학교 설립기성회를 조직하여 마침내 학교를 설립할 수 있었다.

월천공립보통학교 설립에는 심각한 갈등까지 있었다. 월천면에서는 면장 염병순이 중심이 되어 1931년 공립학교기성회를 조직하고 면민대회를 열어 면민들에게 호세 등급을 기준으로 850여 원 기부를 승낙받았다. 그리고 1932년 학교 건축비 5,482원의 예산을 세워 학교건물을 건축하기로 하고, 월천면 취학예정 학생 34명의 다른 학교 진학을 중지해 놓았다. 그러나 김종한 등 몇 명이 학교설립을 반대하고 나섰다. 그들은 면장과 구장만으로 기성회를 설립하는 것은 잘못이며 읍과 가까운 월천에서 불경기에 학교를 설립할 필요가 없다고 주장하고 반대운동을 전개하였다. 학교설립을 놓고 갈등을 빚자 면민들은 표현태를 회장으로 하는 새로운 학교기성회 임원을 뽑아 기금을 모은 끝에 월천공립보통학교를 설립할 수 있었다.

지역민들은 학교신설과 함께 학급증설운동, 학년연장운동을 펴나갔다. 1924년 웅양공보교에서는 5학급 증설을 위해 교실을 증축하고자 5천 원의 기금을 면민들이 분담하여 군청에 납부하였다. 1933년 거창공보교에서도 매년 100여 명의 취학희망 학생을 수용하지 못하자 학부모회를 열고 2학급을 증설하기로 결정하고, 경상남도와 교섭한 결과 1학급을 증설할 수 있었다.

제2공보교 설립운동도 일어났다. 1936년 거창공보교 교실 증축에 대하여 천외 지역에 제2의 공보교를 설립하자는 주장이 일어났다. 1939년 웅양에서는 제2의 학교를 설립하기 위한 600여 원과 338평의 학교부지 기부가 있었다. 1940년에는 남상의 제2학교 설립을 위해 기금을 모아 8학급 증설을 경상남도에 신청하였다. 이러한 교육열은 중등교육기관 설립운동으로 이어졌다.

마침내 농업학교가 설립되다

일제강점기 이 지역 초등학교 졸업생의 중등학교 진학에 큰 어려움이 있었다. 1938년 3월 22일 거창공립보통학교에서 제26회 졸업식이 있었다. 이날 졸업한 학생은 148명이었는데 상급학교 진학 예정자는 32명에 불과하였다. 그중 3명은 부산 제2상업학교, 14명은 타지 공사립 중학교에 합격하였고 나머지 학생들은 입시결과 발표를 기다리고 있었다. 초등학교 졸업생들의 상급학교 진학률이 낮은 것은 경제적 요인이 컸지만 지역에 중등학교가 없는 것도 하나의 원인이었다. 이에 지역민들은 중등학교 설립운동을 벌였다.

1928년 3월 지역유지들은 거창농림보습학교 기성준비회를 조직하였다. 보습학교는 고등보통학교 5년제에 비해 격이 떨어지는 2년제 학교였다. 고등보통학교는 오늘날 중·고등학교에 해당하며 당시 줄여서 '고보'라고 불렀다.

그해 7월 23일 지역유지들은 침류정에서 농업보습학교 설립에 대해서 논의한 후 설립기성회를 조직하였다. 기성회는 위원장 이현빈, 위원 유상범, 신용희, 신○재, 주남재, 윤기상 외 23명이었고 고문은 김성한, 이현보, 정태균이었다. 이들은 설립자금 23,000원을 각 면별로 분배하고 각 면의 책임자를 면장과 학교평의원으로 정하였다. 분배금은 거창면 7,000원, 가조면 3,200원, 웅양면 2,500원, 위천면 2,500원, 북상면 1,600원, 읍외면 1,000원, 마리면 1,000원, 남상면 1,000원, 신원면 750원, 가북면 750원, 주상면 600원, 남하면 600원, 고제면 500원이었다. 당시 읍외면은 오늘날의 가지리, 월천지역이다. 그러나 기부금 모금은 여의치 않았다.

1929년 5월 군에서는 학교비 6천 원, 지방비보조금 3천 원, 거창공보교장학회 기금 3천 원, 합계 1만 2천 원의 자금으로 경상남도에 거창농림보습학교 설립을 신청하였다. 1929년 6월에 개최된 거창공보교장학회 총회에서 참가회원 800여 명은 장학기금 3천 원을 총회의 결의 없이 지출한 것은 회원을 무시하는 처사라고 주장해 "위험한 장면"이 노출되기도 했으나 사후 승인되었다. 거창농림보습학교는 1929년 8월 28일 도청으로부터 허가를 받아 9월에 침류정을 임시교실로 삼아 개

거창공립농업보습학교(1940년경)

교하였다. 11월 7일에는 공사비 6,990원으로 학교 건축공사를 시작하였다.

지역민들은 농림보습학교는 2년제로 한계가 많았으므로 정규 농림학교 설립운동에 나섰다. 1931년 경상남도평의회에 거창중등학교 설치건이 건의되었다. 그 후에도 지역 인사들은 1935년까지 누차 조선총독부에 학교 승격을 진정하였다.

1937년 9월 군민 90여 명이 거창공립농업학교기성회를 조직하고 약 7만 원의 기본금을 군민에게 호세등급으로 조달하고 당국에 적극적인 운동을 전개하기로 하였다. 기성회의 위원장은 김병우, 부위원장은 김상길·테라오 세이타로(寺尾淸太郎), 위원은 73명이었다.

이후 거창농림교 설치를 위한 주민 분담금과 기부금이 국내외 각지로부터 끊임없이 접수되었다. 1939년 월천면이 분담금 4,400원을 가장 먼저 완납하였다. 1939년부터 지역민과 지역 출신 각지 인사, 외지인들이 50전에서 수천 원에 이르기까지 기부금을 내기 시작하였다. 당시의 신문에서 확인할 수 있는 기부금 납부자만 수십 명에 달한다. 심지어 일본 오사카, 다카오카에서 날품팔이하는 노동자들도 기부금을 보내왔고 만주에 있던 한 출향인은 1천5백 원을 기부하였다.

1944년 3월 31일 마침내 조선총독으로부터 4년제 거창공립농업학교가 인가되었다. 지역민들이 14년 동안 애쓴 결과였다. 이 학교가 오늘날 아림고등학교와 거창중학교의 전신이다.

무산아동 교육을 위한 노력

일제의 1면1교 정책이 실시되었지만 지역에서 보통교육을 받을 수 아동은 소수에 지나지 않았다. 1922년 3월 27일 거창공립보통학교 입학시험에는 지원자 343명이 몰렸으나 1학년 입학허가자는 남학생 75명, 여학생 45명으로 120명에 불과하였다. 지역민의 교육에 대한 열정은 대단하여 이 입학시험장에 나온 사람만 800여 명에 달하였다. 1924년 3월 17일 거창공보교 졸업생은 남학생 35명, 여학생 8명으로 43명에 불과하였다.

학부모들은 장학회를 만들어 학교교육을 지원하였다. 거창공립보통학교장학회는 1922년에 조직되어 1927년에는 830호, 595명이 회원으로 가입하였다. 그들은 1925년에 이미 1천 원을 적립하였고 1927년 한 해에만 800원의 기금을 모았다. 1927년 장학회는 학생들의 운동회 보조, 아동문고 설치, 소풍비나 수학여행비를 지원하고 어려운 학생들을 구호하였다.

1929년 장학회 정기총회에는 800여 명이 참가하였고 이때 장학회라는 명칭을 학부형회로 바꾸었다. 1931년 학부모회 총회에서는 극빈자 자녀들의 월사금을 50전에서 30전으로 낮추고 장학회기금으로 보충하기로 결정하였다. 1934년 학부형회 임시총회에서는 극빈아동의 학부형에게 회비를 면제하고 거창농업보습학교, 거창여자공립보통학교 설립 기부 등 각종 교내외 지원 금액을 결정하였다. 교육에 대한 학부형들의 열정은 매우 높아서 1939년 거창공립보통학교 학부모회에는 참가인원이 1천여 명에 달할 정도였다. 가조에서는 1930년에 창립된 가조공립보통학교 장학회가 활동하였다.

빈민 자녀들은 보통학교에 입학하기 어려웠고, 입학했다고 하더라도 경제적 사정으로 중도에 퇴학하는 경우가 많았다. 1929년 4월부터 11월까지 퇴학한 지역 공보교 학생은 145명이었다. 1939년 경상남도에서조차 최극빈 학생 2명에게 장학금을 지급할 정도였다. 이러한 사정에 대하여 1931년 거창지역 공보교 교장회의와 거창군학교평의회에서 산간벽지 아동에 대한 수업료 전폐 또는 반감을 결의하였고 군으로부터 극빈자 수업료 면제를 경상남도에 교섭하겠다는 약속을 받았다.

한편 무산아동의 학업을 위해 간이학교가 세워졌다. 1938년 6개의 간이학교가 있었는데, 현재 확인되는 것은 1924년 거창공립보통학교에 부설된 거창여학교, 거창청년회에서 운영하는 보성학원, 거창읍교회에서 운영하는 명덕학교 등이다.

보성학원은 거창청년회에서 운영한 야학이었다. 거창청년회는 1925년 거창청년회관에 노동야학을 설립하여 약 80여 명의 학생들에게 보통교육을 실시하였다. 거창청년회는 1927년 고등과 야학을 신설하였으며 보신강습소를 인수하여 주간학교도 개설하였다. 보성학원은 거창청년회 지도자 주남재가 중심이 되었다. 여기서 신용길 등 2명의 교사가 주간 40여 명, 야간 1백수십 명, 총 200여 명의 학생들을 가르쳤다.

"유일한 노동교육기관"인 보성학원은 항상 재정난으로 어려움을 겪었다. 1932년 9월 세계경제대공황 이후 보성학원이 폐교 위기에 이르자 지역유지들은 보성학원유지회를 창립하여 지원하였다. 유지회 임원은 회장 신용희, 이사 문복환·최영숙·신창재·장동근·이규정, 평의원 주남재·한명수·전경현·신권재·신창선·임종학·김홍준·신중목·유상범·이화종이었다. 간사는 신성재였다.

거창명덕여학교는 호주 선교사의 지원으로 거창읍교회 내에 설립된 무산 자녀를 위한 학교였다. 이 학교에는 약 80여 명의 학생들이 재학하였고 교사는 3명이었

보성학교의 운영난

한 떼의 어린 무리들이 때가 묻어 시커먼 조선의복에 학생모도 안 쓰고 떨어진 고무신짝을 끌고 찌그러져가는 양철집 문 앞으로 걸어가는 것을 우리는 종종 볼 수 있다. 이는 두말할 것 없이 보성학원의 학생들이다. 이곳은 원래 무산아동의 교육기관임은 틀림없는 사실이다. 이제 이 학원의 역사를 들면 약 20년 전에 거창청년동맹회관을 빌어서 세운 것이다. 그러나 경제적 위기는 갈수록 심하여 농촌의 곤궁에 따라 파란의 물굽이를 막기에 너무도 어려웠던 것이다. 뿐만 아니라 여러 가지 사정으로 청년동맹이 해소되니 관리 문제가 더욱 난처하여 이에 학원유지회를 모모씨의 손으로 조직하였으나 하등의 효력을 내지 못하고 한동안 폐쇄의 비운에까지 이를 뻔하였으며, 유명무실한 유지회라는 것도 그나마 자취를 감추고 말았다. 지방 제현이여! 배움에 굶주려 거리를 헤매는 저 농촌의 무산아동들을 무책임하게 보겠는가? 아는 것이 힘! 배워야 산다는 뜻을 품고 피와 정신이 있는 이상에는 그저 보고 지내지 못하리라!　　　　－「동아일보」 1935년 6월 4일

다. 명덕여학교는 근실한 교육과정으로 타지에서도 유학을 올 정도였다. 명덕여학교도 항상 재정난에 시달렸으며 일제 말기 호주 선교사가 신사참배를 거부하고 철수하면서 존립에 어려움을 겪었다. 한편 거창기독청년회는 1926년 명덕여학교에서 부녀자를 위한 야학을 열었고 이명시, 주영옥, 고성애, 전신조, 이종숙 등의 교사들이 조선어, 산술 등을 가르쳤다.

식민지교육 거부 운동

일제 식민교육의 목적은 "충성스럽고 선량한 황국신민 양성"이었기 때문에 교육 내용은 일본어와 "일본 천황에 대한 충성"이 중심이었다. 일제는 강압적 방법으로 한민족을 일본국민으로 만들려는 황국신민화 교육을 실시하였다. 이에 대하여 학생들은 동맹휴교로 저항하였다.

1921년 거창공립보통학교에서 동맹휴교가 일어났다. 동맹휴교는 학생들이 식민교육에 반대하여 등교를 거부하는 운동으로 흔히 '맹휴'라고 불렀다. 거창공보교의 맹휴는 일본인 교장에 대한 불만에서 폭발되었다.

학생들은 1921년 5월 2일 1학년을 제외한 149명 전원이 등교를 거부하고 일본인 교장에 대한 불만 및 요구사항을 다음과 같이 제출하였다.

1. 학생에게 불친절한 것
2. 학교 일에 열심이 없는 것
3. 학교 건물을 고치지 않고 오히려 학생만 잘못했다고 하는 것

우리 학생은 이러한 어려움을 받지 못하겠으므로 동맹휴학을 단행함. 휴학은 5월 2일부터 단행하되 만약 교장이 반성한다면 다시 공부할 것임. 학생 중 위 조건에 본래 동의하지 않는 자는 결코 참석하지 말 것   - 「동아일보」 1921년 5월 9일

거창공립보통학교 일본인 교장 1910년대 사진. 일본인 교장이 제복과 제모를 착용하고 있다.

학생들은 "일본인 교장이 평소 진실하고 순박한 학생이라도 한 번만 잘못하는 일이 있으면 즉시 퇴학을 명하였기 때문에 이러한 불만이 폭발했다."고 말하였다. 그러나 일본인 교장은 오히려 주모자 2명을 퇴학 처분하고 5명을 정학시켰다. 이때 퇴학당한 학생은 5학년 신명준(17세), 2학년 김해룡(19세)이었고, 정학을 당한 학생은 5학년 김덕수(18세), 4학년 황숙중(19세)·김종옥(13세), 3학년 신용탁(19세), 2학년 신삼출(17세)이었다. 일시 등교하였던 학생들은 학교의 이 같은 조치로 142명 전원이 다시 동맹휴교에 들어갔다.

당시 일본인 교장은 후루자와(古澤)였다. 그는 군민들에게 배척당하여 1925년 부산 부민보통학교로 전근 갔다. 여기서도 학생사망사건, 교사 간의 불화, 교사 해임 등으로 일본인 교장에 반대하는 동맹휴교가 일어났다.

거창공보교생의 동맹휴교는 1923년 9월에 이어 1930년에도 일어났다. 1930년 11월 21일 6학년 50여 명은 담임교사인 일본인 이토 카즈오(一藤一夫)를 배척하여 학교와 군수, 학부모회에 진정서를 제출하고 동맹휴교를 단행하였다.

1942년 10월 10일 신원국민학교 5, 6학년 학생들이 동맹휴교를 벌였다. 학생들은 전날 일본인 교사 타카하시 마사히데(高橋正秀)가 한국인 이기영 교장을 폭행하는 사건이 일어나자 동맹휴교를 단행하였다. 그 후 학생들은 신원 순사주재소에 연행되어 3일 동안 문초를 받았고, 주동자 5명은 거창경찰서에 이송되어 11일 동안 미결수 감방에 구금되었다.

당시 일본인 교장과 교사들의 민족차별교육은 심각하였다. 심지어 일본인 교장과 한국인 교사 사이에 격투가 일어나기도 하였다. 1925년 9월 24일 거창공보교 교무실에서 우등생 월반문제를 놓고 다투다가 일본인 교장 가와카미(川上)와 한국인 훈도 김모 교사 사이에 "서로 때리고 맞는 일장풍파"가 일어났다. 이 사건은 지역사회를 뒤흔들었다.

지역민들은 1920년대부터 일본인 교장을 배척하고 한국인 교장을 채용하자는 운동을 전개하였다. 1930년 3월 도평의회원 신용희는 경상남도평의회에서 일본인 교장이 조선어 불통으로 교육상 불편함이 많다는 점을 지적하면서 조선인 교장 채용을 주장하였다. 1931년 거창군학교평의회는 "일본인 교장 1명의 월급으로 조선인 교장 2명을 임용할 수 있고 거창에는 일본인 교장이 필요 없다."는 평의회원 정한철의 주장을 만장일치로 통과시켰다. 그러나 일제의 식민교육은 일제가 망할 때까지 개선되지 않았다.

식민교육정책의 개선을 요구하다

1928년 9월 25일 오후 4시 경상남도 학무과장이 거창에 도착하였다. 일제강점기 교육은 도지사의 관할이었으므로 학무과장은 경상남도 교육의 실무 책임자였다. 그는 각 학교를 시찰한 후 오후 5시 30분 거창공립보통학교 강당에서 지역유지들을 모아놓고 조선의 교육상황에 대하여 설명하였다. 군민들은 이 기회를 이용하여 교육 개선을 진정한 후 다음과 같은 요구사항을 서면으로 제출하였다.

1. 조선인에 대해서는 의무교육 제도를 속히 실시할 것
2. 보통학교 수업료를 철폐하고 이에 대한 재원은 국고로 보조할 것
3. 종래 학교비 중 국고보조금은 근소하므로 재정상 곤란이 막심한 상태이니 국고금 보조를 충분히 늘릴 것
4. 보통학교 학생에 대해서는 교과서 및 교수방법을 조선인 본위로 할 것
5. 보통학교 교장은 조선인으로 채용할 것
6. 남녀 학생의 수업을 분리할 것
7. 입학 연령 초과 학생에 대하여 별도의 교육기관을 설치할 것
8. 중등교육기관을 확장할 것

- 『동아일보』 1928년 9월 28일

3·1운동 후 일제는 '문화통치'를 내걸고 조선인의 교육을 증진한다고 선전하였다. 그러나 식민지 교육은 크게 변하지 않았다. 이에 군민들은 일제강점기 식민지교육에 대한 적극적인 개선을 요구하였다. 지역민들의 요구는 학생들의 교육비를 충분히 지급하고 중등교육기관을 설치하라는 것과 조선인 위주의 교육, 조선인 교장 채용이었다.

"의무교육 실시, 수업료 철폐 등 진정"(『동아일보』 1928년 9월 28일)

지역민의 요구는 보통교육, 의무교육, 무상교육, 민족교육을 실시하라는 것으로, 식민지 교육문제의 핵심을 담은 수준 높은 주장이었다.

일제강점기 지역민들의 교육열은 특기할 만하다. 식민지교육의 악조건 속에서 끊임없이 학교를 설립하고, 미취학 아동에 대한 사립교육기관을 세웠다. 또 일제의 식민교육에 대하여 동맹휴교 등 다양한 방법으로 저항하였다. 일제는 3면1교 정책에서 1면1교 정책을 실시하고 초등학교의 명칭을 보통학교, 소학교, 국민학교로 바꾸면서 학생들을 일제의 지배와 대륙침략의 수단으로 이용하였다. 지역민들은 이에 적절하게 대응하면서 해방이 될 때까지 교육에 대한 열정을 버리지 않았다.

지역민의 교육운동은 민족해방운동의 일환으로 평가될 수 있다. 또한, 지역민들의 교육에 대한 열정은 '교육도시 거창'의 중요한 역사적 배경이 되었다.

식민지인으로
살아가다

5

영호강의 나무다리

현재 중앙교 자리에 있었던 영호강 나무다리. 짐을 진 사
람과 한 여인이 건너가고 있다. 일제강점기 거창읍은 종종
영호강이 범람하여 큰 피해를 입었고 재해대책으로 영호
강 사방공사가 있었다. 이때 처음으로 영호강의 모습이 변
했다.

양극화된 식민지 조선인

1919년 거족적으로 전개된 3·1운동에 깜짝 놀란 일제는 1920년대부터 조선인 지배계층에 대한 회유정책을 폈다. 일제의 문화통치가 실시됨으로써 식민지 조선에 본격적인 친일파가 등장하였다.

거창에는 1920년 이후 지역유지들이 본격적으로 활동하였다. 이들 중 일부는 일제의 통치에 협조하면서 자신의 사회적, 경제적 영향력을 키워갔다. 그들은 지주, 전문직, 기업경영을 통하여 부를 축적하였고, 도평의회원이나 읍, 면협의회원으로 진출하였다. 당시 지역민들은 여러 가지 갈등도 겪었지만 활기차게 생산 활동을 전개하였다. 그러나 대다수의 지역민들은 일제와 지주의 수탈에 자연재해까지 겹쳐 궁핍을 면하기 어려웠다.

1929년 세계경제대공황으로 식민지 조선의 경제사정이 어려워졌다. 1930년대 이후 일제는 침략전쟁을 도발하고 '창씨개명', '신사참배' 등을 강요하면서 한민족을 징용, 징병, 정신대에 동원하였다.

지역민들은 1930년대 이후 생활이 한층 어려워졌고 고향을 떠나 만주나 일본으로 이주하는 사람들이 늘어났다. 일제 말 몇몇 지역유지들은 일제의 침략전쟁에 협조하였지만 대다수의 사람들은 일제의 전쟁 수탈로 큰 어려움을 겪었다.

거창소방조

1. 일제의 통치와 협조자들

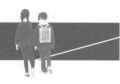

**통치기구와
어용단체**

3·1운동 이후 지역행정에 몇 가지 변화가 있었다. 1927년 경상남도의 도청이 진주에서 부산으로 이전하였다. 1928년 가동면과 가서면이 통합되어 가조면이 되었고, 1931년 읍외면이 월천면으로, 1937년 거창면이 거창읍으로 바뀌었다. 1920년 보통경찰제 실시에 따라 일제는 읍에 경찰서, 각 면에 순사주재소를 두었고, 조선인 헌병보조원과 경찰보조원을 순사로 임명하였다. 일제강점기 악질 경찰로 유명한 노덕술도 1926년 4월부터 1927년 말까지 경찰서 경부보로 있었다.

1938년 현재 거창군은 1읍 12면 92동으로 인구는 89,450명(17,939호)이었다. 군에는 군수와 군서기, 면에는 면장과 면서기, 리에는 구장이 행정을 담당하였다. 또한 1군 1경찰서, 1면 1주재소를 두었고, 세무서, 법원 거창지청, 우편국 등이 있었다. 법원 거창지청은 현재 군청 자리에 있었고, 세무서는 1936년에 현재 위치에 신축되었다.

일제는 식민통치와 수탈을 위해 각종 어용단체를 조직하였다. 거창군농회는 대표적인 어용단체였다. 제1회 군농회 평의원회는 1921년 5월 27~28일 군청

일제강점기 거창 인구

구분	1927년	1938년
전체 호수	17,976	
조선인 호수	17,851	25,237
조선인 인구수	84,165	89,359
일본인 호수	117	
일본인 인구수	398	
기타 호수	8	
기타 인구수	23	

회의실에서 열렸다. 회장은 군수였고 회원은 각 면에 면장을 포함한 2인씩 총 38명이었다. 이날 회의에는 25명이 참가하여 회칙 확정, 부회장 2명·이사 1명 선거, 군농회 예산 편성에 대한 안건을 다루었다. 군농회는 1926년의 조선농회령에 따라 이듬해 조선농회 - 경상남도농회 - 거창군농회로 이어지는 전국적인 조직으로 개편되었다.

군농회는 임원의 임명이나 사업을 군수가 장악한 군청 하부기관에 불과했으며, 일제의 식민지 경제정책을 뒷받침하였다. 군농회는 1920년대 농사의 지도, 장려로 일제의 산미증식계획에 부응하고 1930년대에는 면화생산 독려 등 남면북양 정책에 앞장섰다. 전시체제하에서는 일본 쌀값 안정을 위한 양곡보관사업, 일본 섬유공업의 원료를 공급하기 위한 면화와 양잠의 증산·수집사업을 벌였고 농산물 공출을 독려하였다.

그 밖에도 어용기관으로 거창권업회, 거창군산림회, 거창군축산조합 등의 각종 단체가 조직되었다. 여성어용단체로 부인절미회, 부인근로단 등과 소년단체로 거창삼육회가 있었다. 어용 경제기관으로는 금융조합과 산업조합이 설립되었다.

각종 어용단체들은 일제의 식민통치와 수탈에 동원되었으며 우수자는 표창되었다. 예컨대, 1939년 2월 11일 일제는 일본 초대천황 즉위기념일인 기원절을 기념하여 공로자를 표창하였다. 수상자는 소농생산자금대부사업 공로자, 납세성적

조선총독의 조선인 회유정책

핵심적 친일 인물을 골라 그 인물로 하여금 귀족, 양반, 유림, 부호, 교육가, 종교가에 침투하여 계급과 사정을 참작하여 각종 친일 단체를 조직하게 한다. 조선 문제 해결의 성공 여부는 친일 인물을 많이 얻는 데 있으므로 친일 민간인에게 편의와 원조를 주어 수재 교육이라는 이름 아래 많은 친일 지식인을 긴 안목으로 길러 낸다.
— 사이토 마코토, "조선민족운동에 대한 대책", 1919년

우량부락, 농촌진흥 공로자, 갱생지도 우량부락, 저축장려 공로자 및 우량조합, 납세우량단체, 장기근속자, 성실납세자, 농촌진흥운동에 대한 관공서 직원 공로자, 우량 부인근로단, 선행자 등의 인물과 단체였다.

도평의회원, 읍회원, 면협의회원

3·1운동 후 일제는 제한된 범위에서 단체 조직을 허가하고 지주, 자본가 등 상층 조선인을 회유하는 정책을 실시하였다. 그 대표적인 조치가 도평의회, 면협의회, 읍회 등 기만적 지방자치제의 실시였다. 일제는 이 제도를 통하여 유력 인물들을 회유하고 자문기관으로 삼았다.

일제는 1920년 경상남도평의회와 면협의회를 구성하였다. 경상남도평의회는 도지사 자문기관으로 회원의 1/3은 도지사가 직접 임명하고 2/3는 지역협의회원이 선출한 인물 중에서 도지사가 임명하였다. 면협의회원은 군수가 임명하였다. 면협의회원은 군수의 통치를 자문하는 역할을 하였다. 1920년대 도평의회와 면협의회는 1920년, 1923년, 1926년, 1929년에 각각 구성되었다.

1923년 면협의회원 선출과정은 이러하였다. 1923년 11월 군 직원이 각 면에

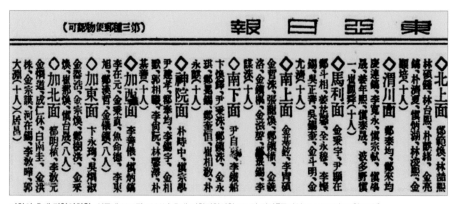

거창의 초대 면협의회원 신문에 보도된 1923년 초대 거창면협의원 134명 명단(『동아일보』 1923년 11월 27일)

출장하여 유권자를 면사무소에 소집하였다. 유권자는 세금 5원 이상을 내는 부호에 한정되어 소수에 불과하였다. 이 회의에서 각 면당 10명 안팎의 면협의회원을 선출하였다. 11월 20일 군수는 134명을 면협의회원으로 임명하였다. 이때 임명된 사람은 거창면, 주상면, 웅양면, 고제면, 북상면, 위천면, 마리면, 남상면, 남하면, 신원면, 가북면에서 각 10명, 읍외면, 가서면, 가동면에서 각 8명이었다. 거창면협의원에는 일본인 2명이 포함되어 있었다.

1930년 지방자치제도가 변경되었다. 회원의 임기가 4년으로 늘었고 도평의회가 도회로 바뀌었다. 1937년 거창읍이 설치됨에 따라 읍회가 새로 생겨 읍회원이 면협의회원과 함께 선출되었다. 여전히 읍·면협의회원 선거는 5원 이상 세금을 내는 자에 한정된 제한선거였고, 읍·면협의회는 명예직 자문기구에 불과하였다. 선거는 1931년, 1935년, 1939년에 각각 치러졌다.

1939년 5월 거창읍회원 선거에는 21명이 출마하였다. 그중 10명은 이전의 읍회원이었고 11명은 새로 출마한 인물이었다. 이 선거에서 일본인 1명을 포함한 11명이 당선되었다. 이때 당선된 인물은 송재술, 김경현, 황덕원, 최영숙, 장동근, 신창재, 이마이 코이치(今井孝一), 김재수, 이현철, 신중목, 윤성봉이었는데, 김재수, 이현철, 신중목, 윤성봉 등 4명은 이 선거에서 새로 당선되었다. 이 선거는 후보 중

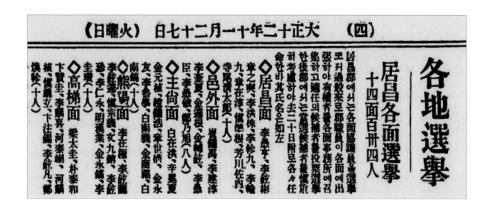

현역의원 4명과 일본인 시바자키 시게하루(柴崎重治)가 낙선한 것으로 보아 경쟁이 치열했음을 알 수 있다.

그해에 실시된 면협의회원 선거에서는 남상면, 남하면, 위천면, 마리면, 북상면, 신원면, 주상면, 웅양면, 고제면, 가조면, 가북면, 월천면 등 11개 면에서 각각 10명씩 면협의회원이 선출되었다.

경상남도평의회원으로는 1920년 위천면협의회원 정태균이 민선으로 당선되었다. 그는 이때 경상남도지사에 의해 중추원 의원으로 추천되기도 하였다. 정태균은 중추원 참의를 지낸 후 1930년에 도평의회원, 1933년에 도회원에 관선으로 임명되었다. 그밖에 도회원으로 신창재, 신용희, 김병우가 있었다.

면장, 군서기,
면서기, 순사

일제강점기 면장과 면서기는 군수가 임명하였다. 지역민들은 경제적 수입과 정치적 지위 때문에 공무원이 되기 위해 치열한 경쟁을 벌였다. 1931년 4월 면서기 10명 채용에 10배 이상의 지원자가 몰렸다. 그중 읍서기 1명 모집에 15명이 지원하였다. 일제강점기 심각한 취업난이 반영된 현상이었다.

순사의 선발, 승진시험도 치열하기는 마찬가지였다. 1930년 3월 거창·부산·진주 순사시험에는 모집인원 40명에 700명이 응시하였다. 또한 1934년 11월 거창경찰서 순사부장 승진시험에서 순사 8명이 부정행위를 해 경찰서장 이하 6명이 사직하는 사건이 발생하기도 하였다.

1932년 면장, 면서기 인사 부정사건이 발생하였다. 이는 조선 전 지역에서도 보기 드문 대사건이었다. 1932년 12월 초 거창경찰서는 군청서기였던 신중목과 북상면장 김학대 외 3명, 면서기 5명, 그 밖에 2명을 검속하여 취조하였다. 또한 황윤동 군수를 비롯하여 30여 명의 읍내 명망가들이 7~8시간씩 증인으로 심문을 받았다. 경찰은 아예 경찰서 연무장에 수사본부를 차려놓고 수사를 진행하였다. 당시 시중에 "이번 사건에 한 번도 불려가지 않은 사람은 행세를 못 한다."는 거리의 노래까지 돌았다고 한다. 실로 이 사건은 군내 전 지역을 소용돌이 속으로 몰아넣었다.

혐의 내용은 1931년 7월 군서기 신중목이 5월부터 군내 각 면의 서기 약 30명과 면장 4~5명을 정리하면서 새 면장들로부터 적지 않은 뇌물을 받았다는 것이었다. 면장과 면서기가 대량으로 정리된 직후 경상남도 지방과에는 무려 50여 통의 투서가 빗발치듯이 들어왔다. 도 당국은 이 사건을 경찰에 넘겨 내사하게 하였다. 경찰은 수개월 동안 극비리에 조사한 결과 인사부정 뇌물사건임을 밝혀냈다. 경찰은 사건의 주범 면행정담당 군서기 신중목을 산청으로 전근시킨 후 수사를 벌였다.

인사비리사건으로 구속된 인물은 군서기 신중목, 그의 아버지 신석재, 거창 부호 신종삼, 북상면장 김학대, 위천면장 신종인, 주상면장 김영선, 남하면장 윤병수, 신원면서기 김쾌석, 위천면서기 2명, 북상면서기 1명, 남하면서기 1명, 거창면서기 1명 등이었다.

신중목은 면장 1명당 1백~수백 원, 면서기 1명당 5십~1백 원씩 뇌물을 받았고, 그중 350원을 착복한 것으로 드러났다. 경찰은 1932년 12월 15일 군서기 1명, 면장 2명, 면서기 2명을 검찰에 송치하였다.

이 사건은 군내 13개 면 중 6개 면이 검거 범위에 들었고 13명이 검거되어 7명이 검사국에 송치된 전국적인 사건이었다. 사건의 조사 기록만 2,300매가 넘었다. 『동아일보』는 "4~5년 전부터 북상면장 선거운동문제로 형사문제"까지 일어난바 있었다는 사실을 들고, 이 사건의 원인을 "면장과 면서기의 임명과 파면을 둘러싼 당파싸움" 때문이라고 분석하였다. 1930년 북상면장의 사임에 대해 북상면민들이 진정서를 넣고 면민대회를 열어 면장유임운동을 벌인 일은 이 사건과 무관해 보이지 않는다.

거창공무원 뇌물사건은 당시 지방세력가의 인사권 장악, 면장과 면서기를 향한 치열한 경쟁, 유력자의 횡포와 대립에서 발생하였다. 이 사건은 1933년 2월 신중목이 징역 10개월, 김만형이 징역 8개월, 김학대가 벌금 300원, 장기현이 벌금

거창에 불어닥친 검거선풍 거창군 공무원 뇌물사건을 보도한 기사(『동아일보』 1932년 12월 10일)

200원, 최삼윤이 징역 6개월에 3년간 집행유예, 벌금 100원의 형을 선고받으면서 종결되었다.

세금 징수와 밀주 단속

총독부 지방 관리의 주된 업무는 조세징수와 식민사업의 강행이었다. 세금 징수는 그들의 일차적인 목표였다. 이 지역의 전체 세금 중 토지관련 세금이 50% 이상이며 주민관련 세금이 25% 정도였다. 조선총독부 수입의 중요한 부분이었던 담배, 인삼 등 전매수입과 주류세 보장을 위한 단속도 지속적으로 실시하였다. 식민통치를 위한 도로와 교량의 건설, 통신시설의 신설, 산림과 치수를 위한 사방공사도 관리들의 업무에 속하였다. 이를 위해 행정력과 경찰력이 동원되었다.

　　조선총독부의 세금은 지역민들에게 무거운 부담이어서 징수에 어려움이 많았다. 다음은 『동아일보』 기사이다.

　　거창의 제1기 호세를 제외한 세금이 12,855원 20전인데 법정 납부기일을 맞추기 위해서 군청 직원이 각 면과 각 집을 돌아다니면서 징수하였으나 현재 162원 99전이 미납이다. 제2기 호세만 12,228원 5전으로 납부기한이 9월 15일이지만 납입하지 않았으므로 면서기는 물론이고 면장까지 각 동리로 출장하여 징수하기에 노력 중이다. 그러나 미납금을 보면 제2기에는 큰 곤란을 당할 것이다.

－ 「동아일보」 1921년 9월 28일

　　1928년에는 군청에서 납세기일 10일 전부터 재무계원 전부가 총출장하여 무리한 독촉으로 세금을 징수하여 경남에서 1등을 하고 위안회를 열었다는 기사가 있다.

　　세금 중 주류세는 34,000여 원으로 전체 세금의 13%에 달하였다. 세무서는 민간인의 밀주 제조를 단속하여 세금을 늘리고자 하였다. 단속은 철저하였다.

　　거창군 당국은 지난 음력 설을 기하여 밀주자를 대대적으로 조사한 결과 54명을 적발하였다. 그들 다수는 극빈한 자로서 술 받을 돈이 없어 제사를 지내지 못하겠음으로 두어 되 술을 담근 데 불과하며, 혹은 약에 쓰기 위하여 약술로 담은 사람도 있었다.

－ 「동아일보」 1931년 3월 6일

　　1935년 9월 15일자 『동아일보』에 따르면 세무서는 추석을 기회로 8월 26일부터 누룩과 밀주제조자 단속에 나서 9월 10일까지 총 131명의 범칙자를 검거했는데, 함양군내에서 19건, 거창군내에서 92건이었다.

일제는 산림보호를 명목으로 농민의 땔감 채취를 단속하였다. 1935년에는 낙엽 채취까지 금지하여 농민들의 부업이 없어졌고, 땔감나무 값이 두 배 이상 비싸져서 가난한 사람들이 겨울나기에 큰 고통을 겪었다.

일제는 지역 통치에 예외 없이 경찰력을 동원하였다. 일제 경찰의 서민에 대한 횡포는 끝이 없었다. 1928년 2월 12일자 『동아일보』에는 거창경찰서 순사 박한수가 음식점 여주인을 방으로 불러 농락하고 남편까지 폭행한 기사가 실려 있다. 1928년 2월 주상면 음식점에 전매국원 또는 순사라고 사칭한 조관옥이라는 사람이 각지 소매상에게 "소매상이나 입담배를 먹는 사람에게 벌금을 매긴다."고 협박과 공갈을 하다가 체포되었다. 이 사건은 일제강점기 순사, 세무서원, 전매국원의 전횡이 어떠했는지 역설적으로 보여준다.

민족말살통치와
전쟁수탈

1938년 거창군수 고병권은 "시국은 점점 항구화되며 총후(후방) 국민의 책무는 한층 중대성을 더하여 물심 양면의 총동원을 요하며, 한마음 한뜻으로 생업 보국에

노력하여 성전의 목적 관철을 기할 것이다."라고 하였다. 1930년대 후반 일제는 지역민에게 황국신민화를 강요하고 전쟁수탈을 강행하였다. 황국신민서사 낭독, 신사참배, 창씨개명, 일어상용 등을 강요하였고, 지금의 충혼탑 자리에 일본신사를 세워 사람들을 참배하게 하였다. 또 일제는 일본어 사용을 강요하기 위해 일본어강습소를 세워 지역민들에게 일본어를 가르쳤다.

거창읍 공립국민학교에서 개강 중이던 국어강습소(야학) 수료식이 겨울의 차가운 밤공기에도 불구하고 초보적인 국어를 이해하는 기쁨 속에서 오후 7시에 관계 내빈이 참석한 가운데 열렸다.
　　　　　　　　　　　　　　　　　　　　　　－『국민신보』 1942년 3월 29일

일제의 전쟁 수탈은 1937년 8월 6일 국방의회가 창립됨으로써 본격화되었다. 거창공립보통학교 광장에서 창립된 총회에서 회장 오자와 사카에(大澤榮), 부회장 신용희, 신토 하쿠마(進騰博馬), 의사 장기명 외 2명, 평의원 이화종 외 179명, 고문 김병우 외 5명을 선거하였다. 그 후 지역민들의 국방헌금 보도가 잇따랐다. 신원면의 사방공사 인부들의 헌금, 북상면 소정리 청년 20명의 임금 헌금, 웅양면 동호리 이태영 1,500원 헌금 보도에 이어, 위천면 장기리 강우행 외 29명의 10일 단식으로 아낀 30원 헌납 등 1,300여 원 헌금이 보도되었다.

일제는 전쟁 수탈을 위하여 청년단을 조직하였다. 1938년 9월 11일 거창군청년단연합회 결성식이 있었다. 총 단원 404명 중 출석한 357명은 결성식을 마치고 신사참배를 한 후 산회하였다. 청년단은 일제의 침략전쟁에 동원되었다. 일제는 침략전쟁 선전에 동원할 목적으로 청년들을 교육시켰다. 1942년 7월 거창 청년 15명은 함양, 산청, 합천 청년과 함께 황국신민연성도장에 입학하여 훈련받았다. 일제는 이들에게 전쟁동원 중견지도자로서 농촌을 지도하는 역할을 맡겼다.

일제는 1940년 지주회를 설립하고 거창유도회를 조직하여 유력자들을 전쟁동원 수단으로 활용하였다. 각 마을마다 애국반을 조직하고 반상회를 열어 사람들을 전쟁에 동원하고, 전쟁 물자를 수탈하는 데 협조하도록 하였다. 이를 기반으로 1940년대 쌀을 공출하고 식량을 배급하였으며 각종 금속류, 목재 등을 수탈하였다.

일제는 지역민을 징용에 동원하여, 거창군은 1939년 4월 28일 노동자 129명, 5월 2일 87명을 함경도의 탄광과 공장으로 보냈다. 1940년 1월 13일 일본사람이 직접 와서 노동자를 모집하였으며, 3월 16일 100명이 함경남도 공사장으로 출발하였다. 1940년까지 징용을 간 사람은 2,800명에 달하였다. 농민들이 북조선, 일본, 만주, 남태평양 등지로 징용을 떠나자 농촌에 일손이 크게 부족해져서 농사를 짓지 못할 지경이었다.

일제는 청년들을 군대에 동원하였다. 최초의 일본군지원병은 1938년 5월에 일본군에 자원한 지원병 1기생 이윤기였다. 그는 이후 노골적으로 일본군지원병 선

거창 초등학생의 신사참배 기념사진 일제는 신사참배를 강요하였다. 사진은 거창의 초등학생들이 신사참배를 거행하고 찍은 기념사진이다. 일제강점기 거창 신사는 현재 충혼탑 자리에 있었다.

일제 침략전쟁 시기의 거창악우회 1942년 사진으로 일제의 일장기와 욱일승천기, 히틀러의 독일제국기, 무솔리니의 이탈리아 국기가 함께 걸려 있다.

거창 출신 이윤기의 일제 징병제 찬양

우리들 반도인이 밤낮으로 갈망하던 징병제가 드디어 1944년도부터 실시되게 되었다. 정말 영광의
극치이고 일시동인의 감사한 성은에 감격할 수밖에 없다. 되돌아보면 1938년 지원병지도 실시 이래
반도 청년의 헌신순국의 이상은 높고 해가 갈수록 지원자 수도 점점 많아져, 그 가운데에는 혈서 지
원자도 있고, 특히 1942년에는 채용 인원 4,500명에 비해 응모자가 실로 25만 명을 넘어 반도 청년
의 가슴에는 애국의 적성이 넘치고 있다.

 – 이윤기, "징병제 실시를 맞아", 『동양지광』 1942년 6월호

이윤기는 1938년 5월 지원병 1기생으로 응모하여 합격한 후 1940년 1월 거창경찰서에서 지원병 강습
회를 연 뒤 전국 각지를 다니면서 연사로 활동하고, 일제의 침략전쟁 참가를 독려하는 많은 글을 썼다.

전활동을 벌였다. 지원병은 1939년 2월 10일 39명이었고 1940년 2월에는 300여
명에 달하였다. 1940년 3월에는 위천의 김기용, 서덕운이 혈서를 써서 지원하였으
며 그해 8월에도 거창읍의 이재선, 위천면의 신명성, 가조면의 김동욱, 남하면의
정호석, 월천면의 고우모토 시게모리(河本茂盛)가 지원하였다. 그러나 지원병도 잠
시, 1944년 일제가 징병제를 실시하면서 청년들은 일본군으로 끌려갔다.

『친일인명사전』에 수록된 인물들

2009년 친일인명사전편찬위원회는 1905~1945년의 친일민족반역자 4,000여 명의 명단과 전력을 실은 『친일인명사전』을 발간하였다. 여기에 실린 거창 출신 인물과 그 주요 약력은 다음과 같다.

인물	창씨개명	주요 약력
정태균 (1884~1964)	키리모토 타이낑 (桐本泰均)	1909 일본군 수비대에 자신의 집을 임시 막사로 제공 1919 11월 조선총독부가 주최한 시국강연회에 참여, 80여 회 시국강연 1920 12월 경남남도 도평의회 당선 1926 11월 거창군번영회 고문 1927 6월 중추원 참의 1939 조선유도연합회 평의원
정연기 (1891~?)	쿠사모토 넨모토 (草本然基)	1911 조선총독부 관비유학생으로 일본 유학 1915 조선총독부 관리 1924 삼척군수 1938 육군병지원자훈련소 생도전형위원 1941 1월 중추원 참의 1945 6월 전라북도지사
신양재 (1895~1957)	마야마 히로유끼 (眞山博行)	1924 경상남도 부산경찰서 경부보 1930 경상남도 진주경찰서 경부 1940 경상남도 경찰부 고등경찰과 경시 1943 산청군수, 사천군수 1946 미군정기 김해군수

인물	창씨개명	주요 약력
안정옥 (1900~?)	안도 시게미찌 (安藤重道)	1927 함양경찰서 유림경찰주재소 순사 1932 하동경찰서 순사부장 1938 경상남도 경찰부 고등경찰과 경부보 1939~1943 경상남도 경찰부 밀양경찰서, 합천경찰서, 창녕경찰서 경부보
이정술 (?~?)	이와모또 아끼라 (岩本明)	1928 합천경찰서 근무 시작 1929~1933 합천경찰서 쌍백 경찰관주재소 순사 1936~1939 합천경찰서 고등사찰계 순사(고등형사) 1941~1943 경상남도 진해경찰서 순사
이지균 (1896~?)	가즈야마 시낀 (和山至均)	1925 함양경찰서 서상 경찰관주재소 순사 1927 사천경찰서 순사부장 1929 하동경찰서 경부보 1932~1939 동래경찰서, 밀양경찰서, 마산경찰서 사법계 주임 1941 울산경찰서 경부
이윤기 (?~?)	다이끼 켄조 (大村謙三)	1938 육군지원병제 지원병 1기생으로 지원 1940 거창경찰서 연무장에서 지원병 응모에 관한 강습회 연사 1942~1944 '북지전선추억기', '징병제 실시를 맞아', '선배지원병으로서', '싸우는 반도지원병', '징병제와 지원병' 등 군사동원을 홍보하는 다수의 글을 잡지에 발표
정종여 (1914~1984)		1935 제14회 서화협회 미술전람회에 입선 1936 일본 오사카 미술학교 일본화과 입학 1940 제19회 조선미술전람회에 '석굴암의 아침'으로 특선 1944 제23회 조선미술전람회에 '수송선을 기다리다' 출품, 제23회 조선결전미술전람회에 '상재전쟁' 특선 1945 '수호관음불상' 1,000장을 태평양전쟁 출정자와 입영자에게 기증하도록 강화군수에게 기탁

향촌을 주도하는
지역유지

식민지 조선의 대표적 잡지 『개벽』에 "거창은 폐창"이
라는 기사가 실려 있다. 폐창은 거창가에 나오는 폐허
가 된 거창이라는 뜻이다.

거창은 지형도 넓고 명승지도 많다. 그러나 인민의 지식 정도와 사상 정도는 경남
중 제일 유치하고 또 거창군의 벌족인 신씨의 세력이 너무 과다하여 여간 사람은
일을 착수하기 어려우며, 신일본주의자 민원식의 병정 방군수는 국민협회 회원모
집에 열중하다가 도청에서 한 주먹을 맹타하였다고 한다. 관리나 인민을 막론하
고 거창은 거창가에 말한 것과 같이 폐창이다.   – 『개벽』 제34호 1923년 4월 1일

이 기사는 조선 말기 토호의 횡포가 일제강점기에도 여전히 지속되고 있다고
말한다. 일제강점기에는 그들을 지역유지라고 불렀다. 그들은 조선시대의 향촌세
력을 대체하면서 지역의 실력자로 행세하였다.

토착세력으로서 극적으로 유지 반열에 오른 인물로 신중목을 들 수 있다. 1931년
인사비리로 구속된바 있는 신중목은 1938년 『동아일보』 거창 소개판에 당당하게
지역유지로서 자신의 사진을 올리고 있다. 그는 어떻게 성공했을까?

1930년대 후반 기업 활동에서 신중목의 이름을 찾는 것은 어렵지 않다. 『동아
일보』를 보면, "거창 유지 신중목 씨"는 1938년 거창에 최초로 양어장을 설치했는

데, 거창읍 동동에 있는 자기 소유 논 1,600여 평(시가 1,600 원)에 양어장을 설치하고 기술자를 초빙하여 경영했다는 기사가 나온다. 그는 1938년 신창선, 신용수, 윤성광, 이건용, 김계수 등과 함께 자본금 1만 원을 가지고 인쇄업체인 합명회사 동광사를 설립하였다. 동시에 그는 거창제주주식회사와 거창흥업주식회사의 이사였으며, 거창약주주식회사의 지배인이었다. 신중목은 재력을 기반으로 회사를 창업하여 경영하거나 각종 기업에 투자하였다.

신중목은 공직에도 진출하였다. 그는 1939년 5월에 실시된 거창읍회 선거에서 회원으로 당선되었다. 그는 거창농림학교 설립에 기부금을 내는 등 각종 지역사회의 활동에 참여하였고 보성학원유지회 이사였으며 거창소학교학부모회 평의원이 되었다. 일제 말기 그는 일제의 창씨개명 강요로 오야마 시게보쿠(大山重穆)로 개명하였고 일제가 패망할 때까지 지역유지로 활약하였다.

신중목은 지역유지의 성격을 잘 보여준다. 지역유지는 일단 재력이 있어야 했고 이를 기반으로 각종 공직에 진출했으며 지역사회 현안에 참여하였다. 지역유지는 일제강점기 새롭게 등장한 향촌세력이었다. 그들은 일제와 적당한 협조관계를 유지하면서 지역사회에 영향력을 행사하였다.

지역유지의 단체와 활동

일제강점기 지역유지가 활동을 본격화한 것은 1920년대였다. 1922년 9월 22일 오전 10시부터 오후 4시까지 지역의 유생과 유지들이 회동하여 일반인을 대상으로 강연회를 개최하였다. 이때의 연사와 강연내용을 알 수 없으나 3·1운동 이후 지역민심을 회유하기 위한 강연이었을 것이다.

1925년 지역유지들은 자신들의 조직으로 제창회를 조직하였다. 제창회는 8월 30일 거창면협의회실에서 월례회를 개최하고 임시의장 구영서의 사회로 간이도서관 설치와 공설운동장 건설 연구 등 2가지를 결의하였다.

본격적인 유지단체는 1926년 11월에 조직된 거창번영회였다. 번영회는 지역유지들의 발기로 400여 명의 회원을 모집하고, 11월 7일 11시 거창공립보통학교에서 창립총회를 개최하였다. 여기서 회장에 이현보, 부회장에 신창재·타께나가 칸고(武永間吾), 이사에 신용희·우도노 미사오(鵜殿己三男), 평의원에 이현보 외 몇 명, 고문에 김성한 외 8명, 그리고 간사 15명이 선출되었다.

총회는 지역유지들의 잔치였다. 지역유지 몇 명과 일본인은 창립총회를 일방적으로 진행하면서 일반회원의 발언을 "신사적 행동"이 아니라고 가로막았다. 이 때문에 많은 회원들은 지역유지들의 일방적인 진행에 항의하고 총회장에서 퇴장하였다. 번영회는 지역유지들만의 단체가 되었다.

그해 12월에 열린 번영회 제1회 평의회에서는 남하교의 빠른 준공, 토목 관련 건의 3건, 거창-대구 간 직통전선 건설, 사방공사 속행, 거창-삼가 도로건설 등을 지역 발전의 긴급한 문제라고 결의하고, 이를 경상남도와 조선총독부 당국에 진정하기로 결정하였다.

지역유지들은 때로 민원해결을 위해 시민대회나 면민대회를 개최하였다. 1933년 9월 4일 대폭우가 내려 많은 민가 피해가 발생하자 9월 7일 거창면사무소에서 시민대회를 열었다. 시민대회는 진정서를 작성하여 경상남도에 강둑 공사가 시급함을 진정하기로 하고 최영숙 외 5명을 위원으로 선정하였다. 시민대표는 지역유지들이었고, 이들이 주도한 민원과 관련된 시민대회, 면민대회는 종종 개최되었다.

때로 시민대회는 경찰의 제지를 받기도 하였다. 1933년 11월 곡가하락과 물가상승으로 지역유지들이 경찰서장 동의를 얻어 물가하락운동 시민대회를 결정하였다. 그러나 경찰서 고등계 주임의 '고압적 금지명령'으로 대회는 취소되었다.

지역유지들은 지역민들이 재해를 당했을 때 구제금을 내기도 하였다. 한 예로 1929년 큰 가뭄으로 군민 5천여 명이 굶어죽을 상태가 되자 지역유지 40여 명은 거창공립보통학교에 모여 구제회를 조직하고 회장 정태균, 부회장 신창재를 뽑은 후 구제금을 모으기로 결의하였다.

**지역유지의
경력과 위상**

일제강점기 지역의 유지들은 누구였을까? 1930년대 지역유지의 면모를 살펴보면, '거창사회의 혜성'이라고 불리던 지역유지는 거창 출신 신용희였다. 그는 거창면장 출신으로 금융조합장, 산업조합장, 거창공립심상소학교 학부모회장, 거창번영회장을 역임하였고 경상남도평의회 회원이었다. 신용희는 공직자, 지방자치제 회원, 공사기업의 장, 학교관련 단체장, 유지단체 회장을 두루 지냈다는 점에서 지역유지의 전형을 보여준다.

장동근은 경찰 출신으로서 지역유지가 된 경우이다. 그는 거창 출신으로 순사가 되어 거창경찰서 사법주임으로 승진하였다. 1927년 그는 경찰계를 떠나 사법대서업으로 전업하였고 "대서업계의 거상"이라고 불렸다. 그는 보성학원장과 거창읍회 회원을 지냈다.

김병우는 거창 출신은 아니지만 사법서사 출신으로 지역유지가 된 인물이다. 그는 충남 서천사람으로 1910년대 거창에 와서 사법대서업을 경영하였다. 그리고 거창자동차주식회사를 조직했으며 스스로 거창기업소를 경영하다가 산업조합에 넘겼다. 그는 경상남도회 회원과 거창농림학교 기성회장을 지냈다. 한편, 대표적인 광산업자인 김성창, 지주광산업자 신익재는 자산가로서 지역유지로 인정받았다.

의약계에 종사하면서 재산을 모은 인사들도 지역유지로 인정받았다. 김득수는 경성약학전문대학을 졸업하고 1936년에 거창에 와서 자생당을 경영하여 '제약계의 일인자'로 유지 반열에 올랐다. 김제동은 선산 출신으로 1910년대 가조, 위천에서 한약방을 하다가 거창에서 만수당을 경영하여 지역유지가 되었다. 또한 안의 출신으로 경성의학전문학교를 나와서 1930년 하산의원을 개원한 하주현, 거창의 명약 만령단을 제조했던 신용직도 의약계 지역유지였다.

의약 분야의 대표적인 지역유지는 신창재였다. 그는 거창 출신으로 1919년 경성의학전문학교를 졸업하고 1920년 창남병원을 개업한 후 거창면협의회원, 경상남도평의회 회원을 지내면서 전형적인 지역유지의 길을 걸었다.

면에서는 면장이나 면협의회원이 지역유지로 인정받았다. 고제의 하태욱은 구장에서 면장을 거친 대표적인 면지역유지였으며, 김경환은 1936년 수재를 당한 가북 중촌 주민 20호에 양식을 제공하여 군수의 감사장을 받음으로써 지역유지 반열에 올랐다.

반면 거창 출신으로 1922년 아림청년회를 거창청년회로 조직하고 청년회관을 건축하였으며, 그곳에서 1천여 명의 무산아동을 교육했던 주남재는 지역유지사회에서 특이한 존재였다.

대체로 일제강점기 지역유지들은 지주나 자본가로서 경제력이 있었으며, 읍회, 면협의회 회원, 도평의회 회원이 되거나, 금융조합장, 학교관련 단체장, 유지단체장 등 각종 단체장을 맡았다. 지역유지들은 일제의 통치에 참여하거나 협조하는 인물들과 그와는 무관하게 경제력을 갖춘 인물들로 대별되었다. 그중 전자가 전형적인 지역유지였다. 이들은 다양한 공직활동을 통하여 군수, 경찰서장 등 권력자들과 연줄 망을 만들고 당국의 신용을 획득하였다. 그들은 '빽'이라고 불리는 연줄과 뒷거래정치를 통해 자기 사업의 민원을 해결하고 금융, 세제의 혜택을 누리는 한편, 학교나 관청 유치, 도로, 제방, 전기 등 민원을 해결하는 활동을 전개하였다. 지역유지의 서열은 당국의 신용, 즉 민원해결능력에 따라 결정되었다.

최고의 지역유지, 정태균

일제강점기 가장 출세한 인사는 위천의 정태균이었다. 그는 조선인 친일파 대표들로 구성된 중추원의 참의를 지낸 인물이었다. 정태균은 조선 말기 하급관리를 지냈고 1908년에는 안의에 의명학교와 1913년 위천에 고북학교를 세우기도 하였다. 그는 1909년 일제가 조선인을 친일파로 회유하기 위해 실시한 일본시찰을 다녀온 후 친일파로 변신하였다. 1909년 일본군이 의병을 진압하기 위해 주둔했을 때 일본군에게 식량, 땔감, 막사 등 각종 편의를 제공하였다.

그는 1914년 시정 5주년 기념 조선공진회 평의원에 위촉되었다. 1915년 조선총독부로부터 시정 5주년 기념 조선물산공진회 수상자로 동패를 받았고, 일본정부로부터 다이쇼대례기념장을 받았다.

1919년 3·1운동이 일어났을 때 조선총독의 각도 대표 소집에 응하여 조선총독부 주최로 열린 시국강연에 경상남도 대표로 참석했다. 3·1운동 후 정태균은 1920년 경상남도 민선 도

정태균의 친일행위를 찬양한 기사(『경성일보』 1935년 10월 3일)

평의회원으로 임명되었으며, 1921년 중추원 의원 후보자로 추천되었다. 또한 그는 1920년 거창자동차주식회사를 창업, 경영하는 발빠른 행보를 보였다.

정태균은 1927년 6월부터 1930년 6월까지 조선총독부 중추원 참의를 지냈다. 1928년에는 일본정부로부터 소화대례기념장을 받았다. 이로써 그는 일제강점기 조선인으로서는 최고의 지위까지 올랐다. 그 후에도 그는 승승장구하였다. 1930년과 1933년 경상남도 관선 도평의회원에 연이어 임명되었다. 그리고 1935년 10월 조선총독부로부터 시정 25주년 기념표창자로서 은배 1조를 받았다.

정태균은 지역사회에서도 주요한 일을 맡았다. 1926년 거창군 번영회 고문, 1934년 거창군 소작위원, 1938년 거창군농회 평의원, 금융조합장, 1939년 산업조합 감사, 조선유도연합회 평의원을 역임하였다.

정태균은 이러한 행위로 인하여 해방 후 1949년 반민족행위특별조사위원회 특별검찰부에 송치되었다. 그는 국회민족정기모임이 선정한 친일파 708인의 명단에 들었으며, 친일반민족행위 진상규명위원회가 발표한 친일반민족행위 704명에 포함되었다. 또한 『친일인명사전』에도 올랐다.

일제강점기 유림의 동향

일제의 억압통치와 경제수탈에도 불구하고 유림 전통과 문중이 유지된 것은 놀라운 일이다. 일제강점기 유생과 양반 가문은 비록 정치적 지위를 상실했지만 지주로서의 경제적 지위와 유교문화를 보존하였다. 유교문화의 중심지였던 거창향교와 안의향교는 전통을 그대로 이어나갔다. 양반 가문과 유교 제사의식도 계속되었다. 각 문중에서는 족보를 편찬하거나 재실을 건축하기도 하였고 서원을 재건하기도 하였다. 현재 남아 있는 다수의 유교 건축물은 일제강점기 때 건축된 것이다.

일제강점기 서원을 통한 유림의 인간관계는 단절되었지만 계를 통한 교유관계는 지속되었다. 단금계, 동연계가 계속되었고 1925년에는 이이계가 새롭게 출발하였다. 단금계는 임진왜란 직후인 1601년 15명의 유생이 모여 만든 유학계였다. 1929년의 단금계 기록을 인용해 본다.

아! 하나의 계모임이 300년을 지났는데도 더욱 처음과 같음은 세상에서 드문 것이다. 후생들이 이를 경모하는 것은 선조를 존경하고 현인을 존경하는 정성에 관계되는 것이 아니겠는가. 한탄스러운 것은 한 칸의 집이 없는 것이니 그해 유사의 가정에서 번갈아가면서 책상으로 계안에 전해졌다. 그렇지만 이는 이미 맡은 분들의 책임이므로 믿고 소중히 여기며 받들어 간수하는 것이 도리가 아니겠는가.

- 「율림계자손안속수서」

이 글에서 보듯이 일제강점기에도 유림은 조선시대의 유교사상과 계 조직을 유지하고 있었다. 그 자손 장부에는 정씨 75명, 양씨 13명, 이씨 92명, 신씨 17명, 형씨 19명, 유씨 17명 등 233명의 명단이 기록되어 있다. 이들은 1933년에 지은 기문에서 "지금 세상의 어려움은 임진왜란 때와 마찬가지로 하늘보다 높고 소보다 깊다. 그러나 계원들이 함께 선조의 뜻을 본받아서 허물을 서로 규제하고 환난을 서로 도운다면 북풍이 불며 비와 눈이 세차게 내려도 귀착점은 같을 것이다."라고

하여, 계원들이 서로 돕자고 말하고 있다.

일제강점기 파리장서운동, 이주환·윤봉의 열사의 자결은 지역 유림의 대표적 항일운동이었다. 그 밖에 유림이 일제의 지배에 저항한 흔적은 찾아보기 어렵다. 또한 정태균을 제외한다면 지역유지로서 힘을 행사한 경우도 드물었다. 그들은 식민지권력과 함께 등장한 신흥 유지들에게 지역사회의 주도권을 빼앗긴 과거의 지배층이었다. 다만 자신들이 거주하는 면이나 마을에서 사회적 지위를 유지할 뿐이었다.

유림도 일제의 침략전쟁에 동원되지 않을 수 없었다. 1940년에 조직된 거창유도회가 대표적인 단체였다. 거창유도회는 1940년 2월 15일 12시 거창심상소학교에서 1읍 12개 면 대표 60여 명이 모여 결성되었다. 좌장이 된 정태균의 진행으로 선출된 임원은 다음과 같았다.

회장 고병권, 부회장 아끼에다 준이치(秋枝純逸)·김병우·신용직, 고문 정태균 외 2명, 참여 오타니 신사쿠(雄谷新作), 김성창 외 3명, 이사 임성희 외 2명, 상임이사 하을춘·소기 요시노리(宋木義利) 외 3명, 평의원 노태식 외 12명, 서기 서진호 외 2명. — 『동아일보』 1940년 2월 19일

지역유지 열전

일제강점기 군청과 경찰서에는 두 가지 명부가 비치되어 있었다. 하나는 지역유지 명부이고 다른 하나는 요주의·요시찰인 명부였다. 전자는 일제통치에 협조하는 사람들이고 후자는 감시해야 할 대상이었다. 지역유지 명부에는 지역의 유력자와 자산가들이 기록되어 있었다. 아직까지 거창의 유지 명부는 발견되지 않았다. 지역의 유지는 누구였을까?

일제강점기 중앙지는 종종 기획기사로 각 지방을 소개하였다. 1935년 1월 20일자 『조선중앙일보』와 1938년 9월 6일자 『동아일보』에 거창 소개가 실려 있다. 여기에는 거창의 유력자들이 소개되어 있는데, 이들이 지역유지의 범주에 든 인물들이라고 볼 수 있다.

1935년 『조선중앙일보』에는 "거창읍의 명사"에 사진과 함께 17명의 약력이 나와 있다. "지방사회의 중진" 이현보, "사계의 혹성" 신창재, "양조계의 패왕" 전상길, "지방유공자" 김경현, "중망의 표적" 표현태, "시종일관"하는 전병식, "도규계(한의원)의 거성" 하주현, "무산아동의 자부" 장동근, "사회사업가" 임유직, "광산의 성공가" 김성창, "호남은행 지점장" 문복환, "수완 인격 겸비" 김병우, "교육계 공로자" 서오한, "청년지도자" 변경식, "원만한 인격자" 문무성, 거창경찰서장 미타유키 토라오(滿行虎雄), "군내의 덕망가" 이태영이 그들이다. 그리고 실업계 인물총람 란에는 "명약 만령단" 신종직, "방향을 전환한" 정종완 등의 인물도 올라 있다.

1938년 『동아일보』에는 20명의 지역유지들이 올라 있다. "목포철도부설, 실업학교설립" 군수 고병권, "모범적 경관" 경찰서장 키쿠치(菊地), "칠전팔기의 호장남 광산개발의 선구" 김창광산 김성창, "거창사회의 원로 한가한 세월"의 정태균, "무산아동의 자부" 회갑된 주남재, "약업계의 거두" 자생당 김득수, "한의계의 원로" 만수당 김제

"거창의 중진 인물" 첫째 줄 오른쪽부터 신익재, 정태균, 신용희, 고병권(군수), 전병천, 장동근이고, 둘째 줄 오른쪽부터 김병우, 신용직, 신용주, 키쿠치(경찰서장), 하주현, 김제동. 그리고 셋째 줄 오른쪽부터 주남재, 전상길, 김득수, 신창재, 신중목, 김경환이다.(『동아일보』 1938년 9월 6일)

동, "호풍채의 덕망가" 거창실업가 신익재, "청년 사업가" 가조 변경식, "도규계의 권위자" 하산의원 하주현, "고명한 거창만령단 주인" 신용직, "면정에 공로자" 고제면장 하태욱, "교통계의 은인" 도회원 김병우, "대중위생의 선구" 남창의원 신창재, "쾌활한 수완가" 금융조합이사 전병천, "대서업계 거성" 사법서사 장동근, "재목업계 중진" 함창황정헌, "거창사회 혜성" 번영회장 신용희, "유일한 자선가" 김경환, "상업계의 이채" 화신연쇄점 신용주 등이다. 그리고 이 신문에 사진으로 실려 있는 지역유지는 정태균, 신용직, 전상길, 고병권 군수, 키쿠치(菊地) 서장, 신창재, 장동근, 김제동, 김경환, 신익재, 김병우, 주남재, 신용희, 신용주, 김득수, 전병천, 하주현, 신중목 등이다.

두 신문이 함께 선정한 김성창, 하주현, 신용직, 김병우, 신창재, 장동근이 1930년대 대표적인 지역유지라고 볼 수 있다. 『조선중앙일보』 기사는 거창읍 인물만 대상으로 했기 때문에 위천면의 정태균이 빠져 있다. 그러나 앞에서 지적했듯이 그는 대표적인 지역유지였다.

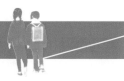
지역경제와
빈곤층

일제강점기 거창의 경제상태를 한눈에 볼 수 있는 자료
가 세금 내역이다. 식민지공업화가 진행된 이후인 1938
년의 세금을 보면, 지세와 지세부가세가 50%가 넘는
압도적 비중을 차지하고 면부과세와 호세는 25% 이상이었다. 세금의 75% 이상이
지세와 호세인 셈이다. 거창은 전형적인 농촌이었다.

일제강점기 농업은 일제의 농업정책에 큰 영향을 받았다. 벼농사는 1920년대
부터 '산미증식계획'이 실시되면서 크게 장려되었다. 1930년대 일제의 침략전쟁이
시작되면서 '농촌진흥운동'과 '남면북양정책'이 실시되어 근검절약이 강조되었고 육
지면 재배가 강요되었다. 또한 누에치기도 장려되었다.

산업 관련 세금에서 가장 비중이 높은 것은 13%를 차지하는 주류세였다. 지역
에 주조회사와 약주회사가 있었기 때문이다. 그 밖에 비중 있는 산업은 거의 없었
다고 해도 과언이 아니다. 식민지공업화 정책은 이곳의 산업과 별 관련이 없었다.
한편 광산세가 있었던 것이 특이하다. 일제강점기 이 지역에 금광을 비롯한 수십
개의 광산이 있었다.

식민지 농민의 생활은 어려웠다. 주민의 대부분은 농업에 종사했고 그 60% 이
상이 소작농이었다. 소작농은 소작료와 면부과세, 호세, 학교비 등 각종 세금, 그
리고 부역을 부담해야 했다. 몰락한 농민들은 유랑민이 되거나 화전민이 되었다.
1931년 『조선일보』에는 "거창에는 걸인만 늘어간다"는 기사가 실려 있고 그해 3월

1938년 거창의 세금

세목	금액(원)	비율(%)
지세	85,609	32.0
지세부가세	54,573	20.4
면부과세	44,576	16.6
호세	23,904	8.92
소득세	3,379	1.26
영업세	1,185	0.44
광산세	4,264	1.59
주류세	34,904	13.0
소득세부가세	368	0.14
도축세	1,060	0.4
부동산취득세	4,288	1.6
차량세	2,634	0.98
임야세	7,107	2.65
계	267,851	100

"피와 땀의 결정" 사방공사 인부의 저축이 1만 6천 원이라는 기사다. 이 기사는 지역민의 빈곤을 역설적으로 보여준다.(『동아일보』 1933년 8월 15일)

에만 도망자가 4백여 명에 달하였다. 일제강점기 화전민은 2천6백여 호였으며 그들은 "풀을 뜯어먹고 연명만 하는 처지"였다.

일제가 빈민구제 방법으로 실시한 것이 사방공사였다. 사방공사는 산림조성, 하천정비, 도로개수 등에 저임금 노동력을 투여하는 식민사업의 하나였다. 빈민들은 사방공사에 의존해 생계를 유지하기도 하였다. 1933년 『동아일보』에 "피와 땀의 결정, 거창사방공사 인부"라는 제목의 기사가 실렸다.

경남 거창군에서는 궁민(窮民) 구제 사방공사에 금년도에도 9만 원을 예산하고 7개소에서 공사를 계속 중이다. 아침 5시부터 밤 6시까지 13시간 노동에 임금은 아주 저렴하여 보통 27전의 수입으로 그날그날 생활도 유지할 수 없는 중, 규정상 할 수 없이 임금의 1할 이상을 의무 저금하여 1930년 4월 1일부터 금년 7월까지의 피와 땀으로 모은 돈이 1만 5,658원이라는 거액에 달하였다고 한다.

– 『동아일보』 1933년 8월 15일

하루 13시간 노동, 27전의 저임금, 10% 강제저축이 사방공사 인부의 실상이었다. 강제예금만 1만 5천여 원에 달하였다. 당시 다른 구제 없이는 살 수 없는 사람을 궁민이라고 불렀는데, 1931년 조선의 궁민 비율은 21%, 경상남도의 궁민 비율은 15% 정도였다. 지역민 5명 중 1명은 궁민이었을 것이다. 이들 대부분은 농민이었다.

비옥한 농토와 소작농

일제강점기 거창은 농업지대였다. 논밭은 전국에서도 비옥하다는 평가를 받았다. 특히 덕유산에서 거창읍으로 흘러내리는 여러 강 유역은 옥토평야를 형성하여 거창군의 쌀 생산은 인근에서 1위를 차지하였다.

논은 밭의 두 배 정도였으며 경작지는 조금씩 증가하였다. 주요 산물은 쌀, 보리, 콩, 잡곡 등 곡물이었다. 쌀은 홍수나 가뭄으로 흉년이 들었을 때는 다소 감소하였지만 대략 80,000석을 생산하였고 보리는 평년작 75,000여 석을 생산하였다. 콩은 1927년에 18,000여 석, 1938년에 9,000여 석이었다.

농업 특산물은 삼, 닥나무, 왕골, 면화, 들깨였다. 특히 감 생산이 많아서 '감골'이라고 불렸다. 양잠은 지역에 잠업견습소가 설치될 정도로 매우 발달하였다. 잠업 생산량은 경남 제3위를 차지했고 그중 가북면이 군내 제일이었다. 축산은 소, 돼지, 닭 중심이었으나 전문 축산 농가는 없었다. 소와 돼지는 각각 8,000여 마리씩, 닭은 15,000마리, 말은 200여 마리가 사육되었다.

산림면적은 6만 9천여 정보였다. 1927년 통계로 큰 나무 숲 1만 7천여 정보, 어린 나무 숲 1만여 정보, 민둥산 4만여 정보, 모범림 158정보, 조림묘포 7정보였다. 1938년 덕유산 아래 위치한 북상면의 1년 임업 수입은 약 12만 원이었다.

일제강점기 지역의 인구는 약간씩 증가하였다. 1927년 총 호수는 18,000여 호, 인구는 85,000여 명이었다. 1938년에는 총 호수는 25,000여 호로 증가했고 인구도 89,000여 명으로 늘었다. 그중 농업에 종사하는 농민은 80%였다. 1938년 농업경작지 면적 13,000여 정보 중 자작농가 4,800여 호에 경작면적이 6,000여 정보, 소작농가는 8,700여 호에 7,000여 정보였다. 전체 농가 중 약 65%가 소작농이었다.

자작농은 1호당 평균 1.3정보를, 소작농은 0.8정보를 경작하였다. 소작농은 평균경작지가 1정보가 채 못되는 소농으로 빈곤하였다. 주민들은 만성적인 빈곤상태, 잠재적인 실업상태에 있었다. 이를 식민지 조선 전체와 비교하면, 이 지역의 소작농 비율은 약간 낮은 편이지만 빈곤에는 큰 차이가 없어 보인다.

일제강점기 지주의 숫자는 알

거창의 농업

구분		1927년	1938년
토지 (정보)	총경작지	13,192	13,296
	논	8,677	
	밭	4,515	
	자작지	6,270	6,116
	소작지	6,921	7,177
곡물 (석)	쌀	79,571	68,659
	보리	73,605	75,740
	콩	18,208	9,478
	잡곡	1,859	652
기타 작물 (관)	대마	146,721	
	닥나무	69,874	
	왕골	15,268	
	면화	183,670	
	들깨	384	
특산물(관)	감		80,000
누에치기	호수	14,161	5,919
	입매 수	3,651	3,521
	수입(원)		75,000
축산 (두)	말	202	
	소(농업용)	7,904	7,957
	돼지	8,691	
	산양	241	
	닭	13,810	17,500
	털 생산 소	2,137	
	식용 소	871	

* 1938년의 토지면적은 1937년 통계이다.

수 없지만 소작지와 소작농의 규모로 보아 다수의 지주층이 존재했을 것이다. 그중 부재지주도 있었다. 1927년의 통계와 1938년의 통계를 비교해보면 시간이 지날수록 자작지가 줄어들고 소작지가 증가하였고, 자작농이 감소하고 지주와 소작농이 증가하였다. 지역 농민은 몰락하는 추세였다.

활기찬 상업 활동

일제강점기 거창은 농촌지역임에도 불구하고 비교적 상업이 발달하였다. 이곳이 교통의 요충지가 된 것은 독특하다. 이곳은 덕유산, 지리산, 가야산으로 둘러싸인 오지임에도 불구하고 대구, 진주, 김천, 무주로 이어지는 간선도로가 개통됨에 따라 경남 북부의 교통 요지가 되었다.

매우 특이한 것은 독립적인 지역 상권이었다. 이곳은 거의 외지 상인의 상권 침탈을 받지 않았다. 시가지의 중요한 상점, 지역, 건물은 모두 지역민이 소유하였다. 특히 천외의 시가지는 외부인에게 단 하나의 상점도 허용하지 않는 특이한 기풍이 있었다. 당시 상업은 "외지인 상점이라고는 3, 4개소에 불과할 정도"로 지역민들이 상권을 장악하고 있었기 때문에 이곳은 "남방의 개성"이라고 불렸다.

1920년대 대표적인 상인은 김홍수, 신익재, 정종하, 윤기상, 김병우, 백남용 등이며, 이들은 수만 원의 자금으로 곡물상을 경영하였다. 그리고 임종도, 김상순, 김경칠, 신경태 등은 포목 상인으로 큰 성공을 거두었으며, 도자기 상인 박만세, 잡화상인 서병수, 신종대 등은 시내 굴지의 거상이었다. 1927년 거창시장의 연평균 매매고를 보면, 농산물 13만 9천여 원, 수산물 7만 4천여 원, 직물 12만 8천여 원, 축산물 17만 9천여 원, 기타 21만 2천여 원으로 합계 73만여 원이었다.

1927년 거창시장 매매고

상품	금액(원)
농산물	139,045
수산물	73,649
직물	127,744
축산물	179,181
기타	211,620
합계	730,620

일제강점기 거창읍 도심지 경신양화점, 중앙인쇄소, 거창부인회구매부, 아사히 시계점, 사법서사 간판과 시외버스터미널이 보인다.
현재의 중앙리 일대로 멀리 죽전이 보인다. 1940년대 사진이다.

1930년대에도 상업은 여전히 번성하였다. 당시 이 지역을 대표하는 상점으로 영창상회, 동아부인상회, 거창상업조합, 위북흥업사, 거창부인회소비조합 등이 있었다. 1928년에 창업한 영창상회는 어물도매업으로 거창시장 "유일무이의 패왕이자 거창시장의 금고"라는 평을 들었다. 동아부인상회는 1935년에 창립된 포목상으로 150명의 소속 행상인을 거느렸다. 1934년에 창립된 거창상업조합은 조합원 1,300명의 소비조합으로 직물공장까지 경영하였다. 위북흥업사는 1937년 설립된 자치회사로 위천, 북상지역에서 공동구매와 판매 사업을 하였다.

거창부인회소비조합은 식민지 조선에서도 매우 특이한 존재로서 부인 16명이 조직한 일용잡화상점이었다. 이들은 이 수입금으로 강연회를 개최하기도 하였고 유치원, 고아원을 운영할 계획을 가지고 있었다. 이 지역의 상업 활동에서는 소비조합의 구조를 가진 기업이 많았다.

읍내에는 금융기관이 있어서 상업에 불편이 없었다. 1920년대 금융기관으로 거창금융조합, 가조금융조합 등 2개소가 있었는데 총 조합원이 1,346명이며 기본금이 1만 8천 원이었다. 또한 동래은행 지점이 있어서 예금과 대출업무를 했고 개인 대부업자도 있었다. 1930년대에는 호남은행 지점과 금융조합 3곳과 그 지소 2곳 등 6곳의 금융기관이 있었다. 1920년대에 있었던 동래은행 지점은 호남은행 지점에 합병되었다. 금융계의 1년의 매출은 예금 80여 만 원, 대출 1백여 만 원이었다.

광업과 공업

일제강점기 거창은 전망이 좋은 광산지대였다. 1930년대 후반 "공사를 착수했거나 시굴 출원 중인 광산이 80여 개소에 달하며 장래에는 전 조선에 유명한 광산지대가 될 것"이라고 기대되었다. 광산업으로 거금을 모은 자본가도 등장하였다.

광산 조사는 1905년 일제에 의해 시작되었다. 1904년 12월 일본인 농상무 기사 이노우에 기노스께(井上禧之助)와 공학사 아라야마 토시스께(新山敏介) 광산 조사를 위해 이곳을 다녀간 후 지역 곳곳에 광산이 개발되어 그 수가 수십 개에 달하였다. "가북면은 전부가 광산이라 여기저기서 금광이 발견되고 있다."는 보도가 나올 정도였다. 일제강점기 광산 대부분은 일본인이나 외지인에 의해 개발되었다.

광산업계의 대부라고 불릴 만한 사람은 영동 출신 김성창이었다. 그는 1909년 일본인 소유 지례 대야광산에 통역으로 취업한 후 영동 보국광산 제련부에서 일하면서 광산경영과 제련기술을 익혔다. 1918년에는 매곡 가나이(金井)광업소 감독으로 일하였다. 1924년에는 합천 봉광산의 타카다(高田)광업주식회사 감독을 역임한 후 1925년 폐광이 된 이 광산을 인수, 8년간 경영하여 큰 수익을 올렸다. 그는 1935년 이 광산을 5만 원에 매각하고 1938년에는 서울에 김창광업사를 창립하여 전국적인 광산개발 경영에 나섰다. 거창 출신 신익재는 더 극적인 인물이다. 그는 300여 석의 소작료를 걷는 대지주였으나 미곡상을 하다가 대부금 문제로 전 재산을 날렸다. 그는 광업에 착수하여 다시 전 재산을 환수하였다.

공업은 가내수공업과 양조업이 중심이었다. 근대 기업의 본격적인 시작은 정태균이 세운 거창자동차주식회사였다. 그는 1920년 4월 자본금 18만 원, 불입금 4만5천 원으로 운수창고업체인 이 회사를 창업하고 조선인 자본과 일본인 경영자로 운영하였다. 1925년 8월 20일 『동아일보』에 "거창의 모 회사는 조선인 중역이 2/3이지만 실권과 실리는 모두 일본인에게 독점된다."는 기사가 있다. 그는 1929년 이 회사를 조선철도주식회사에 매매하였다. 1920년대 김병우, 정내균이 경영하는 기업전습소는 각종 직물을 생산하였다. 1927년 공업 산출고는 직물, 원견, 요업, 금속, 목제품, 고약, 포목, 주류, 누룩, 과자, 갓과 신발 등에서 150여만 원이었다.

1927년 거창의 공업산출

종별	가격(원)
직물	126,192
원견	13,845
종이	64,545
요업	61,760
금속	43,270
목제	6,000
고약	142,900
포목	135,000
주류	593,520
누룩	158,950
과자	28,400
갓, 신발	32,080
기타	146,772
총계	1,553,234

1930년대 대표적인 기업은 제주회사인 거창제주와 거창약주였다. 거창제주는 1928년 이현보가 자본금 3만 원으로 세운 회사로 후에 거창지주회장을 지낸 전상길이 인수하였다. 전상길은 이 밖에도 거창약주주식회사(자본금 10만 원), 금융업인 거창식산주식회사(자본금 2만 원), 거창인쇄주식회사(자본금 5만 원)를 경영하였다. 특히 거창제주와 거창약주는 각종 품평회에서 다수 입상하여 상품의 명성이 높았다.

1939년 전상길은 거창읍 송정리에 제재, 정미, 운반업인 거창흥업주식회사(자본금 18만 원)를 세웠다. 사장은 사카이 소키치(酒井相吉), 이사는 오야마 시게보쿠(大山重穆)·카네시로 나가보쿠(金城永穆)·토쿠토미 에지(德富榮次), 감사는 이노하라 마사사쿠(井原政作)·카네다 헤이유(金田秉佑), 지배인은 타카야마 토요미츠(高山豊光)였다. 이들 중 조선인은 창씨개명한 이름인데, 전상길이 자기 성을 '술 우물'이란 뜻의 사카이(酒井)로 바꾼 것은 거창제주, 거창약주 사장으로서의 의미를 담고 있다.

그 밖의 기업으로는 신용희가 1934년에 세운 농업회사인 거창산업조합, 김병철이 중심이 된 위북흥업사, 1940년 정낙종이 자본금 10만 원으로 세운 거창어채주식회사 등이 있었다. 신용희는 경상남도 도회원으로 거창금융조합장, 거창산업조합장, 거창공립소학교 학부모회장, 거창번영회장을 맡았던 "거창사회의 혜성"으로 평가받았던 지역유지였다.

**사방공사와
노동자의 저항**

조선총독부는 이 지역에서 대대적인 사방공사를 실시하였다. 사방공사는 각종 공사에 농민들을 동원하고 임금을 지불하는 식민정책으로, 자연재해 때 빈민구제의 방법으로 시행하기도 했지만, 그 주된 목적은 산림조성, 하천제방공사, 도로공사 등 식민지배에 필요한 시설을 정비하는 데 있었다. 거창은 식민지 조선에서 가장 먼저 사방공사가 시작된 곳이자 가장 많이 실시된 곳이었다. 이 지역 사방공사는 1921년 월천의 제방공사에서 시작되었다.

이곳의 사방공사는 낙동강 유역의 홍수를 방지하고자 함이었다. 당시 거의 해마다 계속되는 홍수로 농경지와 주택, 도로의 피해가 심했기 때문에 조선총독부로서도 대책을 세우지 않을 수 없었다. 지역유지들도 종종 사방공사를 건의하였다. 당시 이곳은 합천과 함께 산림이 가장 황폐한 지역이어서 "거창의 산과 들은 마치 불탄 자리" 같았다. 조선총독부는 산에 나무를 심어 홍수를 방지하려고 하였다.

일제는 1927년 103정보의 산림사방사업을 실시하였다. 1932년에는 흉작 구제책으로 위천면에 2,650원의 토목공사, 주상면에 16,498원, 웅양면에 17,849원, 남하면에 16,220원, 가조면에 5,266원의 사방공사를 실시하였다. 사방공사는 1933년 대홍수 이후 본격화되었다. 1933년에는 대홍수로 거창면, 위천면, 남상면, 남하면, 가조면, 주상면, 웅양면에 총공사비 9만 원의 궁민구제 사방공사를 실시하였다. 1935년 군내 11면에 149,650원의 사방공사가 실시되었다.

1936년 조선총독부는 장기적인 낙동강 사방공사계획을 세웠다. 2,800여만 원으로 향후 10년간 낙동강유역 19,000정보의 사방공사 사업을 진행한다는 것이었다. 공사비용의 60%는 국고보조, 20%는 지방비, 나머지 20%는 지방민의 부역으로 충당하도록 하였다. 부역은 지역민에게 큰 부담이었다. 당시 한 집당 부자는 600명, 보통 농민은 100명씩 부담시켰는데, "이것은 치산치수를 방패삼아 농촌민의 고혈을 짜내는 것"이었다. 낙동강사방공사 기공식은 1936년 4월 3일, 경상남도에서 사방공사가 처음 시작되었던 월천에서 열렸다. 그 이후 사방공사가 계속되었다. 사방공사의 재정 중 70%는 노임으로 지불되었다. 일제는 1937년 8개월간 사방공사 750정보에 24만 1,941명에게 임금 12만 2,359원 14전을 지급하여 평균 1인당 약 50전 5리 7모를 지급했다고 발표하였다.

일제의 저임금, 강제예금에 대한 사방공사 인부의 저항이 잇따랐다. 1932년 5월 9일 웅양면 동호리 사방공사장에서 인부 200여 명이 일본인 공사 총감독 안도 토요조(安藤豊造)를 구타하여 경찰이 이완화 등 8명을 검거한 사건이 있어났다. 일본인 감독은 평소에도 불친절한 데다 인부들이 지고 온 떼가 잘못되었다고 삯을 주지 않고 구타까지 해왔다. 이날은 갑자기 임금을 2리 인하하여 5리씩 주었다. 인부들은 하루 일당이 20~30전에 지나지 않자 이를 애원하다가 사건이 발생하였다.

그해 5월 17일 남상면 사방공사에서 인부들은 강제저축에 저항하였다. 그들은 "지금 굶어죽을 수 없으니 예금을 내달라."며 군청으로 쇄도하였다. 군수는 경상남도와 전화로 교섭하여 예금액을 지불하기로 하였다.

1936년 6월 15일 남하면 둔마리 사방공사에서 일본인 주임 사에키(佐伯)가 임금을 1일 2전씩 깎아 지급했기 때문에 동맹파업이 일어났다. 인부 200여 명은 하루 12시간 노동에 최고 18전, 최하 17전의 임금을 받았다. 그해 가뭄으로 쌀값은 1되에 28전에서 31전으로 올랐지만 임금은 오히려 인하되었다. 이에 대한 불만이 동맹파업으로 폭발하였다. 거창경찰서는 선동자 몇 사람을 취조하였다. 이 사건의 보도가 문제가 되었던지 『동아일보』는 7월 3일자 신문에서 이 기사를 취소하였다.

신작로, 전등, 전화

1935년 『동아일보』에 거창의 "도로 교량에 대한 불평"이라는 논설이 실려 있다. 북상 갈계에서 월성까지의 신작로 건설에 대한 글이다.

동으로 경남을, 서로 전북 일대를 굽어보고 수많은 산물을 안고지고 거창군 북상면에 준 엄하게 서 있는 덕유산이야말로 우리 거창에 오직 하나인 보고이다. 여기서 나오는 산물 은 소나무 숯, 잣나무 숯, 약초, 목기, 기타 물화가 1년에 20만 원에 달한다. 이 거대한 보물을 운반해내려면 통로의 완성을 보아야 할 것이다.

읍에서 덕유산까지의 길은 마리, 위천, 북상 3개 면을 관통해 있다. 도로에 대한 중요지 인 북상면 갈계리에서 창선리까지는 작년에 겨우 도로가 통하게 되었으나 덕유산록인 월성리까지는 중단되고 있다.

이 도로의 신설 당시 경상남도 야마시타(山下) 도로기사는 북상면에서 인부 6천 명과 교 량만 부담하면 도로보조금 1만 6천 원으로 월성리까지 도로를 완성을 하겠다고 언명까 지 하였다. 이에 북상면장 임종근 씨는 즉시 면협의회를 열고 이를 협의한 결과 면으로 서는 쾌히 승낙하고 공사에 착수하였다.

그러나 월성리까지 미치지 못하고 창선리까지의 인부는 거의 6천 명이 다 들었으나 도 에서는 또다시 6천 명 인부를 북상면에서 부담하지 않으면 월성리까지의 도로를 완성하 지 못하겠다는 이유로 공사를 중지하고 있다. 그러면 야마시타 기사의 말은 신용 없는 말이 아니었던가?

뿐만 아니라 위천면 남산리, 대정리 두 곳 다리만 하더라도 당국에서는 조금도 동정이 없으니 이 지방 면민은 하루바삐 당국의 활동이 있기를 기대하고 있는 바이다. 위천면장 유갑식 씨는 이 두 곳 교량 문제로 많은 심려와 주선을 하고 있으나 또한 경비 문제로 머

리를 앓고 있다고 한다. - 『동아일보』 1935년 6월 1일

이 논설에서는 가조면, 가북면의 도로에 대한 불편도 이야기하고 있다. 일제강점기 '신작로'라고 불리는 자동차 도로가 개설되었다. 대표적으로 진주-김천선, 대구-무주선이 있었고, 군내에는 거창읍-북상선, 거창읍-가조선 등이 건설되었다. 도로 개설비 일부와 노동력은 주민들이 부담하였다. 또한 주민들은 부역으로 도로를 관리하였고 일제는 도로품평회를 열어 감독하였다.

1925년 전기가 들어왔다. 일본인 시미즈(淸水)가 사장인 진주전기주식회사는 읍에 전등을 가설하고 전기료를 징수하였는데 진주보다 비싸게 받았다. 이에 읍민들은 시민대회를 열어 전기료 인하를 요구하였다.

1926년 읍에 시내전화가 개통되어 약 40명이 가입하였다. 전화는 1939년 가조까지 이어졌다. 당시 읍과 웅양 등지에 우편소가 설치되어 있었다. 1929년 주민들은 전화와 우편소에 대해 불만을 제기하였다.

일제강점기 도로, 교량, 우편소, 전기와 전등, 전화 등 근대문물이 들어왔다. 이러한 시설에 대한 비용 중 상당 부분은 주민들이 부담하였고 그 사용료도 비쌌다. 조선총독부는 근대시설을 통치와 수탈에 이용하였고 일본인과 조선인 사업가들은 이를 통해 이윤을 추구하였다.

일제강점기 거창의 운송도구(단위: 대)

도구	1927년	1938년
자동차	16	33
화물자동차	2	15
짐수레	25	49
우마차	200	3
자전거	-	1,498

4. 인재와 천재에 시달리는 농민들

**지주와
지주간담회**

일제강점기 수백 석 이상의 소작료를 거두어들이는 대
지주들이 있었다. 1928년 10월 19일 오후 1시부터 오
후 5시까지 거창공립보통학교에서 거창군농회 주최로
지주간담회가 열렸다. 여기서 논의된 소작 관련 내용은 주로 다음과 같았다. ① 소
작계약 양식, ② 소작지 소유권 이동문제와 소작료 인상, ③ 소작지 임대, ④ 소작
권 존속기간, ⑤ 소작권 상속, ⑥ 소작료 연체와 소작계약 해제, ⑦ 소작료 결정 방
법, ⑧ 소작료의 공정성, ⑨ 소작료 마질, ⑩ 소작료 운반비, ⑪ 소작지 공과금 분
담, ⑫ 소작지 반환 때 다년생 특수작물 매수, ⑬ 소작인에 대한 지주의 장려, ⑭ 마
름 폐해 방지와 소작쟁의 해결 등이었다.

지주간담회는 일제와 지주가 소작농의 저항에 공동으로 대응하기 위한 회의였
다. 일제는 안정적인 쌀 반출과 지주 관리를 위해 종종 지주간담회를 소집하였다.
정책 기조는 지주와의 협조체제를 통한 식민지 지주제 강화였다.

당시 지주와 소작농은 무거운 소작료, 잦은 소작권 이동, 지세의 소작농 부담,
소작료 운송료, 마름의 횡포 등으로 심각한 갈등을 빚고 있었다. 소작농의 저항이
강해지자 일제는 지주들에게 일정한 양보를 요구하기도 하였다. 1930년 11월 1일
에 열린 지주간담회에서 지주들은 일제의 강요에 의해 몇 가지 양보를 하였다. 그
내용은 지세나 공과금은 지주가 부담할 것, 소작료 측량에는 평말을 사용할 것, 마
질 비용을 전폐할 것, 8km 법령을 따를 것, 마름을 변경할 때는 군농회에 통지할

것 등이었다.

이 간담회의 내용은 지주들이 이전에 소작농에게 불법적으로 부담시켰던 지세와 소작료 운반비를 자신들이 내고 소작계약이나 소작료 마질도 법에 따르겠다는 것이다. 이전까지는 불법을 자행했다는 말이 된다. 그러나 지주들은 여기서 합의한 내용조차 지키지 않았다. 지주들의 횡포는 1931년 3월 1일자 『동아일보』 사설에서 "거창의 지주들도 미몽에서 깨어나기를 바란다."고 말할 정도로 심각하였다.

소작농의 생활은 열악하였다. 소작농민은 고율의 소작료와 각종 공과금을 내고 나면 수중에 남는 것이 없었다. 말 그대로 생존이 문제였다. 지주들은 농민들의 어려운 처지를 고려하지 않았다. 오히려 소작료를 내지 못한 농민들을 법원에 고소하였다.

1936년에는 지주들이 대거 소작농을 법원에 고소하였다. 그해 3월에서 6월에 걸쳐 일부 악덕 지주들은 도덕조차 무시하고 한창 모내기 철인 6월에 200여 건을 고소하였다. 고소 규모는 소작지 면적으로 23만여 평, 고소 건수로 1개월 평균 67건, 하루 평균 2건에 해당하였다. 지주들의 행위로 군소작위원회와 법원지청은 정신을 차릴 수 없을 정도였다. 이러한 지주의 횡포에 소작농들은 여러 가지 방법으로 저항하였다.

**소작농과
소작쟁의**

일제강점기 크고 작은 소작쟁의가 일어났다. 소작농들은 지주의 지세 전가, 소작권 이동, 고율의 소작료에 반대하였다. 일제 경찰은 소작쟁의를 탄압하였다.

1923년에 조직된 소작인상조회는 지주가 지세를 부담하고 소작료를 5할로 할 것을 결정하였다. 그러나 지주들은 지세의 절반만 자신들이 내고 절반은 소작농에게 떠넘겼다. 지주들은 소작권을 이전하겠다고 소작농을 위협하였다.

소작농은 지주의 부당한 지세 떠넘기기에 저항하였다. 대표적인 지세 저항은

풍요로운 가조 들판

1931년 가조에서 일어났다. 1930년 가조 소작농들은 지세의 절반을 지주가 부담하기로 계약을 맺었다. 그러나 지주는 지세를 꾸어준 것처럼 계약서를 고쳐 쓰게 한 다음 추수 때 소작료와 지세를 함께 받았다. 이에 소작인들은 분노를 참지 못하고 1931년 4월 23일 가조면 수월리 최구환의 집에서 소작조합발기회를 조직하였다. 발기회는 장정섭을 회장으로 선출한 후 소작농 3천여 명을 망라하여 적극적으로 반대할 것을 결의하였다. 그러나 거창경찰서가 주모자 몇 사람을 검속하여 적극적으로 탄압함으로써 소작조합 결성은 무산되었다.

소작권 이동으로 말미암은 소작쟁의로 1936년 가조에서 일어난 사건을 들 수 있다. 가조의 대지주 김종환은 악덕 지주로 소문났지만 그의 아들인 김임술도 마찬가지였다. 김임술이 이전에 가조의 토지 200두락을 대구의 이장춘에게 매매했던 일로 소송이 벌어졌다. 1936년 7월 김임술이 7년간의 소송에서 승소하자 그는 "소유자 없는 토지를 누구에게 소작권을 얻었느냐?"면서 이미 경작하고 있던 소작농의 소작권을 박탈하였다. 졸지에 변을 당한 60여 명의 소작인들이 소작권 이동에 저항함으로써 '대소동'이 일어났다.

소작농의 빈곤은 풍년이나 흉년이나 매일반이었다. 1928년 가뭄이 들자 지주와 소작인 사이에 '무수한' 소작쟁의가 일어났다. 1937년 풍년이 들었을 때에도 1년 동안 180여 건의 소작쟁의가 발생하였다. 지주들은 소작인들에게 흉년이 들었던 1936년 지불명령 1,308건을 법원에 접수하였고, 1937년 풍년이 들자 다시 지불명령 1,862건을 접수하였다. 지주들의 차압으로 소작농들은 "지주들이 풍년을 빙자하는 바람에 가난한 농민은 차라리 흉작인 작년보다 더 못살 지경"이 되었다.

지주들의 공격적인 수탈에 대항해 농민들이 직접 지주를 공격하는 일도 있었다. 1929년 2월 16일 읍외면 동변리에 사는 모 지주의 고제면 개명리 창고에 불이 나 소작료 20여 석이 불탔다. 이 지주는 매년 500여 석의 소작료를 걷는 지주로서 그해 큰 가뭄에도 불구하고 고제면에 소유한 100여 두락에서 소작료를 한 홉도 감해주지 않았다. 이에 고제의 소작인들은 금년부터는 절대로 그의 토지를 소작하지 말자고 결의하였다. 지주는 새 소작농을 구하였지만 고제면에서는 그 지주의 땅을 소작할 사람이 없었다.

1933년 거창읍에서도 지주의 소작료 창고가 불탔다. 경북 선산의 지주 김창수는 동동에 있는 공영상회 창고에 소작료 300여 석을 쌓아 놓았는데, 그해 5월 15일 밤 10시 30분경 불이 났다. 경찰은 화재 원인을 방화로 추정하였다.

물에 잠긴 마을과 농토

일제강점기 거창에 큰 홍수가 있었다. 홍수는 지역민에게 많은 피해를 주었다. 1933년과 1936년의 홍수는 유사 이래의 대홍수였다.

1920년 7월 큰 홍수가 있었다. 이 홍수로 영호강의 거창교와 강둑이 피해를 입었다. 1924년 7월에도 홍수가 있었는데 4명이 익사하였고 가옥 유실이 3호, 반파된 가옥이 19호, 침수된 가옥이 77호였다. 또한 침수된 전답이 3,750두락이고 도로와 제방도 피해를 입었다. 그러나 최대의 홍수피해는 1933년에 발생하였다.

1933년 6월 28일에 시작된 폭우는 그날 하루 305mm의 강우량을 보였다. 비는 연일 계속되어 7월 2일 205mm, 7월 24일 127mm를 기록하였다. 8월 3일에 쏟아진 폭우로 영호강이 범람하였다. 읍내 영호강 제방 20개소가 붕괴되어 총 1,993m의 강둑이 무너져 내렸고 읍내는 물바다가 되었다. 이 때문에 사망자 2명이 발생했고 가옥 60여 호가 침수, 파괴되었다. 또한 전답 260정보가 휩쓸려 내려가 그 피해액만도 7,500원에 달하였다. 9월 3일에도 폭우가 내려 가옥 20호가 파괴되고 840호가 침수되었으며 심지어 군수 사택까지 무너졌다. 이날 신원과 남상에도 큰 비가 내렸다. 신원면 과정리에서는 산사태가 일어나 11명이 즉사하고 13명이 중상을 입었으며, 남상면 무촌에는 한 마을 55호가 전멸하였다. 다시 9월 4일 폭풍우에 읍의 가옥 25호가 파괴되고 300호가 침수되었다. 유서 깊은 정자인 침류정도 이날 유실되었다. 당시 읍내 가구가 1,500여 호였으니 가옥피해로 보아 이해의 홍수로 읍내는 말 그대로 물바다가 되었다. 1933년 홍수는 유사 이래 최대의 홍수였다.

영호강 범람 1933년 홍수로 제방이 무너지고 읍내 민가가 침수되었다.(『동아일보』 1933년 9월 10일)

거창읍을 가로지르는 영호강 영호강은 일제강점기 사방공사와 1970년대 직강공사의 결과 크게 변하였다. 이 사진은 1970년경에 찍은 것으로, 일제강점기 사방공사 후의 영호강 모습을 간직하고 있다.

　군민들은 9월 7일 거창면사무소에서 시민대회를 개최하고 경상남도에 진정서를 내기로 하였다. 그러나 조선총독부는 이듬해 전국적인 대홍수를 겪고 나서야 대책 마련에 나섰다. 1934년 우가키(宇垣) 조선총독이 남부 재해지역을 순찰하면서 8월 8일 이곳을 지나갈 때 지역유지들은 사방공사 실시 등을 건의하기로 하였다. 그후 1936년 사방공사10개년계획에 따라 영호강 사방공사가 시작되었다. 이때 영호강의 직강공사가 이루어져 사상 처음으로 영호강 모습이 변모되었다.

　1936년에 다시 대홍수가 났다. 그해 8월 중순 홍수로 도로와 교량이 파괴되고 10여만 원의 농작물 피해가 발생하였다. 8월 말까지 홍수가 계속되어 127명이 사망하고 수십 명이 부상, 행방불명되었다. 이재민은 7천여 명이었다. 지역민들은 이를 병자년 대홍수라고 부른다. 1937년에는 장마로 벼농사, 삼농사에 피해를 입었고 병충해까지 발생하였으며, 그해 겨울장마가 13일간 계속되었다.

　1940년에도 7월에서 8월까지 장마가 졌고, 7월 9일에는 강우량 503mm를 기록했으니 농민의 피해는 두말할 필요가 없다. 이때 22일간 계속된 장마는 1939년

대가뭄을 이은 것으로 가난한 농민은 땔감을 구할 수 없을 정도였다. 일제 말기 일제의 전쟁수탈에 자연재해가 더하여 농민은 생존조차 힘들었다.

농민을 파멸시키는 가뭄

한반도에서 물이 좋기로 소문난 이곳에서도 간간이 닥치는 가뭄은 농민을 위기로 몰아넣었다. 그중 1928년, 1939년 가뭄이 가장 심하였다.

1928년 6월 5일 쏟아진 우박에 이어 여름에 큰 가뭄이 있었다. 6월 말부터 가뭄이 지속되자 8월 말에는 근근이 모내기를 한 논에 곧 불이 붙을 지경이었다. 봇물을 대는 곳곳에서 물싸움이 일어났다. 이 분쟁을 해결하기 위해서 면직원이 모두 출장을 나갈 정도로 민심이 흉흉하였다.

오랜 가뭄으로 인한 농민의 분노는 다른 곳으로 폭발하였다. 8월 29일 읍외면 가지리 주민 수백 명은 거창면 하동의 이수봉이라는 사람이 기우산에 자기 부친의 묘를 썼기 때문에 가뭄이 들었다면서 군수사택까지 몰려와 묘 이장을 간청하였다. 8월 30일 이수봉이 부친의 묘소를 이장하자 묘하게 그날부터 일기가 변하여 구름이 모여들어 비가 왔다고 한다.

이해 가뭄은 50년 이래 최대의 가뭄이었다. 이 가뭄으로 쌀 43%, 콩 45%의 수확이 줄어들었다. 그중에서도 웅양면, 주상면, 읍외면, 남상면, 마리면 등 5개 면에서는 곡물 수확이 60%나 줄었으며, 300정보는 수확이 전무할 정도였다. 이듬해인 1929년에도 가뭄이 들어 농작물 수확량 22.3%가 감소하였다.

1932년 또다시 큰 가뭄이 들었다. 그해 7월까지 이앙 면적은 870정보에 불과하여 경남에서 가장 적었다. 1934년에는 강우량이 53mm에 불과하여 경남 최저를 기록하였다. 관청에서 대파 독려도 중지할 지경이었으나 뒤늦게 비가 와서 모내기를 하였다. 1935년에는 가뭄 끝에 단비가 내렸으나 보리 수확이 50% 감소하였다. 보리 수확의 감소는 소작농민을 어려움에 몰아넣었다. 소작관행상 보리농사에는 소작료가 없었기 때문에 대부분의 소작농은 보리로 생계를 유지하는 형편이었으므로 보리 흉작은 심각한 것이었다.

가뭄은 1936년부터 내리 5년간 이어졌다. 1936년의 가뭄으로 농작물이 말라죽었다. 보리 수확은 평년작의 60%인 57,600석에 불과하였다. 이듬해인 1937년의 가뭄으로 모내기를 한 논은 272정보에 불과했는데, 그조차 논바닥에 균열이 생길 정도였다. 1938년에도 가뭄이 들어 보리 흉작을 맞았다. 이때 장팔리 주민 20명은 마을 사당 위에 암매장한 분묘 때문에 가뭄이 들었다고 하여 8월 11일 묘를 발굴했다가 김성녀 등 7명이 경찰서에 체포되는 사건이 일어났다.

1939년에는 대가뭄이 들었다. 보리 생산의 60~70%가 감소되었고 물이 좋은 읍에서조차 묘판이 말라서 "못자리 물 때문에 싸움으로 밤을 새우는" 지경이었다. 이때 가뭄은 7월까지 계속되어 90년 이래 처음 있는 대가뭄으로 민심이 극도로 흉흉하였다. 이해 가뭄으로 보리 수확량의 70%가 감소하였다. 한 들에서는 모내기를 못하여 대용작물로 메밀을 파종했는데 평소 1되에 8전 하던 메밀 값이 45전으로 올랐다. 이앙 비율은 24.1%에 불과해 이앙을 하지 못한 농가는 1,200호 중 700호 4,000여 명에 이르렀다. 그들이 가진 식량은 320석뿐이었으므로 3,180석의 식량이 부족하였다. 가뭄은 1940년에도 계속되었다.

1920~1940년 거창의 주요 재해

연도	재해
1920	홍수
1924	홍수
1927	화재, 지진, 대설
1928	대가뭄
1929	화재
1930	화재
1931	장마
1932	가뭄
1933	대홍수, 화재
1934	가뭄
1935	화재
1936	대홍수, 장마, 가뭄, 화재
1937	장마와 홍수
1938	대설
1939	대가뭄, 화재
1940	가뭄, 화재

고향을 떠나가는 농민들

일제강점기 만주나 연해주, 일본 등지로 떠나는 농민들이 많았다. 일본으로 떠난 농민들은 주로 막노동에 종사해야 했으므로 가족을 두고 남자 홀로 떠났으며, 간도나 만주로 떠나는 경우 가족과 함께 이주하였다. 이주민은 특히 홍수나 가뭄과 같은 자연재해를 입었을 때 많았고 1929년 세계경제대공황 이후 급증하였다.

1929년 5월『동아일보』에 "경남 거창 지방은 60년 이래 작년과 같은 미증유인 가뭄의 여독으로 남부여대하고 유리하는 동포가 나날이 늘어간다."는 기사가 있다. 1931년 1월『조선일보』는 "거창군 내에서만 6천여 농민이 소작농으로 살 수 없어 일터를 구하러 일본으로 떠났다."고 보도하였다. 1931년『동아일보』의 보도이다.

경남 거창지방은 2년 동안 미증유의 수해 끝에 쌀값의 하락으로 농촌 궁핍은 더욱 심하여 1년간 수확을 전부 채권자에게 바쳐도 오히려 부족하여 채무에 견딜 수 없을 뿐 아니라 생활해 나갈 앞길이 망연함으로 가산을 방매하여 남부여대하고 야간도주하는 수가 날로 늘어가는 현상이던바, 지난 1월 중에 떠난 호수는 무려 70여 호라고 한다.

– 『동아일보』 1931년 2월 26일

그해 4월에는 춘궁에 쫓겨 농가 70여 호가 유랑길에 올랐다. 당시 군민 8만 중 60%는 생계가 막연한 상태였다. 1936년 11월에는 해외이민 희망자가 5백여 호에 달하였다.

농민의 처지에 대한 조선총독부 당국의 대책은 미흡하기 짝이 없었다. 수해를 입은 농민에게 기껏해야 값싼 노임을 주는 사방공사가 전부였다. 조선총독부는 "농촌 농민의 농한기 인력은 소위 잉여 노동력이니 헐케 팔아도 이익이 된다."는 논리를 폈다. 가뭄에 대한 대책 또한 보잘 것 없었다. 1928년 군수는 가뭄으로 민심이 흉흉해지자 지주간담회를 소집하여 대응을 논의하였다. 이 회의에서는 지세 400정보 2,300원을 면제하고, 읍외면, 웅양면, 위천면, 남하면, 남상면 등 5개 면의 재해

대책으로 4,700원의 도로공사를 계획했을 뿐이었다. 이듬해에는 가뭄으로 민간소동이 일어날까 우려하여 군수가 8월 2일 성주관왕묘에서 관공서와 지역유지들을 모아 기우제를 지냈다. 1939년 가뭄에 대한 대책은 지주간담회 개최와 가북, 위천, 고제 임도건설 사방공사가 전부였다.

조선총독부는 곤궁에 빠진 농민의 처지에 아랑곳하지 않고 식민지 경제정책을 강요하였다. 1936년 큰 가뭄이 들어서 육지면을 재배했던 500여 정보에서 수확할 희망이 없자 농민들은 무, 배추, 메밀 등을 대파하려고 하였다. 군 당국은 남면북양 정책을 강행하여 면화 농사를 계속할 것을 요구하였으므로 문전옥답을 묵히게 되었다.

일제강점기 해외로 이주한 지역민의 통계자료는 찾을 수 없다. 1938년 3월에 농민 180명이 만주로 떠났다는 기사가 있다. 1939년 가뭄 때에는 군청에서 대륙침략을 위한 경제정책의 일환으로 농민 50명을 모집하여 평양에 있는 조선무연탄 탄광으로 알선해 보냈다. 일제 말기 지역민의 해외이주는 징용, 징병 등으로 더욱 증가하였다. 이러한 사실로 미루어보아 해외로 이주한 지역민의 수는 적지 않았을 것이다. 해방 직후 해외동포의 귀국으로 경남의 인구가 37% 이상 증가한 사실에 비추어보면 일제강점기 지역민의 30% 이상이 해외로 이주했으리라고 생각된다.

남편을 기다리며 갖은 고생을 하다가

일제강점기 거창의 사료를 정리하다보면 이곳에서 발생한 재해에 놀라지 않을 수 없다. 한글신문이 발행된 1920년부터 1940년까지의 신문기사만 보더라도 홍수, 장마, 가뭄, 우박 등의 재해가 끊이지 않았고, 심지어 호랑이와 늑대의 피해가 등장하기도 한다.

자연재해는 농민들에게 큰 피해를 주었다. 앞에서 보았듯이 농민들은 일제의 각종 수탈, 지주들의 고율 소작료 때문에 근근이 생계를 유지하다가 자연재해를 만나 결정적으로 파산하였다. 이에 대한 조선총독부 당국의 대책은 미미하였다. 기껏해야 농민의 민심을 수습하고자 기우제를 지낸다든가 값싼 노동력을 사방공사에 동원하는 것이 고작이었다. 군수는 재해가 나면 지주간담회를 열어 소작농 무마대책을 논의하였고 농민들이 저항하면 경찰력을 동원하여 진압하였다. 일제는 농민의 수탈에만 열을 올렸을 뿐이다.

여기에 더하여 농민들이 화재라도 만나면 비참함은 더욱 가중된다. 일제강점기 화재는 1920~1940년까지 신문에서 확인할 수 있는 것만 20여 건에 달한다. 거의 매년 1건씩 일어난 셈이다. 1929년 북상면 병곡의 화재는 가옥 10여 채 53동을 불태웠으며, 이듬해 2월 11일 주상면 거기리 화재는 마을 18호 전체, 2월 15일 북상면 월성리 화재는 가옥 13호 21동을 불태웠다. 주상면 도평리에서는 1935년 3월 마을 72호가 전소되고 이재민 377명이 발생하였다. 1939년 북상면 산수리에서는 화재로 가옥 27호가 전소되어 153명의 이재민이 발생했고, 1940년에는 읍에서 연달아 7곳에서 화재가 발생하는 이상한 일이 발생하였다. 그해 북상면 농산리에서는 가옥 35호 69동이 전소되어 이재민 178명이 발생하였다.

이러한 사실을 정리하면서 그 비참함에 눈시울이 붉어질 때가 한두 번이 아니었다. 다음은 1928년 고제면 봉산마을 화재 기사이다.

경남 거창군 고제면 봉산리 1200번지에 사는 공관술의 처 오옥한(22세)은 지난 11월 27일 오전 1시경 자기 집에서 장남 공준열(4세)과 친정 동생 오태성(11세)을 데리고 자다가 돌연히 집에 불이 나서 부지불각에 세 사람이 일시에 타 죽었다. 화재 원인을 들어보니 남편 공관술은 생활 곤란으로 3년 전에 직업을 찾아 일본으로 간 후 그의 처는 강보에 싸인 자식을 데리고 남의 집 품팔로 한 날 한 날의 호구를 하여 가며 잠도 일가 집에서 잤다. 그런데 그날은 마침 친정 부친 오재학이 딸네 집으로 오는 길에 친정 동생 오태성을 데리고 왔다. 오옥한은 동생을 데리고 남의 집에서 잘 수 없어서 자기 집에 불을 넣고 달게 자는 밤중에 부엌 근처 기둥에 불이 붙었던 것으로 보인다. - 「동아일보」 1928년 11월 27일

화재의 비극을 보도한 「동아일보」 기사(1928년 11월 27일)

일본에 막노동하러 간 남편, 품팔로 생계를 유지하는 젊은 아내, 그리고 화재의 비극. 눈물을 금치 못할 이 참혹한 사건이 일제강점기 농민 생활의 단면이다. 일제의 통치, 지주의 수탈, 재해, 이 세 가지는 가히 지역 농민의 삼재라고 할 만하다.

**가조와 신원의
면소재지 분쟁**

일제강점기 지역사회에서는 종종 지역민 사이에 분쟁이 발생하였다. 자기 면 인물을 면장으로 세우려는 면장연임운동이나 자기 지역에 면소재지, 시장, 학교를 세우려는 기관유치운동이 대표적이다. 면소재지 분쟁은 가조면과 신원면에서 일어났다.

1928년 가동면과 가서면이 가조면으로 통합되면서 면소재지 분쟁이 일어났다. 발단은 가조우편소 설치 요구였다. 1927년 10월 가조지역 주민들은 가조에 우편국을 설치하고자 하였다. 그러나 우편국 설치기금이 없었으므로 가조보통학교 학급증설기금을 대용하고자 하였다. 군수는 이를 거부하고 만약 가동면과 가서면이 병합된다면 그 기금을 사용할 수 있다고 언급하였다. 이에 가동, 가서 주민들은 양면합면기성촉진회를 조직하고 2명의 진정인과 12명의 위원을 선출하였다.

1928년 1월 30일 경상남도는 4월 1일자로 합면을 승인하고 면의 이름을 가조면으로 한다고 통보하였다. 이때 가동, 가서 주민들 사

가조면의 탄생(『동아일보』1928년 2월 10일) 1928년 4월 1일 가동면과 가서면이 통합한 가조면이 출발하였다.

이에 면사무소 위치를 두고 분쟁이 일어났다. 그들은 서로 자기 지역에 면사무소를 두어야 한다고 주장하였다. 심지어 면장 후보가 30명에 달할 정도로 갈등이 심각해졌다. 결국 가조면 소재지는 가동면 마상리에 둔다고 결정되었다.

이듬해 가동면에서 가조시장까지 옮겨가려고 하자 가서면 주민들은 시장이전 반대운동을 벌였다. 1929년 8월 가조시장 상인대표 수십 명이 군청에 쇄도하여 진정서를 냈다. 그들은 아직 가조시장을 옮길 필요가 없다는 군수의 약속을 받고 해산하였다.

면소재지 분쟁은 신원면에서도 일어났다. 신원면은 삼가군의 율원면, 신지면에 속했다가 1914년 거창군에 편입되었다. 당시 신원면 소재지는 인구가 적은 율원지역에 있었기 때문에 신지지역 주민들은 끊임없이 면사무소 이전을 요구하였다. 그들은 1937년 면사무소 이전 비용 3천 원과 부지 1천 평을 부담하기로 하고 이전운동을 추진하였다. 율원지역에서는 이에 반대하여 면협의회원 3명이 모두 사직하여 살풍경한 장면이 벌어졌다. 이때 군수는 신원면 소재지는 신지면의 과정리가 최적지라고 밝혔다.

신원면의 율원, 신지 주민들은 1929년 신원보통학교의 위치를 두고도 신경전을 벌인바 있었다. 양 주민들의 갈등 속에서 군수는 보통학교의 위치를 신원면의 중앙인 과정리로 결정하였다. 현재 신원초등학교 자리이다.

가조면과 신원면의 갈등은 지역중심주의가 낳은 결과였다. 면사무소, 시장, 학교의 소재지는 면 지역의 구심점이 된다. 소재지가 되면 그 마을이 면 전체를 주도할 수 있었기 때문에 유치 경쟁이 치열하였다. 이러한 갈등이 발생하면 종종 주민들이 동원되었는데, 대체로 그 지역민 출신의 면장, 면협의회원, 구장이 주도자였다.

위천에서 발생한 3,000명의 대격돌

1926년 5월 북상면민 13명이 위천에 갔다가 위천면 사람들에게 화를 당하였다. 위천 사람들은 작당을 하여 북상 사람들을 잡아 욕을 보이고 심지어 물에 집어넣기까지 하였다. 이에 경찰이 출동하여 사건을 진화하였다.

두 면민의 싸움은 풀베기 지역 때문에 발생하였다. 1925년 위천면민들이 녹비를 만들기 위해 북상면에서 풀베기 작업을 하자 북상면민이 이를 막았다. 위천면민은 북상이 아니면 풀 벨 곳이 마땅치 않아 매년 3백 원을 지불하고 풀을 베기로 하였다. 그런데 1926년 위천면에서 돈을 지급하지 않은 채 풀을 베자 북상면민이 이를 막으면서 위천면민과 북상면민 사이에 갈등이 일어났던 것이다. 분쟁은 1929년까지 4년간 계속되었다.

위천면민과 마리면민 사이의 갈등도 있었다. 1928년에는 위천면민과 마리면민 3,000명이 풀베기지역을 놓고 금원산에서 충돌하였다. 금원산은 면적이 800여 정보인데 그중 70정보는 위천면유림이고 나머지는 국유림이었다. 이전에도 두 면민 사이에 풀베기지역 갈등이 있어서 군은 양 면민이 모두 이곳에서 풀을 베라고 지시하였다. 그런데 그해 들어 위천면민은 금원산에서 마리면민의 풀베기를 막아섰다. 마리면민이 이에 항의하면서 두 면의 주민 각각 1,500명씩 3,000명이 패싸움을 벌였다. 5월 21일 두 면민들은 금원산에서 서로 대치한 채 곤봉과 낫을 휘두르면서 난투극을 벌여 다수의 부상자가 발생하였다. 이에 경찰서에서 진압에 나섰으나 형세가 험악하여 오히려 경찰 2, 3명이 부상당하였다.

이튿날인 5월 22일 전날과 같이 3,000여 명이 금원산에 모였다. 무장경찰이 출동하여 해산을 명령하자 마리면민은 즉시 철수하였다. 그러나 위천면민 1,500명은 오히려 "무장경찰이 온 것은 문제를 해결하려는 것이 아니라 민중을 무시하는 것이다."라고 따졌다. 민중과 경찰이 충돌하여 경찰 몇 명이 부상당하였다. 형세가 험악해지자 거창경찰서는 함양경찰서에 지원을 요청하였다. 밤 10시 함양의 무장경찰 16명이 도착하였다. 50여 명의 경찰과 면민이 대치하는 가운데 위천의 지역유지들이 면민을 설득하여 밤 12시에 겨우 민중을 해산시켰다. 이튿날 경찰은 대대적으로 검거에 착수하여 위천면민 50여 명을 체포하였다.

"진무 중의 경관대와 3천여 농민이 충돌"(『동아일보』 1928년 5월 25일)

한편, 1929년 북상면민과 위천면민은 회의를 열었다. 그해 5월 두 면의 지역유지들이 북상면사무소에 모여서 협의를 한 끝에 북상면이 양보하여 위천면민들이 북상면 지역에 무료로 입산하도록 허용하였다. 이로써 5년간 끌어오던 이 지역의 풀베기 싸움은 끝났다.

마리, 위천, 북상면민의 풀베기지역 싸움은 퇴비를 확보하기 위한 지역분쟁이었다. 그 배후에는 일제의 경제정책이 있었다. 일제는 1920년대 식민지 조선에서 쌀을 증산하여 일본으로 가져가려는 산미증식정책을 실시하였다. 쌀 증산에는 퇴비사용이 중요했으므로 일제는 퇴비생산을 강요했고, 결국 일제의 경제정책으로 인하여 3개 면민이 대규모로 충돌했던 것이다.

거창시장의 동동 이전 결정

일제강점기 거창시장은 경상남도 북부의 최대 상권을 형성하고 있었다. 1925년의 시장 매출고는 1년 70여만 원에 달해 부산, 마산, 통영, 하동에 이어 경남에서 5번째를 기록하였다. 거창시장 매매고는 인근의 합천, 함양은 물론이고 진주보다도 높았다. 당시 거창시장, 가조시장, 신원시장, 위천시장, 고제시장, 웅양시장 등 5일장이 있었으나 거창시장의 매출고가 압도적이었다.

조선 후기 이래 읍내에는 영천시장이라는 큰 시장이 있었으나 상업이 번영하자 시장이 협소하여 불편이 많았다. 1924년 2월 거창면협의회원과 구장들이 모여 시장 이전을 논의하였다. 여기서 하동과 김천동을 놓고 이전할 시장의 위치를 토론한 결과 하동으로 결정하였다. 김천동 시민들은 시장 위치를 김천동으로 변경하는 것이 편리하다고 주장하고 경상남도 도청에 탄원서를 제출할 것을 결의하였다. 시장 위치를 둘러싼 천내 시민과 천외 시민의 갈등이 시작되었다. 시장 위치 선정은 일제강점기 읍내에서 일어난 최대의 시민갈등이었다.

그로부터 3년이 지난 1927년 거창시장이 신설될 시점에 갈등이 재현되었다. 4월 8일 천내의 읍민들은 시민대회를 열고 천내시장운동위원 14명을 새로 선출하였다. 이튿날 천내시장운동위원회를 열고 경상남도에 진정위원을 파견하기로 하였다. 그러자 천외 지역 시민들도 4월 9일 김천동에서 천외시장운동위원회를 열고 경상남도에 파견할 진정서에 대해 논의하였다.

천내시장운동위원은 4월 16~18일 3일간 3차에 걸쳐 천외 지역 위원들에게 양보할 것을 요구하였다. 천외 시민들은 강경한 입장을 바꾸지 않았다. 군수는 천외 지역민의 입장을 이해하지만 시장의 위치는 천내 쪽이 적당하다고 생각하며 이 일이 원만하게 해결되기를 원한다는 입장을 밝혔다.

4월 19일 시장 이전문제로 결국 갈등이 폭발하였다. 그날 오후 1시 천외 시민 약 100명은 거창면사무소에 몰려와 "최초 면협의회에서 장소 선정을 면장한테 일임한 것, 천내동만을 새 시장 후보지로 정한 것"을 비난하면서 면장에게 시장을 천외 송정리로 이전해 주기를 요구하였다. 천외 시민들은 군청으로 몰려가 군수에게 같은 요구를 한 후 경찰서로 가서 경찰서장에게 탄원서를 제출하였다.

경상남도는 1927년 5월 몇 차례에 걸쳐 실지 조사를 실시한 후 그해 6월 9일 거창시장의 위치를 동동지역으로 결정하였다. "조선총독부 경상남도 고시 제55호"의 주요 내용을 보면, 천외의 김천동에 1,283평의 우시장을 두고 천내의 동동에 6,348평의 거창중앙시장을 설치하도록 허가하였다. 취급물품은 곡류, 소금, 종이, 면포, 마포, 금속제품, 어류, 해초류, 땔감, 대마, 가축, 가금, 도자기, 농구, 비료,

"400여 시민 군수 저택으로 쇄도"(『동아일보』 1927년 7월 25일)

누룩, 채소와 과실, 목죽제품, 목제품, 왕골류, 죽제품, 망건 및 삿갓, 신발류, 기타 잡화였고, 개시일을 음력 1일과 6일로 하였다.

천내, 천외 시민의 충돌

경상남도가 거창읍 동동에 시장을 신설하기로 결정했으나 시장 위치를 둘러싼 갈등은 계속되었다. 개시 예정일인 7월 19일에도 거창시장은 열리지 못하였다. 1927년 7월 말 시장 위치를 둘러싼 천외 지역 시민과 천내 지역 시민의 갈등은 극에 달하였다. 시장 위치문제는 "수천 시민의 사활문제이자 장래 거창의 도시계획과 직결되어 있는 문제"였기 때문에 쉽게 타협하기 어려웠다.

1927년 7월 21일 오후 3시 천외 지역 시민들은 시민대회를 열고 7월 16일 이후 경상남도 도청에 파견했던 대표들의 보고를 들었다. 그날 오후 6시 30분 약 400

명의 시민들은 "천외 시민의 생명을 돌아보지 않는 거창군수, 거창면장의 실책과 야심"을 비판하고 이에 대한 대책을 요구하기 위해서 군수 사택으로 쇄도하였다. 그들이 군수 면회를 요구하면서 집회를 벌이자 경찰이 출동하여 여성 2명을 검거하고 해산을 요구하였다. 천외 시민들은 해산을 거부하였다. 경찰서는 면 지역 주재소의 순사들을 비상소집하여 밤 11시 30분에야 간신히 이들을 해산시켰고, 군수와 면장의 사택에 대한 철야 경비에 들어갔다.

다음 날인 7월 22일 오후 5시 천외의 시민대표들은 도청 관리, 군수, 면장과 회견하여 시장문제를 토의하였다. 7월 23일 오후 6시 다시 협상을 벌였으나 군수와 면장은 천외 시민들의 요구를 수용하지 않았다. 이에 천외 지역 시민 수백 명이 운집하여 "군수와 면장은 즉시 사퇴하라."고 요구하였다. 상황은 매우 위험한 상태가 되었고 군수는 도피하였다. 밤 10시경 경찰이 개입하여 천외 시민들을 겨우 진압할 수 있었다.

그날 밤 11시 천외 시민 중 신설시장 직접 관계자들과 도 관리, 군수, 면장, 경찰 등 관계자들이 철야로 비밀협상을 진행한 결과 타협책이 마련되었다. 새벽 3시 천외 시민이 요구한 몇 개 조의 협정서를 작성하여 군수와 면장이 날인하였다. 그러나 이 소식을 들은 천외 시민들은 즉시 시민대회를 열고 협정서 날인은 무리한 협박에 의한 것이었다고 강력하게 항의하였다. 거창지청 검사는 이 서류를 인수하여 당국자와 시민회의 석상에서 타협하고자 했으나 일반 시민들은 승인하지 않았다. 협정서는 결국 취소되고 말았다.

7월 25일 천내 시민들이 대표자 신창재 등 4명을 선정하여 도청으로 보내자 천외 시민들도 대표자 윤기상 등 6명을 도청에 파견하였다. 그들은 27일 오후 경상남도 지사와 면담을 요청하였다. 양측 대표는 도청 참여관과 면접하여 협상하고 8개 조의 협상안을 작성하였다. 타협안의 내용은 시장 주위의 3분의 2는 음식점이나 여관 등의 부지로 제공할 것, 장차 철도가 개설되면 정거장을 천외 지역에 둘 것, 시장 정리를 위해 50일간 시장을 정지할 것, 천외 지역의 기존 시장을 묵인할 것, 천

이전한 거창시장 모습 1927년 시장 이전문제로 갈등을 겪은 후 현재 거창시장 자리에 새로 열린 시장은 대성황을 이루었다.

외 지역의 손해를 배상할 것 등이었다. 천내 지역 대표들은 곧 거창으로 돌아오고 천외 지역 대표는 다음 날까지 협의한 후 귀향하였다.

7월 29일 천내외 도파견대표단이 귀향하여 각각 읍민들과 논의한 결과 양측 모두 협상안을 수용하기로 결정하였다. 이로써 시장 이전문제는 해결되었다.

1927년 9월 12일 신설시장이 개장하자 시장은 대성황을 이루었다. 1937년 12월부터 개장일을 양력으로 바꾸어 음력 1일·7일이던 장날은 2일·6일이 되었다. 이곳이 현재 거창시장이다.

퇴계명명지대, 갈천장구지대 수승대 바위에 한부연이 새긴 "퇴계명명지대", "갈천장구지대"라는 글귀와 시가 보인다.

수승대
소유권 분쟁

1920년대 후반 명승지 수승대 소유권을 둘러싸고 위천의 거창 신씨 문중과 북상의 은진 임씨 문중 사이에 소유권 분쟁이 일어났다. 수승대는 16세기 요수 신권이 수승대 동편에 서재, 서편에 정사를 세우고 요수정을 건축한 후, 그의 처남이 되는 갈천 임훈과 함께 노닐던 곳이었다. 그 후에 거창 신씨가 대를 쌓고 소나무를 심는 등 수승대를 관리해 왔다.

후에 한부연이라는 인물이 수승대에 '퇴계명명지대', '갈천장구지대'라는 문구와 시를 새겨 넣으면서 임씨 문중에서 이를 근거로 소유권을 주장하였다. 16세기 중엽부터 시작된 두 문중 사이의 수승대 소유권 분쟁은 세기를 넘어 지속되었다.

1866년 임씨 문중은 당시 안의현감 오달선에게 소송을 제기하였다. 안의현감은 수승대가 신씨 문중의 소유라는 판결을 내렸다. 그러나 두 문중 사이의 분쟁은 그치지 않았고 심지어 인명살상까지 다수 발생하였다. 두 문중은 전 재산을 동원하여 소유권을 차지하려 하였고, 분쟁은 구한말까지도 그치지 않았다.

일제강점기에 들어서서 신씨 문중은 산림법에 따른 지적부를 제출하여 1914년 1월 부동산증명서를 받았다. 그러나 토지조사사업 실시 때 수승대가 임야이므로 신고할 필요가 없다고 오인하고 토지조사령에 의한 소유자 신고를 하지 않았기 때문에 수승대는 하천부지로 국유지에 편입되었다. 1919년 3·1운동의 와중에도 이 분쟁은 계속되었다.

1927년 3월 양 문중의 수승대 소유권 분쟁이 재개되었다. 두 문중은 수승대의 소유권을 얻기 위해서 경상남도에 하천부지 점용허가원을 제출하였고 도에서는 실사조사를 하기에 이르렀다. 1928년 두 문중은 수승대의 소유권을 얻기 위하여 도청에 양여신청을 하고 도 당국과 조선총독부에 맹렬한 막후교섭을 벌였다. 임씨 문중은 수승대 소유권을 주장하는 소송을 제기하였다.

1929년 4월 2일 부산지방법원 진주지청 제1호 법정에서 후카다(深田) 재판장의 심리로 수승대 재판이 시작되었다. 2년 후 1931년 3월 3일 진주재판소에서 판결이 내려졌다. 이 판결에서 임씨 문중이 제기한 수승대 소유권확인청구소송은 증거불충분으로 기각되었고, 신씨 문중이 수승대를 관리하게 되었다. 이로써 400년에 걸친 수승대 소유권 분쟁은 일단락된 셈이다.

수승대와 관련된 두 문중의 조상 요수 신권과 갈천 임훈은 성리학의 선구자로 퇴계 이황, 남명 조식과 같은 시대에 활동했던 인물이다. 이들은 처남매부의 인척이자 동문수학한 사이였다. 그럼에도 불구하고 그 후손들이 수백 년에 걸쳐 수승대 소유권 분쟁을 벌였다는 것은 역사의 아이러니다.

두 문중이 벌였던 수승대 분쟁은 일제강점기 지역민들이 여전히 문중을 중심으로 움직이고 있었음을 보여주기에 충분하다. 1928년 『조선일보』는 "거창의 임, 신 양씨의 수승대쟁탈전은 봉건사회에서나 하는 불상사"라고 보도하였다.

식민지 지역민의 공동체 정신

식민지 지역사회에는 여러 가지 분쟁도 있었지만 지역민의 공동체 정신과 상부상조의 전통이 계승되고 있었다. 공동체 의식은 화재와 같은 재난을 당했을 때 잘 발휘되었다.

1929년 2월 18일 북상면 병곡리에서 한 마을이 불타는 화재가 발생하였다. 북상면에서는 즉시 구장회의를 열고 구호책을 결정하였다. 북상면민은 병곡마을에서 집을 지을 목재를 전부 무상으로 공급하고, 각 호당 평균 20전씩을 거두어 목수의 임금을 부담하였고, 매 호당 1일씩 병곡마을에 가서 부역을 하였다.

1930년 2월 11일 주상면 거기리에서 화재가 일어나 동네가 전소되었다. 이 동네는 면내에서 제일 가난한 동네로 이재민들의 처지는 차마 눈으로 볼 수 없었다. 우선 먹을 양식이 있어야 생명을 구하리라고 하여 주상면 일곱 동네에서 각 동리마다 15원씩 거두어 이재민 매 호당 10원씩 배부해 주고, 가옥 건축 방법을 논의하였다.

1939년 북상면 산수에서 화재가 일어났을 때에도 군민들의 공동체 의식은 한껏 발휘되었다. 그해 2월 1일 화재로 이재민 153명이 발생하자 북상면민들은 이재민 중 남자들을 농민도장에, 여자와 아이들을 인근 마을에 수용하였다. 북상면에서는 매 호당 최소 30전의 의연금과 짚 10단씩을 모아 보냈으며, 산수리 동민들은 부역을 하기로 하였다. 때는 엄동설한으로 화재로 몸만 피한 이재민의 생활이 몹시 어려웠으므로 군민들의 성금이 잇달았다.

그해 3월 3일까지 군민들이 낸 성금과 구호품을 보면 가히 군민 전체가 참가하고 있음을 볼 수 있다. 거창읍민 100원, 월천면민 20원, 신원면민 5원, 마리면민 34원 14전, 주상면민 22원 50전, 고제면민 15원 50전, 가북면민 22원 30전, 남하면민 20원 등 군내 각 면에서 구호금을 냈다.

북상면에서는 각 동리별로 구호금을 냈는데 갈계리 12원 37전, 개삼리 16원 5전,

거창인의 화재민 동정금 북상면 산수리 대화재 구호금 내역을 보도한 1939년 3월 3일자 『동아일보』 기사이다.

농산리 5원, 소정리 34원 95전 등이었다. 또한 구호품으로 소정리 백미 8말 6되, 중산리 백미 4말 9되 5홉, 병곡리 백미 1말 9되, 갈계리 백미 4말 6되, 소정리 의복 26점, 농산리 의복 26점을 냈다. 그 밖에 관공서, 회사, 학교, 개인 등 많은 사람들이 구호에 참가하였다.

이처럼 일제강점기에도 지역민의 공동체 정신은 유지되었고 화재와 같은 위기를 당했을 때 유감없이 발휘되었다.

일제강점기 이곳 지역민들의 활동력은 특기할 만하다. 지역사회에서 인물들의 경쟁이 치열했고 문중이나 면리지역의 갈등은 심각할 정도였다. 반면 화재와 같은 위기 상황에서는 강한 공동체 의식이 발휘되었다. 지역민들은 갈등과 협동 양면에서 놀라운 적극성을 발휘하였다.

6

고난의 현대사,
일어서는 사람들

파괴된 위령비

1951년 1월 신원면에서 국군이 민간인 719명을 집단학살하였다. 이 사건은 국회에서 폭로되어 큰 충격을 주었다. 1960년 4월혁명 이후 거창사건희생자 추모비가 세워졌으나 1961년 5.16군사쿠데타 이후 박정희 군사정권은 위령비를 파괴하여 땅에 파묻었다.

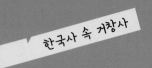

다시 접경지대에 서다

1945년 8월 15일 한민족은 일제의 사슬에서 해방되었다. 일제강점기 이 지역 출신 독립운동가들은 국내외 각지에서 다양한 방법으로 일제와 맞서 싸웠다. 민족주의자도 공산주의자도 있었다. 그들 중 다수는 목숨을 잃었다.

일제가 항복하자 한국인들은 건국준비위원회를 만들고 인민공화국을 수립하였다. 그러나 미소의 대립, 좌우의 대립으로 1948년 한반도는 분단되었다. 남한에서 공산주의자들은 대한민국을 거부하고 무장투쟁을 벌였다.

해방 후 지역민들은 스스로 인민위원회를 건설했으나 미군정에 의해 해체당하였다. 좌우대립이 깊어져 빨치산의 공격으로 주요 관청이 불타기도 하였다.

6·25전쟁이 일어나 한국인은 큰 피해를 입었고 남북한의 적대감이 깊어졌다. 남한에서는 이승만, 박정희, 전두환으로 이어지는 독재정권이 잇달아 등장하자 한국인들은 민주화운동을 벌였다.

1950년 6·25전쟁 중 지역민이 입은 가장 큰 피해는 신원'양민'학살사건이었다. 이 사건의 학살책임자에 대한 재판이 있었으나 책임자에 대한 처벌이나 희생자에 대한 보상이 제대로 이루어지지 않았다. 거창사건은 6월항쟁 이후에 명예회복이 이루어졌다.

6월항쟁 이후 한국에 민주주의가 정착되고 지방자치제가 실시되었다. 이곳 지역면이 이룩한 최대의 성과는 교육도시의 위상을 세운 일이었다. 지역민들은 군사독재 시절 민주화운동을 벌였고, 지방자치제 실시 이후 민주주의가 정착될 수 있는 기회를 맞았다.

학교 앞 교도소 반대 플래시 몹

1945	**8 · 15 해방**
	지역민들이 거창인민위원회를 조직하였다.
	9월 | 미군의 남한 주둔
	12월 | 모스크바삼상회의
1946	**3～5월 | 제1차 미소공동위원회**
	6월 | 미군이 거창인민위원회를 무력으로 해체시켰다.
	5～10월 제 2차 미소공동위원회
1948	5월 8일 | 위천 5 · 8사건이 발생하였다.
	5월 10일 | 제헌의원 선거가 실시되어 거창 지역구에서
	표현태가 제헌의원에 당선되었다.
1948	**8월 15일 | 대한민국 정부 수립**
1949	8월 23일 | 야산대가 거창시내를 점령하고 거창군청,
	거창경찰서를 불태웠다.
1950	**6월 25일 | 6 · 25전쟁 발발**
1950	7월 27일 | 인민군이 거창을 점령하였다.
	9월 27일 | 국군이 거창을 수복하였다.
1951	2월 9～11일 | 국군이 신원 사람들을 집단 학살하였다.
	3월 29일 | 신중목 의원이 국회에서 거창사건을 폭로하였다.
1952	해방 후 처음으로 지방의원 선거가 실시되었다.
1956	전영창이 거창고등학교 교장으로 부임하였다.
1960	**4 · 19혁명**
1961	**5 · 16군사정변**
	5월 18일 | 신원 유족들이 구속되었다.
1987	**6월항쟁**
	거창에서 6월 민주화시위가 일어났다.
1991	거창에 지방의회 의원 선거가 실시되었다.
1995	거창에 지방자치단체장 선거가 실시되었다.
2014	거창교도소 신설을 반대하여 초등학생들이 동맹휴교를 하였다.

만주에 독립군을 파견하다

1920년 4월 27일 위천 정태균의 집에 '불온문서'가 배달되었다. 일제 경찰은 곧 수사에 착수하여 독립 선전, 독립자금 모금, 독립군 파견 등을 벌인 사건을 밝혀냈다. 그리고 주남선(34세), 주남수(30세) 형제와 고운서(34세), 신도출(24세), 장장현(31세), 이갑수(38세), 오형선(42세) 등을 체포하고, 이덕생(21세), 김태연(20세), 이사술(28세), 이성두(25세), 백기주(21세), 이태홍(25세), 한성진(25세) 등을 수배하였다.

1919년 이 지역의 독립운동가들은 만주에 독립군을 파병하였다. 독립군 파병은 1919년 3·1운동 직후에 계획되었다. 그해 8월 당시 독립운동을 벌이고 있던 김천의 김태연과 칠곡의 이덕생이 거창에 왔다. 김태연은 후에 박헌영과 함께 일제강점기의 대표적인 공산주의자가 된 인물이다. 이덕생은 대구에서 혜성단을 조직하여 독립운동을 전개하다 일제 경찰에 체포되었다가 나온 상태였다. 이들은 당시 이 지역 독립운동가들과 함께 무장독립운동을 계획하였다.

김태연, 이덕생은 오형선의 집에서 오형선, 고운서, 주남선과 만나 독립운동을 계획하였다. 이 모임에서 국권회복을 위해 독립군자금을 모금하고 독립군을 모집하여 만주에 파견할 것을 결정하였다. 그리고 주남수, 이사술, 이성두, 백기주 등 4명의 독립군을 선발하여 만주로 파견하였다. 신도출은 185원의 자금을 원조하였다.

청년 4명은 이태홍의 안내로 서울을 거쳐 서간도 삼원보에 도착하여 신흥무관학교에 입학하였다. 청년들은 3개월 동안 윤기섭, 김성술 등에게 학과와 보병훈련,

[우측 상단 274]

全　道
逮捕　所
全　未逮捕　所
全　赤逮捕　所
全　未逮捕　所
慶尚北道尚州郡以下不詳
慶尚南道居昌郡昌面下洞三五九番地
慎道出　當三十七番地
三五九番地
白基周　當二十五年位
李聖斗　當二十二年
李四述　當二十八年
高雲瑞　當三十年
李恭洪　當二十五年位
273 **[좌측 상단]**

首題ノ件ニ關シ獨立義勇兵及軍資金募集員ノ檢擧
大正九年四月二十七日慶尚南道居昌郡渭川面富豪
鄭恭均方ニ不穏文書ヲ郵送シタル者アルコトヲ探
知シ所轄居昌警察署ニ於テ捜査ノ結果犯人ノ一部
ヲ逮捕スルニ至レリ其ノ状況左ノ如シ
一　判明セシ犯人ノ住所氏名
逮捕　慶尚北道漆谷郡枝川面新洞二六三番地
　　　李德生　當二十一年
未逮捕　慶尚南道居昌郡渭川面東部里大九番地
　　　金泰淵　當二十年
全　道金泉郡間寧面
未逮捕　慶尚南道居昌郡昌面下洞三八七番地
　　　朱南皐　當三十四年

273

[우측 하단 278]

發送先
内閣總理大臣　各省大臣　拓殖局長官　警視總監　檢事總長
關東長官
關東軍司令官
軍司令官　兩師團長　憲兵隊司令官　要港部司令官
各法院長　各檢事長　檢事正
奉天吉林哈爾賓上海天津浦汐間島各總領事
安東鐵嶺長春各領事
各道知事　警務局各派遣員

278

[좌측 하단 275]

逮捕　咸陽郡地谷面分坪里三〇一番地
　　　鄭章鉉　當三十一年
全　道
逮捕　平安南道平壤神學校
　　　韓聖震　當二十五年
全　道
逮捕　慶尚南道居昌郡昌面下洞三五九番地
　　　吳亨善　當三十一年
未逮捕
　　　郡席卜面栢里三四番地
　　　甲銖　當二十八年

一　犯罪事實
(一) 被告李德生ハ被告金泰淵ト共ニ大正八年八月
中慶尚南道居昌郡昌面下洞三五九番地被告吳亨善方ニ於テ吳亨善高
雲瑞及朱南皐ト會合シ國權恢復運動ニ要スル

275

일제 고등경찰이 기록한 "독립의용병 및 군자금 모집원의 검거"(「고등경찰요사」) 일제 고등경찰은 거창의 독립군 파병 사실을 기록하여 일제 주요 통치기관에 발송하였다. 이 문건이 발송된 곳은 일본 내각, 일본군 사령관, 법원과 검찰, 중국 각지의 일본 영사관, 조선의 각 도지사와 경무국 등이었다.

각개훈련, 부대훈련 등 군사 훈련을 받았다. 1920년 3월 말 주남수는 다시 거창에 파견되었다.

오형선은 주남수의 보고를 받고 독립사상을 선전할 문서를 작성하여 배포하고 독립자금을 모금하였다. 그는 주남수가 가지고 온 '신한별보'와 주남선이 평양신학교에서 가져온 대한민국임시정부헌장을 담은 '국민해혹'을 자택에서 수십 부씩 등사기로

해방 후 출옥한 주남선 목사 주남선 목사는 1945년 8월17일에 출옥하였다. 사진은 신사참배 반대로 투옥되었다가 옥사한 주기철 목사의 집에 모인 출옥한 기독교인들로, 뒷줄 왼쪽에서 두 번째가 주남선 목사이다.

인쇄하였다. 신한별보는 "조선의 독립은 미국 등 20여 개국이 승인하였고 소련은 조선독립을 위해 일본과 전쟁도 불사하겠다고 선언하였다."라는 내용이었다. 국민해혹은 "대한민국은 민주공화국이며 주권은 국민에게 있다."는 등 임시헌장의 내용을 그대로 실었다. 앞에서 말한 정태균의 집에 배달된 것은 이 문건이었다.

이들의 독립사상 선전과 독립자금 모집에는 거창, 함양 등지에서 많은 사람이 함께하였다. 오형선, 주남선, 주남수가 중심 인물이었지만, 함양의 이갑수는 적극 동참하여 1백 원의 자금을 내면서 독립운동을 원조하였고, 함양의 황보감은 독립사상 선전에 앞장섰으며, 정장현은 군자금을 모집하였다. 유진성, 안덕보, 황보기 등도 이 운동에 적극 동참하였다.

1921년 "국권회복을 위한 군자금 및 독립군 모집 사건"의 주동자들은 경찰에 검거되어 혹독한 고문을 당하였다. 이 사건의 재판에서 주남수는 징역 3년, 오형선은 징역 2년, 주남선은 징역 1년, 이갑수는 징역 6개월을 각각 선고받아 수감되었다. 이 운동 참가자 중 신도출, 정장현을 제외한 모든 사람들이 기독교 신자였다. 만주에서 독립군이 되었던 이사술, 이성두, 백기주에 대한 이후 기록은 아직 발견하지 못하였다. 주남선은 이후 신사참배거부로 투옥되었다가 해방 후 석방되었으나 건국활동에 참여하지 않고 종교활동에 전념하였다.

**독립군자금
모집활동**

거창지역 출신 독립운동가 중에는 승려들도 있었다. 박달준은 거창읍 중동 출신으로 해인사 승려였다. 그는 1919년 해인사 앞에서 1만여 명의 민중을 모아 3·1만세운동을 주도하였다. 그와 함께한 김봉률은 가북면 용암 출신의 해인사 승려였다. 이들은 3·1운동 후 만주로 가서 한족회 설립에 참여하고 신흥무관학교를 졸업하였다. 1920년 다시 합천으로 파견되어 군자금 모집운동에 나섰다.

1920년 9월 박달준은 김장윤, 김경환, 우민수 등과 함께 국내 각 사원에서 독립자금을 모집하려는 계획을 세웠다. 박달준과 김봉률은 가북에 있는 김봉률의 집에서 남만군정서 영수증을 제작한 후 그해 10월부터 활동에 나섰다.

박달준, 김경환, 우민수는 경상북도 문경의 금룡사, 대승사, 고운사와 예천의 용문사, 상주의 남장사를 돌면서 독립자금을 모았다. 그리고 김봉률, 김장윤은 경상남도 동래 범어사에 독립운동자금 기부를 권유하였다. 박달준은 금룡사, 대승사, 고운사에서 30원을, 김봉률 등은 범어사에서 30원을 기부받았다.

1921년 3월 박달준은 서울 종로경찰서 고등계 형사에게 체포되어 재판을 받았다. 박달준, 김봉률은 징역 1년 6개월을 선고받았다. 이때 피신했던 산청 출신 승려 김장윤은 1927년에 체포되었다. 박달준은 해방 후 불교중앙총무원 교무국장으로 거창에서 1948년 5·10 총선거에 출마했으나 낙선하였다.

거창읍 하동 출신 임양재는 대한민국임시정부의 재무부원으로 독립운동 자금을 모집하였다. 임양재는 1920년 11월 평양에서 대한민국임시정부가 특파한 독립자금 모집원 황신국과 만나 함께 독립운동을 펴나가기로 하였다. 그는 1921년 1월부터 무주, 대구, 김천, 금산 등지의 부호들에게 협박문을 보낸 후 독립운동 자금을 요구하였다. 협박문은 "조선의 독립은 동양평화의 일대 요소이며 민족자결은 세계평화의 근본해결이다."라는 조선독립의 의미를 쓴 후, "가까운 시일 내에 위원을 파견하겠으니 독립자금을 제공하라. 만약 거절할 때는 최후 수단을 쓰겠다."라는 내용이었다.

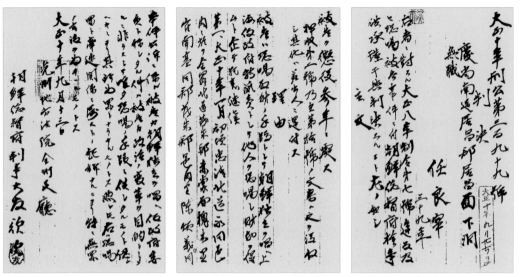

임양재 판결문 1921년 9월 13일 광주지방법원 전주지원에서 임양재의 독립운동에 대하여 징역 3년을 선고한 판결문이다.

그는 1921년 6월 금산 등지에서 부호들에게 대한민국임시정부 독립공채를 주면서 독립자금 모금활동을 벌이다가 일제 경찰에 체포되었다. 임양재는 3년형을 받아 복역하고 1924년 5월에 출옥하였다. 그 후 그는 또다시 독립자금을 모금하다가 경찰에 체포되어 1925년 8월 11일 부산지방법원 거창지청에서 검사로부터 3년형을 구형받았다.

위천면 강천리에 사는 이상만은 군자금을 기부하여 투옥되었다. 1920년 국내의 독립운동가들은 대한민국임시정부를 지원하기 위하여 비밀결사인 군사주비대를 결성하고 독립운동자금을 모집하였다. 군사주비대는 박상진을 총사령관, 김좌진을 부사령관으로 했던 대한광복회를 계승한 조직이었다. 이상만은 1920년 10월 김양한의 소개로 군사주비대에 독립운동자금 500원을 기부하였다.

군사주비대는 1921년 말 일제에 발각되어 많은 독립운동가들이 투옥되었다. 1922년 3월 이상만은 징역 10개월이 구형되어 그해 4월 징역 6개월이 선고되었다. 같은 동리에 살았던 정태균은 독립운동을 신고했던 반면 이상만은 독립운동자금을 기부했다가 투옥되었던 것이다. 그 후 이상만은 마산에서 신간회를 창립하는 등 독립운동을 계속하였다.

**중국에서 싸운
무장독립군**　　　　거창 출신 독립군 중 최초의 전사자는 신종범이었다. 신종범은 일본유학생으로 1919년 2·8독립선언에 참가했던 엘리트였다. 그는 만주로 가서 서로군정서에서 독립군 활동을 벌이다가 일본군에 체포되어 1920년 유하현 골짜기에서 총살당하였다. 그때 그의 나이는 33세였다.

　　독립운동가 신병항은 유초, 유형백, 유형일, 유호, 중배 등의 가명을 사용하였다. 그가 많은 가명을 가졌던 것은 의열단 소속이었기 때문이다. 의열단은 1919년 일제 침략자들을 처단하고 일제 수탈기관을 파괴하기 위해 김원봉이 만든 독립운동 단체였다.

　　신병항은 1907년 남하면 무릉에서 태어났다. 그는 1927년 거창청년동맹의 조직부장, 신간회거창지회의 간부로 활동하였다. 그러나 지역에서의 활동에 한계를 느끼자 독립운동을 위해 중국으로 망명하였다. 그는 의열단장 김원봉의 처남인 박문희의 권유로 김영배 등과 함께 1932년 중국 상하이로 갔다. 김원봉은 더 강력한 항일투쟁을 위해서 의열투쟁을 무장독립투쟁으로 전환하였다. 그리고 중국국민당 장제스의 지원으로 난징에 조선혁명군사정치간부학교를 설립하였다. 그해 10월 신병항은 유명한 의열단 지도자 윤세주 등과 함께 간부학교 1기생으로 입학하였다. 그는 정치학, 폭탄제조법, 사격훈련, 기관총 조종법 등을 배운 후 1933년 4월 간부학교를 졸업하였다.

　　1934년 12월 신병항은 김원봉으로부터 군관학교 입학생 모집, 국내 노동자, 농민의식 고양, 국내 정세 보고 등의 밀명을 받고 국내로 잠입할 계획을 세웠다. 이때 저항시인으로 유명한 이육사도 그와 함께 국내로 들어왔다. 신병항은 귀국하기

의열단원 신병항의 집터(좌)와 묘지 터(우) 신병항은 일제의 심한 고문으로 집으로 돌아온 지 1달 만에 숨졌다. 그의 시신은 일제 경찰의 감시 아래 3km 떨어진 선산에 비밀리에 매장해야 했다. 그 후 그의 집안은 몰락하였고 그의 집터는 현재 대밭으로 변했다. 그의 집터와 묘지 터는 6촌 동생인 신판윤 옹(87세)의 안내로 찾을 수 있었다.

위해 상하이 일본총영사관에 거주 증명을 제출하였다가 일제 경찰에 의해 신분이 발각되어 체포되었다. 일제는 그를 일본 나가사키로 끌고 가 심한 고문을 가하였다. 그는 국내로 압송되었으나 석방된 지 1달만인 1936년 1월 고문 휴유증으로 29세의 젊은 나이에 순국하였다.

신성은 1912년생으로 1932년 일제강점기 의열단과 쌍벽을 이루었던 한인애국단에 가입하였다. 그 또한 신해룡, 신억, 한청 등 많은 가명을 가지고 활동하였다. 당시 중국에 있던 독립운동 세력은 김구, 조소앙이 주도하는 한국독립당과 김규식, 김원봉 중심의 민족혁명당으로 양분되어 있었다. 신성은 1934년 12월 김구가 세운 낙양군관학교에 입학하여 이듬해 4월에 졸업하였다. 그리고 곧 김원봉이 세운 조선혁명군사정치간부학교 제3기생으로 입학하였다. 거창지역 출신 두 청년이 이 학교의 1기생과 3기생이었던 것이다.

1935년 9월 간부학교를 졸업한 신성은 조선민족혁명당 특무부원으로 중국 땅에서 일제와 맞섰다. 민족혁명당은 조선의용대를 창설하였고, 이 독립군 부대는 조선의용군, 한국광복군으로 개편되었다. 신성은 1937년 7월 만주로 가서 무장투쟁을 전개했으나 이후의 행적은 확인되지 않는다.

장부희는 1945년 한국광복군 소속 독립군으로 일제와 전투를 벌였다. 그는 1945년 5월 일본군에서 탈출하여 한국광복군에 가담하였다. 이처럼 일제강점기

거창 출신 한국광복군 제2지대 분대장 이력표

한국광복군 제2지대 관좌·대원 간력표			
성명	정일명(鄭一明)	직급	중위, 분대장
연령	32세		
관적	한국 경상남도 거창군 읍내면 거창리 1030번지		
학력	경남중학교 졸업, 중앙전시공작간부훈련단 한국청년훈련반 제2기 졸업		
경력	조선총독부 세무관리, 은행원, 신문기자		
특장	촬영 및 현상		
외국어	중국어는 독서와 번역 가능, 일본어는 능통		

* 『대한민국임시정부자료집』 11권에는 1945년 10월 15일에 작성된 광복군 제2지대 서안 거주 독립군으로 거창 출신 정일명 중위 이력표가 실려 있다.

젊은이들은 직접 독립군이 되어 1920년대부터 일제가 멸망하는 1945년까지 만주에서, 중국 관내에서 일제와 맞서 무장투쟁을 전개하였다.

학생들이 일제에 맞서다

북상면 갈계리 출신 임유동은 중국 베이징에서 항일학생운동을 전개하였다. 그는 1900년에 태어나 1919년 서울 중동학교, 중앙학교를 다니다가 베이징으로 건너갔다. 그는 베이징대학 예과를 졸업하고 베이징사범대학에 다녔다. 그는 베이징유학생회에서 3·1절 기념식, 강연회를 개최하는 등 활발한 활동을 전개하였다.

임유동은 1924년 방학을 맞아 귀국해 조선학생총연합회 발기인으로 활동하였고 이 단체의 중국대표로 파견되었다. 1926년에는 베이징에서 조선독립을 목적으로 한 한인청년회를 조직하고 집행위원이 되었다. 1927년 6월에 베이징국립사범대학교를 졸업하고 귀국하였다. 일제 경찰은 그를 검거하여 베이징에서의 독립운동을 취조하였으나 증거불충분으로 방면하였다.

임유동은 1927년 신간회 창설에 적극 나서서 신간회 거창지회 창립식에서 개회사를 하였고 그해 11월 서울에서 신간회 차기준비위원으로 선임되었다. 그는

독립운동가 임유동 재판 기사(『동아일보』, 1928년 12월 6일)

1928년 베이징청년회 독립운동사건으로 다시 기소되었고, 그해 12월 치안유지법 위반으로 징역 2년을 선고받았다.

일제 말기 학생운동으로 투쟁했던 인물로는 유몽룡, 전사옥, 신숙범, 김상훈이 대표적이다. 유몽룡은 거창읍 정장리 출신(1922년생)으로 광주학생항일운동의 전통을 이은 광주서중학생운동을 이끌었다. 그는 1938년 광주서중학교에 입학하여 독서회를 재조직하고 1941년 무등회로 개칭하였다. 무등회는 창씨개명, 일어상용, 징병제에 반대하는 활동을 전개하였다. 무등회는 1942년 1월에 일제 경찰에 발각되었다. 유몽룡은 주만우, 강한수, 남연준 등과 함께 구속되어 징역 1년 6개월을 선고받았고 학교에서 퇴학당하였다. 그는 일제가 패망한 후 석방되었으나 일제 경찰의 악랄한 고문 후유증으로 인해 1953년 31세의 나이로 요절하였다.

전사옥은 1915년 가북면 해평에서 태어났다. 그는 1929년 진주고등보통학교에 입학하여 시험지 백지동맹사건, 사회사상연구단체 조직, 항일투쟁결사대 조직 등의 독립운동을 벌였다. 그는 5학년 때 일제 경찰에 검거되어 10개월 복역했으며 학교에서 퇴학당하였다. 이후 그는 일본의 중앙대학교 전문부 법학과와 경제학과에 입학한 후 여운형의 지도를 받으면서 항일운동을 계속하였다. 귀국 후 그는

국가보훈처에 등록되어 있는 거창 출신 독립유공자(2014년 현재)

	이름	한자	운동계열	생존기간	훈격(연도)
1	심낙준	沈洛俊	의병	1781 ~ 1910. 10. 31.	애국장(2013)
2	오낙삼	吳落三	의병	1879 ~ ?	애족장(2013)
3	최영순	崔榮淳	3·1운동	1838 ~ 1950. 3. 13.	건국포장(2007)
4	윤봉의	尹鳳儀	의열투쟁	1839 ~ 1919. 3. 8.	애국장(2009)
5	곽종석	郭鍾錫	파리장서	1846. 6. 24. ~ 1919 .8. 24.	독립장(1963)
6	김재명	金在明	3·1운동	1852. 2. 19. ~ 1923. 6. 2.	건국포장(1995)
7	윤인하	尹寅夏	3·1운동	1853. 2. 2. ~ 1928. 3. 28.	건국포장(1995)
8	이주환	李柱煥	순절	1854. 11. 23. ~ 1919. 1. 21.	애국장(1991)
9	이승래	李承來	3·1운동	1855 ~ 1927. 9. 1.	건국포장(1995)
10	변양석	卞穰錫	3·1운동	1858 ~ ?	건국포장(1995)
11	차은표	車恩表	의병	1859 ~ ?	애국장(1991)
12	송영수	宋永秀	의병	1859 ~ ?	애족장(2013)
13	박종권	朴鍾權	항일운동	1861.4. 20. ~ 1927. 6. 10.	건국포장(2003)
14	김화서	金化瑞	의병	1862 ~ 1910. 10. 31	애국장(2013)
15	어명철	魚命喆	3·1운동	1865. 12. 27. ~ 1923. 10. 6.	애족장(1990)
16	윤철수	尹哲洙	3·1운동	1868. 5. 29. ~ 1942. 7. 13.	건국포장(1996)
17	신문구	愼文九	3·1운동	1870. 2. 20. ~ 1919. 3. 22.	애국장(1991)
18	어명준	魚命俊	3·1운동	1870. 7. 24. ~ 1971. 4. 30.	애족장(1990)
19	이석종	李錫宗	3·1운동	1871. 5. 23. ~ 1919. 3. 22.	애국장(1991)
20	오형선	吳亨善	국내항일	1875 5. 15. ~ 1944. 4. 11.	애족장(1990)
21	서은구	徐殷九	의병	1875 ~ ?	애족장(1995)
22	허경두	許瓊斗	3·1운동	1876. 10. 10. ~ 1919. 6. 4.	애국장(1992)
23	조이록	曺二錄	3·1운동	1878. 11. 22. ~ 1919. 3. 22.	애국장(1991)
24	정대필	鄭大弼	3·1운동	1880. 5. 10. ~ 1938. 8. 19.	애족장(1990)
25	김병직	金秉直	3·1운동	1881. 12. 3. ~ 1957. 3. 29.	애족장(1990)
26	배영환	裵永煥	3·1운동	1882. 1. 15. ~ 1919. 3. 22.	애국장(1991)
27	유희탁	劉熺倬	3·1운동	1885. 6. 18. ~ 1965. 8. 10.	애족장(1992)
28	윤충하	尹忠夏	의열투쟁	1885 ~ 1946. 8. 5.	애국장(1995)
29	신종섭	辛鍾燮	한족회	1888. 1. 25. ~ 1920. 9. 24.	애국장(1991)
30	주남고	朱南皐	국내항일	1888. 9. 14. ~ 1951. 3. 23.	애국장(1990)
31	정영필	鄭永弼	의병	1888 ~ 1908. 3. 1.	애국장(1991)
32	주남수	朱南守	독립군	1892. 9. 2. ~ 1930. 10. 20.	애족장(1990)
33	박달준	朴達俊	국내항일	1894. 1. 10. ~ 1965. 3. 25.	애족장(1990)
34	김관묵	金寬默	3·1운동	1894. 5. 26. ~ 1976. 11. 14.	애족장(1990)
35	심문태	沈文泰	3·1운동	1895. 9. 4. ~ 1978. 10. 29.	건국포장(1993)
36	신도출	愼道出	국내항일	1898. 2. 7. ~ 1959. 5. 13.	애족장(1992)
37	이상만	李相滿	국내항일	1898. 9. 5. ~ 1938. 10. 22.	건국포장(1997)
38	임유동	林有棟	학생운동	1900. 11. 18. ~ 1950. 12. 24.	애국장(1990)
39	신병항	愼秉恒	중국방면	1907. 9. 2. ~ 1936. 10. 16.	애국장(1995)
40	신숙범	愼淑範	국내항일	1920. 6. 13. ~ ?	애족장(1990)
41	유몽룡	劉夢龍	학생운동	1922. 12. 21. ~ 1961. 8. 20.	건국포장(1992)

1943년 여운형이 주도한 조선민족해방연맹에 가담했으며 1944년 건국동맹에 참여하였다. 전사옥은 건국동맹의 핵심 활동가로 청년조직 책임자였다. 그는 1944년 일제 경찰에 체포되었으나 탈출하여 정신병자로 위장해 경기도 양평에서 도피생활을 하다가 해방을 맞았다.

신숙범은 1920년 가조면 마상리에서 태어나 서울의 경기공립중학교에 진학한 인재였다. 그는 1940년 11월 서울에서 송영택의 주도로 조직된 조선인해방투쟁동맹에 참여하였다. 이 동맹은 "공산주의와 민족주의라는 2대 사상을 연구하고 그것을 실천에 옮기는 연구 조직"으로 계림공진회를 조직하였다. 그는 이 동맹의 실천부를 맡아 학생, 노동자를 대상으로 동지들을 규합하였다. 1941년 조선인해방투쟁동맹이 일제 경찰에 발각되어 신숙범은 동지들과 함께 투옥되었다. 그는 징역 4년을 선고받고 복역 중 해방을 맞았다.

서울에서 건국활동을 벌이다

독립운동가들의 목적은 일제에서 독립하여 민족국가를 건설하려는 것이었다. 그러나 실제 건국활동에 참여할 수 있었던 인물은 거의 없었다. 거창 출신으로 중앙의 건국활동에 참여했던 인물로 전사옥과 임유동이 있었다.

1945년 8월 15일 해방을 맞았을 때 전사옥은 30세의 청년이었다. 전사옥은 해방 당일 결성된 건국준비위원회가 9월 6일 조선인민공화국을 발표할 때까지 활발한 청년단체 조직활동을 벌였다. 9월 8일 미군이 주둔하고 미군정이 실시되면서 청년운동은 어려움을 겪었다. 미군정과 한국민주당은 인민공화국에 반대했고 10월에 귀국한 이승만 또한 청년단체와의 면담을 거부하고 독립촉성중앙청년회를 창설하였다. 이로써 청년단체는 좌우익으로 분열되었다. 청년단체들은 좌우익 정치단체의 행동대로 편입되어 유혈충돌사태까지 빚었다.

전사옥은 1945년 12월 전국청년단체총동맹 결성을 주도하고 서울시연맹 집행

전사옥, 김구 주석을 만나다 전사옥이 청년단체 대표로 대한민국임시정부 주석 김구를 만난 사실을 보도한 『중앙신문』 1945년 12월 3일자 기사이다.

위원장이 되었다. 그는 12월 2일 청년단체 대표들과 함께 대한민국임시정부의 김구 주석을 면담하고 "진보적 민주주의 정권을 반드시 세워 주십시오."라고 요청하였다. 며칠 후에 열린 서울시연맹 간부와 임시정부 요인의 간담회에서도 전사옥은 미군정청의 정치를 비판하고 "참된 민주주의"를 세워 달라고 요청하였다. 1945년 12월 11일 조선청년총동맹이 결성되었을 때 전사옥은 서울시위원장이자 중앙위원이 되었다. 해방 후 한국청년운동의 최고지도자가 된 것이다. 그는 12월 23일 서울운동장에서 개최된 순국선열추념대회 추진위원이었다.

전사옥은 좌우대립과정에서 투옥되었다. 1945년 12월 말 모스크바결정서가 발표된 후 1946년 제1차 미소공동위원회 개최를 앞두고 정국은 좌우익으로 양분되었다. 전사옥은 1946년 4월 25일 재조직된 조선민주청년동맹 부위원장으로서 좌익청년단체의 지도자였다. 그해 5월 미소공동위원회가 결렬되면서 미군정은 남한의 좌익을 대대적으로 탄압하였다. 그 과정에서 조선정판사 위조지폐사건이 발생하였고 전사옥은 재판정에서 미군정과 투쟁하다가 투옥되었다.

1947년 여운형이 서대문형무소에서 전사옥을 면회하였다. 전사옥은 이 자리에서 여운형의 노선을 비판하고 절교를 선언하였다. 전사옥이 그의 독립운동과 건국활동의 스승이었던 여운형을 비판한 이유는 좌익의 분열 때문이었다. 제1차 미소공동위원회가 결렬되자 이승만은 남한 단독정부 수립을 주장하였다. 여운형과 김규식은 남한 단독정부 수립에 반대하여 좌우합작운동을 추진하였고, 박헌영은 좌우합작에 반대하고 남조선노동당을 창당하였다. 전사옥은 박헌영 노선을 따랐다. 전사옥은 제2차 미소공동위원회의 개최가 결정되면서 석방되었지만 이후 그의 행적은 찾기 어렵다.

한편, 북상 출신 독립운동가 임유동은 저명한 독립운동가이자 한글학자였던 이극로와 함께 건국운동에 참가하였다. 이극로는 좌우합작과 남북통일노선을 걸었던 인물이다. 임유동은 이극로와 함께 1945년 11월 5일 민생협회를 조직하고 문화부장으로 활동하였다. 1947년 좌우합작을 지원하는 민주독립전선 상무위원, 미소

독립운동가 전사옥 제단비 2007년 6월 10일 가북면 해평리 달밭마을에서 전사옥 제단비 개막식이 열렸다. 제단 비문은 경상대학교 교수 허권수, 헌시 비문은 민족시인 이기형이 썼다. 이날 개막식에는 전국 각지에서 전사옥을 기리는 200여 명이 참석하였다. 독립운동가 전사옥은 해방 후 좌익청년지도자였으나 분단 이후 그의 행적과 생사는 확인되지 않았다. 국가보훈처는 그의 항일독립운동을 인정했지만 공식적으로 국가유공자로 승인하지 않았다. 전사옥의 아들 전재일 옹은 그동안 부친의 활동으로 인해 온갖 설움을 겪었지만 이날 비석을 세움으로써 "이제 여한이 없다."라고 말했다. 일제강점기 독립운동가들은 민족국가 건설을 위해 자신을 희생했지만 그들 대부분은 독립된 국가에서 정치활동을 할 수 없었다.

공동위원회촉진 독립전취 민중대회 준비위원으로 활동하였다. 그러나 남북분단으로 좌우합작, 남북통일정부 수립을 위한 그의 노력은 좌절되었다. 임유동은 1950년 제2대 총선거 때 거창군 선거구에 무소속으로 출마하였으나 낙선하였다.

이름 없는 독립운동가들

1920년 12월 30일 만주 길림성 일본총영사가 일본 내무대신에게 올린 보고서에 가조면 용전 출신으로 길림성 화전현 관아동쿨에 살고 있는 정병근(29세)에 대한 기록이 있다. 정병근은 1919년 자기 집에서 독립운동 단체인 한족회중앙총회 길남한족회를 조직하여 독립운동을 전개하였다. 그들은 남일강습소를 세우고 청년들에게 무기사용, 부대활동 등 군사교육을 실시하여 독립군을 양성하였다. 일본영사관 경찰이 1920년 8월 중순에 이들 8명을 검거하자 정병근은 동지들과 함께 맹렬한 석방운동을 벌였다. 일본영사관은 정병근에게 3년간 중국체류금지를 명령하였으나 그는 거부하였다.

일제 경찰은 정병근을 체포하여 1921년 1월 4일 신의주 경찰서로 이송하였다. 정병근은 이송 도중 도주하였으나 곧 일제 순사에게 체포되었다. 그는 중국어에 능통한데다가 그날 중국옷을 입고 있었는데, 자신이 중국인이라고 외치면서 큰소리로 부근의 중국 순경에게 구조를 요청하였다. 순경 7, 8명이 달려와 일본 순사의 손에서 정병근을 탈취하여 중국경찰서에 보호하였다. 일본 경찰은 정병근의 인도를 요구했으나 중국 측은 그가 귀화한 중국인이라며 거부하였다. 일본영사관은 정병근을 체포할 만반을 준비를 하고 있다고 1921년 1월 24일자로 보고하고 있다. 그 후 정병근에 대한 기록은 찾을 수 없다.

1924년 2월 29일 만주 철령 일본영사관 경찰서에서 올린 비밀보고서에 신원면 구사리 출신 이봉림(40세)에 대한 기록이 있다. 일제 경찰은 장우근이라는 자의 밀고로 독립군 박광제, 김성근, 김양호, 이학서 등을 체포했는데, 체포하지 못한 독립운동가로 이봉림을 수배하였다. 그 이후 이봉림이 어떻게 되었는지 알 수 없다.

정병근과 이봉림처럼 일제강점기 거창 출신으로 이름도 없이 활동했던 많은 독립운동가들이 있었다. 일제는 해외에 있는 독립운동가들에 대하여 "불령선인", "요주의

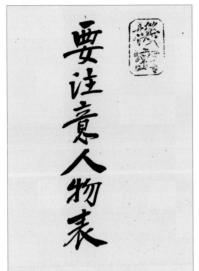
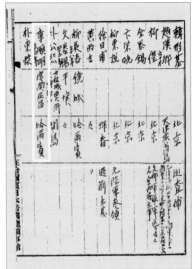

요주의 인물표 일제 경찰이 작성한 요주의 인물에 거창출신으로 하얼빈에 거주하고 있는 장순명(37세)의 이름이 기재되어 있다.

인물"이라는 명부를 작성하여 일제의 모든 통치기관에 통지했는데, 그중에는 상하이에 거주하는 거창읍 중동 출신 서병약·신종섭, 하얼빈에 거주하는 거창읍 동동 출신 장순명 등의 이름이 보인다.

일제는 해당 면사무소에 독립운동을 하다가 투옥된 사람을 기록한 재소자카드를 비치했는데, 그중에 보안법 및 출판법 위반자 거창읍 중동 김수두, 대정8년 제령7호·출판법 위반 거창읍 오형선, 치안유지법 위반 거창읍 오갑수, 치안유지법 위반 거창출신 김원규, 불경죄 및 조선임시보안령 위반 김석중 등의 개인 카드가 남아 있다. 보안법, 출판법, 제령7호, 치안유지법, 불경죄, 임시보안령 등은 일제가 독립운동가를 탄압하기 위해 제정한 대표적인 악법이었다.

이들은 목숨을 걸고 독립운동을 벌였던 인물들이다. 이들은 그나마 일본 경찰의 기록에라도 남아 있지만 이러한 기록조차 없는 이 지역 출신 독립운동가들은 그 얼마일까. 여기에 이름도 없이 사라져간 독립운동가들이 있었다는 사실을 기록해 둔다.

**스스로 세운
인민위원회**

1945년 8월 15일 일제가 항복하였지만 일제의 통치기구는 그대로 유지되었다. 그해 9월 말 미군이 이곳에 들어와서야 비로소 일제가 철수하였다. 그동안 지역민들은 중앙의 정세 변화에 발맞추어 새로운 국가건설에 나섰다. 서울에서는 해방과 동시에 여운형과 안재홍을 중심으로 건국준비위원회(건준)가 결성되었고 전국 각지에는 지부가 조직되어 갔다. 건준은 민족주의와 공산주의 세력이 동참하였고 지역에 따라 지역유지들이 건준 지부를 조직하기도 하였다. 이곳에도 건준 지부가 결성되었다.

9월 6일 건준이 조선인민공화국을 건국함에 따라 건준 지부는 인민위원회로 바뀌었다. 1945년 10월 5일 경상남도 각 군에서 선출된 242명의 대의원은 부산극장에서 건준 경상남도 지부를 경상남도 인민위원회로 개편하였다. 이에 따라 건준 거창지부는 거창인민위원회로 개편되었고 각 면마다 인민위원회가 설립되었다. 거창인민위원장은 신학업이었다. 그해 11월 20~23일 700여 명이 참석한 제1차 전국인민대표자대회가 서울 천도교강당에서 개최되었다. 거창인민위원회의 대표로 신학우, 함일호가 참가하였다.

해방과 함께 다양한 대중조직이 결성되었다. 먼저 전국농민조합총연맹(전농) 소속 거창농민조합이 결성되었다. 1945년 12월 8일 전농 결성대회에 대의원으로 정중호, 최석만, 신우철이 참가하였다. 1945년 11월 18일에는 전농 경상남도연맹이 결성되었다. 11월 말 현재 경상남도연맹에는 시·군지부 15개, 면지부 182개, 리지부 1,877개로 조합원이 48만 9,758명이었다.

1947년 7월 21일 제2차 전농 경상남도농민조합총연맹 대표자대회가 거창에서 열렸다. 이때 인민위원장 신학우가 개회사를 하였다. 대회는 집행위원 5명을 선출한 다음 미소공동위원회에 보내는 메시지와 요구조건을 결의하였다. 이로 미루어 이 지역의 농민조합 활동이 꽤 활발했음을 알 수 있다.

1946년 2월 10일 조선청년총동맹 지부인 거창읍청년동맹 제1회 총회가 열렸다. 이 회의에는 내빈 50여 명과 회원 750명이 참가하였다. 청년동맹 위원장에는 신양재, 부위원장에 이영구, 연락부장에 우한운, 조직부장에 정삼창, 선전부장에 김종호, 체육부장에 김학이 선출되었다.

이처럼 해방 직후 이 지역에서 군인민위원회와 각 면의 인민위원회를 주축으로 농민총동맹, 청년총동맹, 부녀총동맹 등 대중조직이 건설되었다. 각 조직에는 민족주의 계열과 공산주의 계열뿐만 아니라 지역유지들도 참여하고 있음을 볼 수 있다. 주도층은 해방 후 새롭게 등장한 신진세력이었다. 전농 대의원 신우철은 1931년 거창청년동맹 활동가였고 청년동맹 위원장 신양재는 1932년 낙동강농조 운동가였다. 그들은 대체로 독립운동가 출신으로 좌익이거나 민족협동전선의 성향을 가지고 있었다. 그들은 해방 직후 일제강점기 지역유지 인물들을 대체하면서 건국 주체세력으로 부상하였다.

미군정의 인민위원회 해체

미군이 거창에 들어온 것은 1945년 9월이었다. 1945년 9월 16일 미군 제40사단 해리스 준장이 부산에 들어와 일제의 행정기구를 접수하였다. 경상남도 미점령군 사령관 해리슨이 경상남도 지사에 직접 취임하였다. 그 후 11월 1일 경상남도 군정 실시를 위해 98군정대가 부산에 들어옴으로써 경남지역의 군정이 개시되었다. 이 지역 군정은 미군 98군정대대 소속 58중대, 76중대가 담당하였다. 군정대대는 부산에, 군정중대는 진주에 본부를 두었다.

미군정은 1945년 9월부터 경남지역의 군수와 경찰서장을 한국인으로 임명하였다. 미군은 일제의 경찰이었던 장자관을 거창경찰서장에 임명하였다. 10월에는 지역유지 신중목을 거창군수에 지명하였다. 이 지역 출신으로 일제강점기 경상남도지사를 지냈던 정태상은 경상남도군정청고문회의 고문으로 임명되었다. 미군정이 군수와 경찰서장을 새로 임명하자 미군정과 인민위원회 사이에 충돌이 일어났다.

미군정은 중앙의 조선인민공화국과 각 지방의 인민위원회를 정부로 인정하지 않고 탄압하였다. 1945년 11월 24일 중앙인민위원회 확대집행위원회에서 경상남도 인민위원장 윤일은 "10월 5일 경상남도 인민위원회 결성 후 20개 군의 행정기관을 접수했는데, 미군정이 탄압책을 쓰기 시작하여 김해, 합천, 양산, 울산, 거창, 함양, 산청 등 7군에서는 동지 약 50명이 미군에게 검속되었다."라고 보고하였다.

해방 직후 거창 사정

반동세력을 방조하는 악질 경관을 숙청하라

이 고장은 해방 후 군민의 존경을 받는 주남재, 황창석 씨가 민선에 의하여 군수, 경찰서장으로 취임한 이래 모든 시책이 민주주의 원칙에 입각한 것이었으므로 치안은 스스로 확보되고 군민은 자유와 평화 속에서 민주주의 조국 건설을 위하여 모든 열성을 다 기울이고 있던 바, 경상남도 당국의 부당한 조처로 말미암아 치안과 평화는 파괴되고 인민의 자유는 빼앗기게 되어 암흑세계로 돌아갔다고 한다. 지난 14일 도당국은 돌연히 주남재 군수와 황창석 서장을 무조건 파면시키고 일제시대 친일파 관리 정순종을 군수로, 일제시대 악질 고등계 경찰 정정옥을 서장으로 임명하였다. 그 이튿날에는 5~6명의 경찰대가 출동하여 이유 제시도 없이 인민위원회, 농민조합, 청년동맹, 부녀동맹 등의 사무실을 수색하고 문서 일체를 압수해 갔다. 그리고 정정옥 경찰서장은 양심적인 경찰을 촌으로 몰아내고 그의 비위에 맞는 경찰 23명을 부산에서 데려와 과거 일제의 고등경찰 때 하던 버릇을 버리지 않고 반민족적 행동을 자행하여 지금까지 꼬리를 감추고 있던 반동분자들이 날뛰는 것을 방조하고 있다. 정정옥의 악질적인 행동은 여러 가지가 있는데 그 몇 가지를 들면 다음과 같다. 청년들의 강좌(조선역사, 한글, 사회과학)를 일체 금지하는 것, 민주주의 삐라, 포스터의 금지와 반민주주의적인 그것들을 묵인하는 것, 적기가를 부른다는 이유만으로 청년동맹원 김형찬 외 3명의 인민을 검거 유치시키는 것.   – 「해방일보」 1946년 4월 23일

1945년 12월 미군정은 지방의 인민위원회를 해체하고자 군수, 읍장, 면장 선거를 실시하였다. 이 시기의 사정을 보여주는 자료가 1946년 4월 23일자 『해방일보』 기사이다. 『해방일보』는 조선공산당의 기관지였으므로 미군정에 대하여 비판적이었다. 이 점을 감안하고 보더라도 이 사료는 해방 직후 지역 사정의 일면을 보여주기에 충분하다.

당시 지역민들은 주남재를 군수로 뽑았다. 그는 일제강점기 청년운동을 대표하는 교육자였고 신간회 창립을 주도하였다. 그는 기독교인으로 민족주의자였다. 그는 좌우익을 아울러 새로운 국가를 세우려는 생각으로 공산주의자를 포용하였다. 주남재의 군수 당선에서 해방 직후의 지역 여론을 읽을 수 있다. 경찰서장으로 선출된 황창석은 일제강점기 신간회 임원이었고 군청 공무원을 지냈던 지역유지였다.

미군정은 1946년 4월 군민이 선출한 주남재 군수를 파면하였다. 미군정은 독립운동의 업적이나 지역민의 의사를 존중할 생각이 없었고, 공산주의자만 탄압한 것도 아니었다. 미군정은 자신들의 점령 정책에 협조할 수 있는 인물로 정순종 군수와 정정옥 경찰서장을 임명하였다. 그들은 친일 경력을 지니고 있었다.

1946년 6월 미군정은 거창인민위원회를 무력으로 해산하였다. 6월 4일 미군정 경찰은 인민위원장 신학업 등 39명을 검거하였다. 인민위원회를 지지했던 지역민들은 미군정에 저항하였고 그중 일부는 야산대가 되었다.

미군정이 인민위원회를 탄압한 것은 일제의 체제를 유지하려는 현상유지정책에 따른 것이었다. 그 결과 인민위원회와 좌익세력은 배제되고 일제강점기 지역유지 세력이 재등장하였다. 미군정의 지배는 해방 후 자율적으로 형성되었던 정치구조를 강제로 재편했다는 의미가 있다. 이후 심각한 좌우갈등이 일어났다.

**피로 얼룩진
5·10총선거**

1948년 5월 10일 제1대 국회의원을 뽑는 총선거가 실시되었다. 5·10총선거 후보는 남한단독정부 수립을 지지하는 이승만의 독립촉성국민회와 한국민주당 인물들이 중심이었다. 박헌영 중심의 남조선노동당은 물론 김구, 김규식 등 민족주의 세력도 남한 단독선거에 반대하여 총선거에 참여하지 않았다.

지역에서는 이승만 세력이 우세하였다. 이승만 세력은 1946년부터 지지기반을 다져나갔다. 독립촉성국민회는 강연대를 파견하여 4월 1일 거창, 4월 3일 가조에서 각각 강연회를 개최하였다. 또한 이승만도 거창에서 강연을 할 계획이었다. 일제강점기 지역유지들은 대체로 이승만 지지 세력으로 편입되었다.

5·10총선거에서 거창지역구에는 표현태, 신중목, 김상수, 박달준 등 4명의 후보가 출마하였다. 표현태(45세)는 일제강점기 월천면장 출신의 지역유지로서 독립촉성국민회 소속이었다. 신중목(47세)은 일제강점기 주류업 등 사업에 종사하면서 각종 공직을 지낸 인물로 미군정에 의해 군수에 임명되었으며, 미군정이 조직한 남조선대표입법의회 의원으로 역시 독립촉성국민회 소속의 지역유지였다. 김상수(57세)는 지역에서 30년간 한약상을 경영하였던 기독교 장로였다. 그는 기독교 세력을 대표하였다. 박달준(55세)은 해인사 승려로 3·1운동과 만주의 독립군 활동, 그리고 독립운동자금 모집활동으로 일제와 싸우다 투옥되었던 인물로 후보 중 유일한 독립운동가 출신이었다. 해방 후 지역민이 맞았던 최초의 민주주의 선거에 지역유지 2명, 기독교 인물 1명, 독립운동가 1명이 후보로 출마했던 것이다.

선거 이틀 전 위천지서 습격사건이 발생하였다. 당시 남조선노동당은 무장투쟁을 벌여 5·10총선거를 무산시키고자 하였다. 위천면장 조병욱(36세)은 이들의 공격으로부터 투표함을 지키기 위해 위천지서에 근무하고 있었으며 마을 청년들이 순번제로 지서를 경비하였다. 5월 8일 저녁 단독선거 반대세력들이 북상과 위천지서를 습격하였다. 위천면 당산리 모전, 석동마을 주민들은 지서를 지키기 위해 오던 중 면 소재지가 불바다가 된 것을 보고 겁이 나서 마을로 되돌아갔다. 이 일을

위천 5·8사건 증언

1948년 5월 8일(음력 3월 30일) 저녁은 모전마을과 석동마을 주민이 지서 경비라 지키러 가던 중 면소 재지가 불바다가 된 것을 보고 겁이 나 다시 마을로 돌아왔다. 다음 날 새벽에 순사들이 마을로 들이닥쳐 마을 사람들을 전부 한곳에 잡아다가 몽둥이로 패면서 어제 저녁에 지서에 불 지른 놈이 누구냐, 경비가 누구냐 하면서 고문하고 어제 저녁 지서 경비들을 경찰서로 끌고 갔다. 당시 나의 나이는 19세였다. 실컷 두들겨 맞고 경찰서 유치장에 있는데 옆방에 위천면장이 들어왔다고 하길래 보니 얼마나 맞았는지 정신이 없는기라. 이튿날 저녁 면장이 물을 달라고 하는데 물을 안 주니까 고무신짝을 달라, 그러면 오줌을 받아먹겠다고 했다. 순사가 몽둥이를 가지고 닦달하고 그러다가 5월 10일 세상을 떠났다. 고문을 하여도 우리들은 불 지른 일이 없다고 하니까 19일 만에 무죄 석방되었다.

– 2003년, 조병태(증언 당시 73세)

5·8사건이라고 한다.

다음 날 아침 경찰과 우익단체 청년들은 위천면장, 위천지서장, 지서경비원, 위천면사무소 숙직원, 면지역유지 등을 면사무소 앞마당으로 끌고 와서 위천지서를 지키지 못한 책임을 물어 몽둥이와 군화발로 무자비하게 구타하였다. 일부 인사들은 당일 석방되기도 하였으나 면장과 지서원 등은 경찰서로 끌려가 모진 고문을 당하였다. 위천면장 조병욱은 심한 고문으로 5월 10일 경찰서 유치장 바닥에서 숨을 거두었다.

위천면장이 숨진 그날 총선거가 실시되었다. 이 선거에서 표현태는 17,146표를 얻어 15,743표를 얻은 신중목을 누르고 제헌의원으로 당선되었다. 5·10총선거는 지역민이 최초로 경험한 민주주의 선거였다. 그러나 동시에 피로 얼룩진 선거였다.

**습격당한
국회의원 본가**

정부수립 후 거창은 좌익 야산대의 활동지역이 되었다. 1948년 10월 19일 여수와 순천에서 발생한 국군 제14연대 반란군이 지리산과 덕유산으로 이동해왔다. 그 후 이 지역은 빈번하게 야산대의 공격을 받았다. 이곳은 이현상이 지휘하는 지리산지

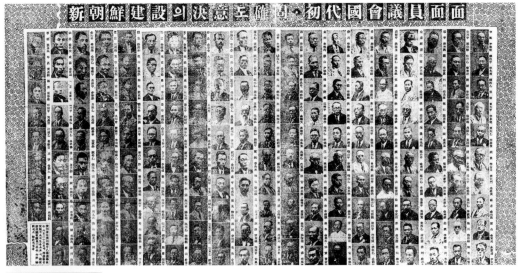

新朝鮮建設의決意도確固·初代國會議員面面

초대 국회의원, 표현태
5·10총선거로 당선된 제헌의원으로, 위에서 3번째 줄, 왼쪽 2번째 사진이 표현태 의원이다. 표현태
는 지역민들이 보통선거로 뽑은 최초의 국회의원이다.(『경향신문』 1948년 6월 1일)

구 제2병단의 활동무대였다. 지리산과 덕유산에 근거를 둔 약 500명의 김지회부대
는 하동, 산청, 함양, 거창에 빈번하게 출몰하여 면사무소나 경찰지서를 습격하였
고 때로는 경찰관, 우익 인사들을 살해하였다.

　1949년 3월 21일 덕유산으로 이동한 김지회부대는 북상면 황점마을을 점령하
고 다음 날 북상을 공격하였다. 그러나 북상지서의 경비가 철저하자 그들은 목표를
바꾸어 위천지서를 공격하여 점령하였다. 그들은 거창경찰서에 전화를 걸어 "국군
3연대 선발부대인데 차량 8대를 징발해 서장이 직접 지휘해서 오라."고 명령하였
다. 그러나 정체가 탄로 나자 인근 마을에서 "보급투쟁"을 마치고 북상지서를 불태
우고 지서장을 납치하여 덕유산으로 철수하였다.

토벌대는 북상면 월성에서 야산대를 공격하여 성과를 거두었다. 3월 28일 국군 제3연대 제3대대와 경찰부대는 함양에 집결하였다. 토벌대는 다음 날 새벽 덕유산을 포위 공격하여 김지회부대에게 큰 타격을 입혔다. 이후 김지회부대는 4월 8일 지리산 뱀사골 어귀 반선리 금판정 식당에서 토벌대의 공격을 받아 지휘부 17명이 사살당하고 7명이 생포되었다. 사망자 중에 김지회도 포함되어 있었다.

야산대의 공격은 이후에도 계속되었다. 1949년 4월 27일에는 야산대가 관내의 지서를 공격한 후 금융조합과 우편국을 습격하여 거액의 현금을 강탈하여 도주하였다. 이러한 사태는 급기야 국회의원 표현태의 집이 피습당하는 사건으로 이어졌다.

1949년 7월 6일 거창 야산대장 강정호(28세)가 지휘하는 야산대는 월천면의 표현태 국회의원 본가를 습격하였다. 그날 오후 10시 반경 야산대 30여 명은 표 씨의 집을 습격하고, 표현태의 부친인 표정준(74세)과 표정준의 손자인 표영수(32)를 살해하였다. 이 사건은 전국적인 관심을 불러일으켰다. 이승만 대통령도 7월 8일 기자회견에서 이 사건을 언급하였다.

표현태 본가 피습사건 이후 경찰은 관내 전 대원을 총출동시켜 수도산을 중심으로 활동하는 야산대 토벌에 총력을 기울였다. 7월 26일 오전 3시경 웅양지서 주임 오경위가 지휘하는 무장경찰 10여 명은 수도산 부근에서 잠복하던 중 하산하는 야산대를 발견하고 교전하였다. 이때 전투 중 다리에 총을 맞은 야산대 부책임자 정영명과 대원 박월수를 체포하였다.

이틀 후인 7월 28일 오후 3시 경찰서 형사주임과 보안주임이 지휘하는 특별전투부대는 수도산에서 야산대 10명과 치열한 교전을 벌였다. 토벌대는 야산대장 강정호와 대원 이재수 등 5명을 사살하고 3명에게 중상을 입혔다. 이 전투로 수도산 야산대가 소멸되었고 표현태의 가족을 살해한 야산대원은 사살 또는 생포되었다.

읍내를 점령한
야산대

1949년 8월 야산대 활동은 절정에 달하였다. 8월 23일 오전 4시 야산대 50여 명은 읍내를 점령하였다. 그들은 먼저 경찰서를 포위 공격하여 방화한 후 군청, 재판소 등을 소각하였다. 경찰서 사찰주임의 관사도 불살랐다. 이 전투에서 경찰서 공안주임 유경위와 경사 1명, 순경 4명이 교전 중 사망하였고, 우편국 직원 2명과 거창초등학교 교사 2명도 희생되었다.

국군과 응원경찰대는 공동전선을 펴면서 읍내를 공격하였다. 군경의 공격으로 야산대원 12명이 사살되었고 2명이 생포되었다. 사살된 부대원 중 2명은 여자였다. 야산대는 자동차 6대를 강탈하여 주상을 거쳐 고제로 도주하였다. 그들은 퇴각하면서 월천지서, 주상지서, 고제지서를 파괴하였다. 이를 8·23사건이라고 한다.

이때 읍내 주요 건물뿐만 아니라 유서 깊은 조선시대의 관청인 객사가 불탔다. 이 사건으로 주요 관청과 등기부가 소실되어 행정에 어려움이 많았다. 이에 군수, 법원 판사, 검찰청 검사, 지역유지들은 읍장 신용희를 중심으로 거창부흥대책위원회를 조직하고, 서울의 관계 기관에 거창의 재건을 청원하였다.

8·23사건은 경북 의성경찰서 피습사건(8월 19일)과 함께 전국적인 사건으로 부각되었다. 경상남도 경찰 책임자였던 문시환 도지사는 8·23사건으로 사표를 권고받아 결국 사퇴하고 말았다. 중앙정부의 내무부는 조사반을 파견하고 "책임자를 엄중히 처단하는 동시에 앞으로는 일선 경찰 또는 그 책임자들의 태만과 직장 포기가 있을 때에는 가혹하게 처단할 방침이다."라고 발표하였다. 정부는 경찰서 피습사건의 원인을 일선 경찰관의 정신적 결함 때문이라고 보고, 일선 경찰들의 경비상황을 철저히 감찰, 지도하고자 독찰대를 조직하여 각지에 파견하고 순찰하게 하였다. 또한 경찰서와 지서 경비에 연대책임을 지워 문제가 발생할 때는 당사자뿐만 아니라 전체 직원에게 책임을 추궁하기로 하였다.

국군과 경찰은 지리산지구 전투사령부와 전투경찰대를 창설하여 야산대 토벌에 총력을 기울였다. 각 군마다 치안위원회, 향촌 자위대를 조직하고 야산대 지구 주민

야산대의 공격으로 불타버린 거창경찰서(1949년 8월 23일)

들을 소개하였다. 군경의 총공세로 야산대 세력은 점차 약화되었다. 경찰특경대는 1949년 10월 7일 위천 금원산에서 급습작전으로 야산대를 섬멸하였다. 1950년 2월 11일 국군은 전라북도의 금성산에서 지리산으로 탈출한 야산대 27명을 사살하였다. 그중에는 지리산지구 제1병단 정치사령으로 이 지역 야산대 지휘자 정금모(28세)도 포함되어 있었다. 1950년 초 국군과 경찰대의 토벌작전으로 덕유산, 지리산의 야산대는 거의 소멸되었다.

야산대 토벌과 민간인 희생

1949년 8월 23일 거창경찰서가 불탄 것은 야산대의 공격 때문이었다. 1948년 말 여수·순천의 반란군은 이 지역으로 들어와 활동하였다. 그들은 남한에 수립된 대한민국을 인정하지 않았다. 군인과 경찰이 대대적인 작전을 벌여 야산대를 토벌하였고, 그과정에서 지역민들이 억울한 죽음을 당하였다.

대표적인 민간인 학살은 1949년 8월에서 9월 사이에 남상면 춘전리(당시는 함양군안의면)에서 발생하였다. 이 지역은 덕유산에서 지리산으로 이어지는 길목으로 야산대의 주요 이동로였다. 경찰은 8월 6일 야산대에 협조했다는 혐의로 마을사람들을 안의지서로 연행하여 20여 일간 고문을 가한 뒤 8월 31일 7명을 안의초등학교 뒷산 대밭골에서 사살하였다. 그 후 경찰은 마을사람들을 2차로 연행하여 9월 19일 안의면 공산마을 가메실에서 학살하였다. 이 사건으로 희생된 민간인은 22명(혹은 24명)이었다.

신원면 청수리 수동마을의 유봉태는 야산대의 짐을 져 주었다는 이유로 1949년 10월경 신원지서 경찰에 의해 살해당하였다. 신원면 와룡리 소야마을의 박윤호는 야산대에게 대한청년단장 강원식의 집을 알려주었다는 이유로 1949년 10월 27일 경찰에 의해 대검으로 살해당하였다.

1950년 3월 21일 경상남도 지방을 순시했던 백성욱 내무부장관의 연설은 당시의사정을 잘 보여준다.

모든 경찰서 및 지서들은 벼슬자리에서 쫓겨나지 않기 위해서 민중에게서 돈을 거두어바리케이드를 쌓아 올리게 된 것이다. 꿩 먹고 알 먹는 격으로 튼튼한 바리케이드를 쌓아 올림으로써 경찰청사가 안전하여 벼슬 목이 안전하니 좋고 민중에게서 돈을 거두어모자라는 월급을 보충할 수 있으니 뉘라서 이것을 하지 않을 것이냐. 튼튼한 성을 쌓아

놓고 나서 추운 겨울날 성 밖에 서서 떨기 싫으니 민보단과 청년단을 불러다가 세워놓고 경관 나리들은 성안에서 따뜻한 불을 피워놓고 카빈총을 잡은 채 꺼떡꺼떡 졸다 말고 바둑도 두고 장기도 둘 때 동리 청년이 술병을 들고 와서 한잔 먹자고 하니 어느 벽창호가 그 술을 먹지 않을 것이냐. 이러고 보니 동리 청년들이 모두 민보단과 청년단으로 지서를 지키러 나온 때에 텅 빈 동리는 공산당 아닌 삼척동자라도 성냥 한 개비 그어대어 손쉽게 불지를 수 있었던 것이 아니냐.

경찰관들은 절도범이나 파렴치범을 수사할 적에 직무에 대한 열성에 반비례하여 수사기술이 부족하기 때문에 애매한 혐의자를 잡아다 놓고 이것저것 물어보다가 알 도리가 없으니 때리고 물 먹이고 비행기 태우고 전기고문을 할 수밖에 없는 것이다. 강제로 만들어진 자백서에 의해서 검사국으로 송치하면 쌀 몇 말 훔친 절도범쯤은 그가 초범일 때 즉결처분으로 훈시나 해서 석방해 버린다. 그러면 붙들려 갔던 청년은 경찰관을 증오하고 경찰관은 검사와 청년을 증오하여 결국 민족은 이러한 경찰제도 밑에서 차츰 분열되고 만다. 이러한 상태로 대한민국이 되겠는가? － 『동아일보』 1950년 3월 28일

지역민의 억울한 희생은 민족분열의 결과였다. 한반도가 통일되었을 때는 변방의 독립공간이지만, 분열되었을 때는 적대 세력의 접경지역이라는 이 지역의 지정학적 위치가 현대사에서도 그대로 관철되고 있었다.

국회의원에 당선된 신중목

일제강점기부터 지역유지였던 신중목은 1948년 총선에서 같은 독립촉성국민회 후보 표현태에게 패하였다. 그는 1950년 제2대 총선에서 거창지역구 국회의원에 당선되었다. 신중목의 국회의원 당선은 현대사에서 중요한 의미가 있다. 그는 신원 '양민'학살사건을 국회에서 폭로한 인물이었다.

신중목의 정치적 기반은 국민회였다. 1949년부터 신중목은 국민회를 중심으로 활발한 정치활동을 벌여나갔다. 신중목은 이미 1949년 6월 9일 거창국민회 결성식을 열고 지부장으로 선임된바 있었다.

그해 10월 10일 국민회 경상남도 대회에서 그는 경남의 인물로 부각되었다. 이 회의에는 경상남도의 각 시, 군, 읍, 면의 대표자와 중앙청 본부조직부장을 비롯하여 경상남도지사, 도경찰국장, 사회국장을 비롯한 경남의 지역유지들이 대거 참가하였다. 이 대회의 목적은 "공산분자들에 의한 당면한 화근을 분쇄하기 위한 국민운동의 강력한 새 출발"을 위한 것이었으나, 동시에 이 대회는 경상남도 정치인들의 경쟁의 장이었다.

국민회 경남대회는 그 벽두부터 대회임시집행위원 선출 논란이 일어났다. 3개 시와 19개 군의 대표자들이 심의한 결과 신중목은 임시집행위원회 의장으로 선출되었다. 본 회의가 시작되기도 전에 "긴장감과 엄숙하고도 침울한 일촉즉발의 공기" 가운데 현 간부의 불신임안이 제출되었고 "어마어마한 공기가 충만"한 가운데

"민중의 참된 대변자가 되라" 제2대 총선거 당선자. 위에서 3번째, 왼쪽에서 2번째 사진이 거창지역구 출신 신중목 의원이다.(『동아일보』 1950년 6월 2일)

집행부의 개선이 이루어졌다.

본 대회에서는 이승만 대통령의 훈화가 낭독된 후 운영위원회 규약이 제정되었다. 규약은 각 시, 군, 읍, 면의 지부에 기관장이 위원장이 되고, 경찰서장 기타 중요 관공서의 장 및 간부와 같은 수의 국민회 간부가 위원이 되며, 각 마을의 분회에서 반상회를 열고 대표 2명을 선출하도록 하였다. 그 후 경상남도 본부 위원장 선출에 3명의 후보를 놓고 선거를 했는데, "혈투극을 연상케 할 만큼 험악한 공기" 속에서 신중목은 부위원장에 선출되었다. 이 대회는 이승만 반공정권 내에서 신중목의 탄탄한 지위를 확인시켜 준 사건이었다.

신중목은 1950년 5월 30일에 실시된 제2대 총선거에 출마하였다. 그러나 그는 이번에도 국민회 후보가 되지 못하였다. 대학교수, 교장 출신인 최성환(49세)이 국민회 후보로 공천되자 신중목(49세)은 무소속으로 출마하였다. 또 한 명의 후보는 대한농민총연맹 소속으로 한약방을 경영하던 김중수(59세)였다. 이 선거에서 신중목은 23,561표를 얻어 52.2%의 지지로 국회의원에 당선되었다.

5·30총선은 그때까지 국회를 장악하고 있던 극우파인 민국당과 국민당이 대거 몰락하고, 조소앙, 안재홍, 원세훈 등 중간파 내지 무소속이 대거 당선되어 국회의 3분의 2를 차지했던 선거였다. 신중목은 무소속으로 당선되었지만 국민회와 같은 극우 성향이었다. 총선이 끝난 지 1달이 채 되기 전에 6·25전쟁이 일어났다.

인민군의 점령과 퇴각

6·25전쟁 때 인민군이 거창을 점령한 것은 전쟁이 발발한 지 1달 후인 7월 27일이었다. 당시 이곳에는 미군 제24사단 34연대가 주둔하고 있었다. 인민군은 안의에서 바래기재를 넘어 쳐들어왔다.

1950년 7월 24일 인민군 제4사단은 남원을 점령하고 육십령재를 통해 안의로, 팔령재를 통해 함양으로 들어왔다. 그들의 작전은 함양을 점령한 뒤 산청, 진주로 남하하는 한편 안의를 거쳐 거창을 점령한 후 합천, 고령을 통해 대구로 진격하려는 것이었다.

7월 26일 함양에 본부를 둔 민기식 대령이 지휘하는 육군 제7사단 휘하 4개 부대와 미군 제19연대는 안의에서 인민군 제4사단 2,000명 병력과 치열한 전투를 벌였다. 육십령을 방어하던 경찰 병력이 안의로 철수하자 미군 제19연대가 안의를 방어하였다. 미군 제19연대는 인민군과 싸웠으나 패하여 미군 215명이 전사하였고 18명만 새벽 0시 거창으로 철수하였다. 7월 27일 팔령재를 방어하던 한국군 해병대 역시 함양으로 철수하였다. 7월 27일 안의를 점령한 인민군은 남으로 함양에, 북으로 거창에 접근하였다. 함양을 방어하던 국군 제7사단과 미군 제29연대 1대대는 산청으로 철수하였다.

미군과 피난민

　7월 27일 인민군이 거창으로 넘어오자 미군 제34연대는 13야포대대 A포대의 105밀리 대포 5문으로 인민군을 포격하면서 방어하였다. 그러나 인민군이 미군의 후방 포진지까지 사격을 가해오자 미군 34연대는 중대를 잃고 동쪽으로 철수하였다. 미군은 합천으로 후퇴하면서 공병으로 하여금 도로를 철저하게 파괴하도록 하였다. 경찰 및 기타 부대도 지휘체제를 유지하지 못하고 뿔뿔이 흩어져 합천 등지로 철수하였다.

　인민군은 점령기간 동안 거창에 인민위원회, 내무서, 청년동맹, 부녀동맹 등의 조직을 만들고 토지개혁을 실시하고자 하였다. 그러나 지역민들이 별 관심을 보인 것 같지 않다.

　이 기간 미국 공군은 인민군 점령지였던 이 일대에 대규모 폭격을 가하였다. 1950년 8월 1일 거창읍 양평리 김용마을 최명금 씨 일가족이 뒷산으로 피난 가 있다가 미군기의 2차례에 걸친 기총사격에 의해 일가족 6명이 사망하였다. 이때 읍내에서 피난 온 사람을 포함하여 20명이 희생당했다고 한다.

인민군이 이 지역을 점령했던 기간은 2달이었다. 1950년 7월 27일 이곳을 점령했던 인민군은 9월 26일 철수하였다. 국군은 그 다음 날인 9월 27일 이 지역을 수복하였다.

빨치산 활동지구가 되다

덕유산 자락에 위치한 거창은 마치 운명처럼 6·25전쟁 때 또다시 충돌지역이 되었다. 1950년 9월 인천상륙작전 후 인민군이 철수하자 인민군 낙오병과 점령에 협조했던 사람들은 빨치산부대를 조직하였다. 1950년 9월 29일에 결성된 '경상남도인민유격대'는 3개 중대와 특공대로 편제되었으며, 별도로 합천, 함양, 거창, 진양, 하동, 산청중대를 두었다. 거창중대는 27명의 빨치산으로 구성되어 있었다.

빨치산은 1951년 7월 10일자로 작성된 경상남도인민유격대 활동보고서에서 그들의 활동 목적을 다음과 같이 밝히고 있다. "1) 인민군대의 후퇴를 조직적으로 보장하며, 2) 적의 침습을 받은 지역에서 인민들을 당과 정부 주위에 집결시키며, 3) 적들을 인민들로부터 고립시키며, 4) 유격운동의 강화로서 당과 정권 기관, 사회단체들의 지하활동을 보장하고, 5) 원수들의 군사행동질서를 마비, 혼란시키며, 6) 군사후방을 교란하며, 도로, 교량 등을 파괴하며, 7) 적들의 집단 병력에 타격을 주어 인력 및 무기, 탄약을 탈취하는 등 행정질서를 마비시키는 데 있었다." 빨치산은 북한 인민군의 전선 배후부대였다.

경남빨치산은 지리산, 덕유산, 황매산을 중심으로 활동하였다. 빨치산 사령부는 처음에는 지리산에 있었으나 1950년 11월 4일 덕유산으로 이동하였다. 그중 월성에 본부를 둔 303대대는 거창, 안의, 함양을 중심으로 활동하였다. 1951년 1월 빨치산은 거점을 다시 지리산으로 이동하였으며, 동시에 4개 병단으로 재편하였다. 그중 제3병단은 덕유산 아래 월성에 배치되었다.

UN군 38선 정지 배격 군민대회 현재의 창동초등학교 자리에서 1953년 휴전협정을 반대하는 군민대회가 열렸다.

경남빨치산은 1950년 10월 초부터 1951년 6월 30일까지 1,124차 전투를 벌였다. 대표적인 공세는 1950년 10월 24일의 공격이었다. 이날 경남빨치산은 인월, 수동, 거창, 산청, 단성, 안의 등지를 같은 시간에 일제히 기습, 공격했는데, 인월, 단성, 안의를 점령하고 다른 지역에서는 주요 기관을 습격하였다고 기록되어 있다.

경남빨치산은 1950년 겨울 국군과 경찰의 토벌로 큰 타격을 입었다. 그해 12월 1일 0시를 기해 전라도, 경상도, 충청도에 계엄령이 선포되었고, 육군 제11사단과 제8사단의 4만 병력과 경찰, 방위군, 향토방위대, 학도대, 의용경찰 등이 지리산을 포위하여 동계 대토벌 작전을 전개하였다. 그 결과 빨치산은 "도내 유격활동은 극히 미약했고, 해방구 유지 및 방어전을 제외한 투쟁을 전개하지 못했다."고 스스로 평가할 만큼 위축되었다.

국군의 토벌로 회복할 수 없는 피해를 입은 경남빨치산은 1951년 병단을 해소하고 소규모 부대로 편제하여 활동하였다. 그러나 사망자와 이탈자가 증가하고 무기와 식량을 구할 수 없어서 그 활동은 미미하였다. 경남빨치산은 1953년 휴전협정이 체결된 후 1954년에 최후를 맞았다. 그해 봄 철마산, 덕갈산의 동부소지구당 부대와 덕유산소지구당부대가 경찰의 공격으로 해체되었다. 그리고 6월에 금원산, 황석산, 월봉산에서 활동하던 북부소지구당부대는 경찰 공격으로 지휘자 노영호가 사망하였고, 그 잔여대원 7명은 그해 10월 황석산에서 최후를 맞았다.

지역민들은 군경의 빨치산 토벌과정에서 크고 작은 피해를 입었다. 1951년 초에 발생한 신원'양민'학살사건은 대표적인 피해였다. 이 사건은 뒤에서 다루겠다.

억울하게 죽은 보도연맹원

1950년 6월 25일 북한군의 남침으로 시작된 6·25전쟁은 지역민에게 큰 피해를 입혔다. 지역민들은 인민군이 이곳에 들어오기 전부터 피해를 입었다. 첫 피해는 국민보도연맹원 대량 학살이었다. 국민보도연맹은 이승만 정부가 좌익 활동 경력이 있었던 사람들로 조직한 단체였다. 1949년 10월 26일부터 11월 30일까지 국민보도연맹에 자수, 전향한 지역민은 271명이었다. 국민보도연맹 경남연맹은 1949년 12월 24일 부산에서 선포대회를 열었는데, 거창인민위원회 위원장이었던 신학우는 간사장에 선출되었다.

보도연맹원에 대한 검속은 국군과 미군이 천안－조치원 방어선을 포기하고 금강방어선을 구축할 시점에 시작되었다. 1950년 7월 11일경 경남 경찰국은 관하 경찰서에 "불순분자를 일제히 검거할 것"을 지시하였고, 그 후 보도연맹원에 대한 예비 검속이 시작되었다. 보도연맹원은 1950년 7월 19일부터 연행되기 시작하였다. 보도연맹 가입자들은 이전에 좌익 활동을 했거나 그 혐의로 가입한 인물도 있었지만 개인적 감정, 특히 정치적 갈등으로 강제 가입되었거나 심지어 본인도 모르게 가입된 인물도 적지 않았다. 보도연맹원들은 경찰에 의해 연행되어 경찰서 유치장,

상업은행 창고, 양조장 등에 구금되었다.

전선이 계속 남하하여 7월 20일 대전이 함락되자 경찰은 보도연맹원을 집단학살하였다. 경찰은 1950년 7월 21일 보도연맹원들을 군용트럭에 싣고 무장경찰의 호송 아래 합천군 묘산면 마령재로 끌고 가 7명(혹은 20여 명)을 학살하였다. 일주일후 인민군의 점령이 임박하자, 경찰은 7월 27일 남은 보도연맹원들을 합천군 봉산면 권빈재로 끌고 가 28명(혹은 35명)을 학살하였다. 이 지역의 보도연맹 관련 희생자는 36명이 확인되었으나 50여 명으로 추정되기도 한다.

보도연맹원 학살자 중 신원면 사람이 15명으로 다수를 차지하고 있다. 유족들의 말에 따르면 이는 신원면의 우익단체 인사들이 개인적인 이익과 감정으로 면민들을 무고한 까닭이라고 한다. 1948년 가을 우익단체들이 "박영보를 죽이겠다."는 삐라를 자기들이 만들어 붙이고 면민들에게 매타작을 가하면서 좌익으로 몰아 전향서를 쓰게 하고 보도연맹에 가입시켰다는 증언이 있다.

마령재에서 학살당했던 사람들의 시신은 2구만 수습되었다. 당시 신홍범의 시신을 수습한 그의 딸 신용달은 2003년 70세의 나이였음에도 불구하고 당시의 모습을 정확히 기억하고 있었다. "마령재 신작로 근처 언덕배기에 커다란 구덩이가 2개 있었습니다. 손으로 흙을 헤치기 시작했지요. 대충 덮어 두었더군요. 아버지 시신은 엎어진 상태로 여러 시신 중 제일 위에 놓여 있었는데 지서에 갈 때 옷차림 그대로였습니다. 뼈로 만든 단추가 달린 바지며 특히 주머니 속에 남해에 있는 친척에게 보낼 편지도 그대로 들어 있었어요." 그녀는 팔이 다른 사람과 묶인 채 총을 맞아 얼굴이 없어진 부친의 시신을 인근 야산에 묻었다.

북으로 간 시인과 화가

천재 시인 김상훈

6·25전쟁의 와중에 거창이 낳은 독립운동가요, 당대 최고의 천재 시인 김상훈은 고향을 떠났다. 김상훈은 1919년 7월 10일 가조면 일부리에서 가난한 농민이었던 김채환의 차남으로 태어났다. 그는 천석꾼의 대지주였던 백부 김채환의 양자로 입양되었다. 김상훈은 1933년 가조보통학교를 졸업하고 서울로 유학하여 중동중학교, 연희전문학교를 다녔다. 그는 보수적인 양부에 의해 보통학교 재학 중 결혼했으나 1935년 사별하였고, 중학교 재학 중 임봉조와 재혼하였다.

김상훈은 중학교 시절부터 시에 대한 천재성을 드러냈다. 그는 시인 김광섭의 지도를 받았고, 1939년 『학우구락부』에 시조 '초추'를 발표하였다. 1941년 연희전문학교에 입학하여 문학 동아리 '만월'에 가입하여 활동하였다.

그는 1943년 12월 연희전문을 조기졸업하고 원산 철도공장에 징용으로 끌려갔다. 1944년 늦가을 맹장염에 걸려 고향으로 돌아왔는데 치료 후 곧바로 징용지로 가지 않고 경기도의 장군산에 들어가 협동단 별동대로 활동하였다. 그는 곧 원산으로 복귀하였으나 협동당 사건이 일제에 발각되어 김종백, 상민 등과 함께 투옥되었다. 그는 1945년 옥중에서 해방을 맞았다.

1945년 8월 16일에 출옥한 김상훈은 사회주의 문학활동을 벌였다. 1945년 11월 『민중조선』에 시 '맹세', '시위행열'을 발표하였다. 1946년 초 조선학병동맹, 조선문학가동맹, 공산청년동맹 조직에 가입하여 활동하였고, 1947년에는 문학가동맹에서 추진한 문화공작대 사업에 참가하였다. 그는 1946년 『전위시인집』, 1947년 『대열』, 1948년 『가족』을 잇달아 펴냈고, 1948년 『중국역대시선』, 1949년 『푸시킨시집』을 번역하

2014년 죽전공원에 세워졌다가
그해에 철거된 김상훈 시비

였다. 그는 이 시기에 가장 주목받는 시인이 되었다.

1948년 남한에 단독정부가 수립되었을 때 그는 경찰에 구속되었으나, 한국민주당 후원자였던 아버지의 노력으로 풀려났다. 1949년 그는 국민보도연맹에 가입되어 전국을 다니면서 전향 강연을 하는 등 "굴욕적인 삶"을 살았다. 이때 그는 강제화라는 현대 여성과 다시 결혼하였다. 그의 세 번째 결혼이었다.

6·25전쟁이 일어나자 김상훈은 인민군 의용종군기자로 참전하였다. 1951년 빨치산이 발행한 『전투문학』에 김상훈이 쓴 '상처'라는 시가 실려 있다. 그 시 가운데 한 구절이다.

여기는 원수를 무찌른 싸움터 / 높다란 바위에 걸터앉아서
오월의 하늘에 상처를 동이며 / 홍수와 같이 쳐 내려가는
동무들과 발자욱 소리를 듣는다

그는 이 시에서 상처 입은 빨치산 대원을 그렸다. 그는 6·25전쟁 중 빨치산 문예 활동을 하였다. 전쟁 후 김상훈은 북한에 잔류하였다. 그는 1953년 북한정권에 의해 숙청되었으나 곧 복귀하여 문학과 연구 활동을 계속하였다. 김상훈은 거창지역 근대문학사에서 맨 앞자리에 놓이는 인물이자 한국문학사에서 주목받는 지주 집안 출신의 민중 시인이다.

천재 화가 정종여

정종여는 거창지역이 낳은 근현대 최고의 화가이다. 그는 남북분단과 전쟁 속에서 북한을 선택하였고 북한 미술계에서 최고의 지위에 올랐다.

정종여는 1914년 거창읍 상동에서 태어났다. 집안이 가난했던 그는 11살에 거창공립보통학교에 들어가 1929년에 졸업하였다. 어린 시절부터 미술에 재능을 보여 꽃, 새, 나비, 닭 등 주변의 사물을 주의 깊고 세밀하게 관찰하여 그렸는데, 그 재주는 주위 사람을 놀라게 하였다. 그는 평생 스케치북을 끼고 다녔다.

보통학교 졸업 후 정종여는 잠시 상점과 병원에서 일했으나 곧 경남 일대의 사찰을 떠돌게 되었고, 그의 재능이 해인사 주지의 눈에 띄어 화가의 길을 걷게 된다. 해인사 주지는 그를 도쿄로 유학 보내주었다. 그는 도쿄에서 낮에는 공장 일을 하면서 밤에 그림을 그렸다. 1934년 오사카미술학교에 입학한 후 1937년에 전공과에서 공부하고 1942년 29세의 나이로 오사카미술학교 동양화과 연구과를 졸업하였다.

정종여는 이상범의 문하에서 그림을 배웠으며 김기창과 둘도 없는 친구가 되었다. 1935년부터는 국내의 미술전시회에 출품하였다. 1944년까지 조선총독부에서 주관하는 조선미술전람회에 총 13작품을 출품했고 그중 11회 입선, 2회 특선을 차지하였다. 1938년 『매일신보』는 정종여를 "화필을 든 지 단 1년에 입선된 천재 화가"라고 소개하였다. 그는 불과 20대 중반의 나이에 김기창과 함께 식민지 조선의 가장 촉망받는 화가가 되었다.

1940년대, 그도 재능을 침략전쟁에 동원하려는 일제의 강요를 피해 갈 수 없었다. 1945년 1월 25일 그는 태평양전쟁 출정자와 입영자에게 증정하기 위해 수호관음불상 1천 매를 그려 강화 전등사로 가져가 입불식을 하고 강화군수에게 증정하였다.

해방공간에서 정종여는 활발한 활동을 전개하였다. 그는 좌익계열의 조선미술본부, 조선조형미술동맹의 창립에 참가하고 간부로 활동하였다. 그러나 남한에 단독정부가 수립되면서 국민보도연맹 산하 미술동맹에 가입할 수밖에 없었다. 이때 동양화 7인전을 시작으로 2회에 걸친 개인전을 열면서 많은 작품을 창작하였다.

1950년 6·25전쟁이 일어나고 서울이 인민군 치하에 들어가자 정종여는 좌익 성격의 단체인 조선미술동맹에 가입하였다. 그러다가 국군이 서울을 수복하자 월북하였다. 그는 사회주의 이념이 투철하지는 않으나 남한에 남아 있을 경우 닥칠 후환이 두려워서 월북한 것으로 보인다.

정종여의 지리산 『월간미술』 1989년 1월호에는 해금된 월북작가 작품 발굴 제1호로 정종여가 소개되어 있다.

정종여는 북한에서 숙청당하지 않고 활발하게 미술과 교육활동을 하였다. 그는 1974년 공훈예술가, 1982년 인민예술가 칭호를 받았고 많은 작품을 남겼다. 그는 1984년 71세의 나이로 사망하였다. 비록 북한에서 활동했지만 정종여는 근현대 거창이 낳은 최고의 화가였다.

4. 신원'양민'학살사건

**견벽청야작전과
민간인 피해**

6·25전쟁 중 거창지역에서 대규모의 민간인 학살사건
이 발생하였다. 전쟁 중 민간인 학살사건이 일어난 곳
은 적지 않았지만 신원'양민'학살사건은 사건 당시 진상
이 폭로됨으로써 이후 반세기 동안 한국의 민간인 학살사건을 대표하였다.

신원의 '양민'학살은 육군 제11사단이 1950년 말부터 지리산과 덕유산에서 활
동하던 빨치산을 토벌하는 과정에서 발생하였다. 700여 명의 '양민'들이 국군에 의
해 집단학살된 경악할 만한 이 사건은 '견벽청야'라는 최덕신 11사단장의 작전에서
비롯된 것이었다. 최덕신은 이 작전의 개념을 다음과 같이 설명하였다.

나는 그때 공비토벌의 기본 작전 개념으로 '견벽청야(建壁淸野)'라는 작전을 썼습
니다. 손자병법에도 나오는 이야긴데 국부군(國府軍)의 지장(智將) 백숭희(白崇禧)
장군이 항일전에 적용해 많은 성과를 거둔 작전개념이기도 해요. 내용은 꼭 지켜
야 할 전략 거점은 벽을 쌓듯이 확보하는 주의로 나가고, 부득이 적에 내놓게 되
는 지역은 인력과 물자를 이동하고 건물을 파괴하는 등 깨끗이 청소(?)해버려 적
으로 하여금 이용하지 못하게 하는 것입니다. 2사단의 작전 지역은 대부분 산세가
험해서 국군이 산속에 숨은 공비를 따라다니며 토벌할 수가 없었어요. 그래서 나
는 군청 소재지 등 경제·통신·문화의 집중지를 확보하고 그 사이의 군 보급로를
확보하는 데 우선 역점을 두었어요. '견벽'에 해당하는 작전이지요. 다음으로 공

비가 식량을 약탈하거나 인력과 건물을 이용할 수 있는 산간벽촌을 철수시켰습니다. 도처에 산재해 있는 벽촌을 사단병력을 소수 부대로 쪼개서 일일이 보호할 수는 없는 노릇이니까요. 이것이 '청야'에 해당하는 작전이었습니다.

– 중앙일보사 편, 『민족의 증언』 4

최덕신이 말한 건벽청야는 견벽청야(堅壁淸野)이다. 이 전술은 손자병법에서 나오는 말이 아니라 일본군이 침략전쟁 때 사용했던 방법으로 이미 제주도 4·3사건 때에 사용되어 엄청난 민간인 피해를 초래한 작전이었다.

견벽청야작전을 실시한 부대는 육군 제11사단 9연대 3대대였다. 이 부대가 일으킨 일련의 사건은 단지 신원에 한정되지 않는다. 이 부대는 1950년 말 북상 일대에 소개 작전을 벌여 민간인 피해를 야기했으며, 1951년 신원'양민'학살사건을 일으키기 며칠 전에 산청과 함양에서 민간인들을 집단학살하였다. 따라서 이 사건은 북상사건, 함양과 산청의 민간인 학살사건에서 이어진 연속된 사건이었다.

제11사단과 북상면 민간인 희생

11사단은 잔류한 인민군과 빨치산 세력을 소탕하기 위해 창설된 부대로 11사단 예하 연대가 지나간 산청, 함양, 거창, 함평지역에서 빈번한 민간인 학살이 발생하였다. 1950년 말 국군토벌대 11사단이 거창에 진주하면서 북상면에 대한 소개 작전으로 막대한 인명과 재산 피해가 야기되었다.

1950년 최덕신을 사단장으로 한 11사단은 3개 연대를 배속받아 남원에 사단본부, 진주에 9연대, 전주에 13연대, 광주에 20연대를 주둔시켰다. 신원면 민간인 학살을 자행한 9연대는 1948년 12월 29일까지 제주도 4·3사건 진압에서 막대한 민간인 피해를 입혔던 전력이 있는 부대로, 1950년 9월 25일 11사단에 배속, 1950년 11월 20~21일에 경남 진주로 이동하여 지리산지역 토벌작전을 전담하였다. 이 부대의 주요 작전지역은 산청, 함양, 거창으로 1950년 11월 22일부터 빨치산 토벌작전에 돌입하였다.

11사단 9연대 3대대는 거창지역에서 견벽청야작전을 수행하였다. 경남 경찰국장의 공식보고를 받았던 당시 내무부장관 조병옥의 증언에 따르면 3대대가 "거창 군민들에게 끼친 민폐는 말할 수 없이 컸고 군민들은 그에 대해 전전긍긍했다."고 한다.

당시 군내에는 '거창군 비상대책위원회'가 국민회, 청년단, 관공서 단위하에 조직되었다. 3대대는 이 조직을 통해 쌀 약 600석을 군내 가가호호에서 5차에 걸쳐 거두고 장작 약 300평을 징발했으며 또 무, 고추, 김치, 간장, 된장, 마늘 등 약 90만 원어치의 현물을 각 면에 할당하여 거두었고, 담배 매상에 대한 희사금과 미곡상에게 100원씩을 거두었다. 또한 작전상 형편에 따른다고 하여 북상면에서 1,200호를 불사르고 거기서 나온 소를 잡아먹고 화물차 2대 분의 쌀을 시장에 내다 팔았다.

3대대 병력은 덕유산 아래의 마을을 불태우고 면소재지 등지로 주민들을 이주시켰다. 이 과정에서 덕유산 자락에 위치한 북상면의 갈계리, 병곡리, 월성리, 소정리에서 토벌대에 의한 주민학살이 일어났다.

1950년 12월 10일 새벽, 북상면 갈계리 중산마을에서 정동해 3형제가 소죽을 끓이거나 변소에서 용변을 보다가 거동이 수상하다는 이유로 마을을 수색하던 토벌 군인들에 의해 마을 앞 논에서 학살당하였다. 1951년 1월 22일 3대대는 북상지서에 마을 주민들을 모아놓고 인민군에게 밥을 해 준 주민들은 자수하면 용서해 준다고 하여 다섯 집에서 남자 4명과 여자 2명이 자수하였다. 그런데 군인들은 이들 6명을 면사무소 인근 야산으로 끌고 가 사살하고 파묻었다.

3대대의 소개 작전 후 경찰에 의한 민간인 희생이 발생하였다. 그해 3월 16일 북상면 월성리 이덕술은 절도혐의로 고발되어 북상지서에서 취조와 고문을 받던 중 사망하였고, 11월에는 북상면 소정리 김점순이 거창경찰서의 지휘를 받는 사찰 유격대의 사격으로 사망하였다. 이 밖에도 알려지지 않은 피해가 더 있었을 것이다.

3대대,
신원으로 진격하다

11사단 9연대는 1950년 말에서 1951년 1월까지 덕유산 자락의 북상면에 대한 소개 작전을 마치고 2월 초 새로운 작전에 돌입하였다. 9연대는 1951년 2월 2일 전방지휘소를 진주에서 함양으로 이동하였다.

2월 2일자 "보병 제11사단 9연대 작전명령 제5호"는 2월 4일부터 2월 8일까지 5일간 작전지구의 남은 적을 완전 포위공격하기 위해서 제1대대는 함양에서 산청으로, 제2대대는 순천에서 산청으로, 제3대대는 거창읍에서 신원을 거쳐 산청으로 공격하라고 명령하였다.

또한 그 부록에 "적의 손에 있는 사람은 전원 총살하라."(제1조), "식량과 가옥을 확보하라."(제2조)고 명령하였다. 후에 제1조는 "이적 행위자를 발견 시는 즉결하라."라고 위조, 변조되었지만 원래 작전명령부록 제1조는 미수복지구의 주민은 전원 총살하라는 내용이었다. 이 작전명령은 제11사단장 최덕신이 구두로 내린 명령에 기초한 것이었다.

9연대 3대대는 9중대, 10중대, 11중대, 12중대 등 4개 중대와 수색소대로 편제되어 있었다. 3대대의 작전지역은 거창읍, 산청읍, 함양읍을 연결하는 삼각지대 내부 지역으로, 여기에 포함된 산청군 금서면, 함양군 유림면, 거창군 신원면 등 3개 지역에서 대규모 민간인 학살이 일어나게 된다.

한편 신원면에는 1950년 9월 27일 국군에 의해 거창읍이 수복된 후 11월 5일 경찰이 복귀하였다. 인민군 점령시기 신원면에서는 인민위원회, 농민위원회, 청년동맹, 부녀동맹 등이 조직되었으나 인민군에 의한 정치적 숙청은 없었다. 인민위원회 조직도 이전의 신원면장이었던 변영재가 그대로 인민위원장을 맡았고, 우익인사였던 임주섭이 인민군 치하에서 주민들의 도움으로 마을을 빠져나올 수 있었을 정도로 주민 간의 갈등은 존재하지 않았다. 또한 국군의 '9·28 수복' 이후 신원지서 주임 박대성이 신원면에 출동하였을 때 신원면 당책임자였던 신보성 등의 협조로 아무 희생 없이 수복이 이루어졌다.

그해 12월 5일 빨치산의 공격으로 신원면은 다시 미수복지구가 되었다. 당시 빨치산 측의 기록을 보면 신원면 일대는 빨치산의 활동 지역이었지만 빨치산이 신원면을 장악하지 못하고 있었다. 따라서 3대대가 신원면에 들어왔을 당시 신원면은 '공비 점령지구'가 아니었고 주민 간의 갈등도 존재하지 않는 평온한 지역이었다.

한동석 소령이 지휘하는 제3대대는 1951년 2월 4일 거창농림고등학교에서 숙영을 하고 2월 5일 새벽 5시 거창읍에서 신원면으로 공격을 개시하였다. 한동석 대대장은 대대병력을 둘로 나누어 주공 부대는 신원면 향토방위대장 임주섭의 안내로 대대장이 직접 지휘하여 감악산에서 신원면의 청연, 내동, 수동, 대안, 역골, 산청군 오부면 왕촌을 거쳐 오부초등학교로 진격하고, 조공부대는 정보장교 이종대의 인솔 아래 신원지서 주임 박대성의 안내로 감악산에서 세안, 과정, 대현, 와룡, 산청군 차황면 삼거리를 거쳐 차황초등학교로 진격하였다. 3대대가 신원면에 들어왔을 때 적정은 전혀 발견되지 않았다.

청연마을 주민들을 학살하다

3대대가 신원면에 들어오면서 첫 학살이 일어났다. 정보장교 이종대는 덕산리 내동마을에서 주민 4명을 총살하였다.

신원면에서 빨치산의 존재를 확인하지 못한 3대대는 산청군으로 이동하여 10중대·11중대는 차황에서, 9중대·12중대는 오부에서 숙영을 하였다. 이후 진상조사와 재판과정에서 제출된 "2월 5일 저녁 빨치산이 신원면을 공격, 점령했기 때문에 국군이 다시 신원면에 들어와 대량 학살사건이 있어났다."는 주장은 사실과 다른 것으로 보인다.

2월 6일 3대대 병력은 긴급사태 대비를 위하여 9중대를 오부에 남겨두고 12중대는 함양군 유림으로, 10중대와 11중대는 산청군 금서로 진격하여 야영하였으며, 2월 7일 산청에서 500여 명, 함양에서 590여 명의 주민을 학살하였다.

산청과 함양에서 작전을 끝낸 제3대대는 1951년 2월 7일 저녁 6시경 연대장 오익경으로부터 작전명령 제6호를 지시받고 2월 8일 저녁 7시경 다시 신원면 과정리에 도착하였다. 제3대대 10중대는 덕산리에서 내동 방향으로, 11중대는 감악산을 가로질러 과정리로, 12중대는 산청군에서 중유리로 진격하여 신원초등학교에 집결하였다.

1951년 2월 9일 3대대 10중대는 덕산리 청연, 내동, 오례, 청룡, 수동마을을, 11중대는 대현리 내탕, 외탕, 소유, 상대, 중대, 하대마을을, 12중대는 역동, 상유곡, 중유곡, 하유곡 등 중유리 일대 마을을 포위하였고, 수색소대는 면 소재지가 있는 과정리 일대를 담당하였다.

이날 첫 대량 학살이 청연마을에서 발생하였다. 2월 9일 새벽 10중대는 청연마을에 들어와 집에 불을 지르고 주민들을 마을에서 100m 떨어진 마을 앞 논 뜰로 몰아내 일제 사격을 가하였다. 여기서 80여 명의 주민들이 학살당하였고 5명이 생존하였다. 여기서 살아난 김운섭의 증언을 들어보면 학살 장면은 이러하였다.

군인들이 논 위로 올라가서 길게 늘어서서 총을 쏘는 거야. 그러니까 사람들이 '폭폭' 쓰러지면서 그 피가 내 얼굴로 다 쏟아지는 거야. 사람들이 겹겹이 내 위로 막 넘어지는 거지. …… 사람들이 넘어지니까 난 밑에 깔렸어. 깔려가지고 있으니까 저리다 못해 나중에는 마비가 되는 것 같아. 간신히 목만 바깥으로 빼놓고 있었지. …… 그래가지고 한참을 쏘는 기라. 인자 총소리가 귀에 들리지 않아. 그래 고개를 조금 내밀고 얼핏 쳐다보니까 기관총 쏘는 고놈의 새끼, 눈깔이 노래가지고 계속 쏘아대는 기야. 쏘면 또 죽은 척하고, 또 조금 있다 쳐다보면 계속 쏘고 있고. 내가 한참을 죽은 척하고 …… 그러니께 그 주위를 돌아다니면서 살은 게 있나 확인 사살하는 거야. 시체 주위를 돌아다니면서 총을 쏘는 놈이 있더라고.

– 한인섭, 『거창은 말한다』

탄량골의
두 번째 학살

청연마을 학살이 있던 다음 날인 2월 10일, 탄량골에서 두 번째 대량학살사건이 일어났다. 이날 점심때쯤 군인들이 와룡리 마을로 들어오더니 다들 피난을 가야 한다고 몰아세웠다. 공비들 때문에 위험하니 안전한 지역으로 피난을 시켜 주겠다는 것이었다. 군인들은 마을을 불태우기 시작하였다. 몇 사람은 항의하다 그 자리에서 총을 맞아 죽기도 하였다. 죽은 사람 가운데 맹인도 끼어 있었다.

군인들은 와룡리 방면 주민들을 면 소재지 방향으로 끌고 내려오다가 탄량골로 몰아넣었다. 그리고 주민 중에 군인, 경찰, 향토방위대원 가족을 나오게 한 다음 사격을 가하여 100여 명을 학살하였다. 그리고 죽은 시체들을 솔가지로 덮고 불태웠다. 여기서 기적적으로 살아나온 대현리 주민 임분임은 학살 장면을 다음과 같이 증언하였다.

안 탄량 밑 골짜기를 지날 무렵, 갑자기 사람들을 골짜기로 밀어 넣었어요. …… 이들이 빠져나가자 군인들이 골짜기 주변을 뺑 둘러섰어요. 나는 모든 것을 포기하고 땅바닥에 엎드렸어요. 그때 내 옆에 있던 문판대 씨(당시 40세)가 손을 번쩍 들더니 고함을 질렀습니다. "대장님, 죽어도 한마디 하고 죽읍시다. 국민 없는 나라가 무슨 필요가 있소?" 군인들이 문 씨를 향해 총을 쏘았습니다. 문 씨는 맞지 않고 열여섯 살 먹은 그의 딸이 맞고 쓰러졌어요. 이어 콩 볶는 듯한 총소리가 들리며 총알이 우리를 향해 쏟아집디다. 죽은 듯이 엎드려 있는데 …… 얼마 뒤 사람 소리가 나면서 시체 더미 위에 나무를 져다 날랐어요. 내 몸뚱이 위에도 나무를 올려다 놓았어요. 곳곳에 불을 질렀습니다. 골짜기는 금세 불바다가 됐습니다. 내 옷자락에도 불이 붙었지만 혹시나 들킬까봐 죽은 체하고 있었습니다. 사람들이 사라진 뒤 골짜기 개울가로 기어가 허겁지겁 불을 껐지요. 그길로 산청군 차황면 시외가로 도망쳐 살았습니다. 남편과 친정어머니는 그 골짜기에서 죽었습니다.

– 차석규, 『남부군과 거창사건』

그날 3대대 군인들은 와룡리, 대현리, 중유리 일대에서 마을을 불사르고 마을 주민 1천여 명을 신원초등학교로 집합시켰다. 군인들은 주민들을 12개의 교실에 가두어 놓고 운동장에서 모닥불을 피워 놓고 밤새도록 주민을 괴롭혔고 젊은 여자들을 끌어내 욕보였다. 군은 거창경찰서 형사인 조용호, 박세복과 신원면장 박영보를 통해 군경가족을 선별했고, 새벽에 신원지서 주임 박대성이 일부 주민을 골라 아랫마을 율원초등학교로 이동시켰다.

박산골의 대학살

1951년 2월 11일 3대대 이종대 정보장교는 대대장의 지시에 따라 신원초등학교에 남아 있던 500여 명의 주민들을 학교에서 700m 떨어진 박산골짜기로 끌고 가 일제 사격으로 학살하였다. 그 후 나무로 시신을 덮고 휘발유를 뿌린 뒤 불을 질렀다. 박산골짜기에서 517명이 학살당하였고 3명이 살아남았다. 생존자 신현덕 씨의 증언이다.

군인들이 양쪽으로 늘어서서 주민들을 개머리판으로 떠밀고 박산골로 갔습니다. 학교를 벗어날 때까지는 설마 이 많은 사람을 다 죽이랴 싶더군요. 도착하니까 그게 아니었어요. 산사태로 움푹 팬 곳에 사람들을 몰아넣었는데 모두들 체념한 듯 서로 부둥켜안고 땅바닥에 엎드렸습니다. 언덕 위에는 여기저기 기관총이 설치되어 총구가 우리를 내려다보고 있었어요. 그런데 지휘관인 듯한 젊은 군인이 나를 포함해 젊은 사람 대여섯 명을 손가락으로 불러내요. 나중에 알았지만 시체 뒤처리를 시킨 후 죽이려는 속셈이었습니다. 군인들이 서 있는 언덕 위로 뛰어올라가자 기관총 소리가 천지를 진동시켰어요. 엉겁결에 머리를 처박고 아래쪽을 보니까 차마 눈뜨고는 못 볼 참상…… 총소리가 멈춘 후 군인들은 우리를 불러 나무를 져다 나르라고 명령했어요. 겁에 질려 시키는 대로 했어요. 불길이 한참 시체 더

총탄 자국이 선명한 박산골 바위

미를 태우는데 갑자기 총구가 우리를 겨냥했어요. 본능적으로 엎드렸는데 한바탕 총격이 지나간 후 모두 죽고 문홍준과 나만 무사했어요. 우리 두 사람은 손이 발이 되도록 살려달라고 빌었습니다. …… 그러자 군인들은 "지독하게 명이 질긴 놈들이구만." 하면서 "이곳에서 있었던 일을 입 밖에 내면 죽을 줄 알라."는 협박을 한 뒤 풀어줬습니다.   － 정희상 엮음, 『이대로는 눈을 감을 수 없소』

1951년 2월 9일, 10일, 11일 3일 동안 신원면에서 국군 제11사단(사단장 최덕신) 9연대(연대장 오익경) 3대대(대대장 한동석)에 의해 학살당한 사람은 719명이었다. 2월 9일 신원면 덕산리 청연마을에서 84명, 2월 10일 신원면 대현리 탄량골에서 100명, 2월 11일 신원면 과정리 박산골에서 517명이, 그 밖의 지역에서 18명이 학살당하였다. 이때 학살당한 사람은 15세 이하의 어린이가 362명, 여자가 391명으로 전체의 절반 이상이었고, 61세 이상의 노인이 64명이었다. 이로 보아 학살당한 사람들은 빨치산이 아니라 평범한 주민들이었다. 국회의 진상조사나 군사재판과정에서 "어린이와 부녀자를 제외하고 간이재판소에서 빨치산에 협조한 자들을 재판하여 처형했다."는 관련자들의 진술은 조작된 것이다. 실제 학살과정에서는 최소한의 재판이나 소명 절차도 없었으며 학살 후 시신에 불을 지르는 등 잔인한 방법으로 학살이 자행되었다.

민간인 학살 폭로와 군사재판

1951년 3월 29일 신중목 의원은 국회 본회의에서 민간인학살사건을 폭로하였다. 국회는 "국군이 신원에서 '양민' 500여 명을 학살했다"는 보고 내용에 경악하였다. 지금까지 거창 출신 국회의원들의 의정활동을 통틀어 보아도 이때 신중목 의원만큼 용기 있는 행동을 한 인물은 없다.

신중목 의원이 학살사건을 폭로한 다음 날 국회와 정부는 국회, 내무부, 국방부, 법무부의 합동조사단을 현지에 파견하기로 결정하였다. 4월 5일 국회와 3부 합동 거창사건 현장조사는 경남계엄사 민사부장 김종원 대령이 지휘한 위장공비의 공격으로 실시되지 못하고 증인신문도 조작되었다. 4월 18일 국회에 거창사건 조사결과가 보고되었고 정부는 4월 24일 "군은 용공분자 187명을 처형했다."라는 내용의 거짓 결과를 발표하였다. 그리고 이 사건에 대한 책임 문제로 내무부, 법무부, 국방부장관이 사임하였다.

국회는 5월 14일 '거창사건 조사 처리에 관한 결의문'을 채택하였다. 그 내용은 187명에 대한 처형은 비합법적이고 부당하므로 책임자를 처형, 징계해야 한다는 내용이었다. 그러나 국회는 실제 희생자 719명, 무자비한 대량학살 등에 대한 내용을 제대로 파악하지 못하였다.

신원학살사건 직후 군과 정부에서는 이미 민간인대량학살 사실을 알고 있었다. 1951년 3월 12일 11사단장 최덕신이 국방부에 올린 보고서에는 2월 10~11일 이틀간 제11사단 제9연대 제3대대 대대장 육군 소령 한동석이 신원면 와룡리, 대현리, 중유리 주민 약 250명, 대현리 주민 약 40명, 덕산리 주민 약 60명의 '양민'을 사살하고 각 마을을 방화하고 재산을 대거 반출한 사실을

거창사건을 재판하는 고등군법회의

보고하고 있다. 또한 정부 측의 조사를 보면 피해자 수가 내무부(경찰) 조사에서 294명, 법무부 조사에서 517명, 국방부 조사에서 187명이었다. 그러나 이 사건의 내용과 희생자 숫자는 이후 국방부의 방해와 조작에 의해 국회조사와 군사재판에서 왜곡, 축소되었던 것이다.

1951년 7월 27일 거창사건 재판을 위한 대구고등군법회의가 구성되었다. 재판은 7월 28일부터 진행되었다. 재판과정에서 김종원의 증언에 의해 '작전명령 제5호' 수정과 국회 합동조사단 피습사건이 군에 의해 저질러진 것이 밝혀졌다. 재판은 사건 당시 국방부장관이었던 신성모가 주일대사로 임명되어 재판에 출석하지 않음으로써 연기되었다.

1951년 12월 16일 고등군법회의에서 판결이 내려졌다. 제9연대장 오익경(대령) 사형 구형에 무기징역형, 제3대대장 한동석(소령) 사형 구형에 10년 징역형, 경남계엄사 민사부장 김종원(대령) 7년 징역 구형에 3년 징역형이 각각 선고되었다. 박산골 학살을 현장 지휘했던 제9연대 3대대 정보주임 이종대(소위)에게는 10년 징역 구형에 무죄가 선고되었고, 국방부장관 신성모, 제11사단장 최덕신(준장)에게는 책임을 묻지 않았다. 이때 처벌받았던 인물들은 1년 이내에 모두 풀려나 군으로 복귀하거나 경찰로 중용되었다.

거창사건 위령비의 수난 1960년 4월혁명 이후 유족들은 희생자를 위한 위령비를 세웠다. 그러나 이듬해 5·16쿠데타를 일으킨 박정희 군사정부는 위령비를 정으로 쪼아 땅에 파묻었다. 6월항쟁 이후 다시 파내어 놓은 위령비에는 아직도 정 자국이 뚜렷하다. 파괴된 위령비는 학살이후 역사의 비극을 말해준다. 사진의 우측 인물은 거창사건을 답사하는 이만열 전 국사편찬위원장.

거창사건 재판은 이승만 정권의 비호 아래 사건이 축소, 왜곡된 채 종결되었으며 책임자의 처벌이 제대로 이루어지지 않았다. 이 사건은 6·25전쟁 전후 민간인 학살사건 중 유일하게 유죄판결을 받은 사건이었지만, 희생자와 유족들의 명예가 회복되기까지는 반세기가 더 지나야 했다.

거창사건의 해결 과정

현대사에서 거창지역의 최대 비극은 신원'양민'학살사건이었다. 이 사건은 발생 당시 한국에서 유일하게 가해자들이 유죄판결을 받았다. 그러나 역대 독재정권 아래에서 유족들은 '빨갱이'라는 그릇된 시선 속에서 한을 품고 살아야 했다. 특히 독재자들이 반공을 권력 유지의 수단으로 이용함으로써 신원사건 유족들이 그 억울함을 호소할 길이 없었다.

끊임없이 관제 반공궐기대회가 계속되는 분위기 속에서 지역민들조차 신원사건을 쉬쉬하며 지냈다. 사건은 지역에서조차 망각되어 갔다. 이 비극적인 사건이 역사적으로 재평가되고 진상을 밝혀낼 수 있었던 것은 한국 민주화의 결과였다. 거창사건은 4·19혁명과 6월항쟁의 결과 비로소 역사적으로 자리매김하게 되었다.

1960년 4·19혁명은 신원'양민'학살사건을 다시 전국적인 사건으로 부각시켰다. 유족들은 1954년 4월 1일 유족회를 구성하고 박산골 유골을 수습하여 남자합동묘, 여자합동묘, 소아합동묘에 매장하였다. 4·19혁명 직후 울분을 삼키고 있던 유족들이 1960년 5월 11일 희생자 위령비를 세우는 과정에서 신원사건 당시 면장이었던 박영보를 죽인 일이 일어났다. 이로 말미암아 신원사건은 다시 사회문제가 되었고, 국회에서는 전국 여러 지역의 민간인 학살사건을 조사하였다. 이때 신원사건 희생자가 719명으로 확인되었다.

1961년 5·16군사정변이 일어나자 상황이 일변하였다. 박정희 군사정부는 5월 18일 유족회 간부 17명을 반국가단체 구성 혐의로 구속하고 유족회를 해산하였으며 박영보전 면장 피살사건 용의자도 함께 구속하였다. 그리고 6월 25일 박산골 합동묘역 개장 명령을 내리고 위령비를 훼손하여 파묻었다. 1962년 9월 구속되었던 유족회 간부는 무혐의, 집행유예로 석방되었으나 이 사건은 다시 침묵 속으로 사라졌다.

"잔인무도한 거창양민학살 주범을 즉시 처단하라!" 4·19혁명 후 거창 출신 서울의 대학생들이 거창사건 책임자 처벌을 요구하는 시위를 벌였다.

1987년 6월항쟁으로 민주화가 진전되자 또다시 지역의 아픈 상처, 신원'양민'학살사건 문제가 대두되었다. 6월항쟁 이후 유족들의 끊임없는 명예회복 노력에 의해 1989년 이후 몇 차례 이 사건에 대한 특별법이 국회에서 발의, 폐기, 수정되는 과정을 거쳐, 1995년 "거창사건 등 관련자 명예회복에 관한 특별조치법안"이 국회를 통과하였다. 이 법률은 1996년 1월 5일 공포되었다. 이로써 민간인 학살사건 희생자의 명예회복이 이루어졌고 2004년 4월 거창사건 추모공원이 준공되었다. 아직까지 피해자에 대한 배상은 이루어지지 않았지만 피해자의 명예가 회복된 것은 실로 사건발생 반세기 만의 일이었다. 신원사건의 해결 과정은 한국 민주화의 진전과 밀접히 연결되어 있었다.

거창사건은 오랫동안 신원'양민'학살사건으로 불렸다. 특히 유족들은 희생자들이 '양민'이었다는 사실을 강조하였다. 그 이유는 억울한 희생자들이 '빨갱이'로 오해받을지 모른다는 두려움 때문이었다. 학자들은 사상적 편견에 기초한 '양민'이라는 개념보다 '민간인'이라는 객관적인 개념을 사용할 것을 제안하고 있다. 이제 거창사건을 객관적인 개념으로 말할 수 있는 시대가 되었다. 거창사건의 해결은 역사의 진전이라는 의미를 담고 있다.

**이승만 정권과
지방자치제**

분단과 전쟁을 겪으면서 지역민들의 사상은 경직되어
갔다. 빨치산의 활동과 민간인학살로 피해의식이 컸던
지역민들은 이승만정권의 반공정책에 이의를 제기할
수 없었다. 지역에서 끊임없는 반공 궐기대회가 열렸다. 이승만정권이 반공을 독재
권력 유지의 수단으로 이용함에 따라 지역민들은 각종 선거에서 대체로 이승만과
자유당에 표를 던졌다.

이승만정권 시절 거창민들은 한결같이 이승만을 지지하였다. 1952년, 1956년,
1960년 대선에서 유권자들은 이승만 후보에게 과반이 훨씬 넘는 압도적인 지지를
보냈다. 그러나 1956년 부통령 선거에서는 민주당의 장면 후보가 자유당의 이기붕
후보보다 더 많이 득표하였다. 이때 거창 민심은 야당으로 기울었다.

이러한 경향은 총선에서도 나타났다. 1948년 총선에서 표현태, 1950년 총선에
서 신중목이 당선되었다는 사실은 앞에서 말한바 있다. 이들은 이승만 계열의 정치
인이었다. 그러나 1954년 총선에서 민국당의 신도성이 2배 이상의 득표 차이로 자
유당의 신중목을 눌렀다. 이러한 선거 결과는 민심이 이승만을 떠나고 있음을 보여
준 것이다. 1960년 선거에서 이기붕 부통령후보가 압도적인 표를 얻은 것은 부정
선거에 의한 것이었다.

지방자치제는 1950년대 처음 실시되었다. 1952년 초대 도의원 선거에서 무소
속의 이태웅은 국민회의 신중하를 349표 차이로 누르고 당선되었다. 1956년 실시

북진통일 궐기대회 1950년대 사진으로, 거창초등학교 운동장에서 북진통일 궐기대회가 열렸다.

된 도의원선거에서 무소속의 윤우식, 강동희가 당선되었다. 4·19혁명 후 1960년
도의원 선거에서는 민주당의 최태형, 무소속의 정천환이 당선되었다.

　도의원 후보의 직업은 농업이 가장 많지만 대체로 정미업, 주조업, 양조업, 제
재업, 사법서사 등에 종사하는 인물들이 출마하였다. 그들의 경력은 읍장, 면장, 부
면장 등 공무원 출신, 도의원, 읍의원 출신과 용사회, 재향군인회 출신이었다. 후보
의 직업과 경력은 일제강점기 지역유지들과 비슷하지만 군인 출신이 새롭게 등장
한 것이 특징이다.

　이승만정권 시기 면의원 선거는 1952년, 1956년, 1960년 세 차례 실시되었다.
초대 면의원 수는 거창읍 15명, 가조면·웅양면 13명, 위천면·마리면·남상면·신
원면·가북면 12명, 월천면·고제면·남하면·북상면·주상면 11명이었다. 2대와 3대
면의원 수는 읍에서 13명, 면에서 9~12명이었다.

거창읍 제2대 의회 개회식(1956년 8월 20일)

　　그들의 직업은 대부분 농업이었고 경력은 면장, 면서기, 구장 출신이 다수를 이루었다. 이때의 면의원은 직업이나 경력으로 보아 일제강점기 면협의회원과 큰 차이를 보이지 않았다. 또한 직·간선으로 뽑힌 면장의 경력도 공무원, 면의원 출신이 대부분으로 면의원과 대동소이하였다. 따라서 1950년대 지방자치제의 후보나 당선자로 보아 지역유지 세력은 큰 변화가 없었다고 생각한다. 다만 1960년 4·19 혁명 이후 실시된 면의원 선거에서 민주당 소속 지방의원이 증가한 것은 시대의 영향이었지만 여전히 무소속이 다수를 차지하였다. 지역민들은 해방, 분단, 전쟁을 겪었지만 여론 주도층인 지역유지들은 그대로 유지되는 정체성을 보였다.

한국의 대안교육을 열다

'교육도시'는 거창지역민이 현대사에서 이룩한 가장 큰 성과 중 하나이다. 이 업적은 1956년 전영창이 거창고등학교 교장으로 부임한 데서 비롯되었다. 전영창은 무주 출신의 기독교인으로 전주 신흥학교, 일본의 고베중앙신학교, 미국의 웨스트민스트신학대학교, 콘코디아 신학대학원을 나온 당대 최고의 인텔리였다. 일제강점기에는 신사참배를 거부하여 2년 징역형을 받아 1년 동안 감옥살이를 하고 가석방된 독립운동가였다. 또한 1950년 미국 유학 당시 6·25전쟁이 발발하자 급거 귀국하여 부산에서 피난민을 도왔다. 이때 그가 시작한 빈민구제기관은 오늘날 고신대학교 복음병원이 되었다.

1956년 미국 유학을 마치고 귀국한 그는 오늘날 한림대학교 부총장 자리를 마다하고 학생 17명만 남은 폐교 직전의 거창고등학교 교장으로 왔다. 그는 부모의 유산을 팔아 빚에 몰린 재단을 인수한 후 미국인 친구들의 도움으로 신축교사와 농장을 마련하였고, 명문대 출신의 우수한 교사들을 초빙하여 실력 있는 졸업생을 배출하였다. 동시에 거창지역민을 위해서 노력하였다.

전영창은 그의 헌신적인 노력을 인정받아 1967년 『경향신문』이 선정한 "국민이 주는 희망의 상"을 수상하였다. 전영창 교장은 『경향신문』이 연 좌담회에서 박정희 대통령에게 "관리들과 사이비 기자들의 대청소를 바랍니다. 사실 경제개발 5개년 계획의 실현을 가장 방해하는 것이 일부 관리들이라는 역설적인 사실을 지적하고 싶습니다. 지방에서 소신껏, 창의성 있게 일 좀 하게 그들을 눌러 주었으면 좋겠어요."라고 요청하였다. 전영창은 이때 받은 상금을 기반으로 샛별초등학교를 설립하였다.

지역사회와 독재정권은 전영창과 그의 교육을 받아들이려 하지 않았다. 1960년 7월 1일에는 거창농업고등학교와 거창상업고등학교 학생 600여 명이 거창고등학교를 공격하여 교실을 파괴하는 사건이 일어났다. 이날 양교 학생들의 횡포는 지역 경찰만으로 진압할 수 없어서 함양의 경찰과 헌병 30명을 동원해서야 진압되었다.

1969년 거창고등학교 학생들이 3선개헌 반대 시위를 벌이자 박정희정권은 주모학생 처벌을 요구하였다. 전영창 교장이 이를 거부하자 경상남도 교육위원회는 전영창 교장을 파면하였다. 파면 이유는 학생정원 초과, 무자격교사 채용, 학교회

전영창과 초창기 거창고등학교(현재 샛별초등학교 자리)

계 문란이었다. 1970년 법원은 이 모든 사유는 교장 파면 사유가 아니라며 전 교장에게 승소판결을 내렸다.

거창고등학교는 당시로서는 상상할 수 없을 만큼 뛰어난 전인교육을 실천하였다. 전영창 교장은 『경향신문』 좌담회에서 그의 소망을 "영어·수학 학원식 교육방법을 탈피하는 것입니다. 나는 하나의 이상적인 학교 건립을 꿈꾸고 있습니다. 학생 수를 2백 명으로 제한하고 낮에는 일하고, 밤에 공부하는 학교를 만들고 싶습니다. 생활도 같이 하면서 인격교육을 시켜야겠지요."라고 밝혔다.

1976년 전영창 교장 사후 전인교육은 그의 1대 제자인 전성은, 도재원 교장을 비롯한 교사들에 의해 계승 발전되었다. 이 학교의 교육 내용은 채플, 훈화, 수준별 수업, 무료 보충수업, 봄·가을 예술제, 노작체험, 직업보도관 운영, 1박 2일 소풍, 토끼몰이, 자율적인 학생회 활동, 교복과 두발자율화, 각종 동아리 활동 등이었다.

1990년대 교육개혁에 대한 관심이 고조되면서 거창고등학교는 대안교육의 본

전영창 교장과 앙고라 토끼

전영창 교장은 또 지난해부터 앙고라 토끼털의 해외 수출길이 막혀 거창 지방에서 많이 생산되는 앙고라 토끼털이 쓸모없게 되자 이 사실을 외국의 친우들에게 호소하였다. 이 소식을 들은 외국 친지들이 앙고라 털로 스웨터를 만들라고 전문 서적과 기구를 보내와 책과 기계 바구니에서 씨름하기를 6개월. 전 교장은 마침내 털이 안 빠지는 앙고라 스웨터를 생산, 미국에 샘플을 보내 수출의 길을 텄다. 지금까지 한국의 앙고라 스웨터는 털이 빠져 해외 시장에서 인기가 없었던 것인데 미국 캘리포니아 모 상사에서 전 씨에게 연간 10만 달러 상당의 스웨터 수입을 요청해 와 거창 지방민은 희망에 차 있다. "대량생산이 되면 거창의 토끼 사육가들이 활기를 띨 것이며 많은 일손을 쓰기 때문에 농촌이 살게 된다."는 전 씨는 뜻있는 인사의 투자를 바라기도.

- 『경향신문』 1968년 10월 2일

보기로 주목받았다. 이 학교의 교육과 관련된 학위논문이 10편이 넘으며 학술지와 신문, 잡지에 보도된 기사는 헤아릴 수 없이 많다. 같은 재단인 샛별초등학교, 샛별중학교의 교육도 함께 주목받았다. 이로써 한국인의 거창에 대한 인식은 '양민'학살의 고장에서 교육도시로 전환되었다.

중앙권력과 지역민심

거창지역민들은 각종 선거에서 중앙권력의 변화에 민감하게 대응하였다. 이곳 유권자들은 민주주의, 군부독재 여부와 관계없이 대선과 총선에서 대체로 중앙의 권력자를 지지하는 경향을 보였다. 그러나 4·19 혁명, 6월 항쟁과 같은 정치적 변혁기에는 새로운 민주정당에 투표하였다.

1960년 4·19월 혁명 이후 유권자들은 대거 민주당에 투표하였다. 민주당의 신중하는 압도적인 지지로 국회의원에 당선되었다. 1961년 박정희의 5·16군사정변 이후 거창지역민들은 일방적으로 박정희, 전두환 군사독재정권에 지지를 보냈다. 1962년 3공화국개헌안, 1969년 3선개헌안, 1972년 유신헌법안, 1981년 5공화국개헌안에 차례로 찬성표를 던졌다. 물론 당시의 관권선거를 고려해야 하겠지만 거창지역민들의 정치성향에는 큰 차이가 없어 보인다. 1963년, 1967년, 1971년에 치러진 대통령 직접선거에서 유권자들은 박정희 후보에게 투표하였다. 1971년 대선에서 공화당의 박정희 후보는 3만 2천여 표를 얻어 1만 4천여 표를 얻은 민주당의 김대중 후보보다 2배 이상 득표하였다.

1972~1987년 박정희, 전두환 군사정권은 간접선거를 통해 독재 권력을 유지하였다. 이때 통일주체국민회의 대의원, 대통령선거인단이 선출되었다. 1972년 거창의 통일주체국민회의 대의원 선거에서 성수현, 성종균, 이인화, 채영호, 임유도, 조병호, 오종택, 오영근, 배점돌, 임주섭, 변만식, 김진효가 대의원으로 선출되었다. 평균 경쟁률은 3대1이었다. 1978년 선거에서는 이필우, 백점룡, 유종윤, 이광

만, 임유도, 신영범, 오종택, 오태현, 정수진, 박선주, 김재연, 김재환이 당선되었다. 통일주체국민회의 대의원들은 박정희(2회), 최규하, 전두환 후보를 거의 만장일치로 대통령으로 선출하였다.

1981년 대통령선거인단 선거가 있었다. 거창의 선거인단 선거에서 후보들은 치열한 경쟁을 벌여 표계수, 이희탁, 이동성, 김본회, 이춘식, 백창흠, 박종수, 이일화, 채현철, 하문수, 이장우, 임종국, 윤응범, 조병익, 전동진, 윤동원, 김영극, 신용복, 이재구, 김복득, 강태홍, 곽윤원, 변만식, 김채익, 정창식, 박종현이 선거인단으로 선출되었다. 대통령선거인단은 체육관에서 전두환을 대통령으로 뽑았다.

총선에서도 이와 비슷한 경향을 보였다. 군인 출신의 민주공화당 민병권이 1963년, 1967년, 1971년에 당선되어 3선을 지냈고, 1973년, 1978년, 1981년, 1985년 총선에서도 민주공화당 정우식, 노인환, 권익현(재선)이 각각 당선되었다. 1973년 총선부터는 중선거제였으므로 1985년까지 야당후보 김동영(재선), 임채홍이 동반 당선된바 있다.

6월항쟁 직후 지역민은 민주주의를 지지하였다. 1987년 10월 27일에 실시된 직선제개헌 국민투표에서 거창지역민 대다수는 새 헌법에 찬성하였다. 총 투표자 49,059명 중 반대는 3,411표에 불과하였다. 그해 12월에 실시된 대통령 선거에서 통일민주당 김영삼 후보가 가장 많은 표를 얻었다. 1988년 4월에 실시된 총선에서는 통일민주당 김동영 후보가 당선되었다. 이때 거창은 야당성이 강한 지역으로 김영삼의 정치적 영향권 아래에 있었다.

고정화된 정치성향

1990년은 지역민들의 정치성향에 특별한 의미를 지니는 해였다. 그해 대구·경북의 노태우 세력, 부산·경남의 김영삼 세력, 충청도의 김종필 세력이 3당 합당으로 민주자유당을 결성하였다. 이때부터 거창지역민들은 민주자유당의 영향권 아래 편

돈주는 현장

1992년 거창초등학교에서 열린 총선 합동연설회

돈 봉투 선거 1992년 2월 26일자 『동아일보』에 이강두 민주자유당 후보의 부정선거 보도가 1면 머리기사로 실렸다. 이강두는 이 선거에서 옥중 당선된 후 4선을 지냈다. 그는 지역구 최다선 국회의원이었지만 2011년 8월 18일 한국승강기대학 이사장으로서 1억 2,000만 원의 뇌물 수수와 재단 재산 30억 원 임의 사용 혐의로 법정 구속되었다.

입되었다.

이후 주민들은 지역성에 매몰되었다. 대선과 총선에서 민주자유당 – 신한국당 – 한나라당 – 새누리당으로 이어진 중앙의 정치세력을 압도적으로 지지하였다. 중앙 정권의 변화에도 거창지역민들의 정치적 지역색은 그대로 유지되었다. 총선에서 이강두(4선), 신성범(2선) 후보가 연이어 국회의원에 당선되었고, 대통령 선거에서도 이회창, 이명박, 박근혜 후보에게 다수의 표를 던졌다.

6월항쟁 이후 박정희정권 때 중단되었던 지방자치제는 30년 만에 다시 실시되었다. 지방자치제 선거는 1991년 지방의원 선거 이후 1995년, 1998년, 2002년, 2006년, 2010년, 2014년 6차에 걸쳐 실시되었다. 지역의 인물들은 재개된 지방선거에서 치열한 경쟁을 벌였다.

지방선거에서 한나라당계 후보들이 대거 당선되었다. 군수선거에서 1995년 무소속 정주환 후보가 당선된 것은 이변에 속하지만 그는 곧 한나라당 후보로 재선에 성공하였다. 반면 3기 군수선거에서는 무소속으로 출마하여 한나라당의 공천을 받은 김태호 후보에게 패하였다. 강석진, 이홍기도 모두 한나라당 - 새누리당 후보로 군수에 당선되었다. 그중 김태호는 도의원, 거창군수, 경상남도지사, 국회의원에 잇따라 당선되면서 지방자치제를 통해 성공한 대표적 인물이지만 영남지역의 정치색에 힘입은바 컸다.

경상남도의원 선거에서도 지역색은 그대로 반영되었다. 1991년 실시된 선거에서 3개 선거구에 민주자유당, 신민당, 민주당이 각각 후보를 냈지만 모두 민주자유당 후보가 당선되었다. 이때 김칠환 무소속 후보는 신민당 후보를 이기고 도의원에 동반 당선된 후 다음 선거에서는 민주자유당 후보로 당선되었다. 이후 선거에서 당선된 도의원은 모두 민주자유당 - 한나라당 - 새누리당 후보였다.

1991년 군의원 선거는 12개 선거구에서 13명의 의원을 선출하였다. 후보들의 주요경력은 자유총연맹 간부, 새마을 지도자, 노인회 간부, 예비군 중대장, 농협 간부, 면장, 청년회의소, 라이온스클럽, 팔각회의 간부 등이었다. 그 이후에 실시된 5차에 걸친 군의원 선거에서 당선자의 주요경력은 재향군인회, 산악회, 농협, 체육회, 동창회, 시장번영회 등의 간부 출신이거나 공무원이나 정당인, 새마을 지도자, 바르게살기협의회 간부 경력자 등이 주류를 이루었다. 공직 경력, 관변단체 간부, 각종 공적이거나 사적인 단체의 간부가 정치적 진출의 중요한 통로가 되었다.

1990년대 이후 현재까지 실시된 지방선거에서 도지사, 군수, 도의원, 군의원의 후보와 당선자의 경력이나 정치적 성향은 크게 바뀌지 않았다. 지방행정의 집행부와 지방의회가 동일한 정당 인물들로 구성됨으로써 견제와 균형이라는 민주정치의 실현에 뚜렷한 한계를 보이고 있다. 여기에 지역연고주의가 더해짐으로써 거창지역의 민의 수렴과 조정에도 난항을 거듭하고 있다. 현재 거창지역사회를 뒤흔들고 있는 교정시설 유치를 둘러싼 갈등은 지역 민주정치의 한계를 뚜렷이 노정하고 있다. 거창지역 민주정치의 실현은 현재 거창지역민 앞에 던져진 역사적 과제이다.

민주화운동과 시민운동

한국현대사는 민주주의를 향한 역사였다. 세계인들도 한국을 자력으로 경제발전과 민주주의를 동시에 달성한 나라로 높이 평가하고 있다. 거창지역민들은 한국의 민주주의 운동에 동참하였다.

1969년 거창고등학교 학생들은 박정희정권의 3선개헌 반대시위로 독재정권에 저항하였다. 학생 전원은 스크럼을 짜고 3선개헌 반대구호를 외치며 읍내를 돌았다. 이 사건은 지역 최초의 민주화운동이었다. 이 민주화 시위로 거창고등학교는 박정희 독재정권으로부터 큰 고통을 받았다.

군부독재 시절 이 지역 출신의 대학생들 중 많은 젊은이들이 민주화투쟁에 헌신하였다. 그중 다수는 독재정권에 의해 옥고를 치렀다.

1980년대 다양한 민주화운동단체들이 생겨났다. 1984년 거창YMCA를 시작으로 거창농민회, 거창교사협의회, 거창여성회, 우리문화연구회 등 민주화를 지향하는 단체들이 창립되었다. 이 지역의 민주화운동은 거창YMCA를 창립했던 서울대학교 출신 민주화운동가 정찬용의 노력에 힘입은바 컸다.

1987년 지역민들은 30여 년에 걸친 군사독재체제를 타도하는 데 앞장섰다. 그해 박종철 고문치사사건으로 시작된 6월항쟁은 급기야 연세대학생 이한열이 최루탄에 맞아 사망함으로써 절정에 이르렀다. 6월 10일 지역민 수백 명은 "호헌철폐", "독재타도"를 외치며 1시간 20분간 시내를 행진하였다. 6월항쟁은 6·29선언을 이끌어내며 승리하였다. 반세기에 걸친 민주화투쟁이 성공하는 순간이었다.

1989년 교사들은 전국교직원노동조합을 결성하여 교육민주화운동을 벌였다. 이 일로 윤진구, 배은미, 윤태웅, 신숙녀, 차재원, 오인태 교사가 해직되었다. 거창농림고등학교와 거창대성고등학교 학생들은 윤진구, 윤태웅 교사 해직반대운동을 벌였다. 1990년대 이후 농민회는 농산물시장개방에 반대하여 열정적인 투쟁을 전개하였다. 농민운동과 교사운동은 이 지역의 민주화운동을 이끌어 온 양대 축이었다.

1990년대 이후 시민운동이 활발해졌다. 자치단체장과 의원들은 거의 같은 정

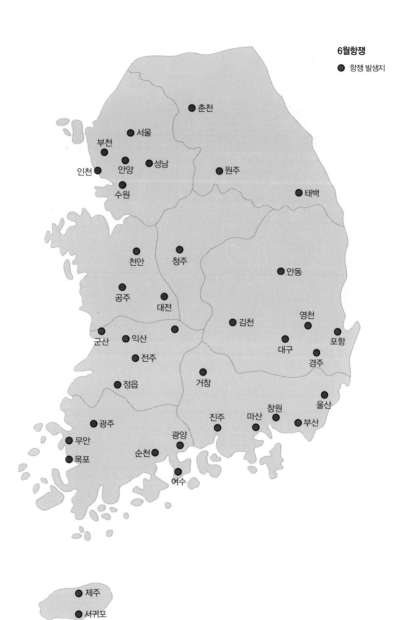

6월항쟁
● 항쟁 발생지

춘천

서울
부천
안양 성남
인천
수원
원주
태백

천안 청주
안동

공주
대전
김천 영천
군산 익산 포항
전주 대구
경주
정읍 거창

광주 진주 마산 창원 울산
무안 광양 부산
목포 순천
여수

제주
서귀포

거창 초등학생들의 상경 집회 2014년 10월 6일 학교 앞 교도소 신설을 반대하며 등교를 거부한 초등학생들과 학부모들이 법무부와 국회를 항의 방문하였다. 학생들이 자기들의 희망을 담은 종이비행기를 날리고 있다.

치적 색채를 지녔다. 거창시민연대와 함께하는거창, 푸른산내들, 거창YMCA 등 시민사회단체들은 군의회가 방기한 견제의 기능을 담당하였다. 거창시민연대의 88 고속도로 확포장운동, 함께하는거창의 무상급식운동은 시민운동이 거둔 대표적인 성과에 속한다. 특히 무상급식 실시는 전국 최초라는 명예를 가지게 되었다.

2015년 2월 현재 "학교 앞 교도소를 반대"하는 학부모 중심의 시민운동이 전개 되고 있다. 학교 앞 교도소를 반대하는 동맹휴교에는 1천여 명이 넘는 초·중등학 교 학생들이 참가하였다. 동맹휴교는 1921년 일제강점기 거창초등학교에서 시작 된 이후 90여 년 만에 재현된 것이었다. '학교 앞 교도소반대를 위한 범군민대책위 원회'에는 100개가 넘은 단체들이 참여하였다. 2014년 10월 23일자 『한국일보』에

는 "거창 법조타운 유치 서명부 절반 이상 날조됐다"는 제목의 기사가 실렸다. 전
국적인 이슈가 된 이 사건은 견제의 부재라는 지방자치제의 한계성과 거창지역민
의 역동성을 뚜렷이 보여준다.

2015년 2월 거창의 현재

2015년 2월 현재 거창지역 민주정치는 심각한 위기에 직면해 있다. 거창군수 부정선거 재판과 교정시설 유치 갈등은 거창지역 민주정치를 가늠하는 잣대이다.

2014년 6월 4일에 실시된 지방선거에서 당선된 이홍기 거창군수는 금품제공 관련 선거법위반 혐의로 기소되었다. 2015년 1월 27일 검찰은 이홍기 피고에게 벌금 100만 원을 구형했고 2월 4일 법원은 벌금 200만 원을 선고하였다.

교정시설 설치를 둘러싼 거창군수와 거창지역민의 갈등은 반년 넘게 계속되고 있다. 거창군은 2011년부터 '법조타운'이라는 이름으로 교정시설 유치를 추진하였다. 군은 지역유지들로 '법조타운 유치위원회'를 조직하고 2만 8천여 명의 서명을 받아 유치를 신청하면서 그 내용에 대해 군민과 충분한 토론을 거치지 않았다.

2014년 주민들은 뒤늦게 '법조타운'에 대규모의 '교도소'가 포함된 사실을 알고 거세게 항의하였다. 그해 7월 28일 '거창교도소 유치반대 학부모모임'이 결성되었고 10월 5일 '학교 앞 교도소반대 범거창군민대책위원회'(범대위)가 출범하였다. 그리고 이튿날 초·중등학생 1,302명이 등교를 거부하였고 학부모와 학생, 군민들은 18대의 버스에 나누어 타고 법무부와 국회를 방문하여 반대집회를 열었다. 범대위의 주장은 학교 앞 교도소 설치 반대였다. 주민들은 매일 거창군청 앞 로터리에서 1인 시위를 벌이고 수차에 걸쳐 대규모 항의집회를 열었다. 범대위는 학교 앞에 설치할 계획인 교도소를 다른 곳으로 옮길 것을 주민투표로 결정하자고 제안하고 있다.

거창군은 주민 의견을 수용하지 않은 채 지역유지들로 법조타운 추진위원회를 조직하여 정책을 강행하고 있다. 2011년의 교정시설 유치 주민서명은 이장에 의한 대리서명이라는 의혹이 제기되고 있다. 2014년 11월 6일 범대위가 천막 농성을 시작하자 군청 공무원들은 강제로 천막을 철거하였고 그 와중에 다수의 군민이 크고 작은 부상을 입었다.

거창지역 민주주의의 미래 2014년 11월 27일 '학교 앞 교도소반대 범거창군민대책위원회'는 집회를 열고 '거창군 민주주의 장례식'을 지냈다. 그 앞으로 한 어린이가 지나가고 있다.

　군수와 주민의 대립이 극단으로 치달으면서 민주정치는 실종되었다. 중재의 역할을 맡아야 할 지역구 국회의원과 대다수의 군의원들은 군수의 입장에 서 있다. 이것이 거창지역 민주정치의 현주소이다.

　2015년 2월 현재, 거창지역민은 중대한 기로에 서 있다. 지역의 미래를 어떻게 전망할 것인가, 민주적인 토론을 통해 합의를 도출할 수 있을 것인가에 따라 거창의 미래는 크게 달라질 것이다.

거창, 거창인들

높은 산, 맑은 물

거창의 첫 인상은 산수의 빼어남이다. 조선후기 이중환은 『택리지』를 쓰면서 거창은 산수가 뛰어나다고 하였다. 오늘날 장원수는 '신택리지'에서 이렇게 노래하였다.

거창은 청정하다. 눈길을 두는 곳마다 산봉우리가 감싸고 있다. 그 속에는 맑은 물이 바위마다 부딪쳐 계곡을 만들고, 크고 작은 폭포를 이룬다. 개울을 지나면 숲길이고 숲길 끝에는 천(川)이 아담한 정자를 품고 있다. 거창에는 금원산, 기백산, 단지봉 등 해발 1,000m 이상의 높은 봉우리가 10개 이상이나 된다. 높은 산에 둘러싸인 분지 사이로 냇물이 흐르는데 조선 중기 석루 이경전 선생은 거창을 보고 "푸른 산봉우리들 사방에 모였는데, 한 가닥 냇물이 동쪽으로 비스듬히 흐르도다!"라고 했다. 그 옛날 거창으로 가는 길은 힘들었다. 지금이야 대구와 광주를 잇는 88올림픽고속도로가 있어 접근성이 좋아졌지만, 이전에는 덕유산과 가야산에서 뻗은 산들을 넘어야만 거창 땅을 밟을 수 있었다. 거창에선 "울면서 왔다가 울면서 간다."라는 말이 있다. 이는 한양 중앙관리가 거창으로 발령 받으면 교통이 불편해 '내가 이 불편한 곳에서 어떻게 살까' 하고 울었다가 막상 임기가 끝나 떠날 때는 물자가 풍부하고 산수 경치가 좋아 떠나기 싫어 또 울었다는 것이다.

고견사 폭포 가조의 "고견낙폭"은 거창팔경의 하나로 꼽혔다. 거창은 예나 지금이나 산수향으로 불릴 만큼 경치가 뛰어나다.

향토인들도 스스로 이곳을 산수향(山水鄕)이라고 불렀다. 그들은 일찍이 거창팔경을 노래하였다.

침류청풍(枕流淸風) – 침류정의 맑은 바람
금기석조(金奇夕照) – 금귀봉의 저녁노을
향지채련(鄕池採蓮) – 향교 연못의 연꽃
동산추월(東山秋月) – 동산의 가을 달
심소관수(心蘇觀水) – 심소정의 물 구경
수승심춘(搜勝尋春) – 수승대의 봄 경치
건계청우(建溪聽雨) – 건계정의 빗소리
고견낙폭(古見落瀑) – 고견사 폭포

산수향 거창에는 예부터 시인묵객의 발길이 끊이지 않았고, 지금도 매년 여름 수승대의 거창국제연극제에는 수만 명의 관객이 몰린다.

살기 좋은 땅, 유구한 역사

거창은 살기 좋은 땅이라는 뜻이다. 『택리지』에 거창은 땅이 기름져서 넉넉한 삶을 사는 곳이라고 하였다. 거창은 한국에서도 드물게 보이는 전형적인 분지이다. 덕유산, 가야산, 지리산이 이곳을 둘러싸고 있다. 그 가운데 읍 분지가 영호강을 끼고 자리 잡고 있다. 사방의 골짜기에서 발원한 냇물은 이곳으로 모여든다. 분지 주위에는 11개의 중소 분지가 호위한다. 각 분지는 거창지역민들에게 비옥한 토지를 선사하였다. 그러했기에 이 거창지역은 오랜 역사를 지녔다.

　남상면 임불리 강가에는 천덕사 터가 있었다. 이곳에 3층 석탑 하나가 덩그러니 서 있었다. 1980년대 후반 이 지역이 합천댐 수몰지구로 지정되어 천덕사지가 발굴되었다. 1986년 부산여자대학교(현재 신라대학교) 박물관에서 절터를 발굴하였다. 발굴팀은 1차 발굴에서 그 아래에 선사유물이 있는 것을 확인하였다. 그리고 1988년 천덕사지 아래 지층을 다시 조사하였다. 놀랍게도 이곳에서는 청동기시대, 신석기시대 유물이 잇달아 나왔고 제일 아래 지층에서 구석기시대 유물이 모습을 드러내었다. 임불리 유적은 당시 한국에서는 드물게 보이는 중석기시대의 유적으로서 한때 고등학교 국사 교과서에 실리기도 하였다. 이로써 이 지역에 적어도 1만 년 이상 사람들이 계속 살고 있었다는 사실이 확인되었다. 이곳은 구석기, 신석기, 청동기, 철기 시대의 유물이 모두 발굴된 특이한 지역에 속한다.

　거창의 옛 이름은 거열 혹은 거타였다. 삼한시대에는 변한지역에 속하였고 삼국시대 거열국이 건국되었다. 거열국은 대가야연맹에 속하였다. 거열국은 백제와 신라의 경쟁 속에서 6세기 신라에 정복당하였다. 통일신라시대 경덕왕 때 거창이라는 이름이 처음 등장하였다. 이 지역은 중앙정부의 한 지방이었지만 독특한 자기만의 문화적 정체성을 유지해왔다. 고려시대 둔마리 고분벽화와 지역 곳곳에 산재해 있는 조선시대 정자는 전통시대 지역문화의 특징을 보여주기에 족하다.

　거창지역민들은 거의 완벽한 분지에서 유구한 역사를 지내는 동안 뚜렷한 정체

천덕사지 3층 석탑 고려시대 석탑으로 현재 거창박물관에 옮겨져 있다. 이 석탑이 서 있었던 임불리 유적에서 구석기시대부터 고려시대까지의 유물이 빠짐없이 발굴되었다. 거창이 살기 좋은 땅으로 오랜 역사를 지녔음을 보여준다.

성과 주체성을 지녔다. 조선 후기에는 중앙정부의 수탈에 저항하였고 개항 후 일제 침략과 지배에 항거하여 치열한 독립운동을 벌였다. 전통에 뿌리를 둔 정체성과 중앙과 외세에 대한 주체성은 거창인의 뚜렷한 특징이다.

첩첩산중, 피난처와 전쟁터

거창은 경상남도 최북단에 위치하고 있는 첩첩산중이다. 그래서인지 일제강점기 신문에는 종종 이 지역을 경상북도로 착각하고 쓴 기사가 눈에 띈다. 조선시대 이 지역은 유배지일 정도로 외졌다. 산악지대인 이곳은 때때로 피난처의 역할을 하였다. 임진왜란 때 많은 사람들이 이곳으로 피난하였고, 그중 이곳에 정착한 사람들도 적지 않다. 동학농민전쟁 때 이곳은 좋은 피난처였다.

첩첩산중 거창은 곳곳마다 비경이 줄지어 섰지만 동시에 역사상 격동기에는 최후의 전쟁터가 되었다. 덕유산에서 지리산으로 이어지는 험산준령은 침략군이 반드시 점령해야 할 지점이자 저항군의 마지막 거점이었다. 백제 부흥군은 거열산성에서 최후를 맞았고 후백제의 견훤군도 여기서 왕건의 군대에 패하였다. 임진왜란 때 왜군은 이곳에서 의병에 막혀 전라도로 나갈 수 없었고 동학농민전쟁 때 전라도의 동학농민군은 이곳에서 막혀 경상도로 진격할 수 없었다. 한말 항일의병은 덕유산에 최종 방어선을 쳤고 일본군은 덕유산 의병을 진압한 후에야 호남의병 토벌에 나설 수 있었다. 한국현대사에서 이 지역은 '양민'학살사건의 땅이었다. 1950년 이후 거창사건 관련 신문기사는 수백 건에 이른다. 서울대학교 법학연구소에서 펴낸『거창양민학살사건자료집』은 7권에 달하는 방대한 분량이다.

'양민'학살은 이곳의 지리적 위치가 거창지역민에게 준 불행이었다. 분단과 전쟁 과정에서 빨치산들은 덕유산과 지리산을 거점으로 삼았다. 1949년 여수의 반란군은 지리산으로 이동하였고 1950년 6·25전쟁 때 인민군 빨치산은 덕유산과 지리산을 근거지로 삼아 활동하였다. 국군은 빨치산을 토벌하면서 이곳의 민간인을 집단학살하였다. 이때 신원면에서 억울하게 죽은 사람이 719명이었다. 그중 절반 이상은 어린이였고 대다수는 부녀자와 노인이었다. 거창지역 출신 국회의원 신중목은 온갖 위협에도 굴하지 않고 용감하게 국회에서 이 사건을 폭로하였고 거창사건 가해자들은 유죄판결을 받았다. 이때부터 거창은 '양민'학살의 땅으로 인식되었다.

교육과 문화의 고장

지금까지 거창과 관련된 학위논문에서 거창고등학교 교육, 김상훈 시인, 임길택 시인, 거창가, 거창국제연극제, 거창화강암 등의 주제가 주목받았다. 거창고등학교의

백두대간의 남덕유산 덕유산 아래 자리 잡은 첩첩산중 거창은 역사의 전환기마다 때로는 피난처였고 때로는 전쟁터였다. 거창의 지리적 위치는 역사적으로 중요성을 지녀왔다.

전인교육에 주목한 논문은 10편에 달하며, 이 지역이 낳은 천재시인 김상훈을 연구한 논문이 8편, 이곳에 살다간 시인 임길택의 시를 연구한 논문이 7편, 국제연극제 관련 논문이 5편이다. 여기에 더하여 조선 후기 저항가사인 거창가를 연구한 논문이 5편이다. 논문은 대체로 교육, 문화, 예술과 관련된 주제를 다루었다. 학계가 주목한 것은 이 지역의 교육과 문화였다.

교육은 현대 거창인이 이룩한 자랑스러운 성과 중 하나이다. 거창은 다른 지역 중학생들이 고등학교 진학을 위해 찾아오는 특이한 곳이다. 거창이 교육도시라는 명예를 가지게 된 것은 1950년대 이곳에 온 전라도 무주 사람 전영창 교장 덕분이었다. 그는 일본과 미국을 유학한 당대 최고의 엘리트였지만 소외된 시골학생 교육을 신이 주신 소명으로 알고 거창에 삶을 바쳤다. 그는 식민지시대 이곳 지역민들의 교

전영창 교장과 거창고등학교 「기독
교신문」은 2013년 3월 16일자에 "거
창고등학교 고 전영창 교장을 재조명
하다"라는 기사를 실었다.

육 열정을 담아낼 수 있었다.

거창고등학교의 교육은 당시로서는 상상할 수도 없었던 자율성을 바탕으로 한
전인교육이었다. 전영창 사후 교사들이 그 뜻을 이어받았다. 1990년대 한국의 교육
문제가 심각하게 대두되었을 때 전영창이 씨를 뿌린 샛별초등학교, 거창고등학교
교육은 한국의 대안교육으로 부각되었다. 학교를 방문하는 교육자들이 줄을 이었고
이루 헤아릴 수 없는 중앙의 신문과 잡지는 그 교육을 대서특필하였다. 급기야 거창
고등학교를 모델로 하는 대안학교가 창립되었다.

거창고등학교 교육의 성과는 이 지역에 대한 인식을 '양민'학살의 고장에서 전
인교육의 고장으로 전환하였다. 2000년대 들어 거창대성고등학교, 거창여자고등학
교도 명문으로 성장하고 있다. 거창중앙고등학교, 아림고등학교, 거창대성일고등학
교는 인문계로 전환하여 교육에 열정을 쏟고 있으며, 가조익천고등학교는 전문계학
교로 새로운 진로를 모색하고 있다. 현재 거창군에는 7개의 고등학교가 있다. 이곳
은 한국의 일반 농촌지역과는 달리 고등학생의 수가 중학생 수보다 많다. 거창은 한
국에서 고등학교 교육으로 교육도시가 된 특별한 지역이다. 나아가 도립거창대학은
고등교육의 새로운 비전을 열어가고 있다.

거창에 살기 위해 온 시인

거창은 사람들이 살러 오는 곳이다. 2014년 1월부터 9월 말까지 이 지역에 살러 온 사람은 3백여 세대 6백여 명이며, 2007년 이후 2014년까지의 귀농·귀촌 인구는 1천 5백여 세대 3천3백여 명이다. 또한 한국귀농귀촌진흥원에서 발표한 '전국에서 가장 좋은 귀농 후보지 베스트 5'에 선정된 바 있다.

사람들이 이곳에 살러 오는 큰 이유는 자연과 교육이다. 산수가 좋아 이곳에서 작품 활동을 하고 있는 작가와 자녀교육을 위해 왔다가 이곳이 좋아 터 잡고 사는 사람들도 적지 않다.

한국의 유명한 시인 임길택은 자녀교육을 위해 왔다가 거창에서 생의 마지막을 보냈다. 그는 1952년 전라남도 무안에서 태어나 강원도 탄광촌에서 초등학교 교사를 했던 시인이다. 그는 1989년 자녀를 거창고등학교에 진학시키기 위해서 부인과 자녀를 먼저 이곳으로 이사시킨 후 1990년 3월 1일자로 전근하였다. 그는 이때 19편의 시를 『실천문학』에 발표하고 시집 『탄광마을 아이들』을 출판함으로써 시인으로 등단하였다.

임길택은 이곳 생활의 경험을 통해 새로운 시 세계를 열었다. 그의 섬세한 감성과 거창의 빼어난 산수, 순박한 아이들은 시집 『할아버지 요강』에서 표현되었다. 그는 이곳에 살면서 시집 『똥 누고 가는 새』를 출간하였다. 지역사회에 애정을 가져 『아림신문』에 "일제강점기 신사가 있었던 자리에 서 있는 충혼탑을 옮겨야 한다."는 논설을 기고하기도 하였다. 1997년 그는 45세의 젊은 나이로 숨을 거두었다. 이때 거창지역 문인들은 그를 기려 애정을 담은 시비를 세웠다.

산수의 고장, 교육·문화의 도시 거창에는 독립성 강한 토박이와 이곳이 좋아서 찾아온 사람들이 어울려 살고 있다.

프롤로그

1 거창지역어에 대해서는 다음 글을 참고할 것. 박명순, 「거창지역어의 음운연구」, 성균관대학교대
  학원 박사학위논문, 1987 ; 박명순, 「거창지역어의 보상적 장모음화」, 『반교어문연구』 1, 1988 ;
  박명순, 「거창지역어의 변칙활용에 대한 연구」, 『서원대학논문집』 18, 1986 ; 최범훈, 「경남 거창
  위천 지역어 연구」, 『논문집』 19 - 1, 1986 ; 반교어문연구회, 『거창지역어의 보상적 장모음화』,
  1988 ; 김종택·이문규, 「거창지역어의 음운변화 고찰 - 방언조사 자료의 소개와 함께 - 」, 『국어
  교육연구』 25, 1993.
2 거창군사 소송사건에 대해서는 거창군사편찬위원회, 『거창군사』, 1997과 거창군·거창문화원,
  『거창군사 보정자료』, 2009를 참고할 것.
3 한겨레 티브이 코리안 헤리티지 제1회 "거창의 선비정신을 만나다" 프로그램 주소는 http://
  www.hanitv.com/index.php?category=12361&document_srl=12381&page=1이다.(2014
  년 11월 3일 검색).
4 지역사 논의는 다음 논문을 참고할 것. 김준형, 「새로운 지역사 연구 및 향토교육을 위하여」, 『경
  남문화연구) 12, 1989 ; 장동표, 「지역사학회의 발전방향과 지방사연구」, 『역사와 경계』 42,
  2002 ; 장동표, 「역사교육의 지역화와 국사 교과서의 지역사 서술」, 『역사와 경계』 47, 2003 ;
  윤용혁, 「서평 지역사 연구의 새로운 가능성 - 변동명, 『한국중세의 지역사회 연구』(학연문화사,
  2002) - 」, 『역사학보』 178, 2003 ; 오수창, 「한국 지역주의의 현실과 문화적 맥락 ; 조선시대 지
  역사 인식의 지역적 성격」, 『인문학연구』 10, 2003 ; 김광철, 「지역사 연구의 경향과 과제」, 『석
  당논총』 35, 2005 ; 홍순권, 「전쟁과 지역사회 ; 전쟁을 통해 본 지역사 연구의 최근 동향과 의
  의」, 『역사와 경계』 71, 2009 ; 이훈상, 「지역사, 지역사의 특성, 그리고 지역사회의 "정체성 만
  들기"」, 『영남학』 16, 2009 ; 마치다테츠, 「지역사 연구의 방법과 의의 - 일본근세사의 입장에
  서 - 」, 『영남학』 17, 2010 ; 정승모, 「조선 후기의 지역사회구조 - 지역체계적 접근」, 『영남학』
  17, 2010.

1 고고학적 발굴 자료는 거창박물관,『거창발굴유적』,『거창가야유적』에 요약되어 있다. 자세한 내용은 다음의 주요 발굴보고서와 논문을 참고한다. 경남발전연구원 역사문화센터,「거창 서울우유 농공단지 조성부지 내 거창 정장리 유적 I - 구석기시대」, 2004 ;「함양 안의 ~ 마리간 도로확장구간 내 유적 시·발굴조사 약보고서」, 2007 ;「함양 안의 ~ 마리간 도로확장구간 내 유적 추가발굴조사 지도위원회 자료집」, 2008 ;「거창 일반산업단지 조성부지내 유적 발굴조사지도위원회의 자료집」, 2009 ;『경남의 청동기문화』, 2010 ;「거창 지산리 유적, 거창 무릉리 월곡 유적」, 2012 ;「경남의 역사와 문화유적」, 2010 ;「거창 일반산업단지 조성부지 내 거창 월평리 유적」, 2012 ;「거창 말흘리 고분」, 2012 ;「거창예동유적」, 2013 ; 경상문화재연구원,「거창 정장리 유적」, 2011 ; 동아시아문화재연구원,「거창양평리 생활유적」, 2007 ; 동의대학교박물관,「거창, 합천 큰돌무덤」, 1987 ;「대야리거주지 1」, 1988 ; 안춘배,「거창 임불리 선사유적발굴」,『영남고고학』5, 1988 ; 안춘배,「거창 임불리 선사주거지 조사개보 (I)」,『영남고고학』6, 1989 ; 안춘배,「거창 임불리 천덕사지 및 합천 계산리 발굴조사개보」,『영남고고학』3, 1987 ; 임효택,「거창 대야리 유적 발굴조사 개보」,『영남고고학』5, 1988 ; 임효택,「거창대야, 무릉, 월평리, 합천연평리 지석묘 발굴조사개보」,『영남고고학』3, 1987 ; 장대훈,「거창 정장리유적 구석기시대 석기제작소 연구」, 목포대학교대학원 석사학위논문, 2007.

2 고대 지리관련 문헌 사료는『삼국사기』,『고려사』,『세종실록』,『동국여지승람』,『고려사』,『고려사절요』,『세종실록』 거창 관련 기사를 참고한다. 거창 관련 지리지의 기록은 박기용,『거창사총람』I 에 정리되어 있다.

3 거창의 불교문화에 대해서는 거창박물관,『거창불교유산』, 2012에 정리되어 있다. 거창군,『거창의 역사문화』, 2010, 거창박물관,『거창박물관도록』, 2003 참조한다.

4 고대 거창사 관련 논문은 다음을 참고한다. 권순강·이호열·박운정,「석축 산성의 계곡부 체성과 못(池)에 관한 연구 - 거창 거열성과 함안 성산산성을 중심으로」,『건축역사연구』20 - 3, 2011 ; 김남신·이민부·신근하,「GIS를 이용한 거창, 가조 분지의 선사유적 입지 지형요소별 유형화」,『한국지형학회지』10 - 2, 2003 ; 김영관,「660년 신라와 백제의 국경선에 대한 고찰」,『신라사학보』20, 2010 ; 김윤우,「거창과 진주의 고대 연혁 고찰 : 서부경남의 역사지리적 고찰을 통하여」,『민족문화』15, 1992 ; 김종택,「거창군본거열군 혹은 거타 연구」,『지명학』1, 1998 ; 김종택,「일본 왕가의 본향 '高天原'은 어디인가」,『지명학』10, 2004 ; 김해영,「거창, 남해, 합천군의 "기타 성책류" 자료에 대하여」,『경남문화연구』26, 2005 ; 백승옥,「거창 '거열국'의 형성과 변천」,『한국민족문화』25, 2005 ; 이희준,「유적 분포로 본 거창 지역의 청동기시대 및 삼국시대 사회」,『영남학』6, 2004 ; 정영호,「거창군 농산리 및 상천리의 석조불상」,『미술사학연구』34, 1963 ; 조재윤,「5~6세기 가야고분의 구조를 통해 본 지역성 연구」, 고려대학교대학원 석사학위논문, 2012 ; 주보돈,「고대사회 거창의 향방」,『영남학』6, 2004 ; 최석영,「일제 하 소시모리(曾尸茂梨) 비정을 둘러싼 논쟁

사에 대한 소고」, 『중앙민속학』13, 2008 ; 하승철, 「가야 서남부지역 출토 도질토기에 대한 일고찰」, 『고문화』56, 2000 ; 하일식, 「신라 말, 고려 초의 지방사회와 지방세력 : 향촌 지배세력의 연속성에 대한 시론」, 『한국중세사연구』29, 2010 ; 황상일, 「한반도 남부의 자연환경과 고대 거창의 지정학적 위치」, 『영남학』6, 2004.

5 고려시대 거창 관련 기사는 『고려사』, 『고려사절요』를 참고한다.

6 고려시대 참고논문은 다음을 참고한다. 강은경, 「고려시대 본관에서의 정주와 타향으로의 이동」, 『사학연구』81, 2006 ; 고경희, 「고분벽화에 나타난 한국 춤의 변모 양상 - 고구려와 고려를 중심으로」, 『체육사회학지』16-3, 2011 ; 권기석, 「성관 시조의 지방 토착적 기원과 기념활동의 양상」, 『조선시대사학보』65, 2013 ; 김광철, 「고려후기 거제 지역사회의 변동과 거제현의 이동」, 『석당논총』46, 2010 ; 김광철, 「조선초 거제현의 복구와 치소 이동」, 『문물연구』20, 2011 ; 김병인・이바른, 「고려 명종대 감무 파견의 정치적 성격」, 『한국중세사연구』29, 2010 ; 문화공보부 문화재관리국, 「거창둔마리벽화고분 및 회곽묘발굴조사보고」, 1974 ; 박경자, 『고려시대 향리연구』, 2001, 국학자료원 ; 박종기, 「고려 말 왜구와 지방사회」, 『한국중세사연구』24, 2008 ; 박종기, 「고려시대의 지방관원들 : 속관을 중심으로」, 『역사와 현실』24, 1997 ; 손영문, 「해인사 법보전 및 대적광전 목조비로차나불상의 연구」, 『미술사학연구』270, 2011 ; 윤경진, 「고려 군현제의 운영원리와 주현 - 속현 영속관계의 성격」, 『한국중세사연구』10, 2001. 4 ; 윤경진, 「고려말 조선초 교군의 설치와 재편 : 경상도 지역을 중심으로」, 『한국문화』40, 2007 ; 윤경진, 「고려전기 계수관의 운영체계와 기능」, 『동방학지』126, 2004 ; 윤영주, 「고려전기 장암리 마애보살좌상과 가엽사지 마애삼존불상의 비교 연구」, 성신여자대학교대학원 석사학위논문, 2003 ; 이수건, 「고려시대 지배세력과 향리」, 『계명사학』8, 1997 ; 이수건, 「고려후기 토성연구」, 『동양문화』21・22, 1981 ; 이진한, 「고려시대 토지제도의 변화와 향리」, 『동방학지』125, 2004 ; 이혜옥, 「고려시대의 수령제도연구」, 『이대사원』21, 1985.

3부(조선시대)

1 조선전기 기초사료는 『조선왕조실록』을 참고한다. 거창 관련 주요 기사는 박기용, 『거창사총람』II에 정리되어 있다.

2 연혁, 지리, 인구, 토지, 산물, 토지 등에 대해서는 『경상도지리지』, 『세종실록지리지』, 『경상도속찬지리지』, 『신증동국여지승람』, 『동국여지』, 『거창부여지승람』, 『경상도읍지』, 『대동지지』, 『교남지』, 『조선환여승람』, 『화림지』 등 지리 관련 기사를 참고한다. 박기용, 『거창사총람』I에 거창 관련 기사가 정리되어 있다.

3 조선전기 향촌과 사족에 대해서는 다음 글을 참고한다. 김기혁, 「거창 고지도의 유형과 수록 지명 연구」, 『한국민족문화』 29, 2007 ; 미야지마 히로시 저, 노영구 역, 『양반』, 강, 1996 ; 오환숙, 『선현들이 남긴 삶의 철학』, 거창문화원, 1998 ; 이상필, 「18세기 강우지역 남명학파의 분포와 동향」, 『남명학연구』 11, 2001 ; 정일균, 「조선시대 거창지역(안음현)의 학통과 사상 – 갈천 임훈과 동계 정온의 학문론을 중심으로」, 『동방한문학』 22, 2002.

4 임진왜란과 거창의병에 대해서는 『거창역사』(1991)에 비교적 잘 정리되어 있다. 중국과의 관계에 대해서는 한명기, 『임진왜란과 한중관계』, 역사비평사, 1988, 당시의 민중생활에 대해서는 『동국신속삼강행실도』를 참고한다.

5 붕당정치와 향촌 사림에 대해서는 다음 글을 참고한다. 거창군, 「거창 요수정 기록화 조사보고서」, 2007 ; 김봉곤, 「조선 후기 호남지역 사족의 정치, 사회적 동향 – 17세기 광주 순천박씨 가문의 성장과 노론으로서의 활동을 중심으로」, 『고문서연구』 38, 2011 ; 김화봉·김세환, 「거창 황산마을 전통주거의 형성과정에 관한 연구」, 『한국농촌건축학회논문집』 13, 2011 ; 노재현·김홍균·이현우, 「거창 모현정과 수포대의 장소착근(場所着根) 방식」, 『한국전통조경학회지』 30 – 3호, 2012 ; 박희영·이희봉, 「거주자 생활 중심으로 본 거창 정온 종택의 전통 공간의 현장 연구」, 『대한건축학회 학술발표대회 논문집』 21 – 2, 2001 ; 소현수·임의제·최기수, 「누정원림을 통해 본 전통요소의 생태적 해석 – 거창 지역을 중심으로」, 『한국전통조경학회지』 25 – 2, 2007 ; 이상필, 「18세기 강우지역 남명학파의 분포와 동향」, 『남명학연구』 11, 2001 ; 이상필, 「거창, 합천, 남해지역 문집, 실기류 초고본 간략 해제」, 『경남문화연구』 26, 2005 ; 이현우, 「거창 고학리 해주오씨의 장소애착을 통해 본 종족경관의 형성과정」, 『한국조경학회지』 41 – 5, 2013 ; 정진영, 「조선 후기 향촌 양반사회의 지속성과 변화상 (1) – 안동 향안의 작성과정을 중심으로」, 『대동문화연구』 35, 1999 ; 조용욱, 「남명 문인, 정온과 거창 초계 정씨 종택」, 『역사공간, 우리 역사문화의 갈래를 찾아서』, 2011.

6 조선후기 거창지역에 대해서는 『조선왕조실록』, 『승정원일기』를 참고한다. 박기용, 『거창사총람』 III ~ V에 거창 관련기사가 정리되어 있다.

7 조선후기 거창 사회·경제에 대해서는 각종 지리지 거창지역 기록을 참고한다. 인구에 대해서는 다음 논문을 참고한다. 권태환·신용하, 「조선왕조시대 인구추정에 관한 일시론」, 『동아문화』 14, 1977 ; Tony Michell 저·김혜정 역, 「조선시대의 인구변동과 경제사 : 인구통계학적인 측면을 중심으로」, 『부산사학』 17, 1989.

8 정희량의 반란과 향촌의 변화에 대해서는 『조선왕조실록』, 『승정원일기』를 기초로 하고, 그 밖에 거창문화원, 『무신창의록』, 거창박물관, 『이승원 무신일기』 등 향토 사료를 참고할 수 있다. 그 밖의 주요 논문을 다음과 같다. 고수연, 「『무신창의록』을 통해 본 18, 19세기 영남 남인의 정치동향」, 『역사와 담론』 65, 2013 ; 고수연, 「1728년 호남 무신란의 전개양상과 반란군의 성격」, 『역사와 담론』 60, 2011 ; 고수연, 「1728년 호서지역 무신란의 반란군 성격」, 『역사와실학』 44, 2011 ;

고수연, 「영조대 무신란 연구의 현황과 과제」, 『역사와 담론』 39, 2004 ; 박현모, 「영조의 위기극복 리더십 연구 : '이인좌의 난' 사례를 중심으로」, 『한국정치연구』 19 - 1, 2010 ; 변주승, 「18세기 전라도 지역 무신란의 전개과정」, 『인문과학연구』 39, 2013 ; 변주승, 「18세기 전라도지역 무신란의 준비과정 - 「무신역옥추안(戊申逆獄推案)」을 중심으로」, 『인문학연구』 93, 2013 ; 오갑균, 「영조조 무신란에 관한 고찰」, 『역사교육』 21, 1977 ; 유한선, 「영조 4년 무신란과 전라도 의병 : 『호남절의록』 분석을 중심으로」, 『전북사학』 39, 2011 ; 이근호, 「영조대 무신란 이후 경상감사의 수습책」, 『영남학』 17, 2010 ; 이양호, 「영조대 무신란 이후 경사감사의 수습책」, 『영남학』 17, 2010 ; 이욱, 「조선 영조대 무신란과 안동 지방의 '의병'」, 『한국사학보』 42, 2011 ; 이원균, 「영조 무신란에 대하여 : 영남의 정희양란을 중심으로」, 『역사와 세계』 2, 1971 ; 이재철, 「18세기 경상우도 사림과 정희량란」, 경북대학교 석사학위논문, 1985 ; 이종범, 「여러 지역의 항쟁과 '무신란'」, 국사편찬위원회, 『한국사』 36, 1997.

9   조선후기 거창사회에 대해서는 『거창부여지승람』(1760), 『거창향안』, 『김순범 소장 기탁 자료집』을 참고한다. 그 밖의 관련 저술은 다음과 같다. 김성갑, 「조선 후기 적몰 '위토' 회복과정 연구 - 거창 초계 정씨 고문서를 중심으로」, 『고문서연구』 28, 2006. 2 ; 박기용, 『거창의 효자와 열녀』, 원일정보, 1993 ; 박기용, 『거창의 누정』, 1998, 2010, 거창문화원 ; 박진철, 「19세기 조선 재지사족의 위상 변화와 권익 수호 방식」, 『한국민족문화』 49, 2013 ; 변주승·문경득, 「18세기 전라도 지역 무신란의 전개과정」, 『인문과학연구』 39, 2013 ; 이해준, 「조선 후기 향촌사회질서의 변화와 기층민문제 : 연구시각과 방향을 중심으로」, 『대구사학』 37, 1989 ; 이훈상, 「거창 신씨 세보의 간행과 향리파의 편입」, 『백산학보』 33, 1986 ; 이훈상, 「창충사의 건립과 거창 신씨 이족」, 『동아연구』 4, 1984 ; 정진영, 「향촌사회에서 본 조선 후기 신분과 신분변화」, 『역사와 현실』 48, 2003 ; 조성산, 「18세기 영·호남 유학의 학맥과 학풍」, 『국학연구』 9, 2006 ; 한국문원편집실, 『문화유산 왕릉』, 한국문원, 1995.

10 거창가, 거창농민봉기에 대해서는 다음 글을 참고한다. 고순희, 「19세기 반봉건 가사문학 - 〈거창가〉」, 『Comparative Korean Studies』 3, 1997 ; 고순희, 「〈거창가〉의 역사적 성격」, 『애산학보』 14, 1993 ; 김보연, 「〈거창가〉 이본 연구」, 청주대학교대학원 석사학위논문, 2003 ; 김일근, 「가사 〈거창가〉(일명 한양가)」, 『국어국문학』 39·40, 1968.5 ; 김현영, 「1862년 농민항쟁의 새 측면 - 거창 민란 관련 고문서의 소개」, 『고문서연구』 25, 2004. 8 ; 망원한국사연구실 19세기 농민항쟁분과, 『1862년 농민항쟁』, 동녘, 1988 ; 박종섭, 「거창 삼베일 소리 연구」, 『계명어문학』 8, 1993 ; 박창균, 「18·19세기 시가의 현실비판 성향 연구」, 연세대학교대학원 석사학위논문, 2012 ; 육민수, 「거창가 서술 구조의 특성」, 『어문연구』 125 ; 이금숙, 「〈거창가〉 연구 : 조선조 후기의 민중의식과 현실 대응 양상을 중심으로」, 숭실대학교대학원 석사학위논문, 2004 ; 이은숙, 「거창가 연구 - 조선조 후기의 민중의식과 현실대응 양상을 중심으로」, 숭실대학교교육대학원 석사학위논문, 2004 ; 이재식, 「〈거창가〉 이본고」, 『어문연구』 99, 1998. 9 ; 이재식, 「거창가」, 『겨레어문학』 23, 24, 1999 ; 전복규, 「조선 후기가사의 근대의식 연구」, 경희대학교대학원 박사학위논문, 1999 ; 조규익, 「〈거창가〉론 (1) - 이현조본 〈거창별곡〉을 중심으로」, 『고전문학연구』 17, 2000 ; 조규익, 『봉건시대 민중의

저항과 고발문학 거창가」, 2010, 월인 ; 진경환, 「거창가와 정읍군민난시여항청요의 관계」, 『어문논집』 27, 1987 ; 채현석, 「조선 후기 현실비판가사 연구」, 조선대학교대학원 박사학위논문, 2008.

4 ~ 5부(개항기 ~ 일제강점기)

1 개항 이후 1910년대까지 거창의 변화에 대해서는 『조선왕조실록』, 『각사등록』, 『한국근대사자료집성』, 『교수집람』, 『관보』, 『경남일보』 등에 실려 있는 자료를 참고한다. 지방위원회에 대해서는 홍순권·최인택·하지영·강재순·이송희, 『부산의 도시 형성과 일본인들』(동아대학교 석당학술원 지역문화총서 1), 선인, 2008을 참고한다. 그 밖에 다음 글을 참고한다. 김창윤, 「일제 통감부 시기 경찰조직에 관한 연구」, 『사회과학연구』 20, 2013 ; 도면희, 「한말 일제초 지방제도 변화와 충청남도의 탄생」, 『지역학연구』 3, 2004 ; 박정후, 「일제강점기의 지방통치제도에 관한 연구 : 1910~30년대 지방제도 개편을 중심으로」, 서울대학교대학원 석사학위논문, 2006 ; 윤해동, 「'통감부설치기' 지방제도의 개정과 지방지배정책」, 『한국문화』 20, 1997 ; 이정은, 「일제의 지방통치체제 수립과 그 성격」, 『한국독립운동사연구』 6, 1992 ; 전홍식, 「일제강점기 충주의 식민통치 연구 : 식민통치 조직과 구조를 중심으로」, 충주대학교경영·행정·외국어대학원 석사학위논문, 2008 ; 통감부시기연구반, 「통감부시기 지방제도연구의 현황과 과제」, 『역사와 현실』 41, 2001 ; 허우긍·도도로키 히로시, 『개항기 전후 경상도의 육상교통』, 서울대학교출판부, 2007.

2 개항 이후 3·1운동까지의 항일운동에 대해서는 『한국독립운동사자료집』 8~19권, 『주한일본공사관통감부문서』, 『동학혁명자료총서』, 『동학란기록』, 『한국사사료총서』(『속음청사』, 『청우일록』, 『일신』, 『대한계년사』, 『매천야록』 등), 『서우』, 『서북학회월보』 등에 거창 관련 사료가 실려 있다. 한국사데이터베이스에서 검색하면 다수의 자료를 볼 수 있다. 의병전쟁과 3·1운동에 대해서는 『거창군사』(1997)에 비교적 잘 정리되어 있다. 의병 일반에 대해서는 다음 글을 참고한다. 구완회, 「정미의병기 호좌의진의 편제와 의진 간 연합의 양상」, 『한국 근현대사 연구』 43, 2007 ; 권대웅, 「정미의병기 경북북부지역의 의병전쟁」, 『지역문화연구』 6, 2007 ; 성대경, 「정미의병의 역사적 성격」, 『대동문화연구』 29, 1994 ; 송석영, 「한말 항일의병 활동과 그 성격」, 『교육논총』 6, 1986 ; 신운용, 「안중근의 의병투쟁과 활동」, 『한국민족운동사연구』 54, 2008 ; 홍영기, 「정미의병기 호남지방의 의병활동」, 『지역문화연구』 6, 2007.

3 1920~1940년대의 자료는 『조선총독부관보』와 『동아일보』, 『조선일보』, 『중외일보』, 『조선중앙일보』, 『매일신보』에 남아 있다. 신문자료 중 『동아일보』, 『조선일보』, 『조선중앙일보』 기사는 거창에 지국장(기자)을 두고 취재했기 때문에 사료 가치가 높다. 그중 『동아일보』에 가장 많은 기사가 실려 있으며 '네이버 뉴스 라이브러리'를 통해 검색해 볼 수 있기 때문에 편리하다.

4 일제강점기 유지집단의 성격에 대해서는 다음 논문을 참고한다. 지수걸, 「일제하 충남 서산군의 '관료 - 유지 지배체제' - 『서산군지』(1927)에 대한 분석을 중심으로」, 『역사문제연구』 3, 1999 ; 지수걸, 「일제하의 지방통치 시스템과 군 단위 '관료 - 유지 지배체제' : 윤해동 저, 『지배와 자치』(역사비평사, 2006)에 대한 논평」, 『역사와 현실』 63, 2007 ; 지수걸, 「지방유지의 '식민지적' 삶」, 『역사비평』 90, 2010 ; 윤선자, 「일제하 호남지역 서원·사우의 복설과 신설」, 『한중인문학연구』 22, 2007 ; 민족문제연구소, 『친일인명사전』 1~3, 2009.

6부(현대사)

1 독립운동가에 대해서는 일제의 재판기록, 일제 경찰기록, 독립유공자공훈록, 각종 신문기사를 참고한다.

2 해방공간 사료는 『동아일보』, 『조선일보』, 『중앙신문』, 『민중주보』, 『해방일보』 등 신문, 「경상남도 유격대 사업보고서」 등 노획빨치산문서, 기존 향토사기록에서 찾아볼 수 있다.

3 김상훈과 정종여에 대해서는 다음 글을 참고한다. 고봉준, 「김상훈 시의 리얼리즘 연구」, 『암사려』 6, 1996 ; 김남영, 「김상훈 시 연구」, 동아대학교대학원 석사학위논문, 2007 ; 김석영, 「김상훈 시의 서사지향성 연구」, 영남대학교대학원 석사학위논문, 1993 ; 김신정, 「김상훈 시의 시적 주체와 시인의 주관성에 관한 연구」, 『현대문학의 연구』 4, 1993 ; 김신정, 「김상훈 연구」, 연세대학교대학원 석사학위논문, 1992 ; 남승원, 「김상훈 시 연구」, 경희대학교대학원 석사학위논문, 2002 ; 남정희, 「김상훈 시의 미적 성취와 그 가치」, 『민족문학사연구』 39, 2009 ; 박은미, 「이용악·김상훈의 시에 나타난 가족 모티프 비교 연구」, 건국대학교대학원 석사학위논문, 1995 ; 박태신, 「김상훈 시 연구」, 영남대학교대학원 석사학위논문, 1995 ; 박태일, 「시인 김상훈과 거창의 지역문학」, 『서정시학』 13 - 2, 2003 ; 송창우, 「김상훈 시와 동물 알레고리 연구」, 『지역문학연구』 7, 2001 ; 윤여탁, 「김상훈의 시에 나타난 현실 인식과 역사적 전망 - 해방정국의 시작품을 중심으로」, 『국어국문학』 105, 1991 ; 이기성, 「건국의 파토스와 고백의 시쓰기」, 『한국근대문학연구』 5 - 2, 2004 ; 정효구, 「김상훈 시의 정신과 방법」, 『개신어문연구』 12, 1995 ; 최명표, 「해방기 김상훈 시의 갈등 양상」, 『현대문학이론연구』 35, 2008 ; 최미영, 「김상훈의 해방공간 詩 연구」, 울산대학교교육대학원 석사학위논문, 2004 ; 최열, 「소박한 사실주의자 정종녀」, 『현대』 창간호, 1987. 11 ; 홍상희, 「김상훈 연구」, 건국대학교대학원 석사학위논문, 2002 ; 리재현, 『조선력대미술가편람』, 문학예술종합출판사, 1999.

4 6·25전쟁 전후의 사료는 기존 향토사 기록, 『자료대한민국사』, 『연표 대한민국사』에서 찾을 수 있다. 전쟁 전후 민간인 희생에 대한 주요 자료는 다음과 같다. 거창군의회, 「한국전쟁 전후 거창군 관내 민간인 희생자 진상조사보고서」, 2003 ; 진실·화해를 위한 과거사 정리위원회, 「합천읍 민간인 희생사건」, 『2008년 하반기 조사보고서』 제3권 ; 「경남지역 적대세력사건」, 『2009년 하반기 조사보고서』 제3권 ; 「경남 거창·산청·함

양 국민보도연맹 사건」, 『2009년 하반기 조사보고서』 제6권 ; 「경남 산청·거창 등 민간인 희생 사건」, 『2010년 상반기 조사보고서』 제5권 ; 「경남 미군폭격 사건」, 『2010년 상반기 조사보고서』 제7권 ; 「경남 합천 등 민간인 희생 사건」, 『2010년 상반기 조사보고서』 제7권 ; 「서부경남(거창·함양·하동·산청) 민간인 희생 사건」, 『2010년 상반기 조사보고서』 제7권.

5 신원'양민'학살사건에 대해서는 다음 사료와 글을 참고한다. 거창역사교사모임, 『거창사건을 말한다 : 제1회 거창사건 학술토론회 발표집』, 2001 ; 과거사관련업무지원단, 「거창 및 산청·함양사건 관련자 명예회복 노력과 성과」, 2012.12 ; 김기진, 『끝나지 않은 전쟁 국민보도연맹 – 부산·경남지역』, 역사비평사, 2002 ; 박명림, 「국민형성과 내적 평정 ; '거창사건'의 사례 연구 : 탈냉전 이후의 새 자료, 정신, 해석」, 『한국정치학회보』 36 – 2, 2002 ; 서울대학교 법과대학, 「거창사건의 진상규명 및 법적 해결」, 2001 ; 서울대학교 법학연구소, 「거창사건의 법률적·정치적 처리과정」, 2002 ; 안김정애, 「한국전쟁기 민간인집단학살 관련 문서('거창사건' 관련 특무대 문서철)의 공개 필요성」, 『내일을 여는 역사』 41, 2010 ; 이강수, 「1960년 '양민학살사건진상조사위원회'의 조직과 활동 : '조사보고서' 분석을 중심으로」, 『한국근현대사연구』 45, 2008 ; 이창호, 「산청·함양·거창 민간인학살사건의 법적 재검토」, 『민주법학』 26, 2004. 8 ; 정희상 엮음, 『이대로는 눈을 감을 수 없소』, 돌베개, 1990 ; 조병옥, 『나의 회고록』, 선진, 2003 ; 중앙일보사 편, 『민족의 증언』 4, 1983 ; 차석규, 『남부군과 거창사건』, 1988, 창작예술사 ; 평화인권예술제위원회, 「제4회 거창민간인 학살 학술토론회 자료집」, 2003 ; 한성훈, 「거창사건의 처리과정과 남는 문제」, 『제노사이드연구』 1, 2007 ; 한성훈, 「한국전쟁시기 거창학살사건에 관한 연구」, 연세대학교대학원 석사학위논문, 2005 ; 한인섭, 「1951년 거창사건 형사재판의 검토」, 『법학』 44 – 2, 2003 ; 한인섭, 「거창양민학살사건의 법적 해결 – 관련법의 개정방안을 중심으로」, 『법학』 42 – 4, 2001 ; 한인섭, 『거창양민학살사건자료집』(Ⅰ)~(Ⅶ), 서울대학교 법학연구소, 2003, 2007 ; 한인섭, 『거창은 말한다』, 경인문화사, 2007.

6 전영창과 거창고등학교에 대해서는 에필로그의 학위논문을 참고한다. 그 밖에 『경향신문』, 『동아일보』, 『조선일보』, 『한겨레신문』 등 신문 기사와 강기수, 「전영창의 생애와 교육사상」, 『교육사상연구』 27 – 3, 2013 ; 도재원, 「'나'만큼 귀한 '네'가 이 땅에 함께 살고 있다」, 『우리교육』 2012월 여름호 참고.

에필로그

1 이중환, 『택리지』의 거창에 대한 기록은 다음과 같다. "안음 동쪽은 거창이고 남쪽은 함양이며 안음은 지리산 북쪽에 있는데, 네 고을은 모두 땅이 기름지다. 함양은 더구나 산수굴이라고 부르며, 거창, 안음과 함께 이름난 고을이라 일컫는다. 그러나 안음만은 음침하여 살 만한 곳이 못된다."

2 장원수, 「(新택리지) 높은 산, 맑은 물의 풍광 '산수향(山水鄕)'의 고장, 거창」, 『경향신문』, 2009. 6. 15.

3 거창팔경은 「교통의 요충으로 상권은 독점」, 『동아일보』 1927. 8. 23. 기사

4 천덕사지 발굴 논문은 안춘배, 「거창 임불리 선사유적발굴」, 『영남고고학』 5, 1988을 참고한다.

5 거창고등학교, 김상훈, 임길택, 거창국제연극제, 거창가와 관련된 주요 학위논문은 다음과 같다. 권민정, 「기독교 대안학교의 교육과정에 대한 연구」, 한세대학교영산신학대학원 석사학위논문, 2007 ; 문영희, 「대안학교의 인성교육에 관한 연구」, 명지대학교사회교육대학원 석사학위논문, 1998 ; 성기숙, 「우리나라 대안학교의 운영 실태에 관한 연구」, 경기대학교교육대학원 석사학위논문, 2000 ; 윤경은, 「기독교대안학교의 현황과 전망에 관한 연구 : 기독교대안학교의 교육사례 중심으로」, 한세대학교영산신학대학원 석사학위논문, 2007 ; 이석순, 「자율학교 전환과정의 갈등에 관한 연구 : 거창고등학교를 중심으로」, 한국교원대학교 교육정책대학원 석사학위논문, 2009 ; 이정원, 「대안교육의 발전방안에 관한 연구 : 우리나라 대안교육을 중심으로」, 조선대학교교육대학원 석사학위논문, 2001 ; 이천우, 「전영창 선생의 생애와 사상」, 기독신학대학원 석사학위논문, 2001 ; 정철효, 「자율학교 고등학생의 심리적 안녕감 및 행복에 대한 지각의 학년별 차이 : 거창고등학교를 중심으로」, 계명대학교교육대학원 석사학위논문, 2009 ; 천상옥, 「기독교 대안학교의 실제와 새로운 방향 연구」, 총신대학교교육대학원 석사학위논문, 2013 ; 최인환, 「전영창의 교육사상 연구」, 감리교신학대학교 석사학위논문, 2007 ; 황세진, 「우리나라 고등학교 교육의 문제점과 대안적 모색 : 거창고등학교 사례를 통하여」, 국민대학교교육대학원 석사학위논문, 2003 ; 김남영, 「김상훈 시 연구」, 동아대학교대학원 석사학위논문, 2007 ; 김석영, 「김상훈 시의 서사지향성 연구」, 영남대학교대학원 석사학위논문, 1993 ; 김신정, 「김상훈 연구」, 연세대학교대학원 석사학위논문, 1992 ; 남승원, 「김상훈 시 연구」, 경희대학교대학원 석사학위논문, 2002 ; 박은미, 「이용악·김상훈의 시에 나타난 가족 모티프 비교 연구」, 건국대학교대학원 석사학위논문, 1995 ; 박태신, 「김상훈 시 연구」, 영남대학교대학원 석사학위논문, 1995 ; 최미영, 「김상훈의 해방공간 詩 연구」, 울산대학교교육대학원 석사학위논문, 2004 ; 홍상희, 「김상훈 연구」, 건국대학교대학원 석사학위논문, 2002 ; 김권호, 「임길택 동시 연구」, 춘천교육대학교교육대학원 석사학위논문, 2011 ; 김영주, 「임길택 동화 연구」, 충남대학교대학원 석사학위논문, 2008 ; 김찬양, 「임길택 동시에 나타난 아버지 연구」, 명지대학교일반대학원 석사학위논문, 2009 ; 신경희, 「임길택 동시에 형상화된 화자 유형과 세계 인식 연구」, 광주교육대학교교육대학원 석사학위논문, 2012 ; 이동준, 「임길택 시 연구」, 충북대학교교육대학원 석사학위논문, 2006 ; 이한나, 「임길택 동시의 특징과 교육적 의의 연구」, 대구교육대학교교육대학원 석사학위논문, 2006 ; 주윤, 「임길택 시 연구」, 한국교원대학교교육대학원 석사학위논문, 2008 ; 김소진, 「거창국제연극제의 문화관광산업적 효용성과 활성화 방안」, 부산대학교대학원 석사학위논문, 2008 ; 박민규, 「경상남도 거창군의 지역문화축제에 관한 연구 : 대중음악 콘텐츠를 중심으로」, 단국대학교대학원 석사학위논문, 2013 ; 윤아영, 「소도시 거창에서 연극 공연이 성립하고 발달한 과정」, 서울대학교대학원 석사학위논문, 2006 ; 이승경, 「지역축제 활성화를 위한 방안연구 : 지역축제로 바라본 거창국제연극제를 중심으로」, 신라대학교대학원 석사학위논문, 2009 ; 조매정, 「공연예술축제 현황분석 및 발전방안 연구 : 거창국제연극제를

중심으로」, 단국대학교정책경영대학원 석사학위논문, 2011 ; 김보연, 「〈거창가〉 이본 연구」, 청주대학교대학원 석사학위논문, 2003 ; 박창균, 「19세기 시가의 현실비판 성향 연구」, 연세대학교대학원 석사학위논문, 2012 ; 이금숙, 「〈거창가〉 연구 : 조선조 후기의 민중의식과 현실 대응 양상을 중심으로」, 숭실대학교대학원 석사학위논문, 2004 ; 전복규, 「조선후기가사의 근대의식 연구」, 경희대학교대학원 박사학위논문, 1999 ; 채현석, 「조선후기 현실비판가사 연구」, 조선대학교대학원 박사학위논문, 2008.

참고문헌

통사, 연구사

- 국사편찬위원회, 『한국사』(1~53), 탐구당문화사, 1997~2003.
- 한국역사연구회 편, 『한국역사입문』(1~3), 풀빛, 1995.
- 한국사연구회 편, 『새로운 한국사 길잡이』(상, 하), 지식산업사, 2008.

사서, 사료집

『삼국사기』, 『삼국유사』, 『고려사』, 『고려사절요』, 『조선왕조실록』, 『승정원일기』, 『비변사등록』, 『신증동국여지승람』, 『동국신속삼강행실도』, 『경국대전』, 『각사등록』, 『동국문헌비고』, 『택리지』, 『임술록』, 『한국사료총서』, 『한국근대사자료집성』, 『폭도에 관한 편책』, 『주한일본공사관·통감부문서』, 『고종시대사』, 『동학혁명자료총서』, 『의병공적조서』, 『매천야록』, 『한국독립운동사자료집』, 『한민족독립운동사자료집』, 『조선소요사건관계서류』, 『일제의한국침략사료총서』, 『일제침략하36년사』, 『고등경찰요사』, 『사상월보』, 『사상휘보』, 『조선문제자료총서』, 『재일조선관계자료집성』, 『한국근현대회사조합자료』, 『한국근대사기초자료집』, 『대한민국임시정부자료집』, 『근현대잡지자료』, 『자료대한민국사』, 『연표 대한민국사』, 국사편찬위원회 한국사데이터베이스 소장 자료, 서울대학교규장각 소장 자료, 국가보훈처 공훈전자자료실 소장 자료, 국가기록원 소장 자료, 독립기념관 소장 자료, 국립중앙도서관 소장 자료, 국회도서관 소장 자료.

정기간행물

『서우』, 『서북학회월보』, 『황성신문』, 『대한매일신보』, 『조선총독부관보』, 『개벽』, 『별건곤』, 『삼천리』, 『동아일보』, 『조선일보』, 『조선중앙일보』, 『중외일보』, 『매일신보』, 『민중주보』, 『해방일보』, 『경남신문』, 『자유신문』, 『중앙신문』, 『남선신문』, 『남조선민보』, 『마산일보』, 『부산일보』, 『경향신문』, 『국민일보』.

향토사, 관찬도서

거창군, 『거창향지』, 1982 ; 거창군, 『거창역사』, 1994 ; 거창문화원, 『문답식 거창역사』, 1995 ; 군사편찬위원회, 『거창군사』, 거창군, 1997 ; 거창문화원, 『거창군사보정자료』, 2009 ; 거창읍지편찬위원회, 『거창읍지』, 2011 ; 신인범, 『안의향교지』, 안의향교, 1993 ; 위천면지편찬위원회, 『위천면지』, 1998 ; 안의현지편찬위원회, 『안의향지』, 2001 ; 박기용, 『거창사총람』(1~4), 거창문화원, 2010~2013 ; 박기용, 『거창의 누정』, 거창문화원, 1998, 2010 ; 오환숙, 『선현들이 남긴 삶의 철학』, 거창문화원, 1998 ; 박종섭, 『거창의 마을신앙』, 거창문화원, 2003 ; 정태준, 『거창의 바위, 불교, 차문화』, 거창문화원, 2003 ; 정태준·안수상, 『신 거창의 명산』, 거창문화원, 2012 ; 하종한, 『거창의 문화유산』(1~3), 거창문화원, 2010 ; 거창군, 『사진으로 보는 거창의 옛모습』, 2006 ; 거창군, 『거창의 역사문화』, 2010 ; 거창군, 『길을 두고 뫼로 가다』, 2013 ; 거창군, 『거창 요수정 기록화 조사보고서』, 2007 ; 거창군·이화여자대학교박물관, 『거창의 역사와 문화 II 둔마리벽화고분』, 2005 ; 거창군·부산대학교 한국민족문화연구소, 『우륵 탄생지 규명 학술용역 보고서 – 가야사 속의 고대 거창과 우륵』, 2007 ; 거창박물관, 『거창박물관 도록』, 2003 ; 거창군, 『거창의 문화재』, 2008 ; 거창박물관, 『거창 불교 유산』, 2012 ; 거창박물관, 『거창 발굴 유적』, 2013 ; 거창박물관, 『거창 가야 유적』, 2014 ; 거창박문관, 『오성 오환숙선생 기증자료집』, 2011 ; 거창박물관, 『정온가의 유품자료집』, 2012 ; 거창박물관, 『김순범소장기탁자료집』, 2013.

사진 출처

정장리 출토 뗀석기(경남발전연구원) / 대야리 주거지(동의대학교박물관) / 양평리 출토 유물(동아세아문화재연구원) / 수승대 그림(정정문) / 고려시대 공방·가마터(경남발전연구원) / 고려청자(거창박물관) / 분청사기(거창박물관) / 고지도(규장각) / 김두망 호구단자(김순범) / 통정공무신일기(이경영) / 치제문(거창박물관) / 청화백자(거창박물관) / 거창도호부(주우일) / 침류정(거창박물관) / 죽전마을(주우일) / 위천공립소학교(유현연) / 거창공립농업보습학교(아림고) / 일본인 교장(김민영) / 신사참배 기념사진(유현연) / 거창읍 도심지(천영석) / 영호강(노재언) / 거창시장(주우일) / 거창경찰서(오병권) / 군민대회(오병권) / 궐기대회(오병권) / 의회 개회식(오병권)

한국사에 비추어 본
거창의 역사

초판 1쇄 인쇄 2015년 6월 29일
초판 1쇄 발행 2015년 7월 7일

글 쓴 이 신용균
펴 낸 이 주혜숙
책임편집 성미애
편　 집 전유나
디 자 인 오신곤
마 케 팅 김경희

펴 낸 곳 역사공간
등　 록 2003년 7월 22일 제6-510호
주　 소 121-842 서울특별시 마포구 동교로 142-11(서교동 플러스빌딩 3층)
전　 화 02-725-8806~7, 02-325-8802
팩　 스 02-725-8801, 0505-325-8801
전자우편 jhs8807@hanmail.net

ISBN　979-11-5707-064-0　03900